治国者卷

伟人的困惑

范炯————主编

辽宁人民出版社

ⓒ 范炯　2017

图书在版编目（ＣＩＰ）数据

伟人的困惑：治国者卷 / 范炯主编 . — 沈阳 ：辽宁
人民出版社 ，2018.3
ISBN 978-7-205-09188-0

Ⅰ．①伟… Ⅱ．①范… Ⅲ．①思想史－中国 Ⅳ．
① B2

中国版本图书馆 CIP 数据核字 (2017) 第 295822 号

出版发行：辽宁人民出版社
　　　　　地址：沈阳市和平区十一纬路25号　邮编：110003
　　　　　电话：024-23284321（邮　购）　024-23284324（发行部）
　　　　　传真：024-23284191（发行部）　024-23284304（办公室）
　　　　　http://www.lnpph.com.cn
印　　刷：沈阳百江印刷有限公司
幅面尺寸：170mm×240mm
印　　张：23
字　　数：350千字
出版时间：2018年3月第1版
印刷时间：2018年3月第1次印刷
责任编辑：赵维宁　艾明秋
封面设计：异一设计
版式设计：琥珀视觉
责任校对：周　健
书　　号：ISBN 978-7-205-09188-0

定　　价：75.00元

关于"回顾丛书"

约半年前，艾明秋女士来电，要我"再做点贡献"。小艾是辽宁人民出版社文史编辑室主任，也是我的第一本书《大汉开国谋士群》的责任编辑，我们的合作非常愉快，进而"成为生活中的益友"（张立宪语）。

对小艾的要求，我一向近乎有求必应。听她谈过初步设想后，觉得挺有意思，可以操作。随后，辽宁人民出版社副总编辑张洪兄来电，进一步讨论、商定了相关细则。这便是"回顾丛书"的由来。

"回顾丛书"拟每年出一辑，每辑6册左右。以经过时间和市场淘洗的旧书再版为主，新作为辅；以专著为主，文集为辅；以史为主，政治经济军事社会思想文学为辅。入选的各类书籍，都是我所感兴趣的，有料，有趣，有种。回顾的目的，当然是为了更好地前瞻、前行。

太白诗：却顾所来径，苍苍横翠微。2008年初夏，收到首册样书时，欧洲杯激战方酣。去年秋天再版，新书出炉时，我正沿着318国道驱车前往珠峰大本营。此情此景，宛如昨日。我想，再过五年、十年，回过头来看这套"回顾丛书"，又会是什么心境呢？

是为序。

梁由之

2013年6月6日，夏历癸巳蛇年芒种后一日，于深圳天海楼。

丛回
书顾

却顾所来径 · 苍苍横翠微

新 版 前 言

梁由之

辽宁人民出版社是一家历史悠久、积累深厚的老牌名社。它与我，可谓"关系万千重"：2008 年和 2012 年，我的第一本书《大汉开国谋士群》在此推出了第一版和第二版，过程十分顺畅；自 2014 年始，应艾明秋女士和张洪兄邀约，我策划主编的"回顾丛书"陆续出版，集腋成裘，渐成气候，合作非常愉快。

一直存有一个念想：这套书中，起码应该有一坛该社自己的陈年佳酿，作为一点痕迹，一种纪念，一个说明，一次宣示。好书那么多，选什么呢？挑来挑去，我选中了《伟人的困惑》。

《伟人的困惑》全二册，分为"古中国治国者卷"和"古中国思想者卷"，范炯主编，辽宁人民出版社 1992 年 8 月 1 版 1 印。卷首各有范炯所撰详尽导读，言近旨远，热情洋溢。两书分别遴选 20 位与 23 位历史人物，每人一篇，夹叙夹议，深入浅出，雅俗共赏，不啻是 43 篇各具手眼精彩纷呈的袖珍版评传。所选人物，泰半大名鼎鼎（如刘邦、李世民、朱元璋，孔子、司马迁、苏轼），也有罕为人知的（如郝经，鲍敬言）。因出自众人手笔，角度各异，水平容有参差。但大多斐然可观，且不凡杰作（如《朱允炆：仁君梦的悲壮实践》，杨林撰；《金圣叹：悲凉的妄想者》，陈飞撰）。总之，这是两本有想法、有意思、有深度、有热力、有趣味——也有矛盾和困惑的读物，经受得住时间的淘洗，值得再版。内容上，保持原貌，一仍其旧，以示对出版社历史和同仁过往努力的尊重和怀念。在新的历史时期，它应该拥有更多的读者，带给人们全新的思索和启示。

　　再者，《伟人的困惑》所收的 43 篇袖珍版评传，与"回顾丛书"已出的《中国历代谋士传》（晁中辰主编）和《黄埔军校名将传》（王永均著），可自成一个小单元，互相映衬，相辅相成。

　　初版时隔久远，为解决版权问题，出版社花了不少力气。先是拐了好几个弯，终于找到范炯的原单位。不意范先生英年早逝，墓木已拱。又拐了几个弯，好不容易才找到他的哲嗣范昭……

　　当年，《伟人的困惑》出炉不久，我在友人方斌处见到此书，几度借读，感触良深。后来，购得一套，被亲友传阅，弄得有点脏。再后来，有了孔网，又买了一套品相接近全新的，时或翻开重读。现在，新版即将付印。瞻前顾后，感慨系之。不由想起两句古诗：

　　百年歌自苦。

　　所思在远道。

2017 年 11 月 28 日深夜，
丁酉大雪前九日，记于深圳天海楼。

卷
首
语

治国者的困惑

◎范　炯

三千年岁月风烟滑过眼底。在这里，渺小的我辈，居然获得一份指划天地、侈议古今、评说伟人的自由，何等幸运。

对于伟人，我们的前辈已经仰观得尽够、赞颂得尽够、艳羡得尽够了。作为逝者，这一切都已无足轻重，盖棺自有定论。作为来者，这些通过如山史料活生生记述下来的生命体，以其歌哭歌笑，以其殚思极虑，却给我们留下了一份份人生的标本。这里的人生，涵盖很大、很广。

颂歌自有其生生不息的旋律，我们深知。而此刻，我们只着眼于社会人生的变奏，着眼于"英雄交响曲"中的休止符，着眼于历史的空白——治国者心灵的困扰和迷惘。

空白，是饶有深意的。

当汉高祖从腥风血雨中赢得了那一大片本属于周天子、秦始皇、楚霸王的天空，当这位划时代的帝王，面对诸子百家学说，面对分封制、郡县制，面对秦文化、楚文化、齐文化，面对种种关涉到社会、苍生和历史的选择，陷入种种关涉到民族、家族、自身和子嗣的矛盾之时，他不困惑、不犹疑吗？很显然，立国之初的疲于征讨和他身后几十年的黄老之治，一方面时势使然，与民休息，但较之后世开国者们的成熟和从容，在另一方面则不能不视为汉家治术方略上一时性的举棋不定。他的前朝范式太多，而且教训多于经验，时过境迁，必须通变，而新经验的获得需待时日。怎么办？亭长出身的他以其丰富的阅历和天性的机敏，竟依静动之理，"无为而治"，表现了足够的政治智慧。而这智慧的背后，实质上正是时代"局中人"的困惑。

面对共同的世界，有着相似的矛盾和热望却又有着不同的背景和秉性的，还有那位千载而下的大明太祖"朱皇帝"。这位从农民起义中崛起的"农民皇帝"，当他在成功的巅峰上被自己背靠的和面对的人们——农民阶级和地主阶级同时抛弃和抵触的时候，该是怎样的心情？旧式刻板的史家们无法留下更多生动的情绪史料，但从对他的疯狂杀戮和变态猜忌的记录中，仍可看到他内心极度的矛盾和痛苦：仇恨贪官污吏——因为他曾是农民之子；怨恨农民义军——因为他已是地主头子；嫉恨功臣名将——因为他又是朱姓天子。

化家为国者，终成孤家寡人。历史的嘲讽是无情的，这无情的嘲讽又几成铁律，困扰着一代代圣君明主和开国大帝！

然而有些困惑，则是历史留给后人去深长品味的。

默想秦朝的二世而亡，洞悉它法术刑赏的一家治术之偏狭，使我们不得不念及那位曾遭后人唾笑的吕不韦和那部杂糅百家的《吕氏春秋》，不得不念及这一"政治投机商"为未来秦廷所付出的苦心和远虑：以治一邦一域单一的治术经验来强行治理文化色块斑驳、民风民气各异的普天广土，以争天下的战时政治统御坐天下的太平世道，天变道不变，这世道如何太平得久？

思想文化方面的理论准备，张弛有序的文武之道，显然是治世不可或缺的前提和要义。可是，对这一点儿基本常识的获得，却不仅以吕不韦的生命和热血，也以后来一系列践武者的惨剧作为代价。

历史从不回头，只以其决绝的姿态种下遗憾，昭示人们：唯来者之可追。

不禁又使我想起那位独步千古的"儒君"——历代暴君的对应物——明太祖的继嗣建文帝和他那仅仅四年的改制之梦。实际上，这位乃祖用一代名儒及其儒家理想模式在"温室"中培养起来的书生皇帝本身，也正是雄才大略而又残暴无比的朱元璋本人的仁君梦。历史无疑是由种种偶然构成了它的过程，但这一系列偶然现象的归趋和规定性，却使建文帝和他的梦幻设计师孔子、孟子以及他的梦幻工程师齐、黄、方诸人，都无法改变那个"王道"梦破的结局——在那个天下为私、骨肉相残的"必然王国"中，实现君王人格的完美与世道的和谐，纯属痴人说梦。当然，这一帝王在帝王时代昙花一现的书生梦之于后人，自有其悲壮的蕴涵，其久远的影响，当不止源于那场明宫大火。

人们很自然地会从王莽、王安石、建文帝、光绪帝等落败君臣的治世之梦中，去品味历史的无奈。他们或后顾或前瞻，但都无一例外地颠踬在各自时代的死胡同。缘由是明摆着的：他们无法超越时代和自身！

这期间，唯上"天人三策"的汉儒董仲舒似乎没有困惑，他凭借着自己审时度势的智慧和千载难逢的机缘，顺历史大潮走上了"帝王之师"的显位，并实现了自己定儒家为一尊的儒生梦。然而，这一"罢黜百家，独尊儒术"的旷世之举，虽确立了两千年封建专制大帝国的基本政治格局，却也因其文化哲学上的必趋僵化和其历史使命的绝对时段性，给历史留下了长久的迷茫，也给国人留下了因袭的重负，流弊至今。董氏地下有知，其困惑当不减于后世来者。

历史在否定之否定中前进，并展现着伟人们悲壮的追求和迷惘。这使人很自然地想到北魏孝文帝和一大批与之相类扑向农耕文明的草原之子，金人、元人、清人……

背负民族重任的最高统治者，当他明显意识到自身民族文化的落后已危及民族命运的时候，往往呈现出两种态度：一种是"求稳"。这稳字，说穿了，是一世之稳，苟全之稳，即所谓"今朝有酒今朝醉，哪怕明朝喝凉水"。宁愿坐失江山，也不愿更易国策。十六国，走马灯似的生生灭灭、出出进进，无不是始以暴戾之气卷入，终以草莽之风飘走，大都留不下什么印记，而死抱着重文轻武、守内虚外既定国策的北宋之亡，更是耐人寻味。另一种历史态度则是"求变"。在变中求生存、求发展，把自身的恩怨荣辱置之度外，而把全民族甚至多民族的利益放在高于一切的位置上。于是，北魏拓跋氏站稳了脚跟，其后，金人随之而变，求得中原一席之地，而元祖、清祖则在新的历史时期一个比一个成熟地建立了"不世之功"。

然而，相比之下，还是北魏孝文帝拓跋宏所留下的历史余韵更为绵长。他的一生，走出了否定又否定的"圆形轨迹"，他临终时苍凉的一笔，注定了北魏永远与"南"无缘的历史命运。这是历史潮中一个随波逐流的"鱼儿"的困惑，但这"鱼儿"心有不甘地奋力一跳，却给历史留下了长久的警喻，而"鱼儿"重新掉入水中微弱的声音，又使千载之下的人们怦然心动：这是"水族"的困惑。我们为那位非凡的草原之子，为他的勇气、他的悲怆而潸然泪下，这是历史的感动。

伟人之在历史，也不乏另一种清醒。他们之中的某些人，无疑从前人故事和自身体验中朦胧意识到了什么。像李泌的若即若离，像王安石的几进几退，像耶律楚材的湛然与否，像郝经的北风之叹，像福临的仰天长啸，像玄烨的日暮张皇，像林则徐的伊犁困思，像翁同龢的孤臣酸泪。但他们终于无可奈何，唯顺时流而徜徉，听任命运之舟在人生和时代的大限之内永恒地搁浅，连英名盖世的汉武帝和唐太宗亦不例外。历史冰冷的真实，终究揭示出他们"托体同山阿"的虚妄。晚境的悲凉和绝望，几乎销蚀了所有雄才大略、权倾天下者的锐气和壮心，在人生的最后时刻，他们无一例外地陷入了生命的泥潭。更有甚者，则走向了自己一生孜孜求索的反面，成为暴君或愚臣。这是怎样的不幸！而这不幸又往往是以千百万苍生、以几代十几代、以整个民族更大的不幸作为牺牲！

当然，伟人毕竟是以其惊世骇俗作为其伟岸之表征的。当我们以人道的眼光与古之仁人一同切齿于吕雉非人的妒毒之时，又不得不排除历史的偏见，以史家的眼光与今之智者一同钦佩起这位两千年前辅佐刘邦成帝业、定天下的女中豪杰，不得不承认一个事实：安汉家者，有赖女流。虽然这个女子似曾做过"食日"之梦，有过"非分"之想。一个早已进入男权时代的泱泱大国，出此雄略之女流，细想来，实是"今古奇观"。与武则天相比较，吕后的作为，仅差称帝一步，却与武则天同样，背负骂名千载，而又略无减损，功在史册。这其间，包蕴多少历史的哲韵，耐人寻味。

女人，你的名字，在与男权抗争的刀光剑影中，何曾真的与"弱"字结缘？而女人的标尺，更因另一个响亮的名字——曌的诞生而变得无比辉煌！

伟人，是凡人梦想的疆界。它是梦，又是真。然而，作为真实的人，伟人的困惑为之带来的心灵矛盾之苦，也是常人所无法理喻的。

多少次的太后"垂帘"，多少次的女主"乱政"，但大都瑟缩于深宫，设谋于密室，大都泥于一己之私，一姓之荣。独有武则天，敢于一脚踏上金銮殿，拉开旗幡，自立周帝，完成空前绝后之举，而且，竟稳稳当了十数年名副其实的皇帝，天下晏然，社会安定，男众膺服。当然，其间少不了男人般阴险、残暴的政治铁腕，而且有过之无不及，但仅令后世社会万千男众诟骂千载犹不解气本身，就足证其勇气之灿烂。而她生前溺于作为女人的种种困惑和矛盾，以及她比照男帝，突破壁障的种种努力和智慧，则充分展现了她真实的存在和非凡的壮心，虽然，结局的惘然所赍给后世女界的仍是长夜的困茫——对于自身社会角色的犹疑和绝望。

凡此种种，可以确认，立于时代之巅，面对八面来风的伟人们、"大人"们，他们所经受的心理矛盾，常常同时是社会的、时代的、历史的，是本人的、时人的、后人的矛盾，所不同的是，只有在后人或后人的后人那里，这一矛盾所构成的困惑，才有可能化为一份历史的清醒。

古来庸人无困惑。他们视生存为唯一要义，推而广之的一点点奢念，也不离口腹之欲、声色之娱。这是历史的惰性所在。

困惑自有其另外的意义。和友人议及此书之旨时，我曾顾名思义：困惑者，先困后惑也。行不通为困，思不明为惑，先行而后思。困惑是思考的主旋律，是进行曲中的休止符，是两个乐章之间的转折点。人类用困惑之痛苦所换取的，无疑是历史的递嬗，更是人类群体生命的"华彩乐章"。

人类每前进一步，竟是如此艰难。宇宙间一代代身躯渺小的伟人们，面对历史的痛苦和时代的灾难，一次次叩响和摇撼治世之门，然而，这门开开合合，恶作剧般耗尽了那一股股经天纬地的移山心力，似乎在嘲笑叩门者的迂阔，又似乎在等待撼门者的顿悟。

历史是思辨的，而思辨的主体是人。伟大的人类终于等到了这一天，获得了这份宝贵的顿悟：人类个体的清醒和睿智，根本无法改变整体的局限和荒谬，一切都在过程之中。诚如一位西方智者所云：历史，就是耐心等待受难者获救的福音。而人们所能做的，应是一次次抓住转瞬即逝的历史机会，或用自己点点滴滴、实实在在的人生努力，促成这些机会的早日到来。当然，我的后一句话，也是对众多"顺时间而活"又心有不甘的凡人而言。

千百年春秋更替，伟人和凡人，统治者和他们的臣民，始终保持着一个固定不变的格局：在上在下，天壤各别。"匹夫不足与谋！""肉食者谋之，又何间焉？""民可使由之，不可使知之。"在上者，为所欲为，困所自困；在下者，任其摆布，不问不愠，非忍无可忍，活无可活，决不嘶喊半声！这就是"温柔敦厚"的国民性，这就是"天不变道亦不变"的惰性心态之根由。

其实，作为"小人"，更多地了解"大人"的苦恼，作为凡人，更多地了解伟人的困惑，更多地了解那些"大人先生""肉体凡胎"的实质，更多地了解那些伟岸君臣"大有大难"的实况，并与之共思共虑，自觉体味时代、家国、人生，自觉设计规划自身的平凡和伟大，无论对上对下，于国于身，都不无意义。

"江山代有才人出"。伟人的概念是宽泛的。从历史的观点看，包括成功者和失败者。其实，成功失败，本无常势，"河东河西"，已是常识。因此，在我们撷取历史人物以构架此书的过程中，始终如履薄临深，生怕漏所不当漏，收所不当收。然而，做到前者，已是痴想，因为纸短人众，说来话长。而对后者，我们则有另一番考虑：不以成败、不以旧案论英雄。于是，我们"冒天下之大不韪"，收入如吕不韦、吕雉等，让这些舞台上的丑面人物也"忝列"历史伟人之中，而对似乎一目了然、难出新见的秦皇、宋祖等，只好遥遥道声：抱歉（本来拟收更多失败的治国者，如元顺帝、清道光帝等，因虑及学术争讼，名实之辩，故免）！但对他们的丰功伟业，则永远高山仰止。我们尊重历史。

关于治国者的概念，我大致界定为：直接参与现实政治并构成广远影响者。遂有如董仲舒、李泌、耶律楚材、郝经（特别是董仲舒这位"春秋公羊大师"）这些从政身份若明若隐者入围。无疑，他们以及洪仁玕、翁同龢的书生气质，与其他风云龙虎人物是判然有别的，既有性格差，也有观念差，置于一处，或可造成一种饶有意味的参照效应。

以此为准绳，稍有偏离的当然还有孔孟之类的先秦诸子，他们中的一些人，特别是孟子，就与治国者关系密切，甚至与统治者有过直接的交锋和交流，但考其实迹，仍未脱理论框架，未入实践领域，况其深远的思想意义，又明显大于直接的政治影响，因此以收入另卷为宜。其实，在那个以家国为主要思考对象的特定时代里，伟人的困惑，对于治国者和思想者来说，应是殊途同归的。除个别诗人、哲人外，很少有人作超尘之想，他们的困惑和他们的痛苦一样，都是具体的、坐实的，而在这具体、坐实之中，透露着深广和博大，因为，它们都是历史时代的写照和镜子。

一部治国者的困惑，涉及问题方方面面，而诸位学者所采用的基本表述方法，多是以一斑窥豹。诸如华夷之变、继统之虑、治术之困、进退之忧、性别之惑等等，都是以点带面，加以阐释和描述。我们试图贡献的，只在于提出问题，确立一个思考的基点，更深刻的发现和发展，则有赖大方之家和后来居上者。

另外，在走向现实的思维视点、走向大众的表达方式，走向心灵的探求意向上，我们也作了进一步的尝试。使更多的人，使我们民族的父老乡亲，都来关心历史、关心中华民族和人类自身的命运，是私心宏愿。我们不讳言。

在这里，也仅仅在这里，我们深深感到站在历史之外的幸运。然而，我们也深深懂得，自身正陷入历史的局囿。我们的这份清醒，也许正是留给未来的迷惘，而这份尚未觉察或略有所悟的迷惘，正在造成新的认识误区。基于此，在书中我们力图做到的只是：把自己的情绪判断和历史的实况录影，尽可能地分离开来，但又并行不悖。

伟人在我们之前，后人在我们之后，而我们自己犹如两峰之间的幽谷，判别着两个伟大时代的高度，记下痛苦中的困惑，困惑中的智慧和智慧中的清醒。

自不量力的我们，虽然是"以其昏昏，使人昭昭"，可叹可笑，但人类是伟大的，是不断产生伟人的生命群体。而未来世界的未来人类，必将在无数新的、深刻而又伟大的困惑中，成就全体的伟大。

我深信不疑。

目录 | *Contents*

卷首语·治国者的困惑 ◎范 炯

商
鞅

无法分裂的魂灵

◎赵世超

他的一整套鲜明的法治学说，深刻影响了后世政治。然而，却不曾驱散他的内心的孤寂，解不开他的时代的困茫。终于，带着满腹疑团，他恨别人世，在那个年月最最惨烈的极刑之后……

◆◇ 西行

魏都安邑（今山西夏县西北禹王城）。

国相公叔座卧于榻上，满脸病容。忽闻侍者报称："君王探病来了。"亟待起身出迎，那魏惠王却早抢步进至榻前，握住公叔座的手，很久不肯放开。眼见公叔座的病已有几分沉重，惠王终于忍不住问道："卿如果有个好歹，我该将国事托付给谁呢？"公叔座胸有成竹地回答说："我手下有个中庶子，叫公孙鞅，年纪虽轻，却有超人的才干。大王如能让他来掌管国家，那么，魏国也就大有希望了。"不料，惠王听罢，却默然不语。公叔座遂示意从人回避，又单独对惠王说："大王要是不用公孙鞅，那就赶快把他杀掉，免得为别国所用，后患无穷啊！"怎奈惠王依然不悟，辞别公叔座出来，还在左右面前自言自语道："老国相居然让我把国家交给公孙鞅，莫非病糊涂了！"

惠王走后，公叔座担心公孙鞅真会被杀，忙差人找了他来，很诚恳地解释说："刚才我在大王面前举荐你继任国相，见大王没有答应的意思，就又提议把你杀掉。作为大臣，我只能先替君王着想，这也是没有办法的事。现在你快去打点行装逃走吧！"公孙鞅一边谢过公叔座，一边从容答道："大王既然不肯听你的话重用我，又怎么会听你的话杀掉我呢？"

不过，嘴上虽是这么说了，公孙鞅内心仍然感到一阵隐痛。回到寓所，公孙鞅夜不能寐，反反复复地想了许多。自己原本是卫君的后裔，因而被称为公孙鞅，又叫卫鞅。可是那作为母邦的卫国早已衰落得不成样子，同卫君的关系也已十分疏远，从小就没有受到过多少宗族的余荫，反而透过卫国的破败，看到了世卿世禄制的种种弊端。稍长，便爱上了以"循名责实，慎赏明罚"为特征的刑名之学，反复地研讨，感到得了内中的真谛，特意来到魏国，希图一试。谁知大国之君竟也是眼睛只盯着亲朋故旧和善于谈说的浮华之士，对自己居然不屑一顾。天下之大，哪里才能找到供有才者施展抱负的舞台呢？

不久，公叔座死了。公孙鞅在魏国更加没有指望，苦闷不断加重。忽一日传来消息，说秦国在孝公即位后下令求贤，要来一番大的改作。公孙鞅为之一振，毅然决然地踏上了西行之路。

◆◇ 霸道

到了秦国，公孙鞅通过秦孝公的宠臣景监，求见孝公。当时的秦国虽也是战国七雄之一，却立国较迟，又僻处西方，经济文化始终显得有些落后。春秋时，有个秦穆公，善用贤臣。向西，灭掉十几个戎狄族的国家，开辟了上千里的土地；向东，帮助晋国平定过内乱，并因之把边界一直扩展到黄河边上，曾经号为霸主。可惜后来在厉公、躁公、简公、出子几代中，内乱接连不断，对付外敌的力量逐渐消耗殆尽了。至孝公即位时，黄河西岸的一大片领土早已失去，强大的魏国沿北洛河筑起一道长城，遏止秦国的势力，使其不能向东发展，而楚国又占据着汉中一带的广大地区，从南边对秦构成威胁。七雄中的其他六国都瞧不起秦国，把秦视作戎狄，不愿同它一起会盟，这正是秦孝公极感耻辱的。谁知第一次来见他的公孙鞅竟闭口不谈如何摆脱贫弱，却讲了一篇仁义道德的大道理，还说尧舜禹汤都是这么做的，所以才成就了王业。秦孝公只听了一半，就连着打哈欠，末了，索性闭起眼睛。

事后，秦孝公埋怨景监说："你介绍的这种迂腐人，有什么用呢？"景监转而又去责备公孙鞅，公孙鞅却沉得住气，不慌不忙地回答道："我已知道主公的心思了。烦你再去替我说一下，这次管保让主公满意。"景监发现他还能有好办法，便答应帮忙帮到底。过了些天，秦孝公很勉强地又一次召见了公孙鞅。

一见孝公，公孙鞅便开门见山地说："上次我谈的是王道，看来主公不喜欢，那么，现在就谈谈霸道吧！"接着，他从分析造成秦国贫弱的原因入手，明确提出走上富强的唯一出路是农战，而推行农战政策的根本保证则是赏罚。他把农战叫作"壹务"或"壹教"，认为只有"修赏罚以辅壹教"，才能使民力集中，倘若民力都集中到了农战上，治、富、强、王便可不求自来了。当然，治、富、强、王的王已不是上次说的王道，而是指用战争兼并天下，做天下的王。秦孝公听着这些，不由得被公孙鞅的睿智和透辟深深地吸引，无意中从座席上向前移动了好几次。此后，两人又一连谈了三天，孝公丝毫不觉得困倦，有时连吃饭睡觉也忘记了。

原来，战国已是君择臣、臣也择君的时代，自负才高的智能之士都像鸟儿似的择木而栖，所以，公孙鞅一开始只用王道来试探，等到弄清楚孝公确实是要寻求办实事之贤人贤君，这才肯直抒胸臆，拿出自己的真见解。以农战为核心的一套主张能够受到孝公的重视，几乎是他意料之中的事。

秦孝公听取了公孙鞅的意见，打算变更法度。可是，转念一想：干这么大的事，会不会有人说长道短呢？正盘算着，公孙鞅已猜出了他的心思，就又来劝导说："行动迟疑彷徨，是成就不了大业的。况且做事非凡的人，本来就会受到世俗的非议，有独到见解的人，常常要遭到诋毁，你何必顾及于此呢？愚笨者对已成功的事情还弄不明白，聪明人却事先就能看出苗头。老百姓不喜欢的事，该做的还是要做，开始用不着同他们商量，等到变法有了成效，他们自己尝到了甜头，那时才会来拥护你。一个懂得高深道理而又志向广远的长者，是绝不可以迎合世俗、迁就大众的，只要能使国家富强，便没有什么陈规、什么古礼不可以改除。"这番议论，真是痛快淋漓！秦孝公听了，不仅疑虑全消，而且对公孙鞅的态度也由信任进而变为尊敬。

◆◇ 变法

经过一番准备，秦孝公任命公孙鞅为左庶长，由他主持，变法之举便大张旗鼓地开展起来了。这变法的内容，据大史学家司马迁后来总结，主要是"内务耕稼，外劝战死之赏罚。"详细说来，倒还有着不少具体的条目呢！

首先是奖励耕织，惩治工商业者和各类游民。公孙鞅说："现在商贾靠经商致了富，耍手艺的也能过上好日子，有人专门游说谈论，还被封了官。大家羡慕这三种人，就会逃避农业，并且不再重视自己的家乡，到那时，谁还会替国君守土打仗呢？"因此，便在新法中规定，凡勤力于农桑、男耕女织、能向政府提供较多粮食和布帛的，便免除本人的徭役，从事工商业或因游手好闲而造成贫穷的，则没为官奴婢。他期望通过法令，能把自己那"修赏罚以辅壹教"的思想化为实际的社会运动。

勤力耕作者尚且要给奖励，更不要说那些奋勇杀敌的战士。公孙鞅制定了二十级军功爵制，规定杀一个敌人可授爵一级，奖田一顷，宅九亩，若能杀死敌方五个甲士，就让他役使五家隶农，杀敌越多，赏赐越厚。获得八级以上爵位的还可以授予一定的官职。另一方面，对私自进行械斗的人却要处以严厉的刑罚。看到战士可以提高地位，还能得到许多实际好处，人们为国家而战的积极性也就高涨起来了。

古代社会有世卿世禄制，王公的子弟算是血统高贵的贵族，他们天生注定是要有爵位的，这如何能让人服气？听任其继续下去，怎能不影响战士的情绪？况且，贵族中尽管也出过能干的角色，但多数总是习惯于养尊处优，缺乏处理实际问题的能力，如果让他们指挥军队，战士再勇敢，恐怕仍不免要吃败仗。为此，公孙鞅在变法时规定，宗室成员要是没有立下军功，那就不能继续保持贵族的名籍了。有军功的，可以按照等级占有田宅和臣妾，可以穿华美的衣服，乘高大漂亮的车子；不立军功的，即使有钱也不准再讲贵族的排场。这样一来，事实上是用军功爵制完全取代了旧的世卿世禄制，当然也就从根本上触动了秦国的旧势力。

搞耕战还需要有一个良好的社会环境，于是，治安问题便不能不提上变法改革的议事日程。公孙鞅采取的措施是，把百姓五家人编为一伍，十家人编为一什，让他们互相督察检举，一家犯法，其余各家都要连坐。不告发奸人的要处以腰斩之刑，告发了的可受与斩敌首级一样的赏格。相反，假如藏匿奸人，则要像对待降敌者一样给以严厉的惩处。把战场上的奖惩办法用于治民是为了更加雷厉风行，但结果却等于是将全国都置于战时状态之中了。

中国阶级社会早期，各地普遍存在着父权制的大家族，生产是由家长领导家族成员和家内奴隶集体进行的，秦地也不例外。到了战国，随着铁制农具的广泛应用，农民逐渐具备了独立从事耕作的条件，从而对家族集体劳动失去了兴趣，总是互相攀比，谁也不肯拿出十分的力气来；相反，要是把地分给他自己去种，则又个个憋足了劲儿干，唯恐落到别人后边。公孙鞅面对这一事实，深切感到以家族为单位的集体劳动，已经压抑了人们的生产积极性，而分地私耕早已成为势所必行的迫切需要。所以，他在变法中又特别规定，一家若有两个或两个以上成了年的儿子，就必须立即分家，各立门户。不愿分家的，就向他们加倍征收赋税，以示惩罚。在各国的变法中，唯有公孙鞅对向来为习惯所崇奉的家族进行了公开的亵渎。强制家庭细分的初衷或许只是为了充分挖掘个人的劳动潜力，以服务于农战政策的需要，最终却使秦国旧有的血缘关系遭到了一次大规模的涤荡！

从上边的叙述中可以看出，公孙鞅的新法不仅是秦国走上治、富、强、王道路的有力保证，而且也便于将士和农民提高其社会地位。只是对于连做梦都想保住特权的贵族来说，却有很大的妨碍。因此，这次变法运动从一开始就遭到了秦国守旧贵族的抵制和攻击。听说孝公打算重用这个刚到秦国不久的异国年轻人来主持改革，大夫甘龙、杜挚等人立刻四处活动，图谋趁改革方案尚未出台时，把它扼杀掉。鉴于反对派已经造了不少舆论，孝公只好让公孙鞅同甘龙、杜挚等人在朝廷上进行公开辩论。

甘龙说："我听人讲，圣人靠不改革人民的旧礼俗来施行教化，智者靠不变更旧法度来治理国家。因袭旧俗以施教化，不费多大事就能成功，依据旧法，治理国家，官吏既很熟悉，人民也能相安。现在平白无故地吵吵着说要变法，岂不是故意制造混乱吗？"

公孙鞅回答道："大夫所言，不过是世俗之见罢了。平常人总是墨守旧习，连学士们也因闻见有限而往往循规蹈矩。这两种人只配做个守成的官儿，完全用不着同他们去讨论现成法度以外的事情。夏、商、周三代礼制不同，却都成就了王业，春秋五霸各有自己的一套，也都使霸业达到了高峰，可见敢于创立法度的才是真正的聪明人。我们为什么要像普通的庸才那样，去受旧制度的约束呢？"

杜挚说："没有百倍的利益，就不变更法度；没有十倍的功效，就不更换器具。这是古训。依我看，只有效法古人，才不会出错；只有遵守古礼，才不会有奸邪的事情发生。"

公孙鞅见他居然要把改革影射为奸邪之事，不免有些生气，便毫不容情地驳斥道："古代政教各不相同，你到底要我们效法哪个古人？商汤和周武王不循旧礼，可是却得了天下；夏桀和殷纣王不知及时变更，反而身死国亡。这正说明推翻了古法的人，未必可以非议，拘守旧礼的人，未必值得赞扬。"

如此你来我往地争持了一番，道理倒是越辩越明了。秦孝公果断地下结论说："就按公孙鞅说的办吧！"甘龙、杜挚只得缄口不言，心里却直觉得晦气：自己的嘴巴为什么不如公孙鞅那样会说呢？其实，这并不是一个会说不会说的问题，公孙鞅用的是进化的历史观，他的话能说服人，原是理所当然的。

新法公布以后不到一年，就有数以千计的人站出来横加指责。当时，普通劳动人民在政治上并没有多少发言权，因此可以认为，批评的声音主要仍是来自贵族阶层。为了达到破坏新法的目的，贵族们还唆使太子犯法，以为这样，公孙鞅就会知难而退了。岂料公孙鞅是个一不做，二不休的人，已有权力在手，更是有恃无恐。他对孝公说："新法推不开，关键是上边有干扰，主公要是真有变法的决心，就得先拿地位高的人开刀。"孝公很赞成。于是，公孙鞅就以教导不善的罪名，对太子的两个老师公子虔和公孙贾判了刑，还在公孙贾的脸上刺了字。又把那些批评过法令的人当作乱化之民，统统流放到边远地区去。

一旦动了真格的，说长道短者立刻敛声匿迹了，秦民都开始以新法为准则，不敢越雷池一步。推行十年，居然换来了路不拾遗、山无盗贼、家给人足的新局面，大家都愿意做个勇敢的战士，为国家出力，对于私下械斗却再也提不起精神来。

公孙鞅取得的成绩是巨大的，但假若没有秦孝公始终如一的支持，他就对付不了那帮存心破坏的旧贵族，也很难达到这一步。因而，秦国变法改革的胜利既应归功于公孙鞅，也应归功于秦孝公。

◆◇ 拓土

秦孝公眼见秦国经过变法改革，已逐日富强起来，心里委实高兴，就提升公孙鞅为大良造，命他将兵东出攻魏。秦人都知道农战是国家重视的唯一要务，不奋力搏斗，就别想从政府那里得到任何好处，相反，立了战功，重赏即可随之而来。因此，一到前线，便个个争先，有进无退，连魏国经过精心挑选和训练的"武卒"（魏国精锐部队的名称）也抵挡不住，秦军一举攻下魏都安邑和魏的北方重镇固阳（在今内蒙古自治区包头、固阳一带）。后来经过谈判，虽然又把安邑还回去了，但秦的统治范围却推进到了北洛河以东，魏国苦心经营的长城防线顷刻化为无用。接着，公孙鞅在咸阳建造门阙、宫室，把秦的都城由雍迁到这里。从此，咸阳成为秦国的政治中心，也成为秦人向东扩张的基地。

受到第一次变法胜利的鼓舞，公孙鞅同孝公在迁都后又颁布了几项新的改革措施。

首先是下令禁止百姓们父子兄弟同室而居。这既是要改除秦人中亲属禁忌不严的陋俗，又是要进一步破坏家族，强制推行小家庭制度。分门另过后，父权和公婆的威风受到削弱，个人的独立性迅速增强，一家人不再互相依赖、互相攀比，当然对生产发展是十分有利的。

其次是把秦国的小都、乡邑归并起来，统一划为三十一个县（后增加到四十一个），每县设置县令和县丞。其目的显然是要用健全地域组织的方式把破坏血缘关系的胜利成果巩固下来。从此，政令通过令丞及于乡里，直接达于编户齐民，家族势力即私门的梗阻就被排除了。

最后一项叫作开辟封疆阡陌，田间南北向的路叫作阡，东西向的路叫作陌，但另一方面，阡陌也是旧时代区分家族领地范围的标志。现在，家族已经瓦解，个体劳动成了主要的生产形式，政府正推行授田制，授给每个农户百亩土地，而且为了鼓励垦荒，还把每亩的亩积扩大了一倍多，又积极从东方各国招徕人口，以图解决秦国劳动力不足的问题。在这种情况下，允许旧的此疆彼界继续存在，不等于是自缚手脚吗？下令打破封疆后，土地得到了充分的利用，国家按照一夫百亩的标准统一征收粟米，各户的负担也逐渐平衡起来。

说话间，几项新法又被大张旗鼓地推行了四五年，秦国变得益发富强。当时的天子是周显王，听到这种情况，马上派使者送去祭祀用过的胙肉，算是承认秦孝公为一方诸侯的首领。东方各国争着前往祝贺，再不敢把秦国视为戎狄之邦了。

然而，几年来，国内贵族势力仍没有停止过破坏。见到别人已经不肯公开说话，公子虔竟亲自跳出来，故意触犯条规。公孙鞅没有客气，毅然对他处以劓刑。好端端的一个鼻子被割了下来，公子虔既羞且愤却又无奈。其他人由此受到更大的震慑，益发噤若寒蝉，新法的推行反倒顺利了许多。

就在秦孝公被周显王封为诸侯首领的第二年（前341），齐国任用田忌、孙膑，在马陵打败了魏国军队，俘虏了魏太子申，魏将庞涓被迫自杀，这在历史上叫作"马陵之战"。消息一传到咸阳，公孙鞅便觉得是个进攻魏国的好机会，他对秦孝公说："咱们不如抓紧趁势打过去。要是能占据住黄河沿岸和华山一带的险要地区，将来可以东向控制诸侯，帝王之业或者就由此奠定了！"孝公听了，异常欣喜，命令公孙鞅亲率五万大军向东开进。

魏国自然也不敢怠慢，派了公子卬为主帅，领兵迎敌。两军对峙着扎下营寨，谁也没有主动出击。

公孙鞅写信给公子卬说："起初我在魏时曾与公子交好，真是相得益彰，哪料今日却分别为两国领兵，要在战场上对垒了。我实在不忍心看到好友间互相攻杀，倒不如咱们见上一面，订个盟约，痛痛快快地喝几杯，然后罢兵归去。"公子卬一则过于迷信个人交情，一则也想保住魏国的实力，遂答应了公孙鞅的请求，亲自前去同他会谈。两人叙了旧，即入席欢饮，抚今追昔，发了许多感慨。看看天色已经不早，公孙鞅猛地收住话头，将手中的酒杯往地上一摔，早有预先埋伏好的甲士突然跃出，将公子卬擒住。秦军趁势进攻，魏人失了主帅，又没有防备，很快就被打垮。公子卬大呼上当，却已追悔莫及了。

魏国遭到齐、秦的连续打击，哪里还有还手之力，不得已，只好献出黄河西岸的土地同秦讲了和。后来感到都城与秦相邻，总不是事儿，干脆由安邑迁到了东边的大梁。这时，魏惠王方知道公孙鞅的厉害，不由叹息道："当初我为什么就没听公叔座的话呢？"

◆◇ 困惑

秦孝公见公孙鞅争来了河西地区，觉得真是一件了不起的大功劳，就把商、於一带的十五个邑割给他做封地，加给他一个尊号叫作"商君"，以后，人们便把公孙鞅或卫鞅改称为商鞅了。到这时，商鞅的政治活动算是进入了鼎盛阶段。然而，贵极人臣反倒使商鞅感到孤寂，志得意满中往往夹杂着几分怅惘。何以会有这样的心境，连他自己也有些莫名其妙。

秦国有个赵良，有人把他当作隐士，有人说他是商鞅的门客，从《史记》的记录来看，似乎可以说是一位普遍受到尊重的年高德昭者。一天，商鞅终于忍不住，去找赵良谈心了。见面后，商鞅先表白说："秦国原来的习俗，跟戎狄差不多，我通过移风易俗，加以改除，让人们变得父子有序，男女有别。这都城咸阳，也由我一手建造，如今冀阙高耸，宫室成区，连鲁、卫之都，恐怕也不过如此。你看我的功劳能不能赶上百里奚？"百里奚是秦穆公时的名臣，赵良知道，商鞅是因为秦人没有像歌颂百里奚那样歌颂他，而感到委屈呢！于是，也就直截了当地回答道："百里奚一得到穆公的信任，就劝穆公请蹇叔出来做国相，自己情愿做助手；你却大权独揽，从来没有推荐过贤人。百里奚在位六七年，三次平定了晋国的内乱，又帮他们立了新的国君，天下人无不折服；你却不顾信义，欺骗朋友，乘人之危，夺回河西之地。百里奚减轻兵役，少用刑罚，千方百计地让百姓安居乐业；而你呢，犯了轻罪，反而要用重罚，简直把人民都当成了奴隶。百里奚出门从不乘车，热天连个伞盖也不打，很随便地同大家交谈，根本无须大队警卫跟着保护；你呢？哪次出去都是车马几十辆，卫兵一大群，前呼后拥，老百姓吓得躲都躲不及，身边还得站上两个强壮的贴身保镖，少了这些，你敢挪动一步吗？百里奚死后，全国男女无不流涕，好像死了父亲一样难过，小孩子不再歌唱，舂米的也不再喊着号子干活儿，这是人们在自觉自愿地怀念他；你却一味杀罚，连太子的老师都被割了鼻子。一旦主公谢世，我担心有不少人要起来收拾你，你还指望要做秦国的第二个百里奚，岂不可笑？为你着想，不如及早交出商、於之地，退隐山野，说不定还能终老林泉。不然，你的灭亡就指日可待了。"

听了赵良一番颇为不敬的议论，一向叱咤风云的商鞅却默然无语。在回府的路上，突然感到，这由车鸣马嘶和武士吆喝声交织起来的奏鸣曲竟不如以前那般悦耳了。可他仍坚信，对于人民是不能讲什么仁慈惠爱的，讲仁慈惠爱便不能促使其专力于农战，但民众能理解自己这番要国家达于治、富、强、王的苦心吗？或者自己的思想真的也需要那些民众们去理解吗？他想不清楚。却又不能不承认赵良指出的前途布满荆棘的事实。放弃已有的功名利禄而退隐山林，素非所愿，等待着自己的结局究竟是什么，确实凶吉难卜，他还缺乏生死以之的胸怀和气概，他第一次觉得身心都有些疲累。回府后，立即斥退侍从，把自己关在房里。他需要一个人待一会儿。

◆◇ 惨死

果不出赵良所料，该来的还是来了。公元前338年，在位二十四年的秦孝公去世，太子嬴驷即位，这就是秦惠文君（后称秦惠文王）。闭门不出已有八年之久的公子虔终于有了出头之日，他联合着公孙贾和一班宗室贵族诬告商鞅谋反，得到新君的支持后，立即带人前去实施逮捕。

商鞅仓皇出逃，一路跋涉，来到边境的关口时，早已累得疲惫不堪，想到旅店里住一宿，店主人却说："商君有令，留宿没有证件的人，是要判罪的。"自己交不出证件，只得到僻静处坐待天明。借着清冷的月光，呆望黑黝黝的山岭，他不禁叹息道："谁料这严法厉禁竟会落到自己的头上呢！"一时思潮澎湃，反而忘掉了那夜风的刺骨。朦胧闻得野店鸡啼，须臾已是此起彼应，料知关门将启，也不敢去找关吏，急急打点了，趁乱悄然混出关去，来到了魏国。偏偏魏国仍记着诱执公子卬的旧仇，不仅不予接纳，还以害怕得罪秦国为借口，重新将他送入秦境。

商鞅无奈，只得回到自己的封地商、於，召集亲信和民兵，真的造起反来。然而，以区区十五邑的力量对抗强秦，何异于以卵击石？商鞅率兵刚进至郑地，便被政府军击败，贵族们擒杀了他还觉得太不解恨，又把尸体弄到咸阳，车裂为五块，陈于市间示众。他的全家也同时遭到残酷的杀戮。

我们有理由推测，商鞅被杀前可能还考虑过同赵良谈话以后一直萦绕于胸，但始终没有想清的那些老问题。

他死了。以反叛的罪名被载入了秦国的史籍。然而他错了吗？后来，战国的大思想家荀子曾西游入秦，看到那里人民朴拙，百吏肃然，既无朋党比周，也无以权谋私，政务都依法办理，不见拖延和积压，不由大为称赏，惊呼自己发现了秦人连续几代不断取得胜利的原因。这原因何在？不正是商鞅的改革为秦国法治建设打下了基础吗？荀子的学生韩非明确指出：孝公、商君死后，"秦法未败"。原来，他们的继任者玩弄的也只是逆取顺守的政治策略，在消灭商鞅全家的同时，又把改革的成果全部保留了下来。汉人赞扬商鞅"尽公不顾私"，一心想着耕战，才造成了秦国的富有和强大，甚至还认为，连秦始皇能够统一天下，也应追因于六代以前的秦孝公。商鞅之于秦，功臣乎？罪人乎？实已不辩自明。而且，据说秦人妇女儿童都能背诵商君之法的条文，到战国后期，各国都有收藏商鞅著作的人家，他对战国历史的影响恐怕也是他同时代的许多人都无法企及的。

但他确实没有像百里奚那样赢得秦人的尊敬和怀念。车裂了的尸体陈于咸阳市，观者如堵，没有人说过一句同情话。这种结局，赵良曾于事前指出过，商鞅自己似乎也有预感，不然，就不会去同赵良进行那番关于是非功过的讨论了。

何以竟至于如此？商鞅到死也没有弄清楚。因而这寻找答案的任务也就留给了后人。

◆◇ 沉思

首先，应该考虑到商鞅与百里奚所处的时代不同。社会进步了，私有制发展了，阶级分化日益加剧，在上位者与人民群众的关系必将越来越疏远。

其次，似乎需要从变法本身去找一找原因。商鞅的目标是要秦国达到治、富、强、王，主要的办法是农战，问题抓得很准，成绩也是巨大的。但他把服务于农战政策的一切措施都建立在愚民的基础上，能说这仍然是正确的吗？

变法刚开始，商鞅曾在国都南门外竖立一根三丈高的木杆，号令大众说："谁能把木杆移到北门去，就赏予十金。"百姓莫名其妙，没人敢出头，于是，又把赏格提高到五十金。有人放大胆子来把木杆移走了，果真得到了赏钱。商鞅的意图是借此告诉人民，只要听从命令，就会有好处。这个故事生动说明，商鞅只想让民众知道应该怎么做，却根本不想让他们懂得为什么。

人民越愚昧，便越专力于农耕，也越容易驱使他们到战场上去卖命，这是商鞅始终如一遵奉着的信条。为了愚民，他不遗余力地压制商贾、压制有技术的手工业者，还严厉禁止人民攻读诗书、探求学问。甚至连见闻广博、聪明智慧、善于言谈者都被列为打击对象，认为一切懒惰、傲慢、不听命令的坏现象都是由这些"乱农之民"带出来的，"乱农之民"简直就是附在国家身上的虱子，可杀不可留。据《韩非子·和氏》篇记录，商鞅曾"燔诗书"，不知是否还坑过儒。原来，他不仅仅是通过改革为秦统一六国奠定了基础，而且在毁灭文化方面为秦始皇提供了可资仿效的范例。自然，我们不能用今天的标准要求商鞅也懂得教育群众和发动群众，但除了走愚民和文化专制的道路外，是否就已别无选择了呢？

商鞅罚不避权贵，提出刑无等级，用严厉的手段打击上层守旧势力，确实难能可贵。但同时他又把严刑峻法当作驱使下民专力于农战的无情钢鞭，而且主张，对犯轻罪的人要用重刑，以为这样一来，百姓们连轻罪都害怕犯，更不敢去犯重罪了。在这种远非科学的量刑理论下，人民自然要遭受到超乎常规的迫害和摧残。据记载，商鞅除推行"连坐法"外，又增设腰斩、抽筋、凿头顶、下油锅等酷刑，甚至连把灰尘倒在路上之类的小过错，也有相应的刑罚。他曾在渭水边一次杀人七百多，半条河水都被染红，被杀者亲属的哭喊声震动天地，很难确定这七百多人都是贵族反对派。用如此残暴的高压手段求治，其治焉得长久？他那颗冷酷的心又怎能不感到分外孤寂？有人说，后来秦始皇一岁断狱上万件，弄得囚犯充斥于道路，这只是一个流，而商鞅的轻罪重刑才是真正的源，秦朝二世而亡，商鞅也不能辞其咎。这种意见是发人深省的。

商鞅改革中的失误还可找出许多条，这些失误与他个人历史悲剧的铸成不无关系。但我们更想指出，社会的每一种新进步，原本就必然表现为对某一神圣事物的亵渎，表现为对陈旧的、日渐衰亡的、但为习惯所崇奉的秩序的叛逆，改革者将遇到种种误解、困难和危险，难道不也是一种正常现象吗？

成功的改革家既需要有足够的勇气，又需要把改革化为人民的自觉行动。商鞅做不到的事，后人应该做到。

在幸与不幸之间

◎陈效鸿

　　他的不同凡响之处，在于从不屈服于命运的摆布，一次次艰难地选择，一年年执意地寻求……

　　他没有达到目的，但绝不是失败者，一部与他姓氏相连的巨书，刻下了他关于治国的梦。迷惘中，政治家做了能做的一切，又何须苛求他去做不能做的一切？

◆◇ 时代与机遇

战国七雄逐鹿中原，合纵连横为竞生存。

在经历了长达二百余年军事上、外交上的反复较量之后，到秦昭襄王时代（前306—前251），华夏大地上群雄兼并的格局渐趋明朗：山东六国内外矛盾重重，国力疲弱，无论是一国独立支撑还是几家联兵抗争，都已难于在残酷的生存竞争中有所作为；而原本比较落后且偏处西陲的秦国，却凭借强大的经济、军事实力步步向东方进逼，在通向最后胜利的道路上树起一块块令人瞩目的里程碑。

公元前293年伊阙之战，秦将白起重创韩、魏联军，斩敌二十四万，迫使两国割让大片土地。

公元前279年，白起在秦、楚鄢之战中大获全胜，进而乘胜攻取楚国郢都。

公元前273年华阳之战，白起率秦师所向披靡，大败赵、魏联军，取得斩首十五万的赫赫战果。

公元前260年，举世震惊的长平大战在秦、赵间爆发，秦国动员了十五岁以上的全部后备兵力投入战场。经过四十六天鏖战，大约四十五万赵军被消灭，遭活埋的降卒以数十万计。

仅此四战，秦军斩首的数字已达百万以上，以至指挥这些战役的大将白起竟被世人视为"人屠"。这正符合了孟子所说"攻野以战，杀人盈野；攻城以战，杀人盈城"的特点。在那个弱肉强食的时代，力量对比既已如此悬殊，亡国灭宗也就为时不远了。首当其冲的不是别人，正是那个早已被人遗忘、过着寄人篱下生活的周王室。

长平之战后第四年，当秦军再度进攻韩、赵等国时，不自量力的周王室苗裔洛阳西周君居然拼凑了一支军队赶赴伊阙加入山东各国的反秦联军。结果引火烧身，招来了秦国报复。反秦联军还未开始行动，秦军的铁拳却已落到西周君头上：全部三十六座封邑和人口成了秦国的囊中之物，他本人则被废为平民。与此同时，那位长年在西周君领地内当"寓公"的年迈天子（周赧王）也终于一命呜呼，象征天子权力的九鼎遂落入秦人手中。就这样，历时八百年的姬姓周王朝无声无息地从历史舞台上消失了。

也就在这同一年，一位来自秦、赵交战前线邯郸的商人在咸阳城的王宫里向秦昭襄王进献了一份"破天下之（合）纵，以成霸王之名"的良策，其中明确提出了"举赵、亡韩、臣荆魏、亲齐燕"的行动方针，并声称如果秦王按此行事而不能实现目标，则自己甘受最严厉的处罚："大王斩臣以殉国"。此人为秦国服务的迫切之情溢于言表，所提出的方针也完全符合秦国的实际和长远利益，因此，尽管当时并未立即在秦国发迹，却也给昭王君臣留下了深刻印象。

六年之后，当又一位新国君（庄襄王）入主咸阳宫时，人们惊异地发现，站在秦王身旁的新任相国竟然就是当年在昭王面前慷慨陈说的那个来自赵国的富商。一个普通的商贾，一夜之间登上了人臣之极的高位，这在秦国乃至整个先秦时代恐怕是绝无仅有的。历史似乎给秦国君臣开了个玩笑。尽管中央集权体制的建立为大批富有才干、精于治国的能人、贤人登上列国政治舞台并猎取官位爵禄提供了机会，但由于农业社会根深蒂固的传统和商品经济发展不充分的制约，即使在封建变法最为彻底、人才选拔最为开放的秦国，人们也还难以想象把商人同高级官僚直接联系起来。可如今，当着封建割据战争开始进入决胜阶段的关键时刻，一个异国的商人却在秦国取得了如此辉煌的成功，一跃成为政治上风云际会的决策人物，这不能不叫人目瞪口呆。

这个特殊人物，就是在太史公笔下多少带点儿传奇色彩的秦文信侯吕不韦。

他的成功和发迹完全在于机遇，而这种机遇又是时代向他提供的，其中的必然联系可以称之为"吕不韦现象"。当然，也还存在个人的原因，尤其是后来，直接导致他从权势的顶峰一下子跌落下来。所有这些，通过寻绎吕不韦面临的种种矛盾和困惑，以及他为适应这种特殊环境所做的努力和选择，就不难做出合乎情理的解释。

◆◇ 经商与从政

关于吕不韦的早年身世，人们了解得并不多，只知道他是卫国濮阳（今河南省濮阳西南）人，后到韩国经商，成了"家累千金"的阳翟（今河南省禹县）大贾。长平之战前后，他又来到赵都邯郸，在这里发生了吕不韦一生中最大的一次转折。

当时，正值秦相范雎积极推行"远交近攻"战略并连连得手之际。越战越强的秦国不但从楚、魏、韩、赵等国腹地蚕食了许多土地，还在人力、财力上给东方各国造成巨大损失。对于包括商人在内的各国人民来说，尽早结束战争、实现统一已成为共同的迫切要求。多年经商、奔波辗转于各国之间的经历使吕不韦对周围的政治、军事形势格外关切。令他感到困惑的是：商人通过自己的奋斗发家，甚至可以富比封君，但在残酷的政治斗争和战争面前却变得毫无作为，完全不能左右自身的命运。作为一个已经积累了相当财富的商人，吕不韦开始意识到：从长远计，在决定以后投资时不仅要考虑经济利润问题，更应学会从风云变幻的政治斗争中获取可资利用的信息，时时留心身边发生的一切，及时抓住各种有利因素。

秦昭襄王三十九年（前268）起，秦军连续向魏国发起攻击，接着就把打击的重点转向国力本已衰弱的近邻韩国，短短两三年就将韩国在黄河以北、太行山以南的大片领土据为己有。按照范雎的如意算盘，只要攻下韩在黄河南边的军事重镇荥阳，再扼断黄河以北的太行山通道，整个韩国就将"断而为三"，陷于首尾难顾的必亡之境。公元前262年，秦军占领野王（今河南沁阳），北部的上党郡立即面临同韩国本土完全隔绝、孤立挨打的境地。为挽救上党，郡守冯亭决计向赵国求援，表示愿意归顺，实际上也就是要把战火从韩国引向赵国。赵国经不起诱惑，迅即派出一支大军前往长平驻守，而秦国也决不肯轻易将已到嘴边的肥肉吐出。于是，战国历史上空前激烈、残酷的长平之战就此爆发。

是役结果，无异于向天下明白昭告：完成统一大业的任务已非秦莫属，这个朝气勃勃的西方大国将赢得封建兼并战争的最终胜利。同时，这也对吕不韦选择今后的人生道路发生了决定性的影响。眼看六国一个个都处于岌岌可危的境况，他更加迫切地把寻求政治上投资对象的目光投向秦国。因此，当他在邯郸街头与当时正在赵国当人质的秦公子异人不期而遇时，一个大胆而又周密的计划迅速在他的头脑中形成。

异人是秦昭襄王太子安国君（名柱）之子。安国君有二十几个儿子，异人既非嫡出，其生母夏姬又不受宠，作为"诸庶孽孙"，被打发到赵国来当人质，这在当时实在是极为普通的现象。但是吕不韦在秦赵关系遽然恶化的当口和公子异人结识，却使他从这位流落异国、"身为粪土"的落难王孙身上获得了某种启示，他隐隐约约地感觉到，一个飞黄腾达的机会正在眼前。吕不韦这样盘算：从秦的国内情况看，昭王年事已高；即将继承王位的安国君尚未立嗣，而他所宠爱的华阳夫人虽位尊势隆，却未能生子。因此在安国君之后王位落入谁人之手，其中大有文章可做。眼下秦赵战争爆发，使得本已穷途潦倒、连自身安危都要"托于不可知之国"的公子异人的处境更为险恶，对今后的前途绝不敢存有任何奢望。这时候若能设法帮他一把，使之成为安国君的嗣子，一旦秦并天下，异人即位，本人岂不就是四海之内，天下第一功臣吗？这真是一笔一本万利的好买卖。

机会难得，奇货可居。

当然，要真正实现这一设想又谈何容易。作为一次巨大的风险投资，吕不韦不能不谨慎从事，再三斟酌，三思而后行。在同自己的父亲商量时，他算了这样一笔账：把资本投在置田种粮上收益不过十倍，若用来做珠宝生意则可能赢利百倍；要是把这笔钱花在一个可能成为国君的人身上，成功之后所获得的好处就难以估算了，不但一辈子享用不尽，还可以传给后代。事情就是这样明摆着，任何一个精于算计的商人都无法抵御巨额利润的诱惑。于是吕不韦毅然决定把全部赌注押在公子异人身上，进行一次空前的政治投机。可以说，正是从这一刻起，吕不韦开始走上弃商从政的道路，一条充满风险，同时也充满前途的奋斗之路。

人们不得不承认吕不韦的勇气和远见，这倒不仅仅在于他生就一副商人"争利于市"的精明头脑，更为难得的是他能在错综复杂的政治斗争中发现机会，一下子看准了秦国政治和外交棋盘上一枚具有巨大潜力的"闲子"，及时地为自己安排"争名于朝"的战略投资。在此基础上，他充分发挥作为商人的固有优势，用大笔金钱铺路，在邯郸和咸阳两地同时展开为异人回国承嗣制造舆论、争取后台、培植势力的活动。凭着在交易场上练就的如簧之舌，吕不韦亲自入秦游说，在买通华阳夫人同胞姐弟的同时，抓住华阳夫人无子恐久后失势的心理，郑重其事地提出了公子异人贤而见弃，"无母于内，引领西望"，因而愿"自附夫人"的话题。为了打动华阳夫人，他用做生意的口吻大谈"异人无国而有国"与"王后无子而有子"之间的共同利害关系，引诱华阳夫人从"一言而万世之利"着眼，为谋求自身的"终不失势"而认真考虑子嗣的安排。一番奔波的结果，华阳夫人终于答应了这笔交易，而作为中间商的吕不韦则从异人那里得到了"请得分秦国与君共之"的许诺。这真是一笔老少无欺的公平交易，华阳夫人、异人和吕不韦三方都将从中获得各自的"万世之利"，恐怕也只有吕不韦这样兼具商人、政客双重性格的特殊人物才能在这个利益错综交叉的政治交易场上扮演如此成功的角色。

这以后事情的发展可以说是一帆风顺。安国君痛快地答应了华阳夫人收异人为子的请求，并让吕不韦带了一笔厚礼回去赠给异人，还请吕不韦以老师的名义就地协助异人。从此，异人在赵国广结宾客，贤名日盛于诸侯。秦昭王五十年（前257），秦赵再次发生大战，秦军久围邯郸不克，对异人十分不利。吕不韦用金钱买通看守他们的赵吏，趁魏信陵君救赵攻破秦军之机，于混乱之中携公子异人逃离邯郸，随着败退的秦军返回秦国，次年初到达咸阳。吕不韦精心安排了异人与华阳夫人的初次见面，教他穿上楚人的服装，一下子就博得了华阳夫人（原本生于楚，乡土观念较浓）的欢心，当场为其改名曰子楚。不久后，安国君以"寡人子莫若楚"为由，正式宣布立子楚为嫡嗣。吕不韦的"钓奇"计划遂大功告成。

刚刚踏上政治生涯的吕不韦只是太子安国君宫内的一个宾客和近臣，并无太高的政治地位，从身份上讲也还没有完全脱离商人。和当时所有各国的商人一样，他渴望早日消弭战火，彻底扫除各国贸易通道上的一切人为障碍；而作为政客的他却又比一般商人看得更深一层，即只有让秦国在军事上不断获胜，一鼓而定六国，进而实现政治上的统一，才是在现实中争取和平的最可靠途径。在行动上他也是这样做的，前面提到的吕不韦见秦昭王的那次谈话就说明了这一点。那次很可能是因为吕不韦和异人刚从赵国脱身回来，对那里的情况有直接的了解，所以秦昭王召他来当面听听关于秦赵关系和整个战争形势的看法。这件事可以看作是他第一次公开表明自己的政治态度。

历经长期的犹疑之后，吕不韦在"经商"与"从政"两者中选择了后者。或者说，他代表着那个时代的整个商人阶层，把社会进一步发展的希望全部寄托在强大的新兴地主政权——秦王国上了。当初他在公子异人身上投下的那笔巨额资本，从个人角度来说的确有点儿冒险，但从历史发展的大趋势来说，则应该是绝对地稳操胜券。公元前251年，统治秦国长达五十六年的秦昭襄王去世，而此时太子安国君亦已垂垂老矣。这位五十三岁的老人（秦孝文王）即位后不久即因病死去，于是，刚刚承嗣不久的子楚就成了秦国的又一位新君，是为庄襄王。

为了履行前日之诺言，庄襄王把丞相的重任托付给吕不韦，并封为文信侯，以蓝田（今陕西省蓝田县西）十二县为其食邑（后又增封了雒阳的十万户），秦国的内外大权从此落入吕不韦手中。短短十年，吕不韦当年的投资已连本带息收回，"建国立君，泽可以遗世"的设想终于如愿以偿。在此基础上，吕不韦开始为秦国迅速扫平六国，统一天下进行全方位的努力，他个人的历史也翻开了新的一页。

◆◇ 利益与原则

撇开个人的动机不论，吕不韦的成功从客观上反映了新兴商人阶层日益强烈的参政愿望。正因如此，当他进入封建国家最高统治核心之后，必然要在秦国的内外政策中充分体现他作为高人—地主集团政治代表的特点。

吕不韦从庄襄王元年成为秦国丞相起，到秦始皇十年止，前后执政达十三年；至少在前十年中，他基本上完全按照自己的意图不受约束地从事各种活动，可以说是大权独揽，得心应手。这是吕不韦一生中最为灿烂的时期，其个人才华得到充分的施展，同时也为秦国的发展和统一大业做出了重大贡献。过去，人们往往把秦统一中国的功绩统统记在秦始皇一个人的身上，这似乎不太公平。实际上，在他十三岁继承王位后的很长一段时间内，秦国的许多重大政治、军事行动仍然是在以"仲父"和相国身份辅政的吕不韦主持下完成的。后来，秦始皇之所以能在短时期内完成兼并六国的历史使命，很大程度上都得益于吕不韦执政十年间所打下的基础。

为了加速统一的进程，吕不韦首先在军事上对东方各国采取咄咄逼人的姿态，一有机会就主动出击。庄襄王即位的当年，他就亲自领兵一举粉碎了以东周君为首的周王室残余势力的垂死反扑，使姬姓宗庙从此断了香火。接着，又派大将蒙骜等接连向韩、赵、魏三国发起强大攻势，先后攻占成皋、荥阳、榆次、上党、晋阳等四十余城，重置三川、太原郡，把秦的国界推进到距魏都大梁不远的地方。从秦始皇即位后第二年（前245）起，吕不韦再次以韩、赵、魏为主要目标，发动新的一轮进攻，在蒙骜统率下，秦国"锐士"所到之处，三晋军队纷纷望风披靡，几乎无力抵抗。四年中，秦军又夺取了韩国十三城，魏国二十二城，并把早先已成为魏之附庸的卫国变为秦的附庸，使秦的领土与齐国直接相连。原先处于赵、魏、齐、卫之间的一大片土地转眼成了秦国新置的东郡，其郡治就设在吕不韦的原籍老家、原来卫国的都城濮阳。这样，秦军不但对韩、赵、魏三国完成了包围态势，而且对齐、楚、燕等国的生存也构成严重威胁。

公元前241年，除齐以外的东方各国发起了战国时代最后一次"合纵"攻秦。秦军轻而易举地粉碎了这次进攻，并趁势挥戈反击，直取赵、魏，继续攻城略地。在吕不韦的决策、指挥下，到秦始皇开始亲政的当年（前238），秦国在军事上的主动进攻已取得决定性的胜利，它在关东地区新取得的土地至少已达十五个郡。这些胜利沉重打击了六国的封建割据政权，它们已没有任何希望去阻挡秦王国的胜利进军，而只是在气息奄奄中苟延残喘，等待着最后覆灭的命运结局。

吕不韦在布置对六国军事进攻的同时，并没有忽视加强国内的统治基础。在这方面，尽管没有留下多少具体记载，然而从他为未来的统一王朝积极准备思想武器这一点上，可以体察到吕不韦为此所作的努力和付出的心血。

力图使武功和文治相得益彰，是吕不韦治国方略的一个显著特点，而这恰恰又是秦国历代统治者所共同缺乏的基本素养。秦自商鞅变法以来不断强调法治，提倡"以吏为师"，把治理好国家的任务单纯寄托在法（重刑）和吏的身上。由于秦国君臣不愿意承认思想道德具有社会教化功能的力量，因而相应地忽略了国家的文化建设，造成社会意识形态的畸形发展，这不能不说是一种缺憾，当年荀子来到秦国考察时，曾对昭襄王的丞相范雎说过这样一番话："秦国山川形势非常有利，民风纯朴，下级官吏忠于职守，朝廷大臣不搞小圈子，工作效率很高。"尽管荀子印象很不错，但还是认为秦的统治总体上还够不上是"王道"，其原因就在于"无儒"。当然，荀子是以儒学大师的眼光来衡量秦国的政治，说够不上"王道"，本无关紧要。但是当兼并战争行将结束，秦统一六国的形势已成定局的时候，吕不韦身为秦政权事实上的决策者，对于未来统一帝国如何实现长治久安的问题就不能不有更多的考虑，并为此作出更为深远的安排。在这方面，他想到的第一件事，就是必须为统一的新型国家提供一套与封建集权体制相适应的比较完备的统治理论，作为统一君臣思想和行动的准则。

在已经积累了一定统治经验的基础上，吕不韦经过紧锣密鼓的准备，选择在秦王政即将亲政的前一年（前239），采取了一次令人瞠目的大胆动作。这一天，咸阳城门墙上挂出了密密麻麻的一大批简书，吸引着来往过客在此驻足。人们仔细看过，方知是一部名为"吕氏春秋"的洋洋20万字巨著。更为稀奇的是，书的上方还高悬着一大盘黄金，旁边是以秦相国吕不韦名义发布的告示，声称如有人能对这部书作出哪怕一个字的修改增损，就可得此赏钱千金。这一举动是如此地怪诞，人们摸不清到底是怎么回事，个个面面相觑，以至于过去了很长时间，竟然没有一个人敢出来试一试。

后来有人分析，这部被冠以"吕氏春秋"之名的书，从内容、文字上来看均非上乘之作，之所以无人改动，"时人非不能也，盖惮相国畏其势耳"。这话也许有道理。在还政于秦王之前，吕不韦或许很想检验一下自己在国人心目中的权威究竟到了什么程度；当了八年的"仲父"，今后能否继续在秦国政治中发挥作用。但是，单纯从个人的权力欲来解释这件事显然是不够的，因为对于秦王政的为人，吕不韦应该比谁都清楚，"少恩而虎狼心，居约易出人下，得志亦轻食人"。这位因自幼遭际坎坷、备受冷遇而形成了多疑、狭隘、残忍等心理缺陷的少主一旦亲政，是无论如何容不得第二个人来与他分享权力的。假如仅仅为了保住自己已有的地位权势，此时吕不韦应做的恰恰是尽量收敛锋芒、小心从事，以避免造成"势大震主"之嫌。这种显而易见的道理，头脑精明的吕不韦不会不懂。然而他偏要在这个时候拿出"黄帝之所以教颛顼"（《吕氏春秋·序意》）的架势来，把一部与他自己名字相联系的书抬到同孔子等所作春秋经传相提并论的位置，并公之于众，这明明是在公开向秦王政挑战，告诉他：治理天下的良方我已经开好，从今以后一切举措都只可在《吕氏春秋》所提供的"八览、六论、十二纪"范围内按图索骥，寻找现成的答案，而不可更易一字。

应该说，这挑战里面所蕴含的绝非简单的权力之争，人们从中更多地感受到的还是吕不韦身上的一种超凡的气度，一种为推行自己的政治主张而不惜以身家性命为代价与秦王抗衡的原则精神。如果说当年他走上从政道路的时候还带有商人固有的某种投机心理，较多从个人利益上来权衡利害得失的话，那么今天他的所作所为则俨然表现为一个政治家思想的成熟。在事关秦国发展前途的应该用何种方法进行统治的原则问题上，他似乎已不在乎"泽可以遗世"这类仅仅和个人有关的蝇头小利，他的眼睛已经盯住了"以为备天地万物古今之事"这一更为宏大的目标。在这一点上，吕不韦与那位日后同样成为秦相的李斯相比截然不同，至少在人格上就显出其伟大之处。

李斯起自巷闾布衣，随荀子学儒多年，因追逐功名利禄而投身秦王朝的统一事业，曾为吕不韦门下舍人。既后取得高位，却仍兢兢于一己私利，在政治上唯以国君个人好恶为取舍标准，乃至发展到为保全"仓中鼠"的既得利益而违心充当秦二世推行极端专制主义的"督责之术"的帮凶，铸成终身遗恨。

吕不韦虽也靠政治投机成功而飞黄腾达，但一旦大权在握，就开始以寻求某种最佳治国方略为己任，历十年而不舍，终于汇百家之学于一身，设计出以《吕氏春秋》为代表的统治思想。这套方案代表了吕不韦本人的最高理想，他希望秦国在统一后能沿着他所提供的方案继续实践，循序渐进，实现从"武功"到"文治"的转变，以求得各方面的稳步发展。尽管明知这套杂糅各家的理论与秦国既有的文化传统在诸多方面不尽一致，甚或存在着难以协调的矛盾，他仍要毫不气馁地为之呐喊，甚至甘冒同最高权力公开对抗和丧失已经到手的巨大利益之风险。鱼与熊掌不可兼得。当利益和原则发生冲突的时候，他选择了后者，这不能不说是一种大无畏的君子风度。尽管这里面不会没有感情上的痛苦，更不用说内心也充满了深深的迷惘和困惑。

历史表明，统一前夕的秦国内部存在着吕不韦集团与赵太后—嫪毐集团之间，以及秦王政亲政后与这两个集团之间的错综复杂的权力之争，经过激烈的搏斗，嫪毐、吕不韦两大集团先后从政治舞台上消失，秦王政最终控制了全部权力，建立起典型的君主专制体制。

如果就斗争的实质而言，吕、嫪二人的情况完全不同，他们的失败也根本不能同日而语。嫪氏长期与太后结为死党，觊觎朝廷，进而发展到乘秦王政在雍城蕲年宫行加冕礼之际假托秦王之命调兵遣将作乱而遭败诛，纯属后党作乱一类的宫廷政变。作为相国的吕不韦在平定嫪毐之乱中曾发挥过重要作用；他的最后失败虽也与嫪氏不无瓜葛，但秦王政却在事隔一年之后方对他采取"免相——出就国——徙处蜀"这样较为缓和的三步式处理方式。这足以说明吕氏与秦王之间的矛盾不仅是控制与反控制的权力之争，更重要的还是在维护或改变秦国传统治国方针这个重大问题上存在着严重的政见之争。

秦王政也许可以容忍吕不韦与嫪毐之间那种暧昧的利害关系而不予深究，仅以免去相位了事，甚至可以理解他以"仲父"身份继续对自己发号施令的企图而"不忍致法"，却独独不能接受吕不韦广结宾客游士，到处宣传那套不合自己口味的政治主张的做法。所以当他发现吕不韦在免相后的一年中仍在封邑内继续活动，扩大影响，执意与自己争夺思想控制权，以至于出现"诸侯宾客使者相望于道，请文信侯"的局面时，终于按捺不住对这位异己分子的万般义愤，于是一道诏书寄至洛阳，激怒之情跃然纸上："君何功于秦，秦封君十万户？君何亲于秦，号称仲父？"一句话，你吕不韦根本不配享受秦国已经给予的一切特权和待遇，并命令他举家充军蜀地。吕不韦一夜之间从封君跌落为囚徒，希望彻底破灭，自思秦王决不会就此罢休，不如以身殉志。郁郁之下，终于饮鸩而死，了此一生。就是这样，秦王政也还没有达到目的。

为了铲除吕不韦的影响，他又借口有人私自为吕不韦下葬举丧一事，把那些依附于吕不韦门下的宾客舍人不分青红皂白地统统加以驱逐和流放。这种做法，甚至被当作秦国处置不安分权臣的一种制度固定下来。

吕不韦走了，他那直到生命结束仍不改初衷、坚持如一的原则终于未能在秦国得以贯彻。他的对手——秦王政年少得志，迫不及待地按照韩非、李斯之流提供的术治方案，把秦国政治引上了由他一人"独治其民"的不折不扣的极权主义路线。秦王朝统一后，尽管从一开始就存在诸多不容忽视的矛盾，然而由于受极端君权的压抑，仿佛一切都被那位始皇帝轰轰烈烈的内外业绩所掩盖。但这样的统治如同建立在火山口上一样，虽然得逞于一时，却难以长治久安。长期潜伏的矛盾所积聚的能量一旦爆发，足以使貌似强大的帝国大厦在短时间内无可挽回地崩塌。秦王朝二世而亡的历史充分证明了这一点。

吕不韦走了，带着深深的遗憾，带着他为之钟情、为之呕心沥血的发展秦国统一天下的济世方略。那部与他的事业和理想紧紧联系在一起的《吕氏春秋》也随之遭到冷落。然而，一种思想的生命力常常要比他的主人的生命力大得多，吕不韦从政治上乃至肉体上被消灭，不等于他的思想从此消失。在以后的岁月里，以他的姓氏为题的奇书《吕氏春秋》一直在社会上流传，给人以启迪。两千年来，虽然它不曾被哪一个时代的统治者接受为正式的统治理论，但他们或多或少都能从中吸取自己所需要的那部分思想养料。

◆◇ 理想与现实

吕不韦是幸运的，因为他生逢其时，在战国末期由诸侯割据称雄走向统一的历史潮流中获得了一显身手的机会，并由此登上政治舞台，成为名噪一时的风云人物。作为一个强者，他不仅把主宰各国命运的主动权牢牢控制在秦国的手中，而且试图按照自己的思想去改造秦国的政治。他在秦国首开养士之风，以优厚待遇吸引大批来自各国的不同学派的游士，让他们就秦统一天下的有关政治、军事等问题广泛献策。在一段相当长的时期内，相府内外宾客纷至，门庭若市，最兴盛时收养的食客竟达三千人之多。

吕不韦本人并非学者，即便日后编成一部《吕氏春秋》，也很难算得上是一个有自己独立体系的思想大家。但他在取得了政治上的权力之后，能注意到一个国家整体上的文化思想建设，取众家之长以为治国之道，这充分反映了他的确具有较深远的政治眼光和非同常人的抱负。

自春秋末年以来，思想解放浪潮几经发展，到了吕不韦的那个时代，早已形成诸子百家各执一端，竞相辩驳欲售于世的格局。对于这种各派之间"反以相非，反以相是"、"今多不先定其是非而先疾斗争"的做法，吕不韦深感不满，认为"此惑之大者"。（《吕氏春秋·安死》）因为面临秦即将统一六国的形势，思想的统一已被提到日程上来，如不及时解决这个问题，统一的政治局面将是不稳固的。作为商人—地主集团政治代表，吕不韦当然希望按照本阶级的利益来规划未来秦国的蓝图，其中也包括把各家各派的思想纳入这一总体设计里来。因此他要求门人宾客集中力量协助自己完成此项重大使命——由他们将各自掌握的诸子学说汇集在一起，经过"齐万不同"的加工综合，使各种学派理论都能用以为统一帝国的政治、经济、文化各项事业服务，所谓"愚智工拙皆尽力竭能，如出乎一穴"。（《吕氏春秋·不二》）经过这些学士和吕不韦本人数年的苦心经营，一部"集论以为八览、六论、十二纪"，据说能够包揽"天地万物古今之事"的宏论巨著终于赶在秦王政亲政的前夕公开问世，从而在吕不韦的政治生涯中又添上了极为浓重的一笔。这一成就，对于出身商贾的他来说，确属不易，致使他的名字在日后得以超越秦国所有名相（包括他身前身后的各个时期）而跻身"诸子"之列。

然而，吕不韦又是不幸的，一部《吕氏春秋》并没有对他个人在现实政治生活中的处境带来多少帮助。秦王政亲自执掌政权后，根本不愿按吕不韦设计的方案来治理国家，原先潜在的对手一下子变成吕不韦实现其理想的不可逾越的障碍。尽管他不甘于就此放弃自己的主张，被贬职回到自己的封地后也继续进行过活动，但在法治主义长期占统治地位的秦国，一旦失去国君的支持，作为个人的吕不韦又怎能有所作为呢？在绝对君权面前，他和他的前任魏冉、范雎等人一样，只能是一个弱者、失败者，终于带着不解的困惑凄然离开人世。

未来的始皇帝消除了一个强劲的政治对手，而未来的秦王朝也因此而失去了一次矫正自己步入歧途的极端化治国方略的历史机会……

诚然，吕不韦为实现自己的政治主张，最后不得不舍弃曾为之奋斗、来之不易的高官厚禄，作为一个政治家他是无可厚非的。但这并不能表明他所主张的一切都是正确的。恰恰相反，他失败的根本原因正在于他设计那套方案的出发点部分地脱离了当时的客观实际；囿于商人的气质，他对解决社会问题的想法又带有太多的实用观点。总之，他把治国之道过于理想化了。

实事求是地说，若把吕不韦看作一个思想家，也至多只能算是二流的。至于《吕氏春秋》这部书，虽能反映他的政治倾向，编排得也十分严密，但它毕竟不具备独立的完整的思想体系。严格说来，此书不过是从诸子学说中东拿一点，西补一点，然后剪裁组合起来的"百家语"，用书中人自己的话来说，就是"物固莫不有长，莫不有短，人亦然。故善学者，假人之长以补其短，故假人者遂有天下"（《吕氏春秋·用众》）。可见，吕不韦"使其客人人著所闻"编纂成的这部 20 万字巨著，只不过是借别人思想中有用的东西作为治理天下的武器。不仅如此，他还从"一则治，异则乱；一则安，异则危"的主观愿望出发，把原来各家学说中某些互不相同，甚至相左的主张同时搬来，稍加折中调和使之从形式上同一起来，以为这样就可以实现使各派的治国之道"愚智工拙皆尽力竭能"之效果，国家就不会发生混乱和危险。这个绝顶"聪明"的办法，以前还没有人想到过。这位政治家身上浓烈的理想主义色彩，由此可见一斑。

然而，这又是在自商鞅以来定法家为独尊的秦国特定现实背景下产生的，其用意当不在目前。

《汉书·艺文志》把《吕氏春秋》列入杂家之首，称之为"兼儒墨，合名法，知国体之有此，见王治之无不贯"，是说极为妥帖。今天看来，我们仍然承认《吕氏春秋》是一部折中了各家思想的杂书。但这个"杂"，应该理解为一种在严密的计划下的兼收并蓄，然后在阴阳五行说的外衣下，精心编排连缀成书。从这个意义上讲，它又是和其他先秦诸子迥然不同的古代第一部具有统一结构的开放性学术巨作。在编书过程中，任何一家的学说都没有因被"消化"而改变面目，同时也没有哪一家的观点被不加区分地选入书中。可以说，凡是被认为对建设封建统一国家有所帮助的思想观点，都在作者审视、吸收的范围之中，并且最终从"国体"的角度决定取舍，以"王治"的要求通贯百家。这恐怕就是吕不韦当初决意编书时的指导思想，因而人们也得以从这部杂家开山之作大体判明政治家本人主要的思想倾向。

有人认为，《吕氏春秋》的主要思想倾向是从儒家"德治""仁政"学说出发，主张维护君权。的确，书中关于这方面的论述比比皆是，如："为天下及国，莫如以德，莫如行义"（《上德》），"圣人行德乎己，而四荒咸饬于仁"（《精通》），"乱莫大于无天子"（《谨听》），等等。与此同时，《吕氏春秋》对于法家严格依照法律来进行赏罚和完全由国君一人实现独裁的"家天下"理论，则表现出相当保留的态度，认为"严刑厚赏，此衰世之政也"（《上德》），"善教者，不以赏罚而教成"（《义赏》）。并且公然宣称："天下，非一人之天下也，天下之天下也"（《贵公》），"君之所以立，出乎众也。立已定而舍其众，是得其末而失其本。……夫以众者，此君人之大宝也"（《用众》）。当然，吕不韦并不是绝对不要刑赏，而是说应该将其放在德治的范围内来考虑，由仁义来加以节制，决不能滥用。他也并不是不要君主集权，而是要把君主的权力限制在恰当范围内，更不能本末倒置，忘记了自己"之所以立"的根本条件，视天下为自己的私物，视臣下百姓为无足轻重的草芥。联系书中再三强调的"尊贤"主张，应该承认，儒家思想的影响在吕不韦身上确实具有不容忽视的影响。

有人认为，《吕氏春秋》的基本精神在于综合各派之长处而以道家黄老之学为旨归。所谓此书"以道德为标的，以无为为纲纪，以忠义为品式，以公方为检格"的评价（高诱注《吕氏春秋》），是很有见地的。这里首先值得一提的是《吕氏春秋》在天道观上的看法："精气一上一下，圜周复杂，无所稽留，故曰天道圜"（《圜道》），"精充天地而不竭，神覆宇宙而无望"，"与物变化，而无所终穷"（《下贤》）。意思就是说，精气一上一下的运动形成了自然界和宇宙万物循环往复的运动。这种认识，本自稷下黄老。黄老之学特别强调人应该遵循天地之理，因应自然，以静待动，这就正如《序意》中所说的那样："天曰顺，顺维生；地曰固，固维宁；人曰信，信维听。三者咸当，无为而行。"基于这样的认识，作者在政治上必然要提倡"君者处虚"的无为主张："天无形而万物以成，至精无象而万物以化，大圣无事而千官尽能。此乃谓不教之教，无言之诏"（《君守》），"无智、无能、无为，此君之所执也"（《分职》），"有术之主者，……知百官之要，故事省而国治也"（《知度》）。对于那些好大喜功、强力躬行的君主则直截了当地提出了警告："人主好以己为，则守职者舍职而阿主之为矣"（《君守》），"用则衰，动则暗，作则倦……三者非君也"（《勿躬》）。如此看来，说吕不韦对于道家学说有所偏爱确实凿凿有据，毋庸否认。至于"忠义""公方"之类，那只不过是在道家思想为主体的框架内，塞进一些儒、墨、法等各派在不同程度上共同奉行，而又为当时秦国所能接受的主张而已。

这些说法都不无道理，因为尽管《吕氏春秋》对各家各派采取兼收并蓄的方针，但在广泛折中百家之学的时候，却不能不受吕不韦本人政治态度的影响而有所侧重。一方面，所谓"兼儒墨，合名法"表明各家思想是在书中都能得到客观的反映或记录；而另一方面，从"国体""王治"这些根本要求出发，对百家之学的折中就绝不可能是纯中立的，现实斗争的需要将决定这种"折中"的幅度和倾向。

大体上说，《吕氏春秋》一书的主要倾向是调和了儒道两家的宇宙观、人生观和政治观，而对墨家和法家的天道观、社会观和国家观予以严格的批判。这是因为，自从秦惠王广泛吸收墨者主张并以墨家巨子腹䵍为师以来，墨学在秦国已有了七八十年的发展历史，在社会各阶层都形成相当的势力，而法家思想则是从秦孝公起就已深深扎根于秦国本土的统治理论。可以说，渗入了墨家精神的法家学说是秦国政治的传统，而这两家学派共存的基础就在于对于孔孟儒学的全面对抗，以及与老庄思想水火不相容的君权至上理论。与此形成对照的是，在秦国发展的过程中，儒家和道家始终受到统治者的排斥，即便在社会上也谈不上有多大影响。现在，吕不韦既然决心让秦国政治改变传统的路线，实现从武功向文治的转变，就不能不首先顶着传统意识形态的压力为儒道两家学说的传播鸣锣开道，从法墨两家占领的传统思想阵地里辟出一条新路来。郭沫若先生在《吕不韦与秦王政的批判》中，曾从世界观、政治主张、一般倾向三个方面列举出吕不韦与秦始皇在18个问题上存在着截然的对立。实际上这就是吕不韦的治国方案与秦国传统政治之间的尖锐矛盾。正是这一严峻事实，迫使吕不韦在推行自己主张的时候不得不采取迂回作战的方式，表面上借重各家学说进行全面的斟酌安排，以造成强大的宣传声势，其本意则在于从意识形态入手，通过折中调和不同的思想观点，为那些不容于秦国传统政治的学派谋取一块立足之地，求得两者在现实生活中达成先期协调，然后再逐步扩大影响，最终导致秦国政策全面转向。

吕不韦作出这样的安排，也确实煞费了一番苦心。学术活动上的机会主义立场，曲折反映了这位由经商起家的政治家企图以著书立说为手段再创一次奇迹，在即将到来的新的统一局面下获取更大利润的政治动机。如果说这是又一次投机（自然与当年把公子异人视为奇货可居不同，这次吕不韦所依恃的不再是巨额金钱，而是学术和政治上的雄厚资本），那么令吕不韦无法理解的是，这种从主观愿望出发一厢情愿地搞学术调和的办法，其实并不符合当时形势下统一思想的要求，完全起不到协调各派学说矛盾的作用；尤为糟糕的是，随心所欲地把两种截然不同的原则、思想并列在一起来进行折中的结果，往往会使原来已经占上风的那方面受到削弱。例如，在法治传统极强的秦国提倡德治，隆礼教、敦诗书，事实上就是否定"一断于法""严刑重罚"等现行政策。在历来重视"主道"，信奉"君人南面之术"的统治者面前大谈人主应该"无为""无智""无能"，显然无异于釜底抽薪，使法家的绝对君权论归于落空。至于在天下即将定于一统的形势下，却要宣扬"天下非一人之天下"，甚而提出"封天下之贤者"的主张，实际上就是要求作为胜利者的秦国君主放弃"传子孙、业万世"的有利地位，这岂不是客观上帮了封建割据势力的大忙，使建立统一的中央集权国家陷于两难之地？

这样的折中调和对于秦王政来说，无论于私于"公"都绝对无法接受。即便从新兴的商人—地主集团利益考虑，迅速果断地完成统一大业乃是当时最迫切的需要。吕不韦在学术上搞折中调和，虽然有可能在统一思想过程中产生长远的影响，但同时也会对眼下的政治斗争直接起某种消极作用，因而同样是不足取的。

政治家的人格是在无数次挫折和崛起中铸就的。综论吕不韦后半生所走过的生涯，弃商从政的抉择使他终于摆脱作为商人在社会动乱中无法驾驭自己命运的困惑，一跃而跻身于政治家的行列；继而他长期处于秦国的权力顶峰，内政外交应付裕如，而始终如一的原则精神则使他在处理与秦王政的政见之争时又一次摆脱了作为人臣为苟全既得利益而患得患失、无以自守的困惑。这一切，都显示了吕不韦的不同凡响之处。然而吕不韦所要坚持的原则在一定程度上来自他个人的主观愿望，是一种带有理想成分的政治主张。在秦国的具体环境中，在天下正走向统一的新形势下，理想与现实尚存有不小差距，为此，他又一次陷入了困惑。《吕氏春秋》就是他为摆脱这一困惑而进行尝试的一部记录。尽管是一份失败的记录，但吕不韦能够超脱诸子门户之见，博采众长，力图通过学术著述这种特殊形式来弥补秦国单一尊法的文化传统，改变其正走向极端的、褊狭的法家政治路线，表明他不愧为具有坚定人格和远大目光的政治家。

吕不韦的主张未能被采纳，固然因其有脱离现实的一面，然而秦始皇在统一六国后一味把法家理论全面付诸实践，不同样是脱离实际的吗？反观秦王朝灭亡后，汉代统治者在独尊儒术的口号下所推行的那一套外仁义而内法度的统治手段，其实并没有超出《吕氏春秋》所提供的思想范围，然而他们却成功了。原因何在？不就是因为经历了秦"二世而亡"的教训，单一法治路线宣告破产，人们才变得稍稍聪明了吗？所以，归根结底不是吕不韦的思想主张从根本上不符合当时的需要，而是他采取的折中主义立场脱离了现实斗争的实际，致使其思想中有价值的内容受到了窒息。就这个意义而言，吕不韦也算不上一个战斗的、旗帜鲜明的思想家，他无法做到这一点。

尽管如此，他仍可算得是非常了不起的政治家，甚至可以一个时代的伟人视之。但他毕竟只有政治家的眼光、胆识、智慧（即便再加上一点儿商人的精明），而不具备思想家所需要的由理性构筑的勇气。当然，这是我们所不应该苛求于他的。

刘邦

马上皇帝的迷惘

◎荣 真

清醒都是被感觉到的清醒，迷惘却不都是被感觉到的迷惘。

当横扫六合虎视华夏的秦始皇嬴政在巡游天下的旅途中身染绝症，终于崩殂于距秦都咸阳十分遥远的沙丘平台（今河北巨鹿东）之时，历史巨人就似乎已开始转移她对第一个统一封建王朝的全部兴趣。暴虐的经济压迫和极端的文化专制在此以前虽然也曾出现过，但似乎从未像现在这般直接，这般令人窒息，令人毛骨悚然，这般以强权的方式干预和左右全部社会生活。一切都是那样的直白浅露，不加任何矫饰——这是秦朝政治的最大特点。寰宇之内，犹如一锅沸沸扬扬的滚水，天子、贵族、平民、奴隶……均在朦胧莫辨的烟雾中上下浮沉，咆哮挣扎。何处无火无烟？哪里才是宁静清凉的太平世界？

◆◇ 冲破大潮裹挟下的困惑

公元前209年，陈胜吴广在大泽乡斩木为兵，揭竿为旗，点燃了反抗秦朝暴政的连天烽火，天下纷起响应。六国贵族、山野村氓、市井商贾、驿夫成卒、倒戈秦将……似乎都成为暴政的最大受害者，都聚拢在一个阵营内向着秦都咸阳的方向挥戈击杀。敌我友之界限从未像现在这样泾渭分明，又似乎从未像现在这样模糊不清，使人把握不定。天下反秦英豪也许最终没有意识到自己已被裹挟在巨大的历史漩涡之中。如何推翻暴政？如何击败既是反秦盟友又是争王天下的各路诸侯？如何对待被置于刀俎之上而又爆发出巨大社会力量的民众？这里不需要哲学家的矜持、文学家的浪漫和史学家的深沉，更不需要屠夫轻蔑悍戾的冷面；只需要战略家宏观的鸟瞰和政治家睿智机敏的抉择。

大约在项羽观看始皇帝出游会稽，发出"彼可取而代也"的豪语之前，刘邦因赴徭役来到了咸阳。面对檐牙高琢、钩心斗角的九重宫阙，面对银蛇般逶迤西来的渭水，面对宛若一片斑斓流霞的皇帝车仗，他不禁发出了无限感慨："嗟乎！大丈夫当如是也！"

刘邦（前256—前195），字季，秦末沛县丰邑（今江苏省丰县境内）人。自耕农家庭出身。他自幼及壮均不事生产，宁肯让他的父兄妻女辛劳于垄亩之间，自己则到处吃白食，游手好闲；又好酒及色，狎侮诸客，鄙视礼仪。传说他曾参加沛县豪杰官吏们举办的宴会，不曾送得一文贺礼，却佯称送"贺钱万"，坦然而居上坐，可谓厚颜。由此可见，这是一个典型的为传统道德观念所鄙视的地痞无赖的形象。当然，他也以自己的人生标准鄙视着传统道德。

从广义上说，历史是一个永远年轻的巨人，她的脚步声不是在某一瞬间才响起或终止的。原始的宗教神学曾是古老华夏的政治灵魂和全部精神生活之主宰。熊熊燃烧的烈焰将鲜嫩的牲体和珍贵的玉帛化为团团浓烟，借风飏上九霄。统治者通过这种祭祀昊天上帝的宗教仪式向世人宣告天命之不可抗拒，同时也将自己的世俗统治抬到了人世间至高无上的地位。一切历史的激情、正义的冲动、愤懑的呐喊和纯真的情感仿佛都被这神秘的烟雾窒息了，消融了，被压迫者只落得一缕缕对天帝天命的虔敬之情和一丝丝无可奈何的喘息。春秋战国以来生产方式的变革，人民对暴虐统治的反抗，终于迫使人们将混沌的目光从神秘莫测的天国逐渐拉回到苦难的现实人间，更多的人在理性上认识到人意即为天意之旨归，大规模的阶级斗争则更加壮大了民本主义思潮的声势。虐杀人民的专制君主被称为"独夫""一夫"，理应全民共诛之；民众在社会政治生活中的重要性有史以来第一次被置于君主之上。"水则载舟、水则覆舟"，这种十分清醒的认识也开始流露在政客策士的口碑之中和笔颖之下。秦末农民大起义可以说是这个传统在新的时间和空域的延伸和扩展。

正因为刘邦长期混迹于社会下层，曾亲赴徭役，又做过秦末泗上亭长，多少出入过一些官场，故而对秦朝暴政和人民生活的苦难有比较深刻的认识，才能够直觉地感受到上述传统与现实共同跃动的脉搏。多年的"地痞"生活使他灵动而善于机变，坚忍而富于智谋。同萧何、曹参和吕公这样精明干练的小吏和豪杰的交往，又使他在当时具有卓然不群的政治眼光。为了实现"大丈夫当如是也"的政治理想，老谋深算的刘邦早在农民大起义前就已在暗掀波澜。从吕公奇真相而招其为婿，至某老翁相其貌"贵不可言"，最后到所谓"赤帝子斩白帝子（蛇）"，以及头上"常有云气"盘旋之类，极有可能都出于刘邦的编造，与陈胜、吴广假造"大楚兴，陈胜王"的"出土文物"有异曲同工之妙。此等机心，远非只具匹夫之勇的项羽可以望其项背。

陈胜起义后，刘邦受反秦浪潮的推动，在萧何、樊哙等人支持下亦起兵反秦，攻打沛县。在写给沛县父老的信中，他的第一句话就是"天下苦秦久矣"！摆出一副吊民伐罪的架势，一下子就使穷苦乡亲认清了自己最感亲切的支持者和最凶恶的仇敌。再也没有比对暴政的揭露和救民出水火的许诺更能打动人心的了。沛县父老杀掉秦朝县令，大开城门迎接刘邦，拥立他为沛公。

民心不可违，民力方可用，刘邦十分敏锐地抓住冲破困惑的关键之点，处处以反秦之道而行之。彼以凶残，我以仁慈；彼以暴虐，我以宽厚。但是刘邦毕竟人微位轻，没有什么社会影响力，在天下群豪纷起的烽火岁月，不具备项梁叔侄那样振臂一挥应者云集的号召力量。几经转战之后，势单力薄的刘邦凭着自己机敏的政治嗅觉，果断地投奔项梁，背靠大树，扩充自己的势力。当各路义军云集在楚怀王（项梁拥立）大纛之下的时候，刘邦仁爱之名已然广播，救世主的形象也更为丰满，连楚怀王亦认为他是一个"宽大长者"。所以，在秦军连遭败绩的形势下，怀王一面与各支义军首领约定"先入定关中者王之"，一面派剽悍猾贼的项羽配合宋义领兵救赵，与秦军主力决战，独遣刘邦领兵西略，乘虚而入，直捣咸阳。

此乃天赐良机。从此刘邦走上了独立发展扩充势力的道路。从砀郡出发时，刘军兵不满万，以此而击强秦之腹心，的确像审食其所描述的，是"探虎口者也"。然而刘邦在张良等人的尽力辅佐下，对于秦朝武备薄弱的城池进行强攻，对于武备强固的要塞则相机攻取，战术灵活，抓住秦军主力北上，腹地空虚的绝妙战机，争取时间，尽快打入关中。通过一连串艰苦卓绝的战斗，刘邦的队伍迅速壮大。公元前206年十月（秦以十月为岁首），刘军采用夹击突袭的战术，攻破扼守咸阳的险冲——崤关，十万威武之师在刘邦的率领下浩浩荡荡地开进了秦都咸阳。在项羽和刘邦两支义军的双重打击下，秦朝暴政终于被推翻了。

　　福兮祸之所倚，祸兮福之所伏。富丽堂皇的宫殿、光怪陆离的珍宝和婀娜多姿的秦宫美女，使刘邦受到了极大的诱惑。当一部分将士以比同秦军对垒还"英勇"十分的气势开始抢夺玉帛珠宝之时，刘邦也表示要留下来享乐一番。那被连天烽火压抑了许久的好酒好色的流氓习气，那种为暴发户独有的按捺不住的狂喜之情和及时行乐得过且过的传统意识，恰似久蓄的洪水冲破了闸门，在他周身上下到处流走，使他躁动不安；酸甜苦辣，万种风情皆上心头。前度刘郎今又来，"大丈夫"就要"如是"了。历史的发展常有惊人的相似之处。当年首举义旗的陈胜为了尽早实现"富贵"和做"王侯将相"的理想，起义后不久便大事铺陈、热衷于营建安乐窝，还杀掉了昔日的穷朋友，致使亲故皆离去。此刻的刘邦正在重蹈陈胜的覆辙。部将樊哙犯颜直谏，您想据有天下呢，还是只想做个土财主？这些珠宝美女使秦朝失去了天下。希望您立刻退兵霸上，不要留居秦宫。张良也劝谏道，秦政暴虐无道，才使您能长驱直入，占领咸阳。您为天下除暴政，就应当朴素节俭；可是现在您刚刚入主咸阳，即耽于逸乐之中，此正所谓"助纣为虐"。一番话正中刘邦要害，秦亡之鉴，民心之愿，还有他那尚未实现的玫瑰色的皇帝理想，终于使刘邦清醒过来。于是，他封闭秦朝府库，还军霸上，并与关中父老约法三章："杀人者死，伤人及盗抵罪"，悉除秦朝苛法。刘邦明确宣布：我所以西入关中，只为替父老除去秦朝暴政之害，并非要勒索抢夺你们的财产。他还要求亡秦的各级官吏照旧供职，派人与秦吏一起到各县、乡、邑去宣布这些决定，安慰民心。又退回父老百姓所献的牛羊酒食，表示"不欲费人"。刘邦战胜了自己，也等于战胜了各路诸侯。上述这些举动，既防止了刘氏核心集团的迅速腐化，也为刘邦在各路反秦义军中赢得了极高的声望，更重要的是表明了自己除暴安良、清廉救世的政治理想（表面上的确如此），安抚和争取了民心，父老百姓"争执牛羊酒食献飨军士"，"唯恐沛公不为秦王"，为刘邦日后据巴蜀东向而击"三秦",与项羽逐鹿中原,打下了良好的群众基础。

有些学者认为,刘邦让秦吏照旧供职等措施,表明了他正在向地主阶级转化,实质上否定了农民起义的成果,开始向农民阶级反攻。要说明这个问题,是另一篇长文的任务。我们赞同这样一种意见,即:当时的农民阶级不可能在封建经济基础上建立一个非封建性的纯粹的农民政权,他们同统治者的斗争也只能是自发的反对封建压迫的斗争。因此,作为农民起义领袖之一的刘邦也必然先天地带有皇权主义思想;刘邦所要实现的理想,在起义前就已经明确了:要像秦始皇那样君临天下。

总之,刘邦的战略决策基本上是正确的。在此后几年反反复复艰苦备尝的楚汉战争中,刘邦吸取了亡秦的教训,更加注意民心的向背。公元前206年八月,刘邦发兵汉中,东向击败雍王章邯、翟王董翳和塞王司马欣,再次据有关中以后,第一次将解决农民的土地问题与自己的政治和军事行动结合起来,允许人民耕种秦朝原有的苑囿园池。这当然不是什么完整的土地纲领,但此举的确取得了人民的拥护,这也是刘邦能够在短短几个月中就攻占了关中关东大片地区,从而建立了一个西连巴、蜀的庞大而富庶的根据地的重要原因之一。同时,刘邦又将一大批栋梁之材团结在自己周围,巧妙利用项羽集团内部的诸多矛盾进行分化,在政治上孤立项羽,向世人宣布项羽的十大罪状。

根据敌强我弱的实际情况,刘邦在同项羽于荥阳、成皋一线的相峙中,尽量避免进行正面的对抗,利用各种手段打击项羽的两翼,使项羽首尾不能相顾,疲于奔命。在经历了多次重大挫折之后,到公元前203年初,刘邦终于夺回了战略要地成皋,缴获了项羽大量的物资,楚汉双方的力量对比开始发生变化。兵败粮乏的项羽恼羞成怒,竟然荒唐地提出要与刘邦单独角斗,刘邦笑答:"我宁斗智不能斗力。"至此,只能斗力而不能斗智的项羽已经输定了。

公元前202年,刘邦和韩信、彭越合击项羽。十二月,项羽兵困垓下(今安徽泗县西南),粮尽援绝,部伍于四面楚歌之中土崩瓦解。项羽只带得八百骑突围南下,经阴陵而至乌江(今安徽和县东北),自觉无面目再见江东父老,遂在最后一拼之后,大叫"天之亡我",横剑自刎。

自古及今,诸多文人墨客都将一掬惋惜和同情之泪洒向"力拔山兮气盖世"

的项羽。有人认为项羽在"本可东渡脱身之际，却慨然庄重地选择了死"，"以他的英勇、直率、无畏、单纯赢得了最后的光荣"，他的死标志着"从旧时代延续下来的刚勇尚武精神也被毁灭了"。而"没有一毫勇士品格"的刘邦的胜利，却被他"鄙下的个人品格""染上了一种嘲讽的色调"。

其实，历史进化发展的轨迹常常游离于以时代法官自居的历史学家的视野之外。历史并非"仍然不断地为不择手段的英雄提供成功的机会"；英雄之所以成功，是因为他们的呐喊呼号在历史巨人的胸腔中获得了共鸣。所以，那些看来是"不择手段"的"鄙下人格"却往往成就为一代风云人物、社会英雄。虽然一切作为都需要历史去评判，但这位巨人却从不像天平那样锱铢必较。问题在于，我们如何对待上述这些"手段""精神"所蕴涵着的不同的时代要求。如果历史学家研究和总结历史，只是像艺术家雕刻那样，将自己不喜欢的东西当作多余的东西，统统斧钺之，锛凿之，而独将其所钟爱的部位孤傲地凸现在空空荡荡的基座之上，又有什么意义呢？抽象玄虚的概念毕竟只是出现在文人墨客的笔端，林林总总的大千世界却无一不具体，无一不真实，所以理论家和政治家才各行其是，同领风骚。

与刘邦相比，无论在政治机变还是在军事战略上，项羽都属于那种只向背后寻求梦幻般最高境界的孤家寡人。虽然他为推翻秦王朝做出过巨大贡献，但他梦寐以求的目标就是恢复诸侯并封霸主颐指气使的旧日天堂。项羽固然不会矫饰自己，可是也从未对各种政治势力做出过比较正确的判断。他的贵族血统和他起义前浮泛的生活经历（《史记》对此未明言，但从其学书学剑学兵法及同其叔父与士大夫频相往来等事，可以推测其未深入到社会下层），使他临敌刚猛有余，坚毅不足；战术机动有余，战略变化不足。这个政治庸人只是凭借匹夫之勇在反秦浪潮推动下拼死冲杀：凡挡我者皆死。且不说他到处屠城坑卒，只看他在咸阳杀降王、掘坟墓、掳妇女、夺货宝、焚宫殿，大火三月不熄，所过无不残破，以及烧毁齐地城郭宫室，坑杀降卒，掳其妇孺，使所过多残灭，就不难明白"秦人大失望"和"齐人相聚而叛之"之所以了。至于项羽大搞分封，对可能发生的诸侯叛乱没有丝毫的警惕，造成了公开的割据，更是违反了人民要求安定统一的意愿。而在刘项以前的旧时代，已经诞生了至今被东西方军界奉为圭臬的《孙子兵法》和《吴子兵法》等里程碑式的军事著作，孙子鼓吹的"以谋取胜"，以掌握"令民与上同意"之"道"

取胜之主旨已经成为社会交响乐中的核心乐章。战国范雎建议秦王远交近攻，舍强齐而攻韩、魏，可谓不尚武矣，然秦卒以此而并天下；张仪以馈赠六百里秦地为饵诱骗"大楚"绝交于强齐，而实与楚六里之地，心术可谓鄙下矣，然世人皆斥楚王昏庸，终有"仪秦之舌如千军"之誉。能使生灵少遭涂炭、早解倒悬（即使主观动机与之相反），哪怕人格卑下、心术狡诈，又怎么会比"直率单纯"地屠城池、掠妇女的"尚武"精神更具有"嘲讽的色调"呢？历史已然注定"英勇无畏"而又充满悍戾之气的屠夫必然失道寡助，众叛亲离，"被历史抛弃并哂笑"。所以，当项羽亡命阴陵，乡民故意指错道路，使其陷入泥泽之中，可见民心向背。假设项羽真的逃回江东，那里的父老乡亲还能长久容纳他吗？

太史公之所以伟大，不在于《史记》生动形象的笔触，而在于他的"究天人之际，通古今之变"的超乎常人的远见卓识。他肯定也将刘项二人进行过对比，但从未对项羽表示过"深刻的同情"，充其量只是惊叹他白手起家成就霸业迅速罢了。太史公对项羽的残暴十分不满："何兴之暴也！"并认为项羽"自矜功伐，奋其私智而不师古，谓霸王之业，欲以力征经营天下，五年卒亡其国，身死东城，尚不觉悟而不自责，过矣。乃引'天亡我，非用兵之罪也'，岂不谬哉！"如何？此乃"深刻"之谴责也。

以力谋天下的项羽失败了，直到最后一刻，他也未发现自己是被时代的困惑压得粉碎的。这才是真正的悲剧。这个莽烈雄奇的汉子经不起沉重的打击，竟然不愿再返江东寻求生路。而以智以道也以武谋天下的刘邦虽然屡遭败绩，甚至抛妻弃子，被项羽追得慌不择路，却韧性十足，保持清醒，紧随着时代大潮，冲破历史的以及个人所造成的困惑，几次东山再起，终于笑到了楚汉战争的最后时刻。

◆◇ 陷入历史惯性下的迷惘

然而刘邦却没有笑到他生命的最后时刻。

公元前206年十月，刘邦在定陶即皇帝位，是为汉高祖。此后直到公元前195年去世时为止，刘邦虽然为健全封建赋役制度，恢复社会经济，完善国家机器等花费了一些心血，但他的生活仍然以铁马金戈的雄浑色彩为基调：

抵御匈奴，讨伐叛乱。"一年三百六十日，多是横戈马上行。"这两句后人写的诗用在他身上也十分贴切。就在他去世的那一年的十月，六十一岁的刘邦击败叛乱的淮南王英布，命部将追袭，自己则因身受箭伤班师回朝。大军经过沛县故里，刘邦在沛宫设置酒宴，悉召故旧相识父老子弟与会畅饮。酒意淋漓处，这位征战半生，两鬓已经斑白的大汉开国皇帝感慨万端，不能自已，遂自为击筑而歌曰：

大风起兮云飞扬，威加海内兮归故乡，安得猛士兮守四方！

这首楚歌体的短诗被后人广为传唱，《艺文类聚》将其命名为"大风歌"。今天我们读起来，还能很明显地感觉到其中昂扬着一种豪迈的、壮心不已的烈士之情，一种对海内晏然的由衷的希冀。所以，说刘邦没有尚武精神，恐怕不是对这位马上皇帝的准确描述。但是，除此之外，我们似乎还感觉到一点别的什么，在其豪迈之情的背后，似乎还蕴涵着苍凉之情、悲怆之绪，蕴涵着一种隐约的实则是十分沉重的担忧。这是一种十分矛盾的心态，无论其本人或时代都无法使其从深重的迷惘中解脱出来的心态；这种心态，在刘邦身后的许多最高统治者的身上都有或多或少或明显或隐晦的表征。也正是从分析判断这种心态出发，今天的人们才更深刻地理解了为什么说君主专制主义政治制度首先是一个历史的范畴。

然则为刘邦所担忧的究竟是什么呢？为什么说他陷入了历史惯性下的迷惘而不能自拔呢？

西汉建国后，刘邦先后起兵诛杀了英布、彭越、韩王信，逮捕了张敖、臧荼，逼走了卢绾。古今人皆知，刘邦十分爱才，也善于使用人才，所谓"善将将"是也。刘邦同群臣总结汉胜楚败的原因时说："夫运筹帷幄之中，决胜千里之外，吾不如子房；填国家，抚百姓，给饷馈，不绝粮道，吾不如萧何；连百万之众，战必胜，攻必取，吾不如韩信。三者皆人杰，吾能用之，此吾所以取天下者也。项羽有一范增而不能用，此所以为我禽也。"刘邦的总结是正确的，由于有张、萧、韩以及彭越、英布等谋臣猛将的大力辅佐，刘邦才得以战胜项羽。然则在登极立国之后，为什么又向这些功臣祭起血腥的屠刀呢？

在刘邦的眼里，理由只有两个字：谋反。其实我们认真研究《史记》等原始资料，便会发现事实并不尽然。

梁王彭越时常朝觐，悉谨守矩。公元前197年，列侯陈豨拥兵反于北边，刘邦亲征，征兵于彭越。彭越称病不往，派部将率兵从征。刘邦大怒，派人责备彭越；彭越恐惧，打算面见刘邦谢罪。其将扈辄劝其倒戈，彭越不听。此时一个衔恨于他的太仆向刘邦诬告彭越谋反，刘邦遂逮捕了彭越，废为庶人，押往蜀中居住。西去路中遇吕后，又被带回洛阳。吕后密使彭越舍人诬告彭越谋反，刘邦遂杀之并夷其宗族。

刘邦极其残忍地将彭越剁成肉酱（醢），遍赐诸侯王。淮南王英布见后兔死狐悲，十分恐惧，遂秘密集结兵马，以防万一。不久，英布怀疑自己的爱姬与中大大贲赫关系暧昧，欲捕之，贲赫急忙出逃，上书朝廷报告英布谋反有端；英布亦只得发兵反出封国。

韩王信，封国在代地，北近巩、洛，南迫宛、叶，东有淮阳，为战略要地。刘邦欲徙之而都晋阳。信遂上书说，晋阳离边境太远，不利抵御匈奴，请求徙都于马邑。刘邦同意了这个请求。公元前202年，匈奴冒顿兵围韩王信，信寡不敌众，只得派使节去匈奴营中求和。刘邦怀疑其有二心，派人责备韩王信；信惧刘邦诛杀，遂与匈奴联手攻汉。

张敖，故赵王张耳之子，刘邦长女鲁元公主之夫。公元前200年，刘邦率兵过赵，张敖奉谨非常，极尽臣礼婿礼；但刘邦仍是昔日的一副地痞相，十分傲慢无礼。赵相贯高等怒从心头起，恶向胆边生，要杀掉刘邦。而张敖啮指出血为誓，表示自己决不反叛。后来，贯高的仇人上书告贯高谋反，刘邦将其与张敖一并逮至长安。

至于燕王卢绾，乃刘邦同乡，为布衣时卢刘两家"相亲爱"即闻名于乡里。及与项羽争锋，卢绾以太尉随侍，两人关系更为密切，虽萧何、曹参为心腹宠臣，"至其亲幸，莫及卢绾。"但是当刘邦暮年之时，抓住卢绾的一些过失，武断地认定其谋反，派樊哙击之。时刘邦受箭伤未愈，卢绾将其宫人家属数千人集结于长城下，盼望刘邦痊愈，自己好立刻入长安面觐谢罪。不想刘邦因伤身亡，卢绾眼见得返汉无望，只得恓恓惶惶地逃亡匈奴。

由此可见，除陈豨、臧荼二人是蓄意反叛外，其他几个人均属被逼而反或根本未反。对他们来说，遭到如此下场，可谓冤深如海。

那么，那三位"人杰"的遭遇又如何呢？

刘邦即帝位后，论功以丞相萧何为第一，封为酂侯，食邑八千户，其父母兄弟十余人皆食邑。韩信被诛后，刘邦任命萧何为相国，增封五千户，设守卫五百人。召平警告萧何说，皇上征战于外，您安守于内，无亲冒矢石之功，却增封设卫，是因为韩信新近谋反于腹心，皇上也对您不放心呢。萧何听从劝告，辞去封邑，将全部家私献充军饷，刘邦方"大喜"。可是一波刚平，一波又起。翌年秋，刘邦亲征英布时，几次派人探问萧何动静，深恐萧何会乘机利用他在关中良好的民众基础起兵谋反。萧何此时若再无动作，亦难逃血光之灾。为了表明心迹，这个以清廉闻名当时的萧何只好装出一副土财主的贪婪模样，贱价强买民田，自损名誉，刘邦得知后乃"大悦"。其实，刘邦对萧何的疑忌在楚汉战争时期就已经出现了。公元前204年，刘邦数次派人到后方慰问萧何，实则是查证萧何是否对汉家忠心。萧何听从鲍生劝告，将自己的成人子孙昆弟皆送至军中服役，实则是做人质，才使刘邦喜笑颜开。可以这样说，直至生命的最后一刻，刘邦也没有完全打消对萧何的疑忌。

公元前197年，刘邦率领大军北上征伐陈豨。韩信抱病，未随军伍，而乘机派人与陈豨联系，欲里应外合，在长安城发动政变，伪造诏书，释放罪囚，袭杀太子，但事机不密，被吕后与萧何设计捕杀。一代攻无不克战无不胜的军事统帅竟落得身败名裂的下场。韩信自刘邦兵微将寡之时弃楚投汉，经萧何推荐被任命为最高军事统帅，虽然有乘兵势要挟刘邦封王裂土之嫌，但对汉家事业基本上尽力辅佐，忠心耿耿。公元前203年，韩信全歼楚将龙且所部，平定齐地，项羽派人说降韩信，劝他在"右投则汉王胜，左投则项王胜"的关键时刻反汉而与楚连和，三分天下而王之。韩信则表示受汉王恩德甚重，背之不祥，"虽死不易"。齐人蒯通也力劝韩信据强齐而夺天下，韩信最初虽有些犹豫，最终还是感念刘邦对自己的信任而表示决不叛汉。但是，楚汉战争刚刚结束，刘邦便突然驰入韩信军中，夺了他的兵权，并把他自齐王移封为楚王。韩信王楚，巡行县邑皆兵仗出入，有人又据此妄告韩信谋反。韩信虽然将楚将钟离昧首级面呈刘邦，以明毫无反叛之心，但仍遭逮捕，到洛阳后方赦其罪，贬为淮阴侯。至此，韩信终于明白了自己功高震主，皇上畏恶自己的才能，性命早晚不保，所以他悲愤地说："果若人言，'狡兔死，走狗烹；高鸟尽，良弓藏；敌国破，谋臣亡。'天下已定，我固当烹！"这才不得已与陈豨连手反汉。可见韩信谋反实因刘邦疑忌之心过重，而自己剖明心迹无效，被逼无奈所致。太史公言假设韩信学道谦让，不伐己功，不矜其能，当不会如此下场。其实他只抓住了表面现象，未能说明问题本质，毕竟不脱封建史家本色。

只有留侯张良，既不掌兵权也不掌财权，为人又谦恭和蔼，其最高理想是"以三寸舌为帝者师"（此乃中国古代知识分子的典型心态），所以没有遇到什么麻烦。

战国以来，政治战略格局在不断地演化和发展，中央集权的专制主义政治制度逐渐形成。中央集权以君主为核心，君主握有国家最高权力，这是中央集权的基本特征。集权中央的过程即为君权集中的过程。因此，废除分封制，改行郡县制度，则成为历史发展的必然趋势。各郡县长官由君主任命，为君主在全国范围内实行专制统治创造了必要的条件。而在思想上，战国的百家争鸣也为专制主义集权政治的发展提供了思想条件，儒、法、墨、道、杂等各家均从政治、经济、文化等方面提出不少巩固专制集权的主张。其中以荀况最为突出，鲜明地提出要儒法合流，主张吸取其他诸子中一切有利于封建统治的东西。但是由于以法家学说立国的秦国统一了天下，以韩非为代表的极端的专制主义理论在社会意识形态中占据了主导地位。秦始皇完全采纳了韩非"事在四方，要在中央，圣人执要，四方来效"的主张，以国家暴力支持法、术、势三合一的暴虐统治，结果秦朝二世而亡。实践证明，尽管秦朝废分封行郡县，如我们一般所说是"顺应了历史的潮流"，其专制主义政治的建设却还是失败了。因此，如何完善这个制度已经历史地落到了汉朝统治者的身上。从这个意义上说，汉朝才是中国大一统君主专制制度之起点。

封邦建国的分封制度虽然落后于时代，但还未完全废除，特别是未在人们的观念中废除，还有十分广泛的社会影响。它的衰落过程是一个长期的复杂的曲折的历史过程，不可能迅速消亡，还要以各种形式来证明自己存在的合理性，表现出一种巨大的历史惯性；在新的政治制度还未完善的情况下，这种惯性力量更是大得惊人。从此角度而言，说项羽开历史倒车是危言耸听，他不过是自觉地追逐着这个惯性力量而已。

早在楚汉战争时期，刘邦就已感到这股力量的强大。在张良的劝导下，特别是亲眼见到项羽分封的恶果以及自己以诸侯身份争夺天下的直接体验，认识到分封不可行。但他时时又感到自己陷入了一种莫名其妙的迷惘之中，无法自拔。为了战胜项羽，争取力量，又不得不行分封。譬如公元前202年初，刘邦与韩信、彭越约定合击项羽，二人违约不至，刘邦反被项羽打败。无奈，只好派人将大片土地分封给二人，韩、彭立刻出兵，才取得垓下之战的胜利。

刘邦称帝以后，这个惯性力量依然冲击着他，困扰着他。当时许多功臣部将久未受封，又见到刘邦开始翦除异姓王，人人都感到了屠刀森森的寒意，遂相互串联，打算"相聚谋反"。又惧又怒的刘邦迫于形势，赶紧先封了最为自己不齿的雍齿为侯，同时命令丞相尽快"定功行封"，一场大祸方逐渐消弭。到刘邦去世时止，共封列侯一百四十三人。

因此，刘邦为了完善君主专制主义的政治制度，完成对专制君主人格的塑造，在理论准备严重不足的情况下开始同巨大的历史惯性力量做正面的抗衡。十余年中，除了懦弱无能的长沙王吴芮父子外，刘邦以种种口实东征西讨，翦灭了所有的异姓王，如我们曾叙述过的那样。同时，又规定功臣侯只能衣食租税，不得领土治民，其封邑上的行政权归郡县所有。这两项举措对后世的封建帝王产生了巨大的影响。

彭越、英布等人的被杀，并不在于他们是否"谋反"，甚至也不在于他们领有土地，握有重兵，仅仅由于他们那种隐隐同皇帝的对立和自成一体的气势就足够了。即使是一个平民，如果显现着某种同专制不相谐合的气质，也注定要灰飞烟灭的。在这个常常无端疑忌他人唯我独尊的汉高祖刘邦的身上，最早体现出"宁教我负天下人，毋教天下人负我"的大一统封建专制君主的本质特征。但是，我们能据此简单地否定他吗？在当时的条件下，毕竟只有这样做才能消除割据的隐患，维护国家的统一。只是我们应当注意，千万不要替刘邦背上刘氏正统论的十字架！

刘邦在摆脱迷惘方面大大前进了一步。但是，正如一只被粘在蜘蛛网上的昆虫，好容易挣扎到网边，就要振翅而去，却又滑到了网心一样，刘邦基于秦朝未分封同姓子弟是速亡原因的认识，在镇压异姓王的同时，又分封了九个同姓王，并做出了"非刘氏而王，天下共击之"的规定，企图以封建宗法关系维护和支持中央皇权。如果说分封异姓王时，刘邦已经感觉到陷入历史惯性下的迷惘而力图解脱的话，那么，此时的刘邦却是在自觉自愿地追逐着历史的惯性力量，他不但未感到迷惘、困惑，反而有一种如释重负的感觉。

这才是刘邦一生中最具悲剧色彩的一幕。

公元前 195 年四月，刘邦因箭伤沉重，拒绝医治，死于长安的长乐宫中。遗命以周勃为太尉，"安刘氏者必勃也"。至此，我们终于明白了《大风歌》所蕴涵的担忧是在为刘姓专制政权能否长治久安而担忧，是为自己身后能否顺利镇压异姓侵犯力量而担忧。而"安刘氏者必勃也"最生动不过地表达了封建正统观念，也最恰当不过地说明了一种全新意义上的君臣关系，即君可不必使臣以礼，而臣则必须事君以忠。

十二年后，历史的惯性再掀波澜，吕后封吕台为吕王，开始王诸吕。

四十五年后，刘濞等七个同姓王起兵向中央进攻，历史的惯性再度恶性发展。

一千八百多年后，君主专制发展到顶点的清朝，统治者对子弟封王而不裂土，诸王在军事上经济上都无法与中央争权争利，封邦建国的历史惯性终于消失了。然而，此时距离中国封建社会的大限已经不远了……

吕雉

开国皇后的悲怆

◎荣 真

一个不稳固的圆心。

她的使命本来是让世界围绕自己旋转，而她自己却被抛了出去。

两千多年前的汉初，长安皇宫中的一个"方便"之所。紧闭着的门突然被打开了，儒雅文静的惠帝刘盈出现在门外，奉太后吕雉之命来此观看"人彘"。"人彘"是什么东西？为什么被关在这等不洁之处？惠帝好奇地向内望去，不由得惊呆了。只见一个被斩断了手足、挖掉了双眼、熏聋了耳朵、药哑了喉咙的怪物，发如蒿草，衣似败絮，在腥臊恶臭的秽物之中抽搐着、蠕动着，依稀辨出是个女子。左右告诉惠帝，这个"人彘"便是高祖刘邦的宠姬戚夫人。惠帝闻言号啕大哭，从此辗转病榻一年多。戚夫人与惠帝有母子名分，她的悲惨遭遇使这个青年皇帝的身心受到沉重的打击，于是派人向吕后表示，决定终止自己的政治生涯："此非人为。臣为太后子，终不能治天下。"从此昼饮醇酒，夜兴淫乐，不理国事。

惠帝本来有可能成为很有作为的皇帝。汉初，民失其业，饥馑流行，户口锐减，庐舍丘墟，皇帝无钧驷（毛色相同的四匹马），将相或乘牛车，社会经济已经崩溃。于是，提倡"清静无为"统治术的黄老之学应运而起，主张与民休息，恢复生产。惠帝即位后，下令全国减田租，恢复十五税一之制，轻徭薄赋，此为顺应历史发展趋势之举。曹参继萧何之后为相，第一次全面地将黄老之学应用于全国的社会实践。惠帝曾派曹窟责问其父曹参为什么日夜饮酒无所事事，怀疑曹参欺自己年少。这表现了他在治国方面的积极姿态。不久，惠帝接受曹参的建议，完全遵照刘邦、萧何制定的方针政策和各项制度行事，不做增减，以免过多地干扰社会生活。正是在惠帝的赞同和支持下，黄老政治才得以有一个良好的开端，满足了人民要求安定恢复生产的愿望。这些都说明，惠帝对当时社会经济形势的现状和趋势观察得十分清楚。因此，说惠帝禀性懦弱可以，指责他无能却不准确。假若不是发生了"人彘"事件，这个勤政的青年皇帝很可能会在自己身后留下十分响亮的声名。

"人彘"事件表明了吕后报复手段之残忍，令人心悸，所以一直为封建时代的正人直臣们所切齿痛恨。明朝小说家冯梦龙甚至写了一篇《闹阴司司马貌断狱》，要戚夫人在阴间状告吕后之毒，吕后被罚做汉末献帝皇后，终生受曹操千磨百难，最后被一条红罗勒死宫中，玉殒香消，戚氏报了海一般的深仇。然而最早向世人披露这一事件的司马迁却说吕后为人"刚毅"，也许其中隐含残忍之义，只不过善写当代史的太史公不敢明说而已。可是吕后的丈夫刘邦更为狠毒，例如对梁王彭越，诛族犹不畅意，甚至将其尸体肢解剁成肉酱，遍赐异姓诸侯王，把个骁勇剽悍的英布吓得魂不守舍，只好易帜更张，喧嚣造反（吕后未免小巫见大巫了）；却不见正人君子们有谁出来谴责过。历史有时像一个偏颇的浆洗工，只为男人洗去溅在衣衫上的斑斑血迹。

刚毅也好，残忍也罢，刘氏政权的建立，吕后的确起了十分重要的作用，以致一些开国元勋私下里都承认她与刘邦"共定天下"。

这位原本十分普通的妇女是单父（今江苏省单县）人，其父吕公于秦末在沛县豪杰的聚会上结识了专吃白食的刘邦，认为刘邦的相貌贵不可言，愿将女儿吕雉嫁与他为箕帚之妻。但是这个相貌奇贵的丈夫却常年游手好闲，不事生计，所以吕雉在婚后几年中只好带着一双幼小的儿女在田间劳作。这段农妇生活，肯定使她在后来致力于建设一个"天下晏然"的社会而受益匪浅。为了刘邦，吕雉在烽火连天的战争岁月中备尝艰苦。公元前205年三月，楚汉双方血战于灵璧东面的睢水，汉军大败。当时吕雉和子女俱在沛县故里，闻讯仓皇出逃，母子于途中失散。刘邦等数十骑逃至沛县，不见家小，只好继续亡命，途中遇到女儿鲁元公主和儿子刘盈。此时楚兵漫山遍野追杀而来，急得刘邦竟将一双亲生儿女推下车去，欲"轻装"逃命。幸赖滕公夏侯婴不避矢石，收载了这两位贵胄。所以后来吕后对夏侯婴十分感激，安排他居住在距宫阙最近的府邸内，以示尊崇。而吕氏父女以及审食其等被楚军活捉，吕雉由汉王王后变为阶下之囚。公元前 203 年秋，汉楚谈判，以鸿沟（今河南省荥阳境内）为界中分天下，项羽才将吕氏父女放回。至此，吕后整整做了两年半的楚军俘虏。

失去自由的囚徒生活肯定使吕后的身心发生了某种显著的或微妙的变化。项羽并没有虐待吕氏父女，他从未使仇人的家小在物质生活方面有丝毫的勉强之感。这位叱咤风云的楚霸王关注于这方面的情感却异常细腻。尽管如此，望着猎猎招展的楚军旌旗，吕后总是感到有一种无法排遣的寂寞。想到自己的命运握在仇敌手中，不由得浑身战栗。

对待丈夫的仇敌或自己的仇敌，吕后从不心慈手软。弱肉强食的时代把一个贵妇人所应具备的庄重风范、大度胸怀和缠绵情感扫荡得一干二净。

公元前 196 年，刘邦命令梁王彭越率兵偕同自己征讨造反的陈豨，彭越称病不往，只派副将带兵随征。刘邦大怒，派人去责备彭越。彭越感到事情不妙，要当面向刘邦谢罪，其将扈辄劝其造反，被彭越拒绝。其太仆乘机挟私忿向刘邦诬告彭越谋反，刘邦将他逮系洛阳，废为庶人，流放至蜀青衣（今四川雅安市名山区北）。当这位昔日威风八面的大将军被押行至郑县（今陕西省华县）时，恰逢吕后自长安来，欲东至洛阳。万念俱灰的彭越见到吕后不由得涕泗滂沱，哭诉冤情，表示愿意留处故里昌邑（今山东金乡西）。吕后当即许诺，将彭越带回了洛阳，却向刘邦建议杀掉彭越，免留后患，并指使彭越的舍人诬告他欲再谋反，于是彭越便遭到了死无葬身之地的下场。

陈豨造反以后，居常怏怏的淮阴侯韩信企图在长安里应外合，发动政变。吕后闻报，即与萧何商议对策，将韩信骗到宫中，为刘邦除了这个心腹之患。战无不胜的韩信至死还"为女子所诈"而愤愤不平。

通过铲除异姓诸侯王的一系列重大行动，吕后以她深沉的思虑、出奇的谋略和果断的行动，使她在最高统治集团中的地位得到了巩固，开国元勋们也感到一股巨大的威慑力量在左右着自己。从历史的发展趋势而言，上述吕后的作为无疑有益于维护刘氏中央政权的巩固，从而有益于汉初的安定和统一。因此，吕后最初是以国家统一维护者的形象出现在历史舞台之上的，认识这一点对于我们评价这一人物十分重要。所以，即使在大批特批吕后篡权复辟的年代，也没有谁对此进行非难。

但是吕后的地位并不是完全不可动摇的，作为大汉的皇后、太后和中国古代历史上杰出的政治家，她首先是一个女人。事实上，在她还活着的时候，她的许多麻烦都与她的性别有着十分密切的关联；而在她死后两千多年的漫长岁月中，无数古人和今人还是不由自主地从这个视角去观察问题，开展无休无止的口诛笔伐，而不是认真地客观分析吕后统治下的社会状况。如果因为当代某个野心家曾自比吕后，或者因为认为只有刘氏男性政权才是正统政权，便对"王诸吕"大张挞伐，而对造成了重大社会灾难的"王诸刘"却不置一词，就像陈白尘先生的政治剧《大风歌》所渲染的那样，未免距离科学的历史观过于遥远了。

历史上为争夺皇位而引起的手足相残屡见不鲜。第一次皇位之争在第一个封建统一王朝便发生了。胡亥在赵高和李斯的谋划下，矫诏将扶苏"赐死"，顺顺当当地登上了秦朝二世皇帝的宝座。但是，第二次皇位（严格说来是储君）之争却要曲折得多，也更残酷得多。其直接原因是刘邦称汉王后又一次"好酒及色"的举动，他对定陶戚夫人爱如掌上之珠。戚夫人生有一子，名如意，公元前198年被封为赵王。吕后之子刘盈已早于此8年被立为太子，吕后被封为皇后。由于年长，吕后常留守后方，与刘邦难得一见，感情日渐疏远。而戚夫人则常随刘邦出征，经常哭哭啼啼地要刘邦立如意为太子。由于女宠的关系，刘邦十分喜爱赵王如意，认为他更像自己。而刘盈为人仁弱，"不类我"，所以几次想废掉太子而立如意为储君。

年长色衰的吕后感到了威胁。母以子贵，她必须保住亲生儿子的太子地位，才能保住自己母仪天下的皇后宝座，保住自己和儿子的性命。也许在吕后看来，来自刘邦枕边的威胁较之项羽的囚禁更为致命。一场公开的斗争终于在公元前195年发生了，刘邦决心废刘盈改立如意为太子。群臣大多站在吕后一边，反对刘邦的举措，其中反对最坚决的有三位地位崇高的元老重臣。

御史大夫汾阴侯周昌是刘邦的同乡，为人正直，敢于直言，萧何、曹参等勋臣皆十分尊敬之。一次刘邦正与戚夫人嬉乐，周昌入内奏事，被刘邦按倒在地，骑在脖子上问他："我何如主也？"周昌仰面答道："陛下即桀纣之主也。"所以刘邦对他颇为忌惮。此次废立，周昌极为愤怒，当廷公开反对："臣口不能言，然臣期期知其不可。陛下虽欲废太子，臣期期不奉诏。"

太傅叔孙通虽是儒生，却善于变通，鄙视那些不知时变的腐儒。他见刘邦讨厌峨冠博带的儒服，便换上楚地流行的短衣。刘邦称帝后，群臣在他面前喧哗饮酒、拔剑击柱，不成体统。叔孙通乃制礼作乐，使上下分明，尊卑有序，使刘邦尝到了做一个高贵皇帝的甜头。对于此次废立，叔孙通却犯了儒生穷酸臭硬的老毛病。他以晋国废太子立奚齐招致内乱数十年，秦始皇不早定扶苏太子之位而使胡亥诈立，终至政权覆亡的历史教训警戒刘邦，表示太子仁孝，天下皆闻；吕后与陛下攻苦食啖，不可背之。如果一定要废嫡立庶，"臣愿先伏诛，以颈血汙地"。中国人信而好古，历史的教训往往比现实的经验更有说服力。太子为国家之本，不可轻动，以天下为儿戏。刘邦只好表示接受叔孙通的意见。

然而真正使刘邦彻底打消废立太子念头的还是留侯张良。吕后的长兄建成侯吕泽奉吕后之命恳请张良为其出谋划策，张良建议由太子为书，卑辞安车，迎请商山四皓，劝说刘邦。四皓即所谓东园公、绮里季、夏黄公和角里先生四位老叟，刘邦曾召他们出山从政，四皓恶刘邦待人无礼，故隐居商山，誓死不为汉臣。吕后卑辞厚礼，将四皓迎请至长安。刘邦平定英布叛乱，回到都城。因箭伤沉重，又拒绝医药，废立太子之心更为迫切。一次宴会上，刘邦见有四人侍从太子，年皆八十余，须眉皆白，衣冠甚伟。四皓向刘邦道明身份来历，刘邦大惊失色：我找了你们好几年，你们避而不见，现在怎么追随吾儿左右呢？四皓表示：陛下轻士好骂，我们义不受辱。太子为人仁孝，恭敬爱士，天下皆欲为太子之事而抛洒热血，所以我们来从侍太子。刘邦指着四皓远去的背影对戚夫人说："我欲易之，彼四人辅之，羽翼已成，难动矣。吕后真而主矣。"戚夫人嘘唏流涕，悲悲戚戚地跳起楚舞，刘邦则以苍凉之声相和："鸿鹄高飞，一举千里。羽翮已就，横绝四海。横绝四海，又可奈何！虽有矰缴，尚安所施！"终于放弃了废立太子的打算。

吕后取得了最后的胜利。表面上是一个女人战胜了另一个女人，实质上却是长对少、嫡对庶所取得的封建礼制的胜利。因此，就斗争的双方而言，无所谓正义与非正义，只不过戚氏母子后来的悲惨遭遇容易令善良的人们为之唏嘘流涕而已。可是，我们不妨反问：假设戚氏战胜了吕后，吕后母子能够平安地度过余生吗？

惠帝刘盈即位，吕后得以太后之尊掌握朝政，往日的积怨终于有了宣泄的渠道。戚夫人被囚于永苍之内，秀发被剃，铁圈束颈，穿着赤褐色的囚服，一边舂粟一边悲凉激愤地唱道："子为王，母为虏，终日舂薄暮，常与死为伍！相离三千里，当谁使告汝？"吕后听到了这支满怀怨愤的楚歌，杀机勃生，将赵王如意召至长安，并一手制造了篇首曾介绍过的"人彘"事件，天国之中，仿佛至今还回响着吕后阴森的笑声。

有一个问题使我们迷惑不解，吕后好像与自己的子女有着不可化解的血海深仇。以"人彘"恐吓惠帝，致使他短命而亡，又将自己的外孙女即鲁元公主的女儿嫁与刘盈，立为皇后，使甥舅结为夫妻。这是明显的乱伦，所以古今之士无不义愤填膺，群起而攻之。

从现存史料来看，吕后很关心自己的一双儿女。她对曾于乱军中拼死救助惠帝和鲁元公主的夏侯婴很尊崇；对齐王刘肥（刘邦的庶长子）献城阳郡为鲁元公主汤沐之邑，并尊鲁元为王太后而喜上眉梢，甚至放下了正砍向刘肥的屠刀，以及以皇后之尊跪谢周昌廷诤的举动等，都或多或少地表现了她的舐犊之情。因此，吕后没有理由要残酷迫害亲生儿女，尤其是不可能以乱伦婚配戕害自己的骨肉，因为这样做首先受害的便是她自己，使她无法在朝中甚至民间立足。无论司马迁还是班固，在他们的著作中都没有对此做出任何公开的批评或隐晦的指责。唯一合理的解释是，这样的婚配在当时不属乱伦之列。当代著名史学家童书业先生在其名著《春秋左传研究》中经过周密的论证和分析，得出了此为母系氏族社会舅权残余的正确结论。

赵王如意被召至长安，惠帝看出吕后已动杀机，便亲迎赵王于坝上，饮食起居皆形影不离，使母后无法下手。后来惠帝晨猎，赵王年幼，不能早起，吕后乘机派人鸩杀之。可能出于对惠帝阻挠杀赵王的不满，吕后才故意以"人彘"恐吓之，要他服从自己的意旨。孰料惠帝过于懦弱，一吓便至颓唐甚而夭亡。

刘邦晚年尽管在夫妻之情上疏远了吕后，但在处理国家重要政务方面，仍然非常信赖与自己共患难的结发妻子，他在临终前独向吕后嘱托身后的人事安排，就是最有说服力的证明；与刘邦夫妇关系十分亲密的燕王卢绾也说刘邦在病中"属任吕后"。而吕后虽然对刘邦欲废立太子幽怨不已，仍然延请名医为刘邦诊治，只是由于刘邦讳疾忌医，和项羽一样虔诚地相信"命乃在天"，终于命归黄泉。如果说吕后要"篡权"，图谋分裂，则刘邦就成为她的最强大的必欲除之而后快的敌人，又何必多此一举呢？

吕后在刘邦病危时向他询问相国、太尉等重大人事如何安排，恰好再明确不过地说明了她对丈夫身后的政局能否继续保持稳定感到担心，对刘氏政权能否继续存在下去感到没有把握。以往的历史上，在君权交替之时，常常伴随着政局的动荡和社会秩序的紊乱，吕后作为一个久经风雨的政治家，不会对此视而不见。她很清楚儿子太年轻，阅历尚浅，又过于懦弱，不可能依赖他掌持天下。诸将与刘邦曾皆属平民，今乃北面为臣，心常怏怏。吕后肯定还记得这样一幕：刘邦称帝后，所封功臣皆属故旧，所诛皆平生仇怨以及屡建奇勋的异姓诸侯，由不满发展为怨恨的许多未受封的部将遂"相聚谋反"。只是由于刘邦听从张良的建议，尽速定功行封，这场风波才被平息下去。那么，刘邦身后会不会重见历史呢？孤儿寡母能平安地坐掌朝纲吗？

所以当刘邦于公元前 195 年四月甲辰身死长乐宫之后，处于困惑慌急之中的吕后连续四天秘不发丧，与宠臣审食其密谋要杀尽诸将，唯恐天下不安。一场腥风血雨就要重新横扫仍然十分荒凉的土地。将军郦商闻讯即往见审食其，指出若欲诛诸将，陈平灌婴等驻外诸将必联兵进攻关中，大臣叛于内，诸侯反于外，刘氏政权必将遭到灭顶之灾。郦商的正确分析犹如当头棒喝，使吕后撤回了围剿，在刘邦死后的第四天为他发丧，并以一种宽容大度的姿态向全国颁布了大赦令。

后来的历史发展表明，吕后的忧心忡忡并非完全没有必要，群臣的确采取过许多方式反对吕后独掌乾纲。但是，要他们在刘邦尸骨未寒之际便对吕后兵戈相向，则时机尚未成熟。事实上，吕后以她至高无上的开国元勋和太后的地位，以她在往昔与现实的政治风云中所显露的杰出的理政才干和雷厉风行的铁腕，便足以构成对群臣的巨大震慑了。刘邦病中误信燕王卢绾谋反，派樊哙领兵征讨。樊哙为吕后妹吕嬃之夫，朝野传言他为吕氏一党，欲当刘邦死后兴兵诛灭戚氏一党。这个传言肯定不准确，因为诛灭失去靠山的戚氏母子根本不必师动众。但是刘邦却信以为真，派陈平载周勃至前线代替樊哙为将，并令于军中斩掉樊哙。可是陈平、周勃畏惧吕后之威，又恐怕刘邦后悔，竟不执行君命，只将樊哙押解长安。以陈、周两位元老重臣尚且如此畏惧吕后，遑论其他！

最高权力的过渡十分平和地完成了，郦商成为这个短暂过渡期的英雄，而起决定性作用的仍然是吕后。看来这位女政治家为了刘氏政权而不是吕氏政权的巩固，既有能力和决心发动内战，又有一种大度之心从容纳谏。吕后成为事实上的最高统治者，按照许多善于定性的历史学家们的逻辑，吕后正在一步步走上"篡权"之路。理由主要有二：迫使惠帝交出朝廷一切大权和排挤刘邦托孤的大臣，使他们有职无权。

这倒使我们现代人感到有些困惑了：既然"朝廷大权一切都归吕后"，尚有何权可"篡"？如果说因为吕后还未正式称帝制元改朔，还是一种"异端"力量，便谓之为"篡"，那么，我们是否有必要对我们头脑中残存的封建宗法正统观念宣战？奇怪的是，对同样以太后身分掌政，比吕后更残酷地"迫害"皇帝宗室，并且制元改朔，真的"篡"了"大唐"李氏政权的武则天，历史学家们的评价却要公允得多，不仅不谓之"篡"，反而誉之为"杰出的女政治家"，岂不显得有些滑稽！

对刘盈这样的懦弱皇帝，即使不通过"人彘"事件恐吓，他也不会成为吕后掌政的真正障碍。实际上，早在刘邦生前，吕后就在"预外政"；刘邦病重时又"属任吕后"，诸将对她皆有畏惧之心，她在统治集团中的核心地位已经得到确立。燕王卢绾在刘邦病重时居于长城脚下，企盼刘邦痊愈，入朝谢罪。但刘邦未治而死，卢绾立即亡入匈奴，就是因为他知道吕后会执掌一切大权，自己恐遭杀身之祸。所以，吕后掌政乃是水到渠成之事。

说吕后"排挤"刘邦"托孤"的大臣，也与史实不尽相符，至少在"王诸吕"之前是这样。刘邦"托孤"，正如前文所述，是直接向吕后讲的。《史记》虽未明言当时是否有他人在场，但从刘邦是在病重时回答吕后的询问来看，不会有其他大臣侍立于侧，因为这显然不是一次特意召集的会议。因此，吕后完全可以在刘邦死后拒不执行或改变刘邦的遗嘱，对"篡权"的吕后来说，这样做不是更有利吗？刘邦曾向吕后强调"安刘氏者必勃也"，要吕后任命周勃为太尉，掌握军权。吕后应当尽早拔掉这颗钉子才是，可是吕后还是任命周勃为太尉，并在萧何死后，相继任命曹参和王陵、陈平为相，毫不走样地执行了刘邦的嘱托，并且在"王诸吕"之前未见有任何"排挤"他们的举动，这难道还不足以说明吕后对刘氏政权的态度吗？

在封建家长制的统治下，妇女没有独立的人格，被排除在社会政治生活之外。所以，妇女"预外政"进而擅权，本身就触犯了封建礼制。擅权者既然不肯轻易放弃手中的权力，便只好采用各种方法巩固自己的地位。吕后以女主擅政，不可能不意识到自己作为女人统治天下的致命之处，不可能不意识到孤儿寡母坐朝堂的危险性。危险不仅来自桀骜不驯的诸将，也来自骨肉相亲的宗族内部。所以，吕后为摆脱险境，曾坚决地杀掉了赵王如意等人，此举并不比历史上许多卑劣狠毒的男性统治者的所作所为更为过分。但是，这并不是一个治本的办法。处于困惑中的吕后肯定为此思索了很长时间。她很清楚，自己之所以能够保住皇后的宝座并进而成为太后，完全是母以子贵的关系。所以，她必须确保儿子的至尊地位如山岳一般坚固，才能确保自己的政治地位和人身的安全，就是说，吕后必须从一个封建宗法制度维护者的立场出发去反对封建宗法和礼教对她的非难和压迫。在当时的情况下，这是最明智的抉择，也是导致其全部悲怆产生的根本原因。

可是，精明刚毅的吕后犯了一个致命的错误，她没有想到一个"人彘"竟把儿子吓得大病数百天，以致无可救药地沉沦下去，眼见得白发人要送黑发人。一旦亲子早逝，刘邦的那些庶子们便来争抢皇位，或是桀骜不驯的诸将发动内乱，自己的下场必然十分悲惨。于是吕后作出了大胆的决定，将自己的外孙女嫁与儿子刘盈，用太史公和班固的话说，此举意在"重亲"而生子，通过皇家血缘上的延续，达到巩固自己地位的目的。可是惠帝皇后"万方终无子"，吕后乃使皇后伪装怀孕，取后宫美人所生子曰皇后子，残忍地杀掉其生母，立为太子。

严峻的时刻终于到来了。公元前188年秋，惠帝刘盈终以酒色亡身，年仅二十三岁。吕后"哭而泣不下"，她对群臣有可能因此而掀起一场反对她的政变而坐卧不安。张良的儿子张辟强看出吕后已动杀机，遂向丞相建议请拜吕台、吕产、吕禄为将，居南北军，诸吕皆居中用事。丞相依其言。吕后见诸吕掌兵，衷心喜悦，自己已无危险，这才痛痛快快地哭起儿子来。

假皇后子做了皇帝（后来被杀，另立别人），吕后正式临朝称制，然而她的孤独感却越来越强烈了。无论以何种标准来衡量，这个天下还是刘氏的天下，她时刻感觉到自己被刘氏家族的网络缠绕着，就像一个爬上礁石的探险者，尽管可以睥睨脚下的海水，却随时都可能葬身在茫无际涯的巨浪之中。必须将思想立刻付诸行动，以家族的力量维护自己的统治。一方面，吕后竭力使刘、吕两家联姻，以此达到世世相亲、互相扶助的目的。赵王刘友、梁王刘恢、朱虚侯刘章等皆娶吕氏之女为妻，另一方面，又将吕氏子侄吕台、吕产、吕禄等封为诸侯王，扩大吕氏家族在国家政治上的势力。但是，吕后万万没想到，"王诸吕"导致了吕氏家族在她身后的彻底覆灭，并使她千百年来一直遭人唾骂。曾有一个时期，吕后被描绘成巫婆的形象，在舞台上和漫画集中被人点点戳戳。

"王诸吕"表明吕后正式向刘邦的"非刘氏而王者天下共击之"的盟约宣战。有人认为，刘邦的这句话就是针对吕后而发的。其实那是鉴于彭越、英布等异姓王"谋反"的教训而言，好酒及色的刘邦怎会有此预见。有人认为，吕后是企图以父家的吕氏家族代替刘氏家族，果真如此，她为什么不在刘邦死后或惠帝不理政事之时便这样做呢？为什么还要搞刘吕联姻呢？为什么将丧母的淮南王刘长抚养成人？为什么封刘恒（汉文帝）于代，听其母薄氏随之？刘章斩诸吕逃酒者，固然是以军法行酒，为什么却未遭到任何报复？吕后应当将刘邦的庶出子孙全部诛杀才符合上述"代替"的逻辑。赵王刘友和梁王一个被幽杀，一个自杀，其直接原因还是因与妃吕氏不谐之故。吕后若欲"代替"，又何必如此费周折，真的"代替"刘氏，搞一个吕家王朝，又有何不可。刘氏王朝并不是什么正义的代表或化身。又有历史学家断言，"王诸吕"使"吕氏不得人心，很孤立"。潜台词似乎是"不得民心"。不得何人之心？赵王刘友唱道："为王而饿死兮谁者怜之？吕氏绝理兮托天报仇！"不过是不得刘氏以及元老旧臣之心罢了。所以"不得人心"并不等同于"不得民心"。对王陵、陈平等人说来，"非刘氏而王者天下共击之"是神圣不可侵犯的；对我们这些今天的人们说来，又有什么理由将其作为两千多年前是是非非的标准呢？对这种大狗小狗间的争斗，当时的民众未必会感兴趣。

但是吕后在某些方面是深得人心的。吕后曾经做过农妇，她清楚地知道过重的赋役负担和动荡不安的社会环境对黎民百姓意味着什么。因此，她的政治目标是建立一个稳定的长治久安的社会，对此她没有表现出什么困惑。汉初黄老政治基本上适应了当时的社会需要，使已经崩溃的经济在安定的社会环境中得到了一定程度的恢复。现存史籍虽没有吕后在这方面所做贡献的详细记载，但是以吕后这样大权在握的专制君主，群臣在制定和推行清静无为轻徭薄赋的大政方针之时，不可能避开这座绝世的山峰。秦始皇以吏为师，专任刑罚，使赭衣塞路，囹圄成市。刘邦时期刑罚仍极残酷，在死刑中有夷三族的规定。当刑者要先受刺面、割鼻、剁掉左右脚趾之刑，再笞杀之，枭其首，将骨肉剁成肉酱示众；而对其中的诽谤詈诅者又先割其舌。吕后在正式称制的第一年就下令废除三族罪和妖言令，使刑罚有所宽省。可惜汉朝的历史学家们过分热衷于统治者内部斗争的记述，没有给我们留下吕后在理政方面的情况记载。然而太史公的一段话还是使我们多少可以揭开厚重的历史帷幕，遥望吕后政治家的风采。他说："孝惠皇帝、高后之时，黎民得离战国之苦，君臣俱欲休息乎无为，故惠帝垂拱，高后女主称制，政不出房户，天下晏然。刑罚罕用，罪人是希。民务稼穑，衣食滋殖。"

公元前180年，吕后称制已经八年。吕后刚参加被除仪式后回宫即染病，三四个月以后即告病危，令赵王吕禄为上将军，统帅北军（守卫京城，驻扎在长安城北的禁卫军），吕王吕产统帅南军（负责殿外宫墙之内守卫任务的禁卫军），并告诫二人：高祖昔日与群臣约定，非刘氏而王者，天下共击之。今王吕氏，群臣不服。我死后，皇帝年少，群臣恐为变。你们要控制住禁军护卫皇宫，慎勿送丧，不要被人所制。

辛巳日，这位在当时和身后都遭人唾骂的女政治家崩于宫中，遗诏赐诸侯王及将相列侯郎吏等金各有差。大赦天下。命以吕产为相国，以吕禄女儿为皇后。

从此番安排来看，吕后是带着几分焦虑、几分遗憾和几分担忧告别人寰的。后来的历史进程表明了吕后预见的正确性。一个月后，陈平、周勃、刘章等人夺取了南北军的指挥权，发动兵变，推翻了吕氏政权。

就像一个急速旋转的水流星，尽管有一条粗大的绳索在拼命地拉着它，巨大的难以抗拒的离心力还是使它脱手而出。吕后的全部努力终于失败了。强烈的权势欲是封建时代统治者的通病，我们不能苛责吕后。尽管吕后也是父权的代表，尽管她也是以封建宗法制度维护者的面貌出现在历史舞台上，尽管她企图以刘吕联姻的办法巩固自己的地位并防止社会的分裂，但是封建礼制和宗法的力量毕竟太强大了，强大到已经死了两千多年的吕后依然戴着篡权者和复辟狂的大帽子。

　　《史记·吕太后本纪》记诸刘和群臣发动兵变后的行动时十分平淡地写道：
"悉捕诸吕男女，无少长皆斩之。"

刘彻

西风残照汉家陵阙

◎范振国

马克思说："人类历史上有着某种类似报应的东西，按照历史报应的规律，制造报应的工具的，并不是被压迫者，而是压迫者本身。"在弥留之际，困惑一生的汉武帝对此似已有所觉悟，可贵复又可叹。

◆◇ 太子祸

征和二年（前91），即汉武帝刘彻在位的第五十年，在京师长安城内爆发了西汉皇朝建立以来前所未有的大血战（汉初周勃等人之诛诸吕，主要在宫廷之内进行，并未殃及人民），军民战死者达数万人之多，尸横遍地，街巷两旁的沟渠之内都注满了殷红的鲜血。事变突如其来，京师一向被称为"首善之地"，却在突然之间发生了如此惨绝人寰的流血事件，这是一般人谁也料想不到的。全城的人民震惊了，他们莫名所以，惊恐万状，而又欲逃无路，因为城门早已紧闭，整个京师处于森严的戒备状态。人们只好紧闭家门，深藏不出，怀着惶恐不安的心情，焦急地等待着事态的发展。

这是最高统治集团内部发生的一次血腥大厮杀。事情就发生在汉武帝和他的亲生儿子、皇位的当然继承者——太子刘据之间，这怎么能不使一般人震惊惶惑呢？此时武帝年已六十有五，太子年方三十六岁，按照当时流传的说法是"太子谋反"。难道是因为太子已经迫不及待，急于登上皇帝的宝座，因而主动发难的吗？考诸往古历史，此类事件并不少见，所以，一般人对"太子谋反"之说，或者深信不疑，或者信疑参半。知道事情真相，保持着清醒头脑的只是极少数人。但这些人在武帝的盛怒之下，谁也不敢贸然进言，说明真情，为之释惑解疑。

汉武帝十六岁即位，即位十多年尚无子息。这对当时的最高统治者来说，是一件社稷攸关的头等大事。自西周以来，无论是中央王朝或诸侯封国的君位，"父死子继"已成定制。如果天子或国君无子，其本人死后，君位必然被旁系子弟继承，这当然是君主极不乐意的事。不但如此。由于无正式的合法继承人，宗室中的觊觎君位者，还可能互相残杀以至于危及国家的根本，此类事实，史不绝书，屡见不鲜。所以，武帝在二十九岁之前因没有子息而常常深感苦恼和忧虑。

武帝的第一个皇后陈氏，虽然一度宠冠后宫，但终于无子。古代帝王后宫妃嫔动以千数，除皇后而外，得幸者当亦不在少数，也都未有生育者，这倒确是难解的怪事。后来武帝偶过其姊平阳公主之家，看上了公主家中一个歌女卫子夫，遂将其带入宫中。卫子夫原来的身份十分低贱，但入宫后先生三女，后生一子名据。这一年武帝已经二十九岁，他当然大喜过望，对此子极为宠爱。刘据七岁时即被正式册立为太子，即戾太子。其生母也旋即被册立为皇后。皇后之弟卫青，外甥霍去病先后为大将军和车骑将军，在讨伐匈奴的战争中都建立了殊勋。卫青封长平侯，其子尚在襁褓之中，亦得封侯之赏，霍去病封冠军侯。卫氏一门在当时可谓备极荣宠，他们所承受的优渥皇恩亦可谓古今罕见，无与伦比了。

后来武帝宠姬李夫人生一男名髆，封昌邑王；王夫人生男名闳，封齐王；李姬生男名旦，封燕王。尽管武帝又连得数子，但太子的地位并未因此而有丝毫的动摇。戾太子成年后，武帝为他专门开了"博望苑"，让他广接宾客，从其所好，借以开阔眼界，增广知识。《汉书》说："宾客颇有以异端进者。"所谓"异端"，指的是非正统的儒家学说。宋代司马光以儒者的成见，以为这是后来戾太子招祸不得善终的原因。这种看法是迂阔而不切实情的。汉武帝为了加强中央集权、征伐四夷的需要，采用儒家公羊学派的学说，推行"罢黜百家，独尊儒术"的政策。其实至少在武帝时代，这只是表面现象。这种政策只限于朝廷取士，并不禁绝其他学派的传播，更没有采取秦始皇那样焚烧书籍、灭绝文化的极端政策。即使在用人方面，汉武帝实际上也不是真正摈弃非儒学派的人物。举例来说，主父偃特受武帝赏识，"一岁之中凡四迁（升官）"，但从此人所写的对策、奏章中可以明显看出纵横家的气味；桑弘羊是武帝始终信任倚重的人物，但他的思想却是纯粹属于法家的。吕思勉说："一读《盐铁论》则桑弘羊之所持，纯为法家之说矣。"这是千真万确的事实。就武帝本人来说，虽然出于政治的需要，采用了"独尊儒术"的政策，但是实际上，他个人在文化方面却具有博大的胸襟，广泛的爱好。而且，从史实上看，也找不到"戾太子之祸"与"异端"思想有任何关系。

有更充分的史实根据可以证明，武帝本来对戾太子十分信任，以为只有他才是自己最为合适的继承人。据《资治通鉴》记载（此说不见于《史记》《汉书》，司马光等人何处取材，今已不可考见），戾太子成年以后，性格"仁恕温谨"，武帝以为他才能不及自己，后来相继又生了几个儿子，对皇后和太子的恩宠有所衰减，因而皇后和太子有不"自安之意"。武帝察觉这种情况后命卫青转告皇后、太子：汉家诸事草创，又加上四夷侵陵，我不变更各项制度，后世子孙无从效法；不出兵征伐，天下不得安宁。从事这些事业，就不得不扰劳百姓，这是不得已的事。假若将来的继承者也如我之所为，这将会"袭亡秦之迹"，势必导致国破家亡。太子敦厚安静，必能安天下，不使我忧虑，"欲求守文之君，安有贤于太子者乎？"听说皇后太子有不自安之意，可以将我的这个心意告诉他们。这是一番至诚恳切之言，决非假意抚慰之语。

对于武帝的穷兵黩武，连年兴师动众之举，太子颇不以为然，经常进谏，武帝并不恼怒，只是笑着说："吾当其劳，以逸遗汝，不亦可乎？"

武帝经常四出巡游。每当出巡之时，都把朝政交给太子处理，把后宫之事交给皇后主管。待武帝回京后，皇后、太子将重要的事务向他禀报，武帝从不曾表示过异议，有时甚至根本不加过问。这充分证明了武帝对皇后和太子的信任。

武帝多用酷吏治狱。太子性情仁厚，对于酷吏判定的案件多所平反。这样虽然能得百姓之心，却触怒了那些酷吏。皇后担心太子这样做会招致武帝的责怪，因而时常告诫太子，要留心皇上的旨意，不要擅行宽纵之政。武帝得知此事后，肯定了太子的做法，不赞成皇后的意见。

从这上面这些事实看，武帝对太子始终是信任的，没有表现出任何废立的意思。

任何一个人的性格中都包含着矛盾。像武帝这样的专制君主，他性格中的矛盾方面尤其复杂、突出。他好大喜功，有囊括四海之志，气吞宇宙之概，表现出了对空间的无止境统治欲望。但他又是智力超群，深谋远虑的君主。所以，他虽然有过太子"才不类己"之憾，然而从长远的观点看问题，他又意识到自己连年征伐、横征暴敛的政策，只能施之于一时，不能行之于久远。他的性格中固然有和秦始皇极其相似的一面——刚愎自用，暴戾恣睢，但又具备秦始皇所缺乏的一面——睿智明达，知人善任。况且，自西汉建立之后，不少人一直在不断地总结着秦朝灭亡的教训。基于上述原因，武帝一直以为要选择一个敦厚仁恕的"继体守文"之君，再没有比太子刘据更合适的人选了。

有人曾撰文指出："巫蛊之祸"是以武帝为代表的统治政策和以太子为代表的统治政策长期矛盾斗争所导致的必然结果。这种看法，未免凿之过深，缺乏足够的说服力。

《通鉴》确实有过这样的话："群臣宽厚者皆附太子，而深酷用法者皆毁之；邪臣多党与，故太子誉少而毁多。卫青薨（死），臣下无复外家为据，竟欲构（构成其罪）太子。"但以武帝之精明，加上对太子的长期笃信不疑，某些奸佞小人的谗间之言，是不足蛊惑他的视听的。下面的事实就足以说明这一点。武帝身边的亲信苏文、常融，内心对太子不满，经常密察太子的过失，然后添枝加叶地向武帝禀报。皇后对此切齿痛恨，欲使太子奏明皇上，诛戮苏、常等人。太子说："只要自己不犯过错，何必惧怕苏文等人！皇上聪明过人，不信奸人的邪恶之言，不必忧虑。"有一次武帝身体略感不适，命常融召太子来见，常融就趁机进谗言："太子有喜色。"言语虽不多，但用心却极为险恶。目的在于使武帝相信太子急于即位，迫不及待地希望自己早死。武帝听到此言，内心虽然不悦，但并不轻信。等到太子来到自己面前，就仔细审视他的容貌神色，发现太子面有泪痕，却又强装笑语，武帝感到十分奇怪，经过详细探问，才知道事情的真相，发觉了常融的奸险用意，立即诛杀了他。他们父子之间的信任之笃，不易为小人的离间所动，于此亦可窥见一斑。

还有，武帝晚年宠爱的钩弋夫人，生一子名弗陵（即后来的昭帝）。据载，钩弋夫人怀孕十四个月而生此子。武帝说，"闻昔尧十四月而生，今钩弋亦然"，故命其所生之门为"尧母门"。古代史家多有不加详察而妄录荒诞不经之事者。妊娠十四月而生子，本属怪异之事，未可轻信。武帝以六十余岁的高龄而得此幼子，对他倍加钟爱，亦属人情之常，命名"尧母门"容或有之，但这也不过表现了他老来得子的格外喜悦之情罢了，其中未必包含着什么特别的深意。而司马光却以为这是造成"戾太子之祸"另一动因。按太子之祸发生时，弗陵年仅二岁，武帝已经六十有五，而且疾病缠身，随时有"驾崩"之虞。以武帝之精明，决不会溺于私情，置国家的长久之计于不顾，有意废掉正当盛年、恭谨仁恕，而且具有治国理民经验的太子，而立一个尚在蹒跚学步、童蒙未开的二岁幼童为继承人。至于武帝临死之前的安排，那是另有缘由的，关于这个问题，下文还要另作说明。

造成太子悲惨结局的是所谓"巫蛊之祸"。

当时京师之内聚集着为数甚多的女巫。皇宫的众多妃嫔，互相斗妍争宠，彼此猜疑忌妒，于是就利用女巫互相诅咒。其方法是，埋木人于地下，进行祭祀祷祝，以期自己的仇敌遭殃或速死。宫女互相诅咒已属不道，后来她们又互相上告揭发，甚至说有人在利用这种方法诅咒皇帝。武帝勃然震怒，严加讯究，宫女及受牵连的大臣被处死者达数百人之多，其中自然有不少是遭受诬枉者。

武帝本来体格健壮，孔武有力，能够亲搏猛兽，精力超出常人。这位独断君主，虽然知人善任，却又决不愿大权旁落，对于诸项大政，往往事必躬亲，雄猜残暴，万事劳其神，百忧惑其心，而且在众多娇美艳丽的妃妾的包围下，自然难免纵欲过度，所以到了晚年身体逐渐衰弱，诸病缠身，常常"忽忽善忘"。在这种情况下，上述事件，对他的刺激极大，更加重了他的疑心。他梦见有几千木人手持大杖向他猛击，惊醒之后，身体倍觉不适。这本来是心理活动的反应，但古人不明此理，于是他就总是怀疑有人在用"巫蛊之术"诅咒他。具有至高无上权力的专制君主在其疑虑之间就可能掀起巨大的政治风浪，众多无辜者就可能在这种风浪中遭受灭顶之灾。

于是，"巫蛊之祸"就开始蔓延扩大了。在其间起着最大的推波助澜作用的就是奸人江充。

江充本是赵国人，是赵王太子的妻兄。后因与赵太子有嫌隙，就来到京师揭露其隐私，将其置于死地。"正直难亲，小人宜合"。江充是小人之尤者。其为人诡谲奸邪，巧佞善辩，不久即以其辩捷之才取得了武帝的宠信，官至水衡都尉，位在九卿之列。江充既得武帝宠信，就更加有恃无恐。江充曾因一件小事与戾太子有过嫌隙，小人往往心虚多虑，他深恐武帝驾崩、太子即位之后，自己将会遭到不测之祸，因而就处心积虑地窥测时机，随时准备陷害皇后、太子。机会果然来了。

就在武帝因怪梦而多疑之际，江充乘机进言，说皇上的致病之因，就是由于"巫蛊"作祟。鉴于前面提到的事件，武帝本来早就疑心重重。经江充一说，他对有人咒己速死之事，更加深信不疑。于是特命江充为使者，专门负责查究"巫蛊"案件。

一有皇帝的正式委任，江充就更加穷凶极恶。他利用胡巫肆意制造冤狱，广事株连，从京师及其周围的三辅地区直到全国各地，因"巫蛊之祸"横遭诬陷而致死者竟达数万人之多。有的大臣明明洞悉事情的原委，知道其中的绝大多数人都蒙屈含冤，无辜被诛，但在武帝盛怒之下，谁也不敢讲明真情，为无辜者鸣冤。

这是"巫蛊之祸"的高潮，但还不是顶峰。

"巫蛊之祸"的顶峰是直接危及皇后和太子，迫使太子起兵。尽管因"巫蛊之祸"已经枉死那么多人，但江充仍然不肯罢休，他通过胡巫向武帝进言："宫中有蛊气，如不加以清除，皇上的疾病难以痊愈。"此时武帝正在距长安百余里的甘泉宫避暑，他又误信了这种谎言，允许江充带胡巫进入宫中毁坏御座，掘地寻蛊。继而又进入皇后、太子之宫，掘地纵横，搜索木人（蛊）。最后江充谎报："在太子宫中挖出木人甚多，而且还有帛书，上面所写的多是悖逆不道之语，这些都应该上奏皇帝知晓。"

太子惶惧万分，欲辩不能，不知计之所出，就求教于太傅石德。太傅是太子的师傅，负有教导诲诱之责，而且往往和太子祸福与共。他对太子说："前不久丞相父子、两公主及卫伉都因此受诛。现在宫中挖出了木人，究竟是胡巫故意埋下的，还是原来就有的，此事实在难以辨明。在这种情况下，只有假借皇帝的旄节，逮捕江充，穷治其罪，才能查明其中实情。"此时太子犹豫徘徊，难以下定决心，说："我为人子，安得擅自诛杀，不如去甘泉晋谒皇帝，辨明真情，幸得无罪。"但此时江充对太子挟持甚紧，使他无法脱身。只是在这种情况下，他才下定决心，立即派人抓住江充，将其斩首；又将作恶多端的胡巫在上林苑中活活烧死。太子这样做固然是宣泄了郁积已久的对江充等人的激愤之情，但也未免过于躁急，思虑不周。倘若他能按照石德的意见，对江充及其党徒细加审讯，取得实证，然后禀报皇帝，当能促使武帝醒悟。

事已至此，对太子来说，已骑虎难下，欲罢不能。于是就索性禀明皇后，调发未央宫的守卫骑士和长乐宫（皇后所居之宫）的卫士，又取出武库（国家兵器库）中的兵器，以此自卫。苏文素与太子有隙，又是江充的死党，此时也是太子捕杀的目标。但他侥幸逃脱，到甘泉宫去向武帝诉说："太子无状。"此时武帝并不相信太子竟会谋反，说："太子必惧，又忿充等，故有此变。"于是就派使者去召太子来甘泉宫。但这个使者心怀疑惧，中途返回，向武帝谎称："太子谋反，已成事实。欲斩臣，臣逃归。"这样一来，武帝真的相信太子造反，于是就下定决心，镇压叛乱。

丞相刘屈氂系中山靖王刘胜（武帝兄）之子，于武帝为侄，于太子为堂兄。当太子诛杀江充并调兵自卫之时，他以为事涉皇帝和太子，自己不便表态，更不敢有所行动，只是派其长史急速向武帝报告情况。武帝问长史："丞相何为？"回答说："丞相秘之，未敢发兵。"武帝大怒："事情纷扰到这般地步，还有何密可保？"又说："丞相无周公之风矣，周公不诛管、蔡乎？"这就表明了此时武帝的态度：丞相虽与太子是兄弟关系，但现在太子既已谋反，就应该像当年周公对待反叛的兄弟管叔、蔡叔那样，毫不迟疑，断然镇压。又赐给丞相玺书："捕斩反者，自有赏罚。"并具体指示了作战方略：用牛车作营垒，避免短兵相接，尽可能减少士众的伤亡，还要求"坚闭城市，勿令反者得出"！

这样，皇帝和太子，即父亲和儿子之间的关系就真的变为你死我活的仇敌了，至少从武帝方面说是如此。

太子宣示群臣说："皇帝病困于甘泉，疑有变故，奸臣欲作乱。"企图以此来取得群臣对自己的拥戴。武帝听说此事，就不顾一切地冒暑前来长安城西的建章宫，并且征发三辅地区各县的兵士，命丞相统率之以讨伐太子。太子原先征调的兵士，用来捕杀江充等人虽然绰绰有余，但要用来对付丞相所指挥的军队，当然显得势单力薄。当时长安城中的主力部队是"北军"，太子企图利用这支部队，未遂，只好强行驱赶长安城中的四市之人数万，临时编为队伍，率领他们与丞相所率之军作战。这些临时拼凑的乌合之众，怎么能抵挡得住丞相率领的训练有素的强兵劲卒！所以，合战五日，血染京师，太子最后失败，战死者达数万人之多。

太子在逃亡外地时被杀害，皇后在太子死前早已自杀，经常出入太子之门的宾客们都被处死，而追随其发兵的则被处以灭族之刑。这是此次事变之后，武帝所进行的又一次大屠杀。

如此重大的政治变故竟然发生在亲生骨肉之间，这使武帝异常愤怒，又极端震惊。太子未死之前，长安诸城门都以重兵屯聚，以防不测。父子之间，如同敌国。

对于江充的奸邪歹毒，太子之被逼发兵，朝中大臣并非全不知情，洞悉其中的底蕴者恐怕也不乏其人，但慑于武帝的淫威，谁也不敢出一言，上一书来说明事件的原委，倒是两个微不足道的小吏先后上书言事，为太子辩诬。这对朝中大臣来说，颇具讽刺意味。这两个小吏，一个是壶关三老（乡官）令狐茂，一个是高庙寝郎（高祖寝庙中的老卫士）田千秋。

令狐茂上书在前，田千秋紧急奏章在后，武帝先后读过，终于彻底感悟，为太子公开平反昭雪；江充虽已死去，仍被处以灭族之罪。对于太子的无辜死去，武帝痛彻于心，哀念不已，在长安修建了"思子宫"。

武帝的这些举措，等于向天下人公开承认自己的重大过失。这在他的一生还是第一次。《汉书·武五子传》中说："天下闻而悲之。"天下人究竟为谁而悲呢？固然有悲悯太子的一面，但更重要的还是为武帝自己酿成的骨肉相残的悲剧感到痛惜。

有人说："从哲学的高度看，时间坐标上的今天，是以往历史的归纳。"这是十分精辟的见解。大而至于一个国家、民族，小而至于一个专制君主甚至一个普通人，其今天的结局，往往是以前历史发展的必然结果。其间当然也包括许多偶然性，但偶然性之中即包涵着必然性，一些重大的历史事件往往是发生在偶然性和必然性的交叉点上。马克思说："人类历史上有着某种类似报应的东西，按照历史上报应的规律，制造报应的工具的，并不是被压迫者，而是压迫者本身。"这里所谓"报应"，当然不带任何宗教神秘主义色彩，而是说某些对统治者自身来说是属于严重历史恶果的东西，正是统治者本身的行为所招致的必然结果。"巫蛊之祸"也是其来有自，决非纯属偶然。然而招致这个严重历史恶果的不是别人，正是汉武帝本人以及以他为代表的绝对皇权主义制度的本身。

下面我们将从更为广阔的历史视野来考察这一事件发生的深刻原因。

◆◇ 独裁者

武帝在位时期，皇权空前加强。当然，皇权的加强也是有一个过程的。武帝十六岁即位，其时他的祖母太皇太后窦氏和母亲王太后还在世，因而他的用人行政，往往受到钳制，不能一切自专，譬如"罢黜百家，独尊儒术"及与此有关的诸项改制措施，即受到笃信黄老之学的窦氏的强有力干预，迫使武帝将积极赞助此事的大臣或免官，或下狱，而诸项改制之事，也不得不暂时搁置一旁。窦氏死后，王氏尚在，武帝不得不任用武安侯田蚡为丞相。田蚡是王太后的同母异父弟，于武帝为舅。其人骄奢淫侈，专权自恣，甚至不把武帝放在眼里，史书上说他"权移主上"并非夸张之词。以武帝的个性，对这种大权旁落的局面，本是无法容忍的，但碍于母后情面，只好暂时隐忍不发。尽管如此，他对田蚡的愤恨不满有时仍然情不自禁地公开流露，迫使田蚡不得不因此而有所收敛。此时武帝年仅二十一岁。田蚡死后，武帝更显示出他的专权独断的性格，采取一系列措施，集一切大权于自己一身。

自景帝平定"七国之乱"后，诸侯王的势力大为削弱，他们已经基本上失去了治国理民之权，只是"衣食租税"而已。武帝采用主父偃之策，实行"推恩"之令，使中央集权制度进一步加强。诸侯早已不足以构成对中央皇朝的实际威胁。所谓"淮南、衡山之反"其实只有"欲反"之谋，并无举兵反叛之实，尽管如此，朝廷仍然穷治其案，株连甚众，死者达数万人之多。这说明诸侯王早已失了与朝廷相抗衡的实力，而朝廷对诸侯王的防范和控制则更加严格。

中央集权的加强和皇权本身的加强还不完全是一回事。

从秦始皇到汉武帝初年，虽然中央集权的体制已经建立，但皇帝之下的"三公"还有相当大的权力，特别是丞相，它不仅宰制百官，领袖群伦，佐助皇帝日理万机，有时还有专杀之权。三公，特别是丞相的这些较大的权力，对于皇权来说，也是一种不小的约束力。田蚡的专权骄横，固然是依仗太后之势，但也未尝不是承袭了传统中的相权意识。武帝既要决心加强皇帝个人的绝对独裁之权，就必须削弱相权。

田蚡之后，终武帝之世，居丞相之位者凡九人。其中薛泽既不敢有野心，亦无所作为，幸得免于不死；公孙弘出身微贱，凡事不敢坚持己见，唯武帝之意是从，以柔媚诌谀得终其位；石庆虽居丞相之位，而无丞相之权；田千秋既无奇才异能，又无伐阅功劳，仅仅以"一言感悟帝意"，即骤居此职，他在位之时，"括囊不言"，无咎无誉，所以得终其位。其他五人中：李蔡、庄青翟二人下狱自杀；公孙贺、赵周、刘屈氂三人也都不得善终。这种情况，在武帝以前的历史中是从来不曾有过的。

相权削弱，就势必集一切国家大权于皇帝一身。皇帝总揽万机，即使其本人精力超常，才能过人，也不可能事必躬亲，必须有众多的助手来帮助他处理诸项事务。因此，在官制方面就必须有所变革，于是就有中外朝格局的出现。第一，在相权削弱之后，即使是原来的外朝官如九卿之类，遇事往往直接对皇帝负责，"不再通关丞相"。第二，加强尚书（以宦者为之者称"中书"）的权力。尚书是替皇帝掌管文书的小吏，其地位本来极为低微，更无权干预朝廷大政。武帝为了加强皇权，竟逐步提高尚书之权。到了东汉时期，尚书"出纳王命，赋政四海"，实际上取代了相权。第三，皇帝为了加强其个人的决策权，就组成一个特殊的幕僚群。在一个时期内，武帝极力招揽天下人才，其用意即在于此。武帝正是运用这种手段把国家大政决策之权完全操持在自己手中，外朝的公卿大臣位虽高，禄虽厚，但权力却日益削弱，终于形同虚设。这是皇权加强的重要标志。

遇有特殊情况，皇帝还可以根据自己的意志任命一些人行使特殊的使命，这些人既可以是内朝官，也可以是外朝官。即使是外朝官，一旦接受这种特殊使命，其权力就不再囿于原来的范围之内。譬如张汤，原为廷尉，后任御史大夫，这两个官职的职权，原来都与理财毫无关系。但在武帝频年用兵征伐四夷，国家财政陷于困境时，他就接受特殊使命，筹划财政问题，此时诸大财经政策，多是出诸张汤的建议。张汤原来是外朝官，既接受特殊使命，实际上就成了皇帝特别宠信的内朝官，地位原来居于他之上的丞相，不仅不能对他有所约束，反而变得毫无实权了。

但是，事物往往是十分复杂的，削弱了相权，也并不一定就能保证国家的最高权力始终集中在皇帝之手。那些在位既久的内官或实际身份等于内官的人们，就可能恃宠弄权，欺罔皇帝本人，这样皇权仍可能被分散或转移。武帝在这个方面也是精明过人，并且异常果决。他一旦发现了这种情况，即使是他原来十分宠信的人，也立即诛除。张汤本人就是一个例子。他是一个典型的酷吏，但对武帝的忠心似乎是无可置疑的。尽管如此，武帝一发现他对自己有小小的欺骗行为，就立即严加讯诘，迫其自杀。武帝既削弱了相权，又对其亲信的内朝官严加控制，甚至不惜随时诛杀，使他们不能倚势专权或欺蒙自己，这是保证皇权绝对集中的又一权术。

除此而外，武帝对宗室贵戚子弟也控制极为严格。这些人位尊势逼，如不严加约束，也不利于皇权的巩固。

◆◇ 功与罚

在皇权高度集中的同时，武帝个人的意志，得以全面贯彻。当然，这里所谓"个人意志"，在一定意义和范围内，也包含着时代的条件和要求。

先说讨伐四夷。武帝即位不久，就决心讨伐匈奴。武帝采用公羊春秋之说，除了它的"大一统"主张有利于他加强皇权之外，再就是"复九世之仇"主张，可以用作讨伐匈奴的理论根据。

当时居于北部大草原上的匈奴构成了对汉朝的最大威胁。这个部族大约在秦汉之际已开始进入奴隶社会，再加上它是一个游牧部族，逐水草而居，迁徙不定，而且兵强马壮，精于骑射，经常侵扰汉之边境，不仅抢夺财物，而且掳掠吏民以为其部族奴隶。汉初，高祖讨伐匈奴，曾被围困于平城七昼夜，险遭不测。其时汉朝初建，疮痍未复，人民贫困，国库匮乏，亟待休养生息，无力制服匈奴。在这种情况下，只好对其实行和亲之策，以极其屈辱的条件求得与匈奴之间的妥协。其后，历惠帝、高后、文帝、景帝之世，一直沿袭这个政策，对匈奴羁縻不绝。但匈奴并未因此而停止对汉朝的侵扰。文帝时，匈奴曾大规模入侵，"烽火通于甘泉、长安"，京师一度处于紧急戒备状态。

对汉朝来说，匈奴一直是它的最为凶险的强劲之敌，但直到武帝即位之前，汉朝所采取的一直是消极的防御政策。

到了武帝时代，汉朝的国力已经强盛，反击匈奴的条件已经具备。根据公羊之学，九世之仇，尚可以复，武帝为高祖的曾孙，那么，复四世之仇，就更是理所当然的了。但历史中往往有一种惰性的力量，这反映在人们的意识中就是"因循守旧"。"和亲政策"已经实行了六七十年之久，朝廷上下的大臣们早已安于这种政策，恬然不以为怪。武帝接受了王恢的建议，决定采取诱敌深入之策，准备在马邑（今山西朔县）诱致匈奴单于及其所率大军，一举歼灭之。当在朝廷之上讨论这个问题时，多数大臣都持反对态度，武帝力排众议，毅然按原决策行事。此次军事行动后来虽然被匈奴察觉，未能达到预期目的，但却体现了汉朝对匈奴政策的战略性转变，即由消极的防御变为积极的进攻。此事发生在元光二年（前133）。

自元朔二年（前127）至元狩四年（前119）这八年时间内，汉朝与匈奴之间进行过多次战争，其中规模最大的有三次。通过长期的战争，汉朝收复了失地，巩固了北部边防，开拓了疆域，迫使匈奴远遁，其单于龙廷被迫迁至大漠以北，洗刷了六七十年的"积辱"，而且也使沿边诸郡的人民免遭匈奴人的侵扰掳掠。汉朝虽然为此也付出极大的代价，耗费了大量的人力、物力，仅战马一项就损失了十一万匹之多，但毕竟取得了对匈战争的决定性胜利，而且这个时期的战争还具有反侵略的性质。所以从总体来看，是带有正义性和进步意义的。

对匈奴战争的胜利，又进一步滋长了武帝开拓疆域，扩张其统治空间的无穷欲望。他穷兵黩武，不间断地发动讨伐四夷的战争。灭两越、伐朝鲜、通西域，经营西南夷这些宏大事业，都充分地表现了汉武帝好大喜功的个性。

其次谈谈对人民实行横征暴敛、厉行严刑峻法的问题。这和征伐四夷有着直接的因果关系。战争是以人力和财力为其基础的。长期的、连绵不断的战争，不仅将汉朝六七十年以来积累的巨大财富消耗净尽，而且竭天下之财，不足供战士之需。于是，就有张汤和掊克之臣桑弘羊、孔仅、东郭咸阳之徒相继出来为武帝制定各项赋敛政策。从实质上说，这些都是"残民以逞"的政策，是对人民进行"法外掠夺"。

要使这些政策得以推行并且收到预期的效果，就必须采取强硬的暴力手段，就一定要厉行严刑峻法。这两者之间也同样存在着必然的因果关系。

《史记·酷吏列传》所述的酷吏们，都出现于武帝一朝，是毫不足怪的。《汉书·刑法志》说："及至孝武即位，外事四夷之功，内盛耳目之好，征发烦数（指横征暴敛），百姓贫耗，穷民犯法，酷吏击断，奸轨不胜。"这段话讲得极其概括。长年的战争，再加上统治者穷奢极侈，这就必然要耗费巨量的财富。财富从何而来？当然是从对人民的横征暴敛中得来。人民不胜其负担，当然就会铤而走险，触犯法网，于是就有酷吏进行残酷无情的镇压。当时制定的法律，仅大辟（砍头）之罪就有四百零九条，一千八百八十二个细目，可见法网是多么严密。尽管如此，当人民实在无法生存下去的时候，他们到底还是要反抗的，武帝末年全国各地此起彼伏的农民暴动就是明证。武帝派直指绣衣使者四出镇压。暴动虽然暂时被镇压下去了，但阶级矛盾和社会危机并没有得到缓和。

不仅对人民是如此，朝廷的大臣，如果对当时的政策稍有不满，也会立即被绳之以严刑。大司农颜异仅仅是由于对当时财政政策有过不满的表情，竟被以"腹诽"罪处死。《史记·平准书》说，自此"公卿大夫多谄谀取容矣"。

总之，武帝的讨伐四夷是和其所实行的横征暴敛、严刑峻法的统治政策联系在一起的。

从历史发展的角度观察，决不能否认汉武"讨伐四夷"的巨大进步意义：它遏制了落后部族的侵扰，保证了中国先进的经济、文化不遭破坏；开拓了疆域，促进了中华民族的大融合，奠定了后世中国领土的基础；促进了边远地区经济文化的发展；打通了中西交通之路，对中西文化交流起了巨大的促进作用。

对汉武帝的这些客观历史功绩的肯定，决不意味着不应揭露他的统治的残暴和黑暗。这是因为，他当时活动的目的与活动的历史后果完全是两回事。汉武帝以及一切专制暴君的活动都是抱着自觉的、预期的目的的，这就是要开创前无古人的巨大功业，由于各种历史条件的综合作用（当然也不应否认他们个人的作用），起初他们活动的后果似乎是和他们所预期的目的是一致的。于是，他们就会把自己神化，把自己想象成历史上的超人，以为自己的意志可以主宰一切。这样，他们的贪欲和权势欲就会恶性膨胀，从而就会进一步无所顾忌地驱使劳动人民去为他们开拓更加宏伟的事业，以满足他们无穷无尽的欲望。而广大劳动者则成了他们实现这种愿望的工具和牺牲品，以至于失去了最基本的生存条件。对此，一位学者讲得十分深刻："阶级的本性使剥削阶级对于财富和权利具有无止境的欲望，决不会满足于把自己的剥削压迫保持在推动历史发展所必须的限度内……因此剥削阶级活动的进步作用总是伴随着巨大的消极作用，人类的进步就像可怕的异教神像一样，只有用人头做酒杯才能喝下甜美的酒浆。"统治者活动的进步作用，一般说来，只有随着岁月的流逝，当历史的阳光驱散了他们的活动所形成的浓重的阴影的时候，才能充分地显示出来。从这个意义上说，汉武帝之类的专制暴君，不管其活动的动机和目的是什么，也不管他们多么相信自己意志的力量，但归根到底，他们也不过是充当了不自觉的历史工具罢了。

司马迁揭露了汉武帝专制暴政下的种种罪恶，暴露了他生活于其中的那个社会的各种黑暗面，表现了他强烈的反专制主义精神，这是他的伟大之所在，他的思想的光辉将永远彪炳于史册。我们在肯定汉武帝的客观历史功绩的同时，又盛赞司马迁对汉武帝及以他为代表的专制暴政的大胆揭露和勇敢批判的精神，如果从形式逻辑的角度看，似乎是矛盾的。但若站在更高的角度，即历史辩证法的角度看问题，那就可以理解。我们承认并肯定汉武帝的客观历史功绩是有理由的；司马迁站在他那个时代的角度来揭露和批判汉武帝的专制暴政也是有理由的。两者都有理由，其所以如此，正如一位哲学家所指出的那样，是因为以往的历史永远是在"二律背反"的悲剧中前进的。

◆◇ 神仙梦

汉武帝和秦始皇一样，都希望长生不死，都幻想着能够永远保持其至高无上的统治权，而且都不满足于仅仅做大地上的最高主宰者，都企冀着能够成为天上的神仙。人类思想的发展是极不平衡的。孔子对鬼神已经采取了敬而远之的态度，从不讲"怪、力、乱、神"之类的荒诞不经之言，荀子在《天论》中已经表达了他的相当彻底的无神论思想。秦皇、汉武都生活在孔子和荀子之后，而且就其智力来说，无疑也在一般人之上。可是他们为长生不死的欲望所蔽，竟愚昧到那般荒唐可笑的程度。既然上有所好，下面必有投其所好借以谋求富贵利禄的骗子出现。秦始皇被骗子们愚弄了一生，最后还是死于"巡游"路途之中。武帝出生的时代上距始皇之死尚不到百年，然而他却丝毫不曾从中吸取教训，长生、成仙的欲望更强烈、更执着。那些自称有神仙之术的骗子们的骗术并不高明。最早出来欺骗武帝的是李少君，此人无家无室，隐瞒年龄，四处游荡，大言欺世，借以谋取衣食财物。他向武帝讲的长生成仙之术，拙劣之极，稍加辨别即可证明纯属欺人之言，然而武帝对此却深信不疑。不久，李少君自己就先死去了。按照常理，武帝应由此醒悟：既然能使别人长生不死，为什么自己反而不免一死？谎言由此本已不攻自破。然而武帝却以为他"化去不死"，求神成仙之志不仅不曾因此稍有衰减，反而更加急切了。于是燕齐之间（这里本来就是"神仙家"的根据地）的"怪迂方士"（司马迁语）就闻风而动，云集京师，向武帝大谈神仙之事。齐人少翁通过装神弄鬼的骗术，取得了武帝的宠信，竟被授予文成将军称号，赏赐丰厚，待之以客礼。其后少翁终于在一次拙劣的骗术中被武帝识破，落了个身首分离的下场，但武帝却对此事秘而不宣。过了几年，又有个叫栾大的骗子来到武帝面前，自称有神仙之术。此人别无他长，最大的本事就是撒谎的胆量特别大，而且撒了大谎还神定气闲、态度泰然，令人感到他说的话比真话还真。武帝这次又上了大当，栾大转瞬之间就"贵震天下"。后来，他自称要到海中求仙，其实走到泰山就中途返回了，而对武帝谎称他到海上见到了自己的老师。此次栾大之行，武帝派人跟踪侦察，揭穿了他的谎言，结果此人也是头颅立即落地。

以常情而论，一个人接二连三地在同一件事情上受到了同类骗子手法大体相同的蒙骗，早该幡然醒悟。武帝又决非昏庸愚昧之君，在许多事情上，都有过人的精明之处。然而，正是在求神成仙这个问题上他却执著得超过了限度，变为偏执，用现代精神病学的术语来说，就是"偏执狂"。从而丧失了正常的理智，由绝顶聪明变为极端愚蠢。至于那些骗子们，是不会顾及前车之鉴的，纵有刀锯鼎镬之险，只要是利之所在，就会趋之若鹜。所以，栾大被诛之后，骗子们又接踵而至，武帝也照样礼遇他们，受他们的愚弄。有位方士说，神仙"喜楼居"，武帝就大兴土木，达到了富丽堂皇的极致。方士又说，饮用和着玉屑的甘露之水，就能长生。武帝就在建章宫中营造神明台，挥霍的气魄不可谓不宏大。然而，所有这些，都于长生不老毫无补益。

当时，天下之民，穷愁饥饿，老弱转死于沟壑者不知凡几，而武帝为求长生而大肆营建，其所耗费的人力、财力又不知几多？然而在皇权绝对集中的情况下，举朝大臣又有谁略致微词呢？更遑论直言极谏！如果说，武帝的穷兵黩武，连年征伐，尽管给当时的人民带来了无穷的苦难，但对其后的历史还是有积极意义的话，那么，他为求神成仙而进行的上述种种劳民伤财之举，则无任何积极意义可言。

在当时，只有一个地位卑贱而思想伟大的人物，以冷眼旁观的态度观察着武帝的这类荒唐透顶的举动，在《封禅书》中将这类举动做了翔实生动的记录，并且在字里行间流露出委婉而尖刻的嘲讽语气，此人就是司马迁。

元鼎四年（前113），在河东某地出土了一件古鼎，这本是极平常的事，但当时人却把它视为祥瑞，而且举行了隆重的迁鼎仪式。这时术士公孙卿编造了一通神奇的故事，借以骗取武帝信任。他说，当年黄帝在首山采铜，在荆山铸鼎。鼎成之后，就有一条龙自天而降，迎接黄帝飞升成神："黄帝上骑龙，与群臣后宫七十余人俱登天。"骗子和投机家是有一套高明的手段的，那就是最善于投人所好。你看，这段谎话编造得多么巧妙：既能登天成神，又有群臣妃妾侍奉于左右，照样享受地上帝王的欢乐，拥有地上帝王的权威。这怎能不令武帝欣然神往，不胜歆羡呢？所以武帝情不自禁地说："诚得如黄帝，视去妻子如脱屣（鞋）耳！"

神仙究竟在何处？在天上，天不可登而上，"乘龙"云云，虽然令人神往，但究属渺茫难期的神话。神仙家制造谎言，一要使皇帝相信，二要不被揭穿，就必须把神仙所居之地说得迷离恍惚，又似乎并非是可期而不可遇的。于是，他们就说，在渤海极远处有蓬莱、瀛洲、方丈三神山，其上确实居住着神仙，而且确实有人到那儿去过，亲眼见到过神仙。但能见到神仙的人，只能是超凡入圣的异人，一般凡夫俗子是不能见到的。在当时的交通条件下，一般人既不可能到达大海的极远处，而所谓异人又属子虚乌有。所以武帝多次东游，登临大海，都是乘兴而往，败兴而归。而他的举行封禅大典也与求神有关。本来没有的东西当然是不可能求得的。关于海上神山之说，武帝以后还流传了很久。唐代大诗人李白说，"海客谈瀛洲，烟涛微茫信难求"；白居易也说："忽闻海上有仙山，山在虚无缥缈间。"神话不管多么美丽，假若你把它当实际的东西去寻求，那就只有碰壁而归了。

但武帝在这个问题上都几乎困惑了一生，不管受了多少欺骗和愚弄，不管付出多么巨大的代价，但他还是要执著地去寻求。海中之神既不可得而见，那么，既失之东，又欲求之于西。

自秦汉以来，方士们还编造了关于西王母的神奇传说。据说，在西方极远之地，有一座神山，名曰昆仑，其上有一神仙居住，此神即西王母。公孙卿所言黄帝乘龙升仙事，虽然深深地打动了武帝，然龙终究不可得而见，因为实际上并无其物。而马却是人类最早驯化的动物之一，在交通、生产、战争诸项事业中都对人类作出过巨大的贡献。由此古人对马就有一种特殊的感情，于是就自然产生了一种关于神马的幻想，它可以腾云驾雾，飞跃于无限广阔的天空。张骞之出使西域，其直接动机，固然在于联络西域诸国，斩断匈奴右臂，以便战而胜之，但有人指出，张骞西行还有一重目的，那就是为武帝寻求西方的神仙，即西王母之所在。我以为这并非是无稽之谈。张骞归来后，对武帝说，他曾经到过大宛，那里盛产良马即汗血马，据说它是天马的遗种，所以它本身也可以说是"天马"。这就又触发了武帝的幻想，龙既不可得，有了"天马"不同样可以乘之以升天吗？

张维华先生在《汉武帝伐大宛及方士思想》一文中指出，武帝伐大宛正是受了方士之说的影响，欲取得"天马"，乘之以升天成仙。此文考辨精详，言之凿凿。我完全同意。试想，大宛距长安达万里之遥，而又途多险隘，得之亦不足以成为汉之属国，如果不是为了得天马以升天，武帝又何必付出那么巨大的代价去征伐它呢？

太初元年（前104），武帝命贰师将军李广利率骑兵六千及郡国恶少年数万人征伐大宛。此次征伐因沿途缺乏供应，士卒死亡极多，攻一小城尚未能下，所以未达大宛即中道而返。军队回至敦煌，士卒死伤竟达十之八九。李广利上书武帝"愿且罢兵"，武帝伐大宛取善马的决心既已下定，岂肯罢休，于是派使者遮玉门关，说："军士敢入者斩之。"次年，首先惩治了"言伐宛尤不便者邓光等"，接着发兵六万人，牛十万头，马三万匹，命贰师将军再次征伐大宛。此次倒是战胜了大宛，汉军选得大宛善马数十匹，中等以下马三千余匹，而汉朝的军士则损失了六分之五以上，马匹损失百分之九十五以上，其他辎重物资的损失就更不计其数了。但是，对于武帝来说，既然获得善马，伐宛的主要目的就算达到了，至于其他方面的重大损失，那他是在所不计的。

所以他不仅不责罚贰师将军之过，反而封他为海西侯。

善马虽然得到了，但其中没有，也不可能有他想象中的所谓"天马"，他热切期望的乘天马飞升的幻想，终究还是成了泡影。

汉武帝受方士之骗，企图长生成仙，为此而巡游不息，大兴土木，甚至兴师动众，万里征伐，最后还是落了个东西碰壁、幻想破灭的结局。专制帝王平时所欲必遂，于是他就会产生一种错觉，以为自己的意志不仅可以决定臣民们的贵贱生死和全社会的命运，甚至可以左右自然。这种帝王意志决定论，虽然在一定的限度内，暂时可以起到作用，但最终必定要受到现实、历史和自然的无情惩罚的。经过一系列事实的教训，武帝长生成神的思想似乎淡化了，但他仍未最后从这种困惑中解脱出来。他之最后醒悟，是在死前两年的事，这在后文还将交代。

长生成仙的思想和"巫蛊之祸"有着相当微妙的关系。因为渴望长生成仙和害怕被恶鬼伤害是一个事物的两个方面。据《史记·秦始皇本纪》，方士们哄骗始皇说："人主时为微行以避恶鬼，恶鬼避，真人（即神人）至。"所谓"巫蛊"诅咒，就是要借助恶鬼之力来伤害活人。这样，生命尚且要被伤害，更何论长生成神。武帝之怀疑有人诅咒自己，终于酿成祸及数万人的"巫蛊之祸"，是与这种思想有绝大关系的。

◆◇ 孤独者

武帝加强皇权，为此而诛大臣，严刑罚，以至于愈到后来，朝廷上下尽是阿谀求容之辈，绝无直言敢谏之士。绝对皇权主义、君主独断的格局形成了。在这种格局下，汉武帝这位专制君主，凌驾于国家之上，他的意志就是法律，成了中国历史上第一个最大的独裁者。而这样的大独裁者往往又是最大的孤独者：他没有朋友，没有知己，甚至没有一般人的夫妇之情，父子之爱，兄弟之谊。他所听到的只是一片歌功颂德之言，唯唯诺诺之声；他所看到的只是一个个卑躬屈膝，胁肩谄媚之容。于是就有一堵无形的大墙，把他跟所有的人都隔绝开来。

伟大与渺小，智慧与愚昧，有时其间只有一步之差。愈到后来，汉武帝愈加处于绝对独尊无二的地位。这种绝对独尊无二的地位决定了他的绝对孤独，而绝对的孤独，又决定了他必受蒙蔽。一般人能够洞见于千里之外的事情，他却不能察觉于眉睫之下。唐朝安史之乱时，玄宗仓惶西逃，途中有位隐居乡间的老人向他进言道："（安）禄山包藏祸心，固非一日……草野之臣必知有今日，但九重严邃，区区之心无路上达。事不至此，臣何由睹陛下之面而诉之乎！"在中国历代帝王中，唐玄宗决非昏庸之辈，他青年时代即以非凡的气魄、勇决的精神，毅然诛除宫中内乱；即位之初，拔擢贤良，励精图治，形成了史家所称的"开元盛世"。但到后来，他先受蒙于李林甫，后被蔽于安禄山、杨国忠，致使国家有颠覆之势，社稷有累卵之危。这种情况，草野之人，早已洞若观火，他却懵然不知，晏然自处。待到狼烟四起，兵连祸结，长安不守，大驾播迁之时，他才从这位老人的口中听到了真话，但为时已晚，他只好无可奈何地回答道："此朕之不明，悔无及矣。"汉武帝所酿成的祸患虽然没有唐玄宗那么严重，但一度也使国本有动摇之势。

前面我们已经从各个角度讨论了武帝的是非功过，以及他思想方面的困惑。现在我再重新回到"巫蛊之祸"这个问题上来。

前文已经说过，一些重大的历史事件往往发生在偶然性和必然性的交叉点上。江充这个人物的出现似乎是十分偶然的事，但他之所以能够发挥那么重大的破坏作用，却又是受着必然性的制约的。这个必然性就是由武帝亲自加强的绝对皇权主义制度。前文说过，随着这种制度的日益加强，皇帝个人的权威，也就日益不受限制，他个人也就日益处于绝对孤独的境地。对臣下的升降黜陟，全凭个人的意志，对臣下忠、奸、善、恶的鉴别也全凭个人的智力。而任何个人的智力都是有限度的。中国古代的一些思想家和政治家所讲过的一些话，是带有直观的、朴素的民主思想色彩的：如"民者，水也；君者，舟也。水所以载舟，亦所以覆舟"，如"兼听则明，偏听则暗"，如"任人唯贤"，如"集思广益"。问题是在绝对君权主义制度下，这些带有民主性色彩的思想，是否能够被采用并付诸政治实践，主要取决于专制君主个人，而没有任何相应的制度来加以保障。那么，专制君主个人就既可以接受，又可以不接受；有时可以接受，有时又可以断然拒绝，甚至可以诛杀坚持这类思想的臣民。中国古代的朴素民主思想虽然相当丰富，但其对古代中国历史发展所起的作用却微乎其微，甚至可以忽略不计，究其原因，就在于此。

不能否认个人在历史上的作用，问题在于如何科学地解释这种作用的深刻的社会原因。在绝对君权主义制度下，最高统治者个人的作用有时甚至是决定性的，其中个别人物在个别时期所起的作用是积极的，能够推动社会的发展；但就整个古代中国的历史而论，他们所起的消极或破坏的作用要比前者大得多。就整个人类历史而言，社会和群众对个别人物的制约力愈大，愈能将其权力限制在一定范围之内，就愈能显示出社会的进步程度和文明程度。

司马迁在《屈原列传》中说："人君无愚智贤不肖，莫不欲求忠以自为，举贤以自佐，然亡国破家相随属，而圣君治国累世而不见者，其所谓忠者不忠，而所谓贤者不贤也。"这段话可以说是对中国古代专制君主统治状况的历史总结，而且是极富哲理性的总结，无论其为明君或是昏主，谁又不希望其臣下对其忠心耿耿呢？然而可悲的是"所谓忠者不忠"，甚至有"大奸似忠"者。这种现象无代无之，其所以如此，原因就在于鉴别忠奸之权全操于专制君主个人之手。以江充之奸邪狡诈，举朝大臣，不可能没有人能洞悉其本质，但武帝既以他为"忠"，谁又敢冒死进言呢？

大凡奸佞之辈，最善于窥测人主内心的奥秘，从而投其所好，借以达到个人的目的。正是在这种情况下，江充取得了武帝的信任，而武帝也就认奸为忠，纵其为非了。宋人吕祖谦说："人知江充之直，而不知其借汉之威也。"这确实是探本之言。

所以，我们说，造成"巫蛊之祸"的，表面看来是江充这个奸恶小人，而使得这个奸恶小人能够逞其奸恶，在京师这个"首善之地"掀起腥风血雨、滔天恶浪的，归根到底还是汉武帝本人以及以他为代表的绝对君权主义制度。

◆◇ 惑与醒

"巫蛊之祸"又是促使武帝实行政策转变的重要原因。

汉武帝是个性格极其复杂的人物。尽管他刚愎自用，残酷暴虐，尽管他被谄臣和方士所蔽，有时在一些事情上变得昏愦愚蠢，尽管他在求神成仙这件事上几乎陷入了走火入魔的境地，但他毕竟还有绝顶聪明的一面，因而当他发现"巫蛊之祸"确系奸人谗间诬构，太子无辜蒙冤、被迫发兵之时，就幡然悔悟，毅然为太子平反昭雪，断然惩治了奸人，又一次表现了他的聪明睿智、果敢决断的性格的一面。

事情并未到此为止。

"巫蛊之祸"发展到骨肉相残的地步,而且过错又在于自己之受奸人蒙蔽。这使他的思想受到极深的刺激和极大的震动。这就不能不促使他认真地回顾自己的一生,反省自己在漫长的统治岁月里的所有作为,不能不促使他严肃地考虑自己身后国家安危存亡这一最为重大的问题。

简言之,"巫蛊之祸"这个惊动天下、震动朝廷的沉痛事件,使武帝终于从长期困惑中逐步清醒过来了。

像汉武帝这样的专制君主,他的思想一旦陷于困惑,就会给国家和人民带来巨大的危险和无穷的灾难;而他的清醒则又可能使国家危而复安,使社会由动荡而转向相对的安定,人民的苦难也可能有所减轻。

前文说过,武帝从求神成仙的迷梦中觉醒过来,是在他死前的两年。征和四年(前89),他最后一次来到海上,还欲浮海求仙。恰在此时,大风袭来,风沙遮天蔽日,白昼如晦,海水奔腾沸涌,巨浪滔天。他与群臣在海边停留十余日,风浪终不平息,无法登船,只好扫兴而归。在其后两个月间,他大概已经表现出了对于此事的绝望态度,田千秋于是乘机进言:"方士言神仙者甚众,而终无显著成效,我请求把他们全部遣散。"武帝接受了田千秋的建议,"悉罢诸方士候神人者"。此后他常对群臣说:"我过去愚昧迷惑,为方士所欺。其实,天下哪里会有神仙?神仙云云,都是妖妄不实的欺人之言。"人只能做到"节食服药,差可少病而已"。至此,他在这件事上才算是由长久的迷惑而达到大彻大悟了。

武帝同时又由此联想到自己即位以来各种作为,深自反省,对群臣说:"朕即位以来,所为狂悖,使天下愁苦,不可追悔。自今事有伤害百姓,糜费天下者,悉罢之。"当然,武帝之所以这样说,主要还是由于他敏锐地察觉到了由于他的活动所造成的严重社会危机,将可能会使汉朝重蹈"亡秦之迹"。但是,像武帝这样原来极端自信的君主,在其生命行程即将结束之际,尚能躬自厚责,深表忏悔,决心改弦更张,最后也还算是不失为明智之君。

正当武帝决心改弦易辙,与天下更始之际,桑弘羊等人却上书武帝,提出要在轮台(今新疆轮台东南)设置屯田校尉,招募壮健士卒,前往屯戍,"稍(渐)筑列亭(略相当于后世的堡垒),连域而西,以威西国(指西域诸国),辅乌孙(西域国名,时归附汉)"。这个建议当然是与其时武帝的思想大相悖谬的。于是武帝就借此机会颁下所谓"轮台哀痛之诏"，公开承认自己以往所为多有扰民之举，更驳斥了桑弘羊等人建议的荒谬："今又请远田轮台，欲起亭隧，是扰劳天下，非所以优民也，朕不忍闻！"又说："当今务在禁苛暴，止擅赋，力本农，修马复令（让人民替国家养马以免除徭赋），以补缺，毋乏武备而已。"此诏哀切沉痛，悔过之意至恳至诚，决非言不由衷，欺世惑民。所以，决不能低估它在当时所起到的安定人心的重大作用。

汉武帝的悔过之心，不只是见之于言论，更能付诸实际。

紧接着就任命田千秋为丞相，封其为"富民侯"。这就是公开向天下昭示：将一改以往重赋厚敛，残民以逞的政策，决心停止征伐，轻徭薄赋，实行休养生息政策，借以阜民之财，增强国本。又任命赵过为搜粟都尉，推广先进的农业技术——代田法，以加强农业生产。

汉武帝在政策方面的重大转变，使得汉朝政权由岌岌可危的形势重新转向安定，避免了重蹈"亡秦之迹"的危险，其在当时的政治意义是十分重大的。

然而，还有一个与国运攸关的重大问题亟待解决，这就是皇位继承人的问题。戾太子死后，武帝在这个问题上，徘徊久之，迟疑不决。太子而外，武帝尚有五子，其中昌邑王髆、齐王闳皆先武帝而死。而燕王旦、广陵王胥又都多有过失，或野心勃勃，不守礼法，或荒淫奢侈，游猎无度，在武帝看来，他们都决不符合"继体守文"之君的条件。前文说过，钩弋夫人之子在"巫蛊之祸"发生时，年始二岁，当然也不宜于立为太子。因此，皇位继承人问题，一直被延宕着。但以武帝之明，他是不可能不考虑这个问题的。直到他去世的前一年，即后元元年（前88），他才决定以少子弗陵为继承人。此时，弗陵年已八岁，体格壮大，聪明过人。武帝以为，此子虽少，但只要选拔一两个忠实可靠的大臣来辅佐他，自己的身后之事是可以放心的。经过长期观察，他以为奉车都尉霍光（霍去病同父弟），忠厚老诚，小心谨慎，入宫奉事二十余年，从未犯过过失，足以信赖。于是，他去世前几个月命人画了一幅"周公负成王朝诸侯图"赐给霍光。几天后，他借故谴责钩弋夫人，旋即赐死。事后他对身边人解释所以采取这种措施的原因："往古国家所以乱，由主少母壮。女主独居骄蹇，淫乱自恣，莫能禁也……故不得不先去之也。"欲立其子，先杀其母，这在常人看来，未免过于残酷无情。但从国家的长远利益计，却不能不肯定武帝的深谋远虑。同时也足以证明，武帝之立弗陵，决不是因为溺于私情，出于"母爱子抱""爱屋及乌"之故。

后元二年（前87），武帝在五柞宫病危，霍光哭着问道："如有不讳（指死），谁当为嗣者？"武帝回答说："你不明白前日赐给你那幅图的用意吗？立少子，你行周公辅佐成王之事。"

武帝死后，霍光以大司马、大将军的身份，"拥昭立宣"，实际执掌国家大权达十九年之久。他虽然大权在握，政由己出，却一直忠于武帝的嘱托，忠实地执行着他晚年制定的治国理民之策，更不敢萌发篡逆之心。正因为如此，才使得汉朝一度激化的阶级矛盾和社会危机继续得以缓和，使社会经济继续得到恢复和发展，出现了所谓"昭、宣中兴"的局面，汉朝政权又延续了百年之久。

霍光除了谨慎小心，墨守武帝的成规之外，并无卓荦之才，奇异之谋，是个平庸无奇的人物，他甚至连最起码的历史常识都没有，班固称之为"不学无术"，决非贬抑之词。但是，时代有时候又确实需要这样的人物。当汉武帝这样的天才人物在为完成其巨大的功业而导致"海内虚耗""天下骚动"的局面时，欲使国家政权延续下去，就必须改变统治政策，使已经动荡不安的社会秩序重新趋于平静。武帝晚年虽然已经认识到了这一点，并且已经实行了政策的转变，但就他个人来说，毕竟已为时过晚。如何使自己晚年既定的政策得以继续贯彻执行，关键在于选择一个合适的辅佐幼主的大臣。霍光固然平庸无奇，但这样的人决不会雄心勃勃，妄有改作，只会循规蹈矩，忠实奉行自己的遗志。司马光称武帝"晚而改过，顾托得人"是很对的。而所谓"顾托得人"，主要指选择霍光是"选得其人"。

在专制主义制度之下，像汉武帝这样至高无上的君主，当他的思想陷于困惑之中时，就会恣情妄为，而其行为的结果会给社会造成巨大的损失，给人民带来深重的苦难。而当他从困惑中清醒过来时，又会给社会带来相对的安定，使人民的生活变得略微轻松些。这不禁使人想起北宋司马光那段意味深长的话：

　　孝武穷奢极欲，繁刑重敛，内侈宫室，外事四夷，信惑神怪，巡游无度，使百姓疲敝，起为盗贼，其所以异于秦始皇者无几矣。然秦以之亡，汉以之兴者……晚而改过，顾托得人，此其所以有亡秦之失而免亡秦之祸乎!

千古传响不绝如缕……

董仲舒

策定乾坤的反刍

◎张冠生

他用几十年时光思考历史兴衰治乱，历史用几千年岁月思考他的学说内涵……

文化内辑，武功外悠。

人类社会发展史上这双重主题的交响轰鸣，透过漫漫风烟，召唤、激励着一个又一个青史留名的英雄豪杰，或是以大气逼人的胆略布阵沙场、挥戈敌营，成就千秋霸业；或是以观天察地的智慧指点江山、激扬文字，延展文化的辉光。文武之道的分合张弛，谱就了千载之下犹能耳闻的历史旋律。

◆◇ 上苍滚动起隐隐的雷声

或许是与造化约定的宿命，或是一种纯粹的历史偶然，董仲舒降生的这年，不早不晚，正是"文景之治"刚刚揭开序幕的时候。

楚汉战争的烽烟早已消散，社会秩序恢复了稳定。文帝重视农桑，全免田租，鼓励流通，"与民休息"，遂使经济生产不断发展，商品流通日趋活跃。

同时，文帝的恤民之心，节俭之风，廉政之令，减刑之策，亦使社会风气得以净化，人民大众安居乐业。

治世的曙光初临大地。

在这样的时代氛围里，挑灯看剑征战四方的豪气很自然地转化为"兴酣落笔摇五岳"的放达，道道军令、封封战书的文字也顺理成章地变为"语不惊人死不休"的华章。一种历史的逻辑驱策着大志大才之士，把经邦济世、建功立业的疆域从"武功"转到了"文化"。

生于文帝元年的董仲舒适逢其时。

文景之治的中兴之世使他能安于书案，以至"三年不窥园"，其吃穿不愁、勤习精进之状可想而知。先前一直口传、汉初方才成书的《春秋公羊传》则使他浸心其中，长成"王佐之材"。若没有社会稳定发展、家境"田连阡陌"的优裕条件，就很难保证他能自幼攻读经史，长成亦有权谋。而若没有正式成书的《春秋公羊传》供他从容研读，深入探究，则董仲舒纵有千种才情、万般悟性，也难成为日后经纶国运的儒学大师，而很可能完全是另外一类历史人物了。

在上下千百年的中国历代王朝中，儒学长期居于"官学"地位，并如水银泻地一般渗入社会生活各个层面，乃至事事要谈仁义，处处可见孔庙。儒家的政治思想，亦为历代统治者所钟情、所奉行，牢牢占据着"正统"的地位，并在代代相袭中逐渐凝结为一种集体无意识，乃至"大成至圣先师"牌位前的香火千年不绝。

然而，这种情形在汉王朝之前并不曾出现，甚至从汉高祖刘邦开国直至汉武帝刘彻在元光元年（前134）金殿聚贤、谋求治国良策的七十余年间，儒学也未成"独尊"之气候。对于这一点，自幼苦读经典，终成《春秋》大师的董仲舒心中再清楚不过。金殿献策时，他四十五岁，已过"不惑"之年，渐知天命，而在景帝时期的博士生涯更使他在通晓古今的同时，深察帝王的治国心理，深知一介书生如何才能在经纶国事的峰巅状态释放出最大能量。因此，在金銮殿上，面对真龙天子，听着一个个儒生士子走马灯似的"贤良"对策，抱着要让儒学成为群学之尊的志向，带着一种成功的把握和一飞冲天的预感，他胸中不能不波翻浪涌，他无法抑制这种有生以来还是首次体验到的激动情绪。听着、想着，随着思潮的起伏，那些曾在青灯之下、黄卷之上一次次浮现出来的场景、思绪，又一次在他面前舒展开来……

秦始皇统一六国后，虽然结束了封建列国并立的局面，建立了中国历史上第一个统一的多民族国家，但这是个封建专制主义的中央集权国家。对外的防戍和战争，对内的"大事兴作"，"取之尽锱铢"的搜刮，"用之如泥沙"的奢靡，帝王的残暴无道，昏官的横征暴敛，"断狱岁以千万数"，徭役赋税无穷期……终于，戍卒叫，函谷举，天下诛暴，冲天一炬，焚尽了秦王朝的暴虐和专制。

大火余光犹在，殷鉴委实不远。开国西汉的高祖深知，"灭六国者，六国也，非秦也。族秦者，秦也，非天下也"，"秦人不暇自哀，而后人哀之；后人哀之而不鉴之，亦使后人而复哀后人也"。而且，暴秦对生产力的破坏，八年楚汉战争对国力的耗费，使高祖面对着极端凋敝的经济社会局面。为要恢复和发展经济，以巩固西汉王朝赖以生存的经济基础，他急切地需要一个相对稳定的发展时期。

既然"秦以刑罚为巢，故有倾巢破卵之患"，那么，"严刑峻法"的法治思想理当送入历史博物馆。于是，"清静无为"的黄老思想应时而起。汉初统治者以此为指导思想，推行"扫除烦苛，与民休息"的宽容政策，适应了当时经济社会发展的需要。长期的薄赋促耕，使农业迅速发展，"流民既归，富厚如之"。明智的轻徭弱刑，则使社会秩序稳定，渐趋繁荣。于是，出现了汉初六十余年间众望所归的"文景之治"。

得失常相伴，正反乃能合。"文景之治"时期的经济、社会在得以恢复、发展的同时，也出现了新问题，引出了新的矛盾和麻烦。农业的迅速发展使粮物充裕，粮价骤跌，加上活跃的商业流通，使大商人开始囤积居奇，侵吞农民膏血。大批农户破产，片片田园荒芜。豪强大姓不守法度，横行乡里，激化了社会矛盾，诸侯王也多有骄纵不法者，拥土自雄，称霸一方，破坏着统一局面。边关之处，匈奴亦屡屡犯境，为害中国，使汉朝的姑息政策难以为继。所有这些情形都预示着，汉初天下作为反拨秦朝乱世而遵循的黄老思想，其效用已是强弩之末。统治者循其思路而采取的安民、休养、宽容、厚生政策，是为了治世的太平和发展，为了国力的增强，为了维护自己的统治地位。在缓和旧的社会矛盾时，当然会产生新的社会矛盾，这本是正常现象。可一旦新的社会矛盾激化至临界状态，明显地危及安定局面、危及统治者的根本利益时，就会被视为不可容忍的大患，必欲除之而后快。当此之际，治国者的政策取向，势必要从"与民休息"转向加强大一统的集权统治，为此，则迫切地需要一套与此相应的新的治国理论，需要一种为大一统思想作充分论证并能在一定程度上为民众所接受的新的思想体系。

董仲舒极其敏感地体察到了这种关头的帝王心理。他充分预感到了某种巨大的历史机会正在悄然降临。他意识到："文景之治"时期与社会发展相伴生的诸多社会矛盾，正在提醒汉帝国的统治者，简单地从严刑峻法、苛政暴举走向另一极端，虽已收到显著的成效，却终非长久之计。中国封建社会的深处，蕴含着某种对中央集权统治的顽固需求。其强大有力、根深蒂固，足以压倒一切与其相悖的人为措施和叛逆愿望，哪怕是帝王国君。然而，在另一面，秦王朝短促的兴亡交替这一空前巨大的历史教训，又将作为一个具有永久意义的劝诫性国策主题，而被从汉代治国者开始的后世历代君主所不断思考。苛政猛于虎时，民众积怨一旦爆发，不更猛于虎？

人类的真正窘境，在于总是刚从一重困惑中挣脱出来，随即就陷入了另一重困惑。

人类的真正悲剧，在于总要在二律背反的境况下做出选择。

人类的真正伟大，在于总是能在二律背反时做出抉择。

人类的真正智慧，总是在二律背反的抉择中迸射出最夺目的光彩！

就在中国历史的车轮行进到公元前134年前后的时刻，上苍滚动起隐隐的雷声，那是历史的召唤：诸子百家，谁家登台？

在谛听到远方雷声的少数几个人当中，董仲舒听得最为真切。他内心油然升起多年的夙愿，一种"天将降大任于是人也"的历史责任感充溢于胸中。在一瞬间，他顿悟了自己何以付出几十年的心血立雪儒门，何以苦心孤诣地皓首穷经于《春秋公羊传》。如今，"苦其心志"的考验，"劳其筋骨"的磨练，"行拂乱其所为"的困扰，"所以动心忍性"的寂苦，统统转化成了"增益其所不能"的精神能量和智慧财富。董仲舒内心轰响起对远方雷声的回应：诸子百家之中，舍我其谁？！

然而，即使在此刻，即使董仲舒能立于群峰之巅，面对上苍，喊出这么一声横空出世的强音，他心中也不是天光水色，一朗如洗的。壮志之外，亦有困惑。历史是复杂的，人是复杂的。何时何地，都没有直线的铺展和延伸，只有错综的扭结和缠绕。心志有多高，困惑就有多深。这又是一种背反。

董仲舒不得不思虑再三。

他是希望一飞冲天，也很有可能果然排云直上。可满朝上下没有任何人能在他道出"天人三策"之前为他打保票，保证他一定如愿以偿。哪怕是百分之一的不成功因素变成现实，不就是百分之百的失败？

或是一言九鼎，或是名落孙山，这臻于极致的霄壤之别，使董仲舒不可能像往日里那样身也逍遥，神也逍遥。他在数十载研读历史、思考现实的过程中逐渐累积起来的种种困惑，不是一阵激动、一声呐喊就都能甩掉的。

◆◇ 天将降大任于是人也

儒家学说虽然早在孔子的时代就已经形成了一个有系统的学派，并且对此后各个时期的君主及其统治产生过相当的影响，然而在名、墨、儒、道、法、阴阳、纵横等诸家学说的并生并存中，儒学总是平行的一支一派，并不特别受宠，亦无独步之时。直到汉初，其地位也无明显变化，仍只作为战国后百家中之一家，最高统治者并不崇儒。陆贾奉高祖之命著《新语》一书论说秦失天下原因时，作为反拨，讲了不少"仁义""教化""制礼作乐"等儒家学说的核心思想，却居然把这些都撮合到道家的"无为"理论上去。且不说这种做法是否有"欺君"之嫌，单就汉高祖而言，若是他对儒学有所知、有所好，陆贾是断然不敢如此"妄为"的。相反，正是众人皆知高祖曾撒尿于儒冠，以示对儒学的蔑视，陆贾才敢指鹿为马（或者说他由于惧怕高祖怪罪他倡崇儒学而不得不张冠李戴）。虽然后来由于叔孙通为高祖制定了以儒学为本的朝仪礼规，使他备享皇帝之尊，从而转变了这位天子对儒学的看法，乃至拜叔孙通为太常之官，专司宗朝礼仪，还曾亲驾君临鲁国曲阜祭奠孔子。但是，高祖一旦驾崩，儒学在朝廷中这种初登青云的势头，就又被道家压下去了。文帝、景帝、窦太后（文帝之妻、景帝之母）皆好黄老和刑名之学，加上汉初的几个大丞相如萧何、曹参、陈平、周勃、张苍等人，也都不是信道家，便是信阴阳家，独不信儒家。这就势必使儒家思想在朝中的传播、扩散以至产生影响遇到诸多障碍。

既无天时，亦无地利，更无人和，尊儒崇儒从何谈起？

汉武帝登基后，情况有了变化。由于武帝自幼接受儒家思想熏陶，修、齐、治、平的历练和志向使他素与清静无为、无事无欲的一套格格不入，倒是对孔子和儒学颇感亲切。因为这里有切合他的治国思想的主张和理论上的依据，所以，他决心以天子之威张儒学之势，第一步棋就是要选拔有才干的儒生入朝做官。

建元元年（前140），一道由汉武帝签发的诏书传向全国各地，他要求丞相、御史、列侯、诸侯相等各级官僚，都要努力举荐贤良方正、直言极谏的饱学之士到朝廷任职。并且，武帝还御批了丞相卫绾关于"所举贤良，或治申、商、韩非、苏秦、张仪之言，乱国政，皆请罢"的奏折，只留下诸家之中的儒生登堂策试。与此同时，武帝任用崇信儒术的窦婴、田蚡为丞相和太尉，在武帝为太子时做过武帝老师的王臧（老儒生申公的弟子）被任为郎中令，王臧的同窗赵绾被任为御史大夫，皆成为天子近臣。为表尊儒，武帝还把年逾八十的申公请进宫廷，优礼加身，请其指教。王臧、赵绾上任后，第一件事，就是依照儒家经典《礼记》规定的礼仪，一边建造明堂作为皇帝接见诸侯之用，一边制定出比叔孙通为高祖所定制度还要尊严的各项朝仪。建元五年（前136），武帝下诏设置"五经"（《诗》《书》《礼》《易》《春秋》）博士，以提高儒家经典的地位。至此，儒家学说终于摆脱与诸子各家平行起坐的情形，初步被抹上了"独尊"的色彩，开始步入其发展途程中的黄金时代。

表面上，儒学与其他各家学说的此长彼消似乎告一段落。其实，对抗的力量并没有彻底消解。儒学的地位越高，对立面的敌意和反弹也就越甚。汉武帝信儒、崇儒、厚儒、尊儒的一系列作为，引起了一向崇奉黄老的窦太后日益严重的不满。加之长安城中的列侯大部分都是外戚，不是窦太后的女婿，就是她的孙婿，也时常来找老人告状。于是，这位太皇太后仗着自己的特殊身份，不断地去武帝那里发泄怨愤之气。武帝为表示对窦太后的尊重，不能不有所顾忌，有所收敛。

然而，带血的冲突还是爆发了。建元二年（前139），御史大夫赵绾上疏陈言，认为国家大事不必再向住在东宫的太后请示。此话传至窦太后耳中，惹得这位早怀不满的老太太怒火中烧，她发誓要像当年杀掉用方术蒙骗汉文帝的新垣平那样，借机除去这伙用儒学思想迷惑汉武帝的儒生。于是，老人出马，大施淫威，编织了赵绾、王臧的某些罪过，逼迫着武帝把赵、王二人打入监狱，此后仍不罢休，终于逼得这两位高官儒生自杀。同时，窦婴、田蚡亦遭免职，年迈的申公也被送回老家去了。

这是儒家学说登上政治舞台中心以后又遭挫伤的一幕。

以窦太后为代表的宫中反儒势力虽然只是回光返照，死前一挺，却毕竟给儒家的中兴之路一度蒙上了阴影，并使这股新兴力量付出了血的代价。这都是发生在董仲舒身边，使他惊心动魄的事件。赵绾、王臧尸骨未寒，窦婴、田蚡的座席余温尚在，董仲舒儒名在外，岂敢掉以轻心？

好在自古就有"青山遮不住，毕竟东流去"的道理。建元六年（前135），窦太后油尽灯灭，魂归泉台，满朝上下再也无人能掣肘汉武帝实施其方略。而刚届弱冠之年的汉武帝精力旺盛，雄心勃勃，他要实现功盖三皇、业过五帝的远大抱负，他要把汉帝国的政治、军事、经济、文化大权牢牢掌握在自己手中。他深知，自己自幼熟读的儒家典籍中，有着极丰富的思想，可以为大一统政治架构提供足够的理论依据。使武帝更加胸有成竹的是，儒学思想既有能为帝王所钟情的尊卑有序、忠孝臣服的一统内核，又有契合汉民族心理结构，能为民众所接受、所奉行的仁义宽恕、恭敬多让之类的日常道德规范的外壳。既然他曾以一道诏书、一套措施，在自己身边聚集了一批饱学有年、甚有招法的儒门贤良，纷纷奉献治国策略，如今若再颁诏书、梅开二度，岂不更是万贤云集、盛况空前？有了这些有胆有识之士，治我大汉帝国，何愁无谋？何愁无才？

于是，元光元年（前134），年轻气盛、独步汉朝的武帝再次下诏，令举贤良方正、谋略过人的俊杰才子，为治国家上疏对策。

此时的董仲舒，由于对帝王的性格和心理、时代的特点和要求、自身的条件和优势等各方面因素都做了透彻的思考与分析，正在酝酿出一种对他来说最为有利的心理状态。既具天时，又兼地利，更有人和——这使他的自信心达到了最高点，内心的困惑所造成的干扰降至最低点，跃动的灵感在激励着他淋漓尽致地发挥出儒学大师的高超水平。

董仲舒上场了。

他清晰地感觉出了驱动他的脚步、点燃他的灵感的那种无形的历史力量。

他静静地读着武帝所下的制书。此时此刻，对他而言，世上的其他一切似乎都不复存在，唯有"朕获承至尊休德，传之亡穷，而施之罔极"的天子真言如黄钟大吕，在天地之间久久回荡。

◆◇ 天人策：治国者的激动

汉武帝在制书中首先描述了自己的心情——"朕即位以来，希望治理好国家，深感责任重大，昼夜不敢安神。深思万机，犹恐有失。故广请四方豪杰和贤良之士，欲闻大道之要，至论之极。"接着，他提出了作为君主首先关心的问题："夏、商、周三代受命于天，其符安在？天地间种种灾异之变，何缘而起？"

董仲舒眼前一亮，心中一阵狂喜：这可真是苍天有眼！武帝起问于"天"，而"天"正是董仲舒哲学思想中的最高范畴。他几十年研读儒学的心血，都是围绕着"天"而挥洒的。对于"天"，董仲舒实在有着太多的思考和见解，对此作答，怎不叫他如鱼得水，左右逢源？再者，武帝起问于"天"时又连带有人，而董仲舒在汲取前人思想的基础上，经过综合、消化、发展而熔铸成的自己哲学体系中的核心命题，就是"天人感应"。他早就在寻找机会，想把这套学说奉献于帝王几案，如今武帝的首问即在天、人，仿佛这问题是冥冥之中专门为董仲舒安排的，这怎不让他觉得天赐良机，千载难逢？

在不可名状的激动中，董仲舒伏案命笔，开始铺陈使他名垂百代的"天人三策"。

针对武帝"三代受命，其符安在"的策问，董仲舒答道："为臣听说，上天想要使一个人称王的时候，必定有一种不是人力所能获致的、自然到来的征兆，这就是受天符命。天下之人都诚心归附于他，就像归附于父母。这种精诚感动了上天，所以上天就降下祥瑞，他因之受命为王。正所谓'帝王之将兴也，其美兆亦先见'。"

对于"灾异之变，何缘而起"的问题，董仲舒则开始展开他的"天人感应"思想——"臣在《春秋》中历览前世已行之事，发现上天和人事是互相关联的。天命是可畏的。国家若是治理不善，将有失道之败，上天就会先造出灾害来谴责和警告世人。譬如，由于统治者废除道德教化，过着骄奢淫逸的生活，在民众中丧失了威信，诸侯亦众叛亲离，并掳掠残害良民，争夺领地，加之滥用刑罚，产生邪气，民怨积久，上下不合，于是阴阳失调，妖孽滋生，灾害出现。世人若不知反省，上天会再利用怪异之事来警惧世人。若仍不思悔改，则天下败亡就会跟着到来。由此可见，上天对人君有仁爱之心。治国失道时出现的灾异，既是上天对人君的警告和惩戒，又是对他的爱护和帮助，是为了挽救人君的过失。只要不是大亡道之世者，天尽欲扶持而全安之，以使其成为明君，而为万民所臣服。"

接着，董仲舒提出了自己的主张——作为国君，若要国家长治久安，必须推行儒家的"礼乐教化"，此道理有史为证——"圣王已没，而子孙长久安宁数百岁，此皆礼乐教化之功也。"国君是秉承上天的意志在人间举事的，上天有仁爱之心，国君亦应推行德治，不能滥用刑罚。不能以刑罚治世的道理，如同不能用黑夜造就岁月一样明白。国君若要南面而王善治国政，莫不以教化为大务。教化不立而万民不正，教化立而奸邪皆止。作为反证，董仲舒列举出秦朝以法治国的诸般弊端，并予以猛烈抨击。秦朝兴亡史表明，在富者田连阡陌、贫者无立锥之地、国家无道、百官不廉的天日里，民不乐生，亦不避死，安能避罪？所以法令虽多却挡不住奸邪丛生，任刑而不任德的最终结果，是穷苦大众群起反抗，而且压迫愈深，反抗愈烈，蓄之既久，其发必速，使首建中国统一大业的秦王朝"立为天子十四岁而国破亡矣"。如今汉朝立国虽已七十多年了，但秦朝以法治国的遗毒余烈至今也没被彻底扫荡，必须予以根本铲除，就像坏得很厉害的琴瑟，必须解弦更张，重新构造，然后才可再奏佳音，这叫作"退而更化"。只有适时更化，才能治理好大汉帝国。汉得天下以来，常欲善治而至今不可善治者，失之于当更化而不更化也。

董仲舒提出的"更化"，实质就是政治上的改革。这种改革思想，既是对历史进步内在逻辑要求的遵从、顺应，也来源于董仲舒对当时社会现实的深入体察，和对国情人心的理解把握。他知道，当时某些社会矛盾业已相当严重，这些矛盾只靠旧的统治思想和制度是难以解决的。但是，在统治者那里，一旦社会矛盾有所激化，他们首先想到的往往是加强高压控制，加重刑罚诛裁，而不是仁德开路，因势利导，顺应时代潮流，从根本上缓解矛盾。殊不知民不畏死，官不信法，若再循旧制，严刑峻法，尽管是三令五申，貌似威严，也止不住"法出而奸生，令下而诈起"的危局，反而是扬汤止沸，抱薪救火，结果却更加重了危机。所以，为政者必须应时改革，改革必须从速做起，先做与民众日常生活和切身利益密切相关之事，落到实处。例如，限制豪强兼并土地，进而堵塞兼并之路；严禁官吏巧取豪夺，侵吞民财国力；罢去奴婢，除掉专杀之威；薄赋敛、省徭役，以宽民力；盐铁皆归于民，以富民生……这些主张，一方面有利于抑制豪强势力，加强中央政权的控制力量；另一方面，亦利于从根本上缓解社会矛盾，以不威而威的方法，强化最高统治者的权威。董仲舒心中十分清楚，当民众揭竿而起，推翻暴虐的统治者的时候，他们不是不要统治者，而是表示希望有个较仁慈的统治者，甚至是呼唤一个能让他们衣食不虞、安居乐业的统治者来君临天下。只要走不出封建时代和封建思想的笼罩，中国民众就永远有这种心甘情愿的臣服心理。所以，与其重刑暴政而逼民众造反，何如德加海内而让百姓拥戴？

董仲舒的政治主张，自然是为统治者服务的。他的具体限田设想，就很能表现出他的感情及思想倾向——"使富者足以示贵，而不致于骄；贫者足以养生，而不致于忧。以此为度，而均调之，是财不匮，而上下相安，故易治也。"很明显，其目的在于，从长远利益出发来维护和巩固中央集权统治。董仲舒认为，君主只要勤政为民，理当享其极尊至禄。"为政而宜于民者，固当受禄于天"。董仲舒的第一个对策因此而适应了汉帝国当时从思想、政治上巩固统治的需要，并正中当时最高政治代表汉武帝之下怀。这位年少志大的国君早就萌动着不少设想，想不到竟被这位"公羊春秋大师"如此系统而完整地表达了出来，并形成了一整套治国理论，这不由得使汉武帝大为亢奋。亢奋之余，他乘兴览其对而复其册，以第二道制书令董仲舒"明其指略，切磋究之，以称朕意"。

董仲舒看到汉武帝对自己的对策及主张如此厚爱，似乎看到儒家思想势必定于一尊的辉煌前景。他的自信得到了充分确认，并被进一步鼓动起来。于是，董仲舒打定主意，从进一步坚定汉武帝招募贤良的决心入手，展开他的第二道对策。因此，他开宗明义就说："臣闻尧受命，以天下为忧，而未以位为乐也，故诛逐乱臣，务求贤圣……贤能佐职，教化大行，天下和洽。万民皆安仁乐谊，各得其宜，动作应礼，从容中道。"接着，便从舜、禹、稷，殷纣、文王、武王等顺流而下，历数前世成败得失，从正反两面总结历史经验，并特别点明秦王朝"师申商之法，行韩非之说"，而不以文德教化天下的结果——"百官皆饰虚辞而不顾实，外有事君之礼，内有背上之心，造伪饰诈，趣利无耻；赋敛亡度，竭民财力，百姓散亡，群盗并起。是以刑者甚众，死者相望，而奸不息。"因此，国君推行德治，实乃天意，断不可违。

为配合汉帝国仁政德治的需要，造就大批为国君所用的德治人才，董仲舒重申了兴太学、置明师、养天下之士、作教化之本的主张。他还描绘了令汉武帝开怀的前景——陛下有雄才大略，圣君之风，尧舜之心，若再通过办学校、举策问而得到天下英才俊杰诚心相佐，当可实现三代至治之盛举，武帝之英名也就能上追尧舜而比肩，下垂百世而流芳。就这样，董仲舒以尧求贤圣而天下和洽起始，以武帝若得英俊则可名追尧舜作结，完成了第二道对策。

大方无隅，大音希声。

大动若静，大象无形。

两问两答之后，董仲舒的心境出乎意料地平静下来了。

他毕竟已过了不惑之年，流逝的岁月在取走他年华的同时，赠与他了足够的阅历、智慧、冷静与理智。儒家理论的熏陶模塑，亦使他深得中庸之道的精义，从而不致于让热忱淹没其他。三思而言的要义，不仅在于深思之后而放谈，更在于放谈过程中还要深思。放而有度，放而有序，放而有层次，放而有节奏，才能放得主动，放得高妙。对于董仲舒而言，虽然他为能赶上千载难逢的良机而激动不已，然而他懂得，抓住机会的涵义不仅在于应时而动，更在于动而有效，动而有功。因此，他的对策，一方面是应命作答，另一方面也是必要的试探。相同的思想，相同的表述，会在不同的人那里产生不同的心理效果。相同的思想，不同的表述，则会在同一人身上产生不同的心理效果。对汉武帝，董仲舒虽能从一般规律上推知他的心理特点，也有机会通过实际观察了解而较准确地揣度他的言行内涵，不过董仲舒还不能说他对武帝的独特性格、气质、深层心态变化、情绪涨落规律等都了如指掌，而这些因素对于他的主张在武帝那里最终能在什么程度上接受、采纳、推行、发挥效力，都是至关重要的。所以，两个回合下来，董仲舒还留了一手，他的绝活儿还在后面。在前两道对策为自己最终要说的话作了精心而充分的铺垫之后，他等待着天赐良机中的最佳时机，他判断着最佳时机中的最佳点。他一边等候汉武帝对他第二道对策的反应，一边在脑海中展现自己改写中国思想史、哲学史、治国史乃至整个中国历史的宏大构想。

◆◇ 泽被两千年的精神洗礼

乘六合之气，播玉玺之光，汉武帝的第三道制书飘然而至。

董仲舒诵读再三，心潮激荡。制书上的金口玉言，正是他翘首以盼、孜孜以求的——

"朕听说善于论天的必有证于人事，善于说古的必有验于今日，故朕在此虚心询问天人相应的关系，接受历史的教训，上承唐虞，下戒桀纣，改善以往的所作所为。如今先生既然谈到了治国之道，分析了历史上治乱兴衰的原因，这些陈述朕都将亲自阅览思考，请再讲得透彻明白些。"

终于到了可以和盘托出的时候了。

历史将庄重地记下这一页。

这是著名的"天人三策"最终成型的一页。

这是改写中国思想史、哲学史、治国史乃至整个中国历史的一页。

从这一页起，儒学正式从私家学者的书斋堂而皇之地步入了皇家学院，成为官学，成为国教，儒家思想成为此后学者修身、百姓齐家、君王治国平天下的不二法门。

"臣闻《论语》曰：'有始有卒者，其唯圣人乎！'"——这是董仲舒早就想好的对策起句——一上来就提《论语》，并用其中关于"圣人"的品行比喻武帝。这样做，一来可以进一步提高武帝"亲览"的兴奋度，二来也能进一步强化他对儒学的亲和力。此后再展开自己的议论，当更易于使武帝入耳入心。毕竟，这是真正的千钧一发的关头了。前两道对策，尽管是纵横捭阖，左右逢源，上穷碧落，下搜黄泉，但比起董仲舒最后要说出的话，却只能算是引而不发。他已经盼望了那么久，他已经等待了那么久，他已经准备了那么久，并已是成功在即，他实在无法设想功亏一篑是怎样一种情景。所以，他要铺垫了再铺垫，渲染了再渲染，唯恐因任何一点火候不足而使先前的所有心血付之东流。

董仲舒用比前两道对策都要大的篇幅展开了第三道策书。他从"圣人法天而立道，布德施仁以厚之，设谊立礼以导之"讲到"人有父子兄弟之亲，出有君主上下之谊，会聚相遇，则有耆老长幼之施"；从"三王之教所祖不同"

讲到"三圣相受而守一道";从"明天性,知仁谊,重礼节,乐循理"讲到"上下和睦,习俗美盛,不令而行,不禁而止";从"尔好谊,则民乡仁而俗善"讲到"尔好利,则民好邪而俗败";从"贤人之位,庶人之行"讲到"君子之位,君子之行"……如此思接千载、视通万里的滔滔雄辩,始终围绕社稷秩序,须臾不离国道民风,岂能不句句入帝王之耳,字字入国君之心?精诚所至,金石为开,何况武帝正是雪中需炭,航船待风!于是,董仲舒在这三道对策的结尾处,捧出了他处心积虑、欲定乾坤的百字结论:

> 《春秋》大一统者,天地之常经,古今之通谊也。今师异道,人异论,百家殊方,指意不同,是以上亡以持一统;法制数变,下不知所守。臣愚以为诸不在六艺之科、孔子之术者,皆绝其道,勿使并进。邪辟之说灭息,然后统纪可一而法度可明,民知所从矣。

皇天后土,皆该有知,董仲舒洋洋洒洒凡六千五百言的"天人三策",青灯黄卷凡四十余载的呕心沥血,竟都是为了这最后道出的区区百字!

正是这区区百字,使汉武帝龙颜大悦,纳之唯恐不及,从而促成了"罢黜百家,独尊儒术"这种中国历史上前所未有的一统局面。

正是这区区百字,使中华民族的世世代代,无论长幼尊卑,开始了带有强烈的一统色彩、延续了漫漫两千多年的精神洗礼。

正是这区区百字,在中华民族性格的成型和发展过程中,起到了前无古人的巨大作用。

中华民族的文化精神从此沿着以儒为宗的航道,缓慢而坚定地向前奔流。即使后来又碰上过千百次动荡、战乱、狂风、暴雨,它也没有变向改道。虽然有过风靡魏晋的玄学大潮和道、佛初兴,却并没能动摇儒学的正统地位;虽然有过唐朝的三教鼎立与三教合流,也没能分享以五经取士的儒家荣耀;虽然有过"五四"时期的摧枯拉朽,却没能中断儒家思想的生存与此后的世界性传播;虽然有过"文化大革命"的"火烧""油炸",却没能挡得住《论语译注》《孟子译注》在20世纪80年代中国大地上的再版风行以及《孔子学说精华体系》这类著作的应时面世;虽然有人把梁漱溟宣布为"最后一个儒家",而且这位儒翁业已仙逝,却仍然没法抹去还在中华民族血脉中跃动着的儒学观念乃至日常伦理规范。

这也许就表现出一种历史的选择。

历史的选择中肯定包含着民众的选择。

就在董仲舒明言倡导六艺之科、孔子之术的两千多年后，公元 1987 年 11 月 22 日的《中国文化报》曾披露了这么一段史实：在"十年动乱"中，民族文化饱受摧残，曲阜古迹惨遭破坏。孔子墓碑被人用拖拉机撞倒后，又被彻底砸碎。当地的父老乡亲有知，于当天夜里不约而同冒险来到墓地，在泥土和草丛中仔细寻找被砸碎的石块，珍藏起来。后来修复孔墓时，他们又把石块取出，经过一番拼对黏合，墓碑竟然一块不缺！还有一位老干部，为保护孔府门前的石狮免遭砸烂，亦冒险找人用木板将石狮罩住，并在木板上贴满标语，终使石狮安然无恙。

曾在"天人三策"的最后五个字写上"民知所从矣"的董仲舒，若地下有知两千年后中国普通百姓的如此作为，岂能不激动得老泪横流！

当然，董仲舒是无从预见到儒学独尊后能一直延续至今的强大生命力的，然而他在汉武帝时代的中国文化领域独领风骚的大作大为，却成为此后历代中国人反思自己民族的精神发展历程时必予以深思的永恒课题。一个大思想家，常常是他所处时代各种思想矛盾、各种历史困惑的载体，同时又是时代精神、时代智慧的代表。一个帝王的问题，也往往就是他那个时代的问题。因此，回答帝王的问题，实质是回答时代的问题。回答问题所需的智慧，是时代赋予的智慧。董仲舒的过人之处，就在于他以高度的时代自觉和智慧，顺应社会发展的需要，回答了时代的困惑，同时也挣脱了困扰自己的困惑。当他把儒家治国思想及方略奉献于帝王宝座时，他知道那是完全符合当时历史选择的唯一作为，他不过是把历史的逻辑要求用文字表述、转达给汉帝国的君主。

对此，曹聚仁先生在他所著《中国学术思想史随笔》一书中，转述过这么一段精当的分析：

> 儒家之登上正统宝座，也是事有必至的。要巩固大帝国的统治权，非统一思想不可，董仲舒在对策中说得非常透彻。但拿什么作统一的标准呢？先秦的显学，不外儒、墨、道、法。墨道太质朴了，

太刻苦了，和以养尊处优为天赋权利的统治阶级根本不协调。法家原是秦代自孝公以来国策的基础，秦始皇更把它的方术推行得很彻底。正唯如此，秦朝的昙花寿命，和秦民的刻骨怨苦，使法家从那以后，永远背着恶名。贾谊在《过秦论》中，以繁刑严诛，吏治刻深，为秦皇的一大罪状。这充分地代表了汉初的舆论。墨、法既然没有被抬举起来的可能，剩下的只有儒、道了。道家虽曾煊赫一时，但那只是大骚乱后的反动，它在大众（尤其是从下层社会起来的统治阶级）的意识中是没有基础的，儒家则有之。大部分传统信仰，像尊天敬鬼的宗教，和孝悌忠节的道德，虽经春秋的变局，并没有根本动摇过，仍为大众的内心所倚托。道家对于这些信仰，非要推翻掉，便是存心轻视。儒家却对之非积极拥护，便消极包容。和大众的意识相冰炭的思想系统，是断难久据要津的。况且道家放任无为的政策，对于大帝国组织的巩固，是无益而有损的。这种政策，经过汉文帝一朝的实验，流弊已不可掩。无论如何，在外族窥边，豪强乱法，而国力既老，百废待举的局面下，清静无为的教训自然失却了号召力。代道家而兴的，非儒家又谁属呢？

◆◇ 集腋成裘：“天人感应说”

儒家从汉武帝时登台独步，“定为国教，这偶像持续了两千多年”（顾颉刚语）。这说明，儒家学说和思想是适应封建时代各个王朝维护其统治地位的。两千多年间，朝代不同，社会经济发展水平不同，国力不同，文明程度不同，而儒学居然能一直适应各朝代君主的统治需要，这个事实本身意味着，儒学肯定是处于不断变化、不断适应、不断发展的状态之中，否则它不可能总是居于中国传统思想文化的主流地位，一直持续下来。

事实上，早在孔子之后，董仲舒之前，儒学的面目就已有了相当的变化。董仲舒本人就是一个改换旧儒家的面目而使之具有新鲜内容的创造者，他因此而成一代大师，学生众多。司马迁就曾受业其门，得其教益，卓成大家。

孔子创建儒家学说时，曾阐发儒学的基本特征：以《诗》《书》《易》《礼》《乐》《春秋》的思想为育人的内容，以崇仁义序人伦为思想核心，培养君子人格，以圣人贤人为育人的最终目的。司马迁后来在《史记·太史公自序》中记言："礼以节人，乐以发和，书以道事，诗以达意，易以道化，春秋以道义。"儒学主张政治上实行德治，重民生，施教化，行礼乐；在人伦上，主张仁礼合用，以仁事同，以礼敬异。合同则亲亲，别异则尊尊。礼义立，则贵贱等。乐文同，则上下和。基于仁的思想，主张"老者安之，朋友信之，少者怀之"的社会秩序，"己所不欲，勿施于人"的交往观念，"有教无类""诲人不倦"的教育原则。儒家强调对古代文献知识的学习，对现实社会持乐观进取、积极用世的态度，对社会有强烈的责任感和使命感。

孔子之后，"儒分而八"。"亚圣"的桂冠独属孟子，说明了孟子对儒学的发展与贡献。他以性善论为核心内容的心性说，开辟了儒学心性思想发展的道路。孟子明确倡导以尧、舜、禹、汤、文王、武王、周公、孔子为系统的儒家道统说，是对儒学的重要贡献。在政治上，孟子提出"民为贵，社稷次之，君为轻"的民本思想，大倡仁政，主张君王乐民之乐，忧民之忧，得其民者得天下。在人伦上，"老吾老，以及人之老；幼吾幼，以及人之幼"，"乡田同井，出入相友，守望相助，疾病总相持"，把孔子"推己及人"的忠恕之道予以极大拓展。在有些方面，孟子更比孔子往前走了几步——孔子只慨叹"天下无道"，孟子则予以猛烈抨击；孔子只讲"庶之""富之""教之"，"近者悦，远者来"，孟子则设计出一套颇为具体、完整的仁政王道，如"尊贤使能，俊杰在位"，又如"五亩之宅，树之以桑，五十者可以衣帛矣"；孔子人我并重，克己让人，"己欲立而立人，己欲达而达人"，孟子则宣称"人人有贵于己者"，"自任以天下之重"，充分肯定个人。在继承孔子核心思想的同时，孟子使孔子儒学产生了一些明显变化。

到了荀子，由于他"始乎诵经，终于读礼"，故能精通并传授儒家经典，以至后人有"六艺之传赖以不绝者，荀卿也"的评说。在政治、经济、文化、思想各方面，荀子大体循孔孟之思而思，如"行一不义，杀一无罪，而得天下，仁者不为"，又如"天之生民，非为君也；天之立君，以为民也"等议论，都直承孔孟。但荀子时代毕竟已与先前大不相同，虽说他仍认为"儒者在朝则美政，在下位则美俗"，但若要弘扬儒学，势必要作变通。例如孔孟只讲"仁义"，不大议兵，荀子则在不离仁义的前提下大讲其兵；孔孟以仁义释礼，不重刑政，荀子则以礼为核心，时讲刑政，并称礼、法，使之成为荀子儒学区别于孔孟儒学的基本特征。由于荀子之学在继承孔孟时亦吸收了道、墨、名、法诸家之说，他还提出了与孔子的意志天、孟子的道德天明显不同于自然天和制天命的思想，主张天人相分，天生人成，人须努力致学，方可有成，并留下"劝学"名篇和"锲而不舍，金石可镂"的千古名句。荀子儒学"可说上承孔孟，下接易庸，旁收诸子，开启汉儒，是中国思想史从先秦到汉代的一个关键"（李泽厚语）。

这就是董仲舒在酝酿力主独尊儒术的思想之前，儒学自身曾出现过的一些主要变化和发展。对此，董仲舒自然熟知于心。他在爬梳有关史料的经历中看到，自战国后期，各种学说学派已在互相辩难的同时开始互相见容、互相吸收。在这一过程中，儒家学说日渐主动地融会着道、法、阴阳等派的学说，其主干地位日趋明显。与孔、孟相比，荀子、《周易》已面向更为广阔的外部世界，提出了天、地、人如何统一的世界观问题。而到了各家学说并存、儒学作为主干的《吕氏春秋》，则更为鲜明地表现了综合百家学说、以求思想一统的自觉追求，所谓"一则治，异则乱；一则安，异则危"的议论，干脆就是结束先秦诸家争鸣、形成统一思想的明确要求，是董仲舒"皆绝其道，勿使并进"之呼吁的先声。再往后，道家衣冠、儒家魂魄的《淮南鸿烈》，把《吕氏春秋》中为建立统一帝国的上层建筑提供理论支持的追求变成了现实，并且表露了"天之与人，有以相通"的"天人感应"思想。儒家学说这些发展，从孔子到董仲舒这三四百年时间中所发生的变化，都为董仲舒提供着丰富的思想资源和构想背景。儒学虽经数变却不离其宗的社会政治理想、人际关系准则，都为董仲舒情有独钟。尤其是孔子、孟子、荀子都曾大谈特谈的"天"，更是使董仲舒千思百虑，终获天启——

孔子把"天"看作超自然而有意志的主宰，提出"畏天命"的思想，但又追求"知天命"的境界，这种"知其不可为而为之"的进取精神，显然是儒家学说能自主沉浮、终至"独尊"的原动力。

孟子虽也认为"畏天者保其国"、"天也，非人力所能为"，但他又强调"天作孽，犹可违；自作孽，不可活"，人世间"祸福无不自己求之者"，表明人在天地间仍有主动选择的余地和有所作为的机会。

由于荀子第一次明确指出了"天"的客观自然性，认为"天行有常"，强调"天人之分"，更加突出了人在天地间的主动地位，乃至破天荒提出了"制天命而用之"的思想，使人第一次产生了"能与天地参"、天能为我所用的伟大感。

既然前人能够随时代发展而不断赋予"天"以新的涵义，不断变化对"天"的态度，董仲舒也完全可以再进一步。

尤其是荀子那"制之""用之""使之""化之"的思想与气魄，更鼓舞着董仲舒的勇气，激发着他的思考。这位"帝王之师"，准备借"天"之威灵，展多年之宏图伟愿，扬儒学之精神光辉，授天子以治世之道，立万世之经国大业。

作为思想家，董仲舒看得非常清楚——秦时扰民过甚，国破君亡，才使汉初引为教训，实行无为政治，才使统治者节欲、廉政，不事兴作，为经济和社会发展创造了良好环境。然而经济发展了，社会富足了，秦亡的教训却逐渐为人所忘。"公卿大夫以下争于奢侈"，贪风蔓延。官吏们奢侈骄纵，有帝王可以约束他们。假如国君也奢侈无度，骄纵不法，有谁可以约束他呢？显然没有。谁敢皇帝头上动土？然而，任昏君恣意妄为发展下去，势必山河破碎，民生涂炭，最后皇帝倒台。这是无论庶民还是国君都不愿看见的。那么，到底如何是好？人世间无人能约束帝王，而为国计，帝王又必须有所约束，这就只有借助"天"的权威。于是，打出天命旗号自然提上议程。但由于社会在变化，学术在进步，旧的天命论已显得不大合用。要想提出的理论能为国君所信服，为百姓所接受，就需要吸收新的思想学术成果，改造旧的天命论，创立新的适应当时政治需要的天人学说。

董仲舒载荷着如前所述的巨大困惑，承担起了这项使命。他要让"天"以一种新的面目出现在帝王之前，而使帝王不得不起敬畏之心。

于是，"天人感应说"出现在汉武帝面前，回荡在汉朝天地之间，回荡在此后各朝帝王心间。"天"成了帝王治国有道无道的最高裁判，成了圣贤还是昏君的分水岭，成了国家兴衰成败的晴雨表。

这是董仲舒在前人思想基础上的一大发明。

这一发明使此后西汉时的宣、元、成、哀几个皇帝都曾在日蚀、地震时下诏罪己，"恐惧一二，修省一二"，减少了生民之祸，垂范于后世君主。徐复观先生曾在《两汉思想史》中指出"天人感应说"对于"控制皇帝已发生相当的效果"。

当汉武帝采纳了董仲舒的建议，全面推行"罢黜百家，独尊儒术"的思想文化政策时,这里的"儒术",已经是董仲舒的儒术了,它已经完成了从孔、孟、荀等先秦诸子开创的原始儒学向政治色彩渐趋浓厚的汉代儒学的转变。

自此之后,历代的封建统治者无不奉儒家学说为正统,儒学自身也在经历不断的变化和发展,演变为与释、道相互交融的宋明儒学,演变为在封建末世集其大成的清代儒学,演变成在西方近现代文化思想影响下逐渐成形的新儒学……然而,无论怎么变,儒学深处那种内在的自身规定性却是一以贯之的。《中国古代思想史论》一书曾经深刻揭示道:

> 秦汉时期不但在物质文明(从生产到科技)以及疆土领域上为中国后代打下了坚实的基础,而且在精神文明方面(包括文艺、思想、风俗、习惯等领域)也如此。正是在汉代,最终形成了中国独特的文化—心理结构。这个文化—心理结构虽然应溯源于远古,却成熟于汉代。孔子继承远古所提出的仁学结构主要便是通过汉代一系列的行政规定如尊儒学、倡孝道、重宗法,同时也通过以董仲舒儒学为代表的"天人感应"的宇宙图式,才真正落实下来。尽管董仲舒的儒学和五行图式与孔子学说已有很大的不同,但孔子提出的原始儒学的基本精神——血缘基础、心理原则、治平理想、实用理性、中庸观念等等,却都是通过这个阴阳五行的系统图式而保存和扩大了。……儒学至此进入一个新阶段,它不但总结了过去,吸收、包容了法、道、阴阳各家,而且由于日渐渗透深入到整个社会生活中,开始在民族心理、性格上打上了难以磨灭的印痕,并从此不易被外来势力所动摇。

◆◇ 仍然处于历史的困惑中

任何一种学说,无论怎样了不得,都不会只有日中之隆盛,而无日落之消歇。有时,由于特定的历史和社会的原因,还会走向其学说之旨的反面。

"天人感应说"亦没能例外。

诚如清人皮锡瑞在其《经学通论·易经》中所言,"君尊臣卑,儒臣不敢正言匡君,于是亦假天道进谏,……祥异之占,人君之所敬畏。陈言既效,遂成一代风气。"然而这毕竟是"天人感应说"如日中天时的盛况。这一学说本是为王权而产生的,既为着论证王权的神圣尊严,也为着王权的长治久安。作为王权的依附物,当王权处于上升时期,起着进步作用的时候,"天人感应说"亦发挥着积极作用,使皇帝受到一定的约束、劝谏和警悟。而当王权逐渐巩固、僵硬并不可避免地走向反面时,"天人感应说"那种"屈君而伸天"的效果也就渐趋衰微了。先是由自觉地"下诏罪己"变为言不由衷的敷衍,说些空话,搞点形式,并不去采取切实的利民措施。后来就干脆由"屈君"变为"屈臣"。每临灾变,即让"三公"(太尉、司徒、司空合称之谓)代替皇帝受罚。例如,曾深得东汉和帝赏识而当上司徒的徐防,到和帝驾崩安帝即位时,即被"以灾异寇贼策免",成为皇帝的替罪羊。此后,"凡三公以灾异策免,始自防也"(《后汉书·邓张徐张胡列传》)。

这种情况,自然是董仲舒始料不及的。否则,将是他永远无力超拔的终生困惑。

更有甚者,即便是在"天人感应说"未曾衰微之时,也曾由于文化的多义性、学说的普适性而导致与初衷背反的情况,促成了治世中的某些动乱因素。王莽篡汉时,就是靠符瑞为自己登台制造根据的。东汉光武帝也是利用符瑞制造舆论获得了王位。刚上台时,光武帝地位未稳,一遇日蚀即下诏求谏。而当其地位巩固后,居然面对连续七次日蚀而无动于衷,从不下诏。不唯如此,这位皇帝还在一次日蚀后广告天下,禁止以后有人再造符命。这种翻手为云、覆手为雨的一国之君,使"天人感应说"之尊严荡然无存。董仲舒若地下有知,困惑之余,不亦悲乎!

其实,曾经盛极一时的"天人感应说"自形成之日起,就埋下了日后灵光渐消、日趋衰微和被人利用、终成谶纬的根子。

首先,在科学尚不发达,人对自然的具体认识水平相对低下的时代,"天人感应说"必然包含着人对自然现象与规律之间关系的无知与臆测。这些臆测尽管是认识自然的真诚努力,但毕竟只是臆测。虽然董仲舒在《春秋繁露·郊语》中对天人感应的详细论证透出很强的逻辑力量,但他显然无法超越当时的认识水平,终究是缺乏科学依据的。随着社会的发展,科学知识的增加和普及,人类认识水平的提高,那种当初很有说服力的逻辑力量自然就会冰消雪融,"天人感应说"中那些非科学的部分自然要被淘汰。

其次，"天人感应说"中的合理成分虽然发挥了积极的作用，但在被无限夸大到绝对化、谶纬化的时候，也就失去了原先的合理性，势必盛极而衰，走向自己的反面，成为"满纸荒唐言"。当然，这种悲剧是伴随着更大的悲剧而降临的。这更大的悲剧，便是在"罢黜百家，独尊儒术"后，儒家学说定于一尊，既妨碍了学术思想的自由发展，也歪曲了儒家经义的本来面目，更失去了只有在百家争鸣的活跃局面中方可获得的更充沛的思想活力。

这是否董仲舒的本意呢？他上穷碧落下黄泉地论证天人感应时，可曾想到这些？

董仲舒本不乏辩证、转化的思想，他在《基义》中"有美必有恶，有顺必有逆，有喜必有怒，有寒必有暑"的议论就是明证。也许，他对自己的学说日后会走向事与愿违的地步，曾经有所预料吧？

无论功过如何，自董仲舒的"天人三策"被采纳时起，儒学就作为中国传统思想文化的主流，基本上规定着中国封建社会意识形态及文化发展的格局。

儒家学说参与了中华民族历史上封建社会文化思想创造的全过程，这是无可置疑的历史事实。

而且，如果我们能注意到日本民族在20世纪后半叶文化上依旧保持儒学精神而经济上迅速起飞和持续高速发展，如果能注意到近年来儒学文化圈中"四小龙"的崛起，如果能注意到中国大地上千万企业家正努力倡导的"团队精神"和"企业文化"的伦理内涵，当不会否认，儒学思想已经以其深远的原动力跃过了历史的横杆，加入了现代社会文化创造的行列。它还将跃过新时代之杆，参与我们在小康社会更为壮观的创造。

当然，"无论功过如何"，这话只是为表达某种思想的方便而暂设的前提。董仲舒的文化作为，毕竟对中国思想文化的发展产生了深广影响，儒家思想已经绵延、流传了两千多年，并已越出国界，成为全人类文化遗产的一部分和现代国际社会的现实文化元素。既然如此，其功其过都应予以实事求是的科学分析与判断。

从孔夫子到孙中山，再到毛泽东及其后继者，的确应该以对历史、对现在、对未来高度负责的态度，作出深刻检讨与认真总结。

人们正在对"儒家思想与现代观念的关系""新儒教国家""儒家资本主义""儒教文化圈""儒学文艺复兴"等命题进行着空前广泛、深入和热烈的讨论。即使在中国本土以外，这种讨论也进行得沸沸扬扬。

法国巴黎大学第五高等研究所教授 L. 威德梅修在《亚细亚文化圈时代》一书中指出，以日本为首的儒教文化圈经济发展的动力源可求诸儒教的共同体主义精神。

《儒教文化圈的秩序与经济》一书作者，韩国釜山大学日本研究所所长全日坤教授认为："儒教国家经济发展的成功，是由于儒教伦理具有与其经济发展的适应性。"

新加坡学者林任君认为：东亚经济发展模式是东方文化特别是儒家思想与西方科技和管理知识交流整合后的产物。

新加坡总理吴作栋主张，应把儒家基本价值观升华为国家意识。

在另一方面的声音中，有些学者则认为，现代化过程是多方面的过程，仅从文化精神构造方面去说明是远远不够的。例如战后日本和近十几年东亚"四小龙"的民主化运动，就无法仅用儒教文化去说明。儒教是与权威主义相联系的，而与民主化无缘。

有些日本学者还担心，强调"儒教文化圈"，其背后可能隐藏着民族主义情绪，是以日本为首的东亚国家的自我欣赏，表露出让人忧虑的孤傲感。

与理论上不同观点的讨论相伴随的，还有现实中不同眼光的冲突。

中华民族在由长期的经济落后引起的困惑中，把目光投向发达世界。许多人目光中更多地闪动着对儒家思想现代价值的怀疑、失望。他们对儒学给中国思想文化中带来的消极因素有切肤之痛。

同时，发达世界正在由其物质发达过程中伴生的精神萎缩所引起的困惑中，把目光投向东方、投向中国。许多人目光中更多地闪动着对儒家思想现代价值的肯定、希望。他们渴望超越金钱、个体之上的温情、秩序。

不同观点的对立，不同目光的冲突，都在继续。

这是董仲舒留给后人的一个巨大困惑。

困惑者，困、惑之总也。人们因困而惑，惑而后明，由明解惑，是认识的提高，思想的进步。困惑实际是进入思想深层的第一步。

历史的法则是进步的。

拓跋宏

冲出草原之后

◎李景屏

　　他像棋盘上一个过了河的"卒"，以有进无退的勇气，领导着一群草原之子，扑向农耕文明，导演着一场撼古动今的社会大变革。他成功了。然而，在弥留之际，一生奋进的他却退缩了！有谁能听到那发自心灵深处的抽泣呢？

　　残破不堪的经济、错综复杂的矛盾把社会推入历史的死胡同。时代在呼唤改革；然而改革所掀起的阵阵狂飙又使原有的统治基础、社会秩序受到强烈的震撼，理想在与现实的撞击中所迸发出的往往是迷惘、痛苦和困惑。

◆◇ 两种文明的冲突

　　奔腾不息的黄河就像一位永不知疲倦的母亲，用她那甘甜的乳汁滋育着华夏民族的农业文明，华夏民族则以辛勤的双手把这片博大浩瀚的黄土地开辟成一望无垠的良田。从仰韶文化到龙山文化，从夏、商、周三代到先秦两汉，黄河流域一直作为华夏文明的摇篮而影响、带动着其他地区。

　　在这片黄土地上，人们的衣食住行都离不开农业，政治上的国泰民安也有赖于农业生产的风调雨顺，农业是一切经济生活、政治生活的基础。官方对农本思想的提倡，也从一个侧面反映出农业文明在政治、思想领域所打下的不可磨灭的烙印。

然而在千里之外的塞北高原，却是另一种文明的发祥地，一马平川的大草地以及错落其间的戈壁滩为逐水草而居的游牧文明的诞生提供了根基。那片绿草如茵的土地，不仅培育出曾经横行塞外、雄极一时的匈奴人，也留下鲜卑拓跋部生息、繁衍、崛起、奋进的足迹。

北魏孝文帝拓跋宏的祖先，最初也同鲜卑其他各部一样，游牧于西辽河上游的西喇木伦河及松花江支流的洮儿河一带。东汉年间，拓跋部乘北匈奴兵败西迁，率部徙至塞北高原，拥有匈奴故地，而且把仍留在草原上的十万户匈奴融进拓跋部。迨至东汉末年，入据匈奴故地的拓跋部同仍留在辽东的慕容部控制着纵横四千里的土地，鲜卑人已成为继匈奴之后又一强大的游牧部族。

游牧部族因受单一的畜牧经营的局限，迫切需要同被农业文明滋育了的中原大地进行经济交流，因而鲜卑拓跋也同其他游牧部族一样，一旦崛起之后也就冲出草原的界限，不断地向南迁徙，蚕食而进，最终突破长城诸口，入侵中原。早在西晋末年（公元4世纪初年），孝文帝的先人拓跋郁律即已把统治中心迁至乐盛（内蒙古和林格尔之北）、平城（山西大同）一带。但该部南下的趋势，却由于十六国时期前秦（氐人所建）的兴起及其对黄河流域的暂时统一而被中断，拓跋部族在其所建立的政权"代"被前秦灭亡后，便退回阴山以北。直至淝水之战结束以后三年——公元386年，拓跋珪才乘前秦分崩离析之际，率部众再越阴山重返平城，并将国号改为魏，史称北魏。

游牧部族的铁骑破坏了黄河流域以农为本的生产秩序，一块块耕地被辟为猎场、牧场，农业生产受到严重的破坏。拓跋部在攻占晋阳后（396年），即把勾注山以南秀容（包括今太原西北、五台、定襄）一带方圆三百里的农田赐予功臣尔朱羽健作为猎场，在平定统万（陕西横山）后（428年），又在秦陇一带大规模圈占良田，以为畋猎、放牧之所。迨至孝文帝御极之时，就连黄河南北的千里沃土也到处可见一座座猎场错落其间。

农耕与游牧的差异也导致华夏民族与游牧部族在国民性格、道德观念上的迥然不同。年复一年的春种秋收所造就的是吃苦耐劳，而人与兽的生死格斗所练就的是勇猛无畏，这种直接向大自然索取的方式使大草原的儿子更习惯于掠夺现成的社会财富。一旦他们走出大草原来到黄河流域，一旦他们所格斗的对象从兽变成人，就不可避免地酿出一幕幕惨绝人寰的劫掠，屠戮的历史悲剧：

公元395年，北魏与后燕（鲜卑慕容部所建）大战参合陂，后燕全军覆灭，那些与拓跋部同族的5万名慕容部战俘全部被坑杀。

公元450年，北魏军队向淮河流域推进，"不赍粮用，唯以抄掠为资"，"凡破南兖、徐、兖、豫、青、冀六州，杀伤不可胜计，丁壮者即加斩截，婴儿贯于槊上，盘舞以为戏"，所过之处"村井空荒，无复鸣鸡吠犬"。

当拓跋部最终击败割据诸雄，把这块辽阔的黄土地据为己有之后，便不得不连同劫掠、屠戮所造成的土地荒芜、经济凋敝、人口锐减等灾难一同接受下来。农业文明的摇篮破碎了，只要水旱稍有失调，就有成千上万的难民乞食无门，毫无粮储的北魏政府根本无力赈济，只得号召嗷嗷待哺的饥民背井离乡，就食他方。由于乏粮，正在转战中的北魏士兵经常以菜充饥，在与匈奴人所建立的夏交战时，北魏甚至利用战役间隙"纵兵暴掠"以解决粮荒。更有甚者，开国已近百年的北魏政府，其财政来源依然仰仗军事掠夺，因而根本不具备向所属官吏发放俸禄的经济实力，只能听任官员自行搜括，以至贪风日盛。

早已离开大草原的拓跋部，迫切需要从农业文明的摇篮吸吮营养，然而在游牧文明冲击下受到严重摧残的黄河流域，就像一位奄奄一息的母亲，从她那干瘪的胸膛再也分泌不出滋育生命的乳汁。北魏愈来愈失去维系运转的原动力。

在两种文明冲突中激化起来的民族矛盾，更是直接威胁到北魏政权的安危。孝文帝自即位以来就一直处于这种社会怒涛的冲击之下，而其中对孝文帝最为刺激的则是怀州民伊祁苟在重山（477年）、沙门法秀在首都平城（481年）所掀起的暴动。伊祁苟自称尧后，从者数千，充分显示出华夏民族对这个来自游牧文明的政权——北魏的排斥与敌对，而旨在颠覆拓跋氏政权的法秀竟得到御史张求等上百名汉族官员的庇护与同情，北魏几十年的高压统治并未赢得人心的认同、归依。在广大汉族人民的心中，拓跋魏毕竟不是正统所在，就连王猛（因协助前秦苻坚统一中原名盛一时）的孙子王镇恶，最终还是投奔了南朝。南朝统治者也正是利用这种民族情绪。多次派遣间谍偷渡淮河，策动民变，徐州、兖州所爆发的风云一时的反魏起义（480年）即源于此。汉民族所表现出的巨大心理凝聚力足以令游牧部族的统治者望而生畏。

年轻的孝文帝正面临严峻的挑战，要么因势利导，除旧布新把拓跋部从游牧文明引向农业文明，使他的国家扎根中原，背靠阴山，在与南朝的对峙中日益兴旺发达，进而争正统、一统华夏；要么因循守旧，泥古不化，在两种文明的冲突中坐以待毙。对拓跋部来说，如果执意于游牧文明的延续，那就只能撤回塞北大草原，且不说绝大多数拓跋贵族是否还愿意回到那块寒气袭人、黄沙扑面的龙兴之地，早已占据那片牧地的柔然部族也绝不允许拓跋部卷土重来，而且就军事实力而言，柔然一直是北魏强劲的对手。为此，孝文帝的先辈曾调动大量的人力物力沿赤城、五原一线修筑一条两千里的长城，又在平城北面自东而西设置六个军事重镇以防备柔然铁骑的突袭。此外还多次组织大规模的军事远征，最远的一次抵达漠北的栗水，"往返六千里"，但如此苦战仍未能从根本上解除来自柔然的威胁。在这种情况下侈谈重返大草原，不啻痴人说梦！

既然拓跋魏只能留在这块黄土地上，唯一的出路即在于冲破传统的束缚，把包括鲜卑人在内的各游牧部族引上农业文明的轨道。然而从游牧方式向农耕方式的转变，将不可避免地触犯千百万人的既得利益与习惯势力，需要打破的首当其冲的便是拓跋部的部落组织。尽管北魏政府曾经解散过越勤泥、敕勒等部族的部落组织，强迫彼等"分土定居""计口授田"，但那毕竟是对被征服民族所采取的强制性措施。当孝文帝把那套行之有效的办法用之于本部族时，天知道那些目不识丁、头脑简单、生性鲁莽、酷爱骑射的权贵们会不会闹出大乱子！

孝文帝所要进行的这场大变革，迫切需要得到拓跋部贵族的支持。多少年来，北魏政权之所以能在逐鹿中原的混战中力挫群雄、在南朝与柔然的南北夹击中岿然不动，之所以能把一起起反叛消灭在萌芽状态之中，归根到底还是由于拓跋各部贵族的出生入死，浴血苦战。离开本部贵族的支持，孝文帝的统治就将成为无源之水，无本之木。孝文帝的思绪陷入难以自拔的矛盾中：墨守成规固然会使拓跋魏在两种文明的冲突中坐失中原，而变革现状又将陷入习惯势力的包围、冲击之中，这种来自内部认识上的分歧乃至冲突，很可能会危及北魏政权赖以存在的基础，这正是："剪不断，理还乱"，"才下眉头，又上心头"！

◆◇ 理想与现实的撞击

北魏太和九年（485），孝文帝带着青年人所特有的朝气和激情，扬起改革的风帆，从此他将直面千百年的传统、千万人的习惯，义无反顾，一往无前；他将在理想与现实的冲突中上下求索，执着追求。诱人的黄土地为这位鲜卑君主所掀起的社会大变革提供了广阔的舞台。

为了使荒弃的土地得到耕种，为了使游牧部族最终走上农耕的道路，孝文帝于485年颁布了"均给天下之田"的命令。

在这里，首先需要给"均"字正名。就"均"本意而言，除了当"平均"讲，还有"都""全"的含义。多少年来，人们一见到"均"就自然而然想到平均，于是就把这道"均给天下之田"的命令同平均土地联系起来，在平均二字上大做文章，这实在是一大误会。任何一项政策的制定都离不开社会需要，北魏所统治的时代上承五胡十六国——大混战、大割据之后，最严重的社会问题是土地荒芜，而不是土地兼并。大量荒地的存在，是孝文帝实行"均给天下之田"——对各族人民都分配土地的前提，孝文帝也正是通过"均给天下之田"把包括鲜卑在内的各游牧部族固定在土地上，强制实行从游牧向农耕的转化，用《魏书》上的话来说，即是"劝课农桑与富民之本"。最能说明均田令的实质是计口授田而非平均土地的，还是这项命令的本身。按规定，凡年在十五以上的男丁都可得到一份耕地（其中包括死后要交还国家的四十亩露田及可以传之子孙的二十亩桑田），北魏政府还把一定数量的土地授予丁女（每人二十亩露田）、奴婢（每人四十亩露田），以加快垦荒的进展。为了最大限度地挖掘社会上所蕴藏的垦荒潜力，在授田过程中对拥有耕牛的家庭予以特殊关照，明文规定一头牛授露田三十亩（最多授给四头牛）。拓跋贵族、汉族大地主以及其他游牧部族的上层人物可以凭借他们所拥有的奴仆、耕牛得到大量已垦及未垦的土地，他们在土地的占有及使用上同普通百姓绝无平均可言，孝文帝正是通过对各部族上层人物既得利益的保护来减少改革的阻力。因而，在向农业文明转变的过程中，拓跋权贵以及其他游牧部族的首领摇身一变就成为坐食地租的大地主。至于露田——这种"还受以生死为断"（指丁男、丁女）"随有无还受"（指奴仆、耕牛）的特殊占有形式（只有使用权并无所有权），有助于国家对相当一部分数量土地的控制，以防止由于死亡或减员所造成的耕地再度抛荒。

授田的过程也是一个重新建立户籍的过程，一大批为避战乱而依附豪门沦为"荫户"的农民重新成为封建国家的自耕农。尽管大量自耕农的存在是恢复、发展社会生产、维持封建王朝长治久安的前提，然而对于豪门地主来说，荫户的丧失却意味着失去了利用超经济强制榨取高额剩余劳动的机会。众所周知，自东汉末年爆发黄巾起义，黄河流域的豪门地主便纷纷组织族人、部曲结坞自保；此后在将近三百年的时间里战乱不断，豪门地主的势力也因此有增无减，广大农民为避战乱只得被迫投在豪族门下，沦为荫户，"豪强征敛倍于公赋"，这种在历史的进程中所急剧膨胀起来的既得利益却由于授田的实施而受到触犯。虽然就孝文帝主观意愿而言，绝无为难汉族大地主之意，但事态的发展却远非始料所及。孝文帝深知，他的政权如果得不到汉族大地主的支持，就休想在这块黄土地上扎根。慕容氏所建立的后燕就是因为大规模清查户籍、"罢军营封荫之户"而结怨于汉族大地主，"由是士民嗟怨，始有离心"，终于导致后燕的败亡。因而这一在向农业文明转变过程中激化了的民族危机，深深困扰着年轻皇帝那颗励精图治的心。

伴随着经济生活的变化，作为赋役征收制度的"户调制"以及为保证户调征收而实行的"三长制"亦相继出笼。按照规定，一夫一妇每年要向国家交纳帛一匹，粟二石。为了照顾汉族大地主、拓跋及其他游牧贵族的利益，孝文帝规定奴婢八个人、耕牛二十头才按照一夫一妇的标准交纳户调（奴婢八个人授田三百二十亩，相当于一夫一妇所授田——八十亩的四倍；四头耕牛授田一百二十亩，比一夫一妇的土地还要多四十亩，却只交纳户调的五分之一）。这种税收上的优惠，在一定程度上缓解了汉族豪门地主的不满情绪。

"均给天下之田"的实施不仅有助于农业生产走出凋敝的困境，也使得进入中原的游牧部族在生产方式、生活方式以及风俗习惯等方面都在发生翻天覆地的变化。他们所擅长的骑马射猎正在被不熟悉的春种秋收所代替，那令人销魂的颠簸着的马背正在被寂籁而恬静的田园所代替。然而那世世代代遗传下来的积淀在他们生命中的基因，却由于塞外风光的强烈诱惑而变得格外躁动不安。他们虽然得到了土地，却依然无心于农耕，兼之代北那片濒临塞外的土地气温偏低，"六月雨雪"，"比岁霜旱"，很不适于农作物的生长，而接连发生的灾荒又在无意中诱发着怀旧情绪的迅速蔓延。一群本来就不熟悉、不习惯农耕方式的人，不仅体会不到丰收的喜悦，反而要饱尝颗粒无收的失意与辛酸，孝文帝的理想再次受到现实的无情撞击。

谁也不能指望，一场社会变革不仅不会触及到任何一个社会阶层的利益，反而使所有社会成员尽受其惠。但如果大多数成员在付出巨大的代价后仍然一无所获，甚至面临更大的牺牲，那么这样的变革也就步入历史的死胡同。为了不致坠入身败名裂的下场，孝文帝决定向农业文明的腹地迁徙，这样一来，不仅可以使拓跋部摆脱来自塞外的诱惑，还可以使他们真正品尝到农业文明中那沁人心脾的甘甜，一个惊世骇俗的决策便在那蕴藏着无限进取精神的脑海中脱颖而出。

距长城只有五十里的平城的确有些过于靠近塞北，在孝文帝所推行的从游牧向农耕的变革中，平城作为都城，再也无法承担起领导全国的重任，都城南迁已成为一种历史的必然。洛水之阳那片古老的土地无时无刻不在萦绕着这颗年轻人的心。在很久很久以前，制作《周礼》的周公，曾在那块土地上营建起第一座城池——洛邑；在周王朝所统治的八百年间，洛邑一直作为东都而影响着全国；此后，东汉、曹魏以及西晋相继在此建都。这座历经一千五百年沧桑（自周公营建周邑至孝文帝迁都前），浸透着华夏文明的古都是那样强烈地吸引着这位鲜卑族统治者。对于即将向中原腹地迁徙、即将移风易俗，实行文治的孝文帝来说，洛阳自然是最理想的国都。

孝文帝深知迁都一事关系非小，且不说经营已上百年的平城对拓跋部的上上下下会有多大强大的吸引力，仅凭其嫡祖母太皇太后冯氏对政务的影响就足可令此议被束之高阁。

冯氏出生在一个鲜卑化的汉人家庭，其祖辈同慕容部所建立的诸燕关系密切，甚至废慕容氏而自立。但冯氏家族所建北燕在同拓跋魏的角逐中终落得兵败国除。冯氏幼入宫掖，虽鲜通文墨，却生性"聪达"，"多智略"，颇能"省决万机"。冯氏曾两度临朝听政，第一次是孝文帝的父亲献文帝拓跋弘即位之初，第二次则是孝文帝即位之后，总之这位既有权欲又有手腕的太皇太后直接或者间接操纵朝政已经二十多个春秋。孝文帝所进行的以授田为核心的经济体制的变革，正是由于太皇太后的支持才得以付诸实施，然而当这一发自经济领域的改革陷入困境而急需以大刀阔斧的开拓精神去寻找新的突破口时，这位嫡祖母自身的文化素质却成为一个难以逾越的障碍。

太和十四年（490），太皇太后冯氏病逝，终年四十九岁。孝文帝遵照"三年不改其父之道，可谓大孝"这一儒家圣训的原则，直至太和十七年（493）才把迁都一事提到议事日程。太皇太后虽然已死，但阻挠迁都者还是大有人在，而且这些人在太皇太后当政时不仅大权在握，不少人还被赐予免死之诏。孝文帝深知同这些一味恋旧的老臣辩论迁都与否是不会有结果的，他既不可能说服那些固执的老臣，而那些偏执一词的老臣也不可能动摇他向中原腹地迁徙的决心。问题的关键是，如何避开无休止的争议与扯皮，把迁都的设想变成现实。一旦迁都既成事实，任何反对者喋喋不休的陈词都将变成多余的废话。孝文帝思之再三，决定以讨伐南朝——萧齐的名义，把三十万军队以及朝廷上的主要官员带到洛阳。行前他特令太常卿用蓍草占卦，结果"遇革"，对此他颇为欣慰地说道："汤、武革命，应乎天而顺乎人。"孝文帝的确由衷地期望他的迁都之举同汤、武革命一样，"应乎天而顺乎人"！

绵绵秋雨悄然无声地洒落在那片果实累累的黄土地上，那座"朱阙双立"的城楼在氤氲朦胧之中愈发显得庄严、肃穆、雄伟、迷人。一支三十万人马的队伍此刻正整装待发。对这些自幼驰骋在长城脚下的壮士们来说，即使再穿越一百次荒无人烟的戈壁滩，也绝不会面带难色，然而眼前这条如同烂泥潭一般的古道却令他们望而生畏。而即将进行的南伐，则更令他们惴惴不安，一百多年前发生在淝水之畔的那场激战至今仍令这些大草原的后代心有余悸。为了避免历史的悲剧重演，全军上下一致吁请中止南伐，孝文帝终于捕捉到提出迁都之议的最好时机，惮于南伐的拓跋权贵只得被迫接受迁都洛阳的决定。

翌年二月，迁都在即。那些被迫接受迁都决定的权贵又纷纷自食其言，反对南迁的呼声一时间又甚嚣尘上，大有推翻成议之意。燕州刺史、驸马丘穆陵羆首先发难，以"四方未定"反对迁都；尚书勿忸于果则以"久居于此，百姓安之，一旦南迁，众情不乐"加以阻挠；宗室老臣太尉拓跋丕又以"迁都大事，当讯之卜筮"力求改变迁都的决定。直至此时，孝文帝才真正体会到"革"的含义，他所发起的向农业文明过渡的这场社会大变革，在某种意义上比汤伐桀、武伐纣还要艰难得多。摆在他面前的"革"是"去故"，这是一场移风易俗的革命，是向旧传统、旧习惯宣战的革命，是向人们头脑中的旧观念挑战的革命，是较之汤、武那种战场上的厮杀更深刻的革命。

拓跋部的崛起就是一个不断地从北向南，从塞外向塞内迁徙的过程，使孝文帝感到困惑的是：自己的部族、国家何以在进入恒朔后竟然中止了向南迁徙的进程？自己的先人何以在中原文明的门口裹足不前、徘徊观望长达百年？那些一向习惯迁徙、流动的臣民何以在这次民族大迁徙中如此留恋那片栖息不过百余年的故土……难道拓跋人已经失去不断进取的魄力？

几经周折，几经困顿，绝大多数拓跋人终于被带到农业文明的腹地，这片散发着泥土芳香的黄土地就像一位张开双臂的母亲紧紧地拥抱着这些来自边塞的儿女，那在马背上颠簸出来的剽悍之气，正被另一种文明所同化，所消融。

孝文帝就像棋盘上一个过了河的"卒"，正以有进无退的精神领导着这场社会大变革。迁洛之后，他在一年多一点时间内，接连下达禁止穿着鲜卑服饰，禁止三十岁以下的官员继续使用鲜卑语，迁洛者以河南为籍贯，死后不得归葬平城以及仿照汉姓的惯例把鲜卑人的复姓改为单姓等一系列命令，从而把鲜卑族推上急剧汉化的道路。在向农业文明转变的过程中他的步伐也许有些过快、过急，然而一直在逆流中搏击着的孝文帝正是凭着这种开顶风船的大无畏气概才闯过一个个急流险滩，改革的风帆正沿着既定的航向破浪而行。

◆◇ 来自传统的阻挠

孝文帝所掀起的改革狂飙使那些守旧大臣叫苦不迭，怨声四起。相当一部分仍留在平城的宗室姻亲、勋旧权贵以种种借口赖在故都，迟迟不肯上路，而那些被迫迁到洛阳的朝廷重臣也是人在洛阳，心在平城，千方百计寻找重返故都的机会，任何一个小小的变故都足以勾起他们的恋旧之情。在孝文帝颁布易服、改用汉语之后，宗室耆旧四世老臣元丕（即拓跋丕，拓跋改为元姓），上朝时依然穿着鲜卑衣冠，另一老臣穆泰（穆姓即原来的丘穆陵）则以水土不服称病不朝。皇室中的守旧势力已同朝廷上最有影响的两大勋旧家族——穆氏（穆氏先人在北魏复国之初即效忠鞍前马后，其家族屡与皇室联姻），陆氏（陆氏即原来的步六孤氏，其家族在皇位受到佞臣威胁时，有拥立之功）结成一个旨在反对改革的同盟。

太和二十年（496），这帮对改革深恶痛绝的守旧势力终于破门而出，杀气腾腾，赤膊上阵，发动武装叛乱。孝文帝万万不曾料到第一个发动叛乱的竟是太子——十四岁的元恂。本来，孝文帝对被立为太子的长子期许甚深，孰料这个头脑简单的孺子竟然在守旧势力的蛊惑下站在改革的对立面，"私着胡服"，甚至策划叛逃平城，"举兵断关，规据陉北"，另立政府。该年八月，元恂乘孝文帝巡幸嵩高，在皇宫内发动叛乱。这起叛乱虽然很快就被平定下去，但因此而激起的愤怒、伤感以及困惑的波涛，却是孝文帝无法平息的。

未几，孝文帝又收到来自朔州的急报，穆泰、陆睿勾结宗室贵戚叛据平城。他们中间有大权在握的刺史，有掌握一方军队的大将军，还有王爷，侯爷等宗室姻亲，其影响、声势远非一个孤零零的元恂可比，如果处理不当，很可能会使黄河流域再次陷入分裂、割据、动荡的局面。

这的确是一个令孝文帝感到震惊的消息。穆泰、陆睿同孝文帝是患难君臣，当年临朝称制的太皇太后因见冲龄即位的孝文帝聪慧英敏而欲行废立，把小皇帝幽于空室，断绝饮食，并派人去接咸阳王拓跋禧（孝文帝之弟）入承大统。就在这千钧一发之际，穆泰、陆睿以及元丕等冒死力谏，终于迫使太皇太后收回成命。被冻饿三天、奄奄一息的小皇帝也终于逢凶化吉，不仅保住性命，也保住了皇位。这段攸关生死的往事，已经深深印在孝文帝的心中。因而尽管这几位老臣对改革牢骚满腹，多方阻挠，孝文帝从未认真计较过，他甚至同意将穆泰改任恒州刺史（治所在平城）与陆睿互调，以示关照。孝文帝的确真诚地希望能随着时间的推移而逐渐缩小这种认识上的差距，他真诚地希望君臣之间能继续同舟共济，为北魏的繁荣昌盛再接再厉。孰料穆泰已到平城，陆睿仍不肯开拔，原来在穆、陆互调的背后竟是合兵一处叛据平城，将北魏一分为二的阴谋。甚至就连元丕的诸弟元隆、元超、元业以及异姓贵族中的穆氏、陆氏、贺氏、刘氏、楼氏、稽氏、尉氏七大家族，都在不同程度上卷入这一叛乱。穆泰、陆睿等异姓贵族同孝文帝的关系何以竟恶化到剑拔弩张、势不两立的地步？难道他所发动的改革触犯了这些人的既得权益？难道他对这些老臣的怀旧情绪有欠体恤？难道他所进行的这场社会大变革已然干犯众怒？那颗百思不得其解的心在迷惘的深渊中苦苦地挣扎着。

在从游牧文明向农业文明转变的过程中，孝文帝并不想触犯任何一个社会阶层——特别是拓跋部贵族的既得权益，这在孝文帝所制定的授田标准（对奴婢、耕牛均授田）、户调征收标准（奴婢八人、耕牛二十头才相当一夫一妇所交纳的粟、帛）以及对三长的任命（拓跋部落首领、汉族豪门地主出任三长）都得到充分的体现。正是由于政策上的种种关照，昔日牛羊成群的大牧主已变为连田阡陌、坐食地租的大地主，在这场大变革中，他们失去的仅仅是逐水草而居、骑马射猎的生活方式，妨碍他们在中原地区牢固地进行统治的固有风俗习惯、语言文字以及那一大片毗邻边塞的风寒荒漠的土地。因而，在孝文帝看来，拓跋贵族所失去的只是禁锢头脑的因循守旧、固步自封、抱残守缺、作茧自缚的传统意识，而得到的却是向中原文明飞跃的历史机遇。

孝文帝的确没有触犯拓跋部任何一个活着人的既得利益，但他却触犯了世世代代沿袭下来的传统与习惯势力。当他要最终切断拓跋人同游牧文明的联系时，他的亲生儿子，他最信赖的大臣，他的骨肉同胞竟一个个走到敌对的营垒，甚至不惜以分裂国家的巨大代价来维护旧传统、旧风俗、旧习惯、旧文化，这究竟是为什么？！

◆◇ 新的挑战

改革并不是一服包治所有社会问题的药方，在改革的进程中，原有的社会问题在某种程度上得到解决，与此同时又会有一些新的社会问题尖锐地展现出来。改革者那颗不断进取的雄心，正因此而受到难以摆脱的困扰。

由于迁都以及汉化措施的推行，迁到洛阳的拓跋贵族尽管在内心深处极为恋旧、怀旧，尽管很难适应夏季那似火的骄阳所喷发出来的炙人的热浪，尽管很不情愿穿着汉服、使用单姓、学说汉语，但他们在平定元恂、穆陆之乱后，毕竟心有余悸，元恂、穆泰、陆睿、元丕子弟以及所有参与叛乱的贵族被处死的情景，足以令那些耿耿于怀、头脑发胀的贵戚悬崖勒马，摈斥非分之念。不管彼等如何顽固抵制汉化的进程，如何企图保留鲜卑痼习，已处于中原文化沐浴之下的迁洛集团同汉族官僚地主阶级之间在风俗、习惯、语言、文化以及心理方面的差异愈来愈小，以至在洛阳街头已分不出谁人是夷狄，谁人是华夏，从表面上看来所有达官贵人都与衣冠之辈无异，他们穿着同一个款式的服饰，操着同一种语言，欣赏着同一种文化，生活在同一块土地上，农业文明、中原文化终于得到鲜卑以及其他游牧部族的认同，一个新的民族融合体正在以洛阳为中心的华夏之邦形成，孝文帝统治的基础正在扩大。

由于防范柔然、敕勒的需要，相当一部分拓跋贵族留在平城及六镇一线，这些留居代北的贵族利用紧邻塞外的地理形势，继续胡服骑射，他们不仅凭借天高皇帝远，拒不执行孝文帝所颁布的一系列汉化措施，还以尚武为旗号，在沿边六镇掀起一股与汉化相抗衡的鲜卑化的浪潮——牧地仍然在扩大，胡服骑射仍然是最时髦的生活方式，鲜卑语依然是军方通用语言。在洛阳不会汉语就休想挤入官场，到了代北不说鲜卑语就休想在军界谋得一份公干。因而生活在代北地区的各族人民，无论是鲜卑人还是汉人，都无一例外被卷入鲜卑化的社会浪潮，南北之间在生产方式、生活方式、风俗习惯等方面的差异、隔阂有增无减，而迁洛集团与代北集团的形成，又使得孝文帝维系统治的阶级基础面临着分裂的危机。军事需要竟为守旧势力的猖狂活动提供了温床，在孝文帝的天平上，移风易俗与军事需要各自展示着自身的分量。一颗日理万机的心，在得失利弊之间反复地权衡着，苦苦地思索着，他在极力寻找一个两全的方案——既能有效地抵御塞北的游牧部族，又能避免拓跋贵族自身的分裂，平息发自代北的鲜卑化逆流。然而那曾经迸发出一个又一个改革方案的智慧之海，此刻就像一块被挤干的海绵，一筹莫展。

在孝文帝所开展的以汉化为中心的改革中，两晋以来最腐朽最没落的门阀制度也在借尸还魂。孝文帝对中原的典章、制度、礼仪、文物极为仰慕，对于精通此道的士族大姓——范阳卢氏、清河崔氏、荥阳郑氏、太原王氏，更是极为"雅重"，以四姓之女"充后宫"。姓氏改革后又把拓跋八大贵族——穆、陆、贺、刘、楼、于、稽、尉"一同四姓"。在孝文帝的扶植下，卢、崔、郑、王以及赵郡、陇西李氏成为汉人中品第最高的五姓。为了加速拓跋贵族与汉人士族的融合，孝文帝甚至给宗室诸王指婚，因而汉人五姓与拓跋八姓已成为北魏境内最为显赫的家族。

门阀制度的复活与孝文帝的求贤、求才、求治，堪称南辕北辙，就连他本人对此也很难以自圆其说。虽然孝文帝也承认"张官列位"不为膏粱子弟而为国家搜罗治世之才，但他所制定的"八族以上士人，品第有九；九品之外，小人之官复有七等"的典制已然造成"以贵袭贵，以贱袭贱"的用人格局。在这种情况下，"必有高明卓然、出类拔萃者，朕亦不拘此例"的说教，不过是一张毫无保障、很难兑现的空头支票！

孝文帝在接受中原文化时，连这种文化的弊端也一并承袭下来，迁洛集团在汉化的同时也在迅速地门阀化。迁洛的拓跋子弟，仅凭借高贵的门第就可以在仕途上青云直上，飞黄腾达，既不需要崇文，更不需要尚武，养尊处优的生活使得他们中绝大多数人自然而然蜕变为膏粱子弟，真可谓失之毫厘，谬以千里！

迁洛集团的门阀化与代北集团所掀起的鲜卑化，使孝文帝的政权受到两股相互排斥力量的撕扭、腐蚀，整个社会都因此而受到强烈的震撼。向农业文明过渡、向中原腹地的迁徙以及以夏变夷的种种措施，究竟是利还是弊，是功还是过？难道他不该发动那场社会大变革？难道他应该听任黄河两岸的沃土继续荒芜，使残破的经济继续恶化下去？难道他可以无视军事需要而把所有拓跋部贵族都带到洛阳？难道他可以继授田之后再次触及汉族士族大姓长期以来凭借门第对政治权力的垄断？奋进的搏击难道也会掀起灭顶的漩涡？

◆◇ 难以摆脱的困惑

太和二十三年（499）三月，大病初愈的孝文帝从邺城发兵踏上南征的路程。两个月前南齐大尉陈显达督军四万北伐，与北魏军队在马圈展开激战，马圈在被南齐围困四十天后，终因"城中食尽"而失守，御驾亲征的孝文帝刚到前线，即命荆州刺史广阳王元嘉扼守均口，切断南齐后退之路，旋即以雷霆万钧之势向南齐军队发起攻击，陈显达欲战无力，欲退无路，四万军队有三万被歼，从均水之侧到汉水之滨到处都留下战败者的遗骸。

就在均水大捷结束的第二天，孝文帝却一病不起，北魏军队匆忙撤至穀塘原。在这个远离宫阙的偏僻小镇，被病痛折磨的孝文帝迈出生命的最后一步。作为皇帝，他享有万乘之尊；作为改革者，他曾掀起社会大变革的狂飙。然而作为一个有血有肉有情有感的活人，他却从未享受到那充满温馨的天伦之乐，他是在虚情假意、尔虞我诈中度过孤独而苦涩的一生的，而这一切竟在他呱呱坠地之时便已是命中注定的。作为献文帝的长子，他是当然的皇位继承人，因而按照北魏建国以来的惯例，他的生身之母便被赐死，以防止后妃预政，外戚当权。这样一来，皇帝生母的家族倒是销声匿迹了，但其嫡母家族的势力却依然如故。孝文帝的父亲献文帝正是由于不满嫡母冯氏的掣肘而执意要将皇位让给皇叔——京兆王拓跋子推，也正是由于献文帝有遏制嫡母冯氏家族势力之意，才于春秋鼎盛之年不明不白地死去。于是，刚满十岁的孝文帝就成为一个无父无母的孤儿，留在他童年记忆里的，除了三天三夜的冻饿，便是难以一一详述的鞭打。就是在这样一种冷酷而充满杀机的气氛中，他默默承受了作为小小傀儡皇帝的全部苦难。

往事是那样的遥远，那样的清晰，那样的苦涩。突然他的思绪又跳到十四年前，就是在那一年，他颁布了"均给天下之田"的命令，从而开始了从游牧向农耕的突破性飞跃。十四年来他一直期望拓跋部在走上农业文明轨道的同时能接受中原文化，一直期望拓跋贵族能尽快与汉族地主阶级融为一体，并作为中原文化的正统代表而一统海内，十四年过去了，他的期望依旧是那样渺茫。

他一想到那场持续了十一年（485—496）的社会大变革，酸甜苦辣一齐涌上心间。在这场大变革中，他失去的太多了，就连留在记忆中的最后一点点温情也荡然无存，元恂、穆泰、陆睿等人的遗容此刻竟是那样清晰……一颗即将停止跳动的心在感情与理智的冲突中痛苦地呻吟着。

生命留给孝文帝的时间已经不多了，他必须对一个最棘手的问题——皇后冯氏做出妥善处理。冯皇后系已故太皇太后的内侄女，幼入宫掖，同其姑母一样权欲熏心，内行失德，经常趁孝文帝不在洛阳之际淫乱宫闱。当其丑行败露后，又令女巫施展魔法诅咒孝文帝速死，以便实现其临朝称制的太后梦。对于这样一个居心险恶、毫无廉耻的皇后，孝文帝完全有理由将其废掉，但他不能不顾及冯氏家族的名声，对他来说，废后同立后一样，首先需要考虑的是政治而不是情感，当此改革深化的关键时刻，他不能再把一个有影响的家族推向敌对势力的一方。三月二十五日，病入膏肓的孝文帝下达了"赐冯氏自尽""葬以后礼"的命令。

对于北魏赐太子生母自尽的做法，孝文帝是极其反感的。在他所发动的移风易俗的变革中，这一野蛮的惯例已然被废除，可如今他本人又不得不作出赐太子嫡母自尽的决定。为了保全冯氏家族的体面，为了消除太后临朝称制的隐患，他不得不借助传统的支持，在生命的最后一刻，退回传统的故道，又有谁能听到那发自心灵深处的抽泣呢？！

同年四月初一，这位曾掀起改革浪涛的鲜卑族皇帝，带着大业未竟的无限遗憾，带着改革中所诱发出的一个又一个的社会问题，带着那难以摆脱忧虑、烦恼、困惑，一命归天，终年三十三岁。

他走得是那样匆忙，但他在历史的长河中所激起的却是催人奋进的回声，他所实行的以汉化为中心的社会大变革，使得饱经磨难的中原大地在历经一个半世纪的停滞与倒退之后，又重新步入复苏的轨道。北朝之所以能在南北对峙中立于不败之地并最终消灭南朝实现一统，说到底还是受益于那场从游牧向农耕过渡的社会大变革，人们终于从茫茫夜色中感受到即将破晓的希望之光。

滔滔的黄河呼啸着，奔腾着，汹涌澎湃，一泻千里，不管其间激起多少漩涡，出现多少迂回，终将东向大海。

李世民

一代英皇的误区

◎张京华

> 在天道与人道、无限与有限之间，他困茫了，而且黯淡了辉耀
> 千古的灵光。他是国君，他是"家长"，他是天之骄子，也是凡夫
> 俗子……

说到唐太宗李世民，总的印象不如历史上最具盛名的一些帝王如汉武帝、唐玄宗那样风流倜傥，雍容威严。然而唐太宗有才气，有作为，是一个注重实际的人。他和普通人一样自私自利，和普通人一样渴望施展，只不过他的成就比普通人大一百倍，一千倍。有人以为皇帝就是一副衣冠楚楚、满脸大富大贵的形象，但唐太宗并非生来如此。有人以为唐太宗宽宏大度，爱惜百姓，但是其所作所为，却又无一不是出于他的自私本能，而且不加掩饰，甚至可恨可笑。

李世民于公元626年即皇帝位，第二年正月改元"贞观"。在唐太宗做皇帝的二十三年中，政治廉明，作风爽健，思想开放，采取了一系列劝课农桑、轻徭薄赋的政策。贞观初年，出现了连续三年的严重自然灾害。唐朝政府积极采取救灾措施。贞观四年，全国大丰收，以后又连遇丰年，米粟每斗不过三四文钱，马牛布野，外户不闭，贞观四年全年断处死刑才二十九人，实现

了历史上著名的"贞观之治"。

千百年来人们对"贞观之治"盛赞有加，但是宋代的大文人朱熹却在与陈同甫的通信中悄悄说："老兄你看汉高祖、唐太宗的所为而察其心，究竟是出于义还是出于利？是出于邪还是出于正？汉高祖的私意还不甚厉害，但已不能说没有。唐太宗的心我恐怕无一念不是出于私欲！只不过他能假借仁义，而当时与他相争的人，才能智术已不如他，又不知有仁义可以假借，所以唐太宗能取得成功。"

当朝大臣魏徵也曾经对唐太宗说："陛下临朝，常以至公为言，退而行之，未免私僻，或畏人知，横加威怒，欲盖弥彰，竟有何益！"

李氏自称是陇西狄道人，凉武昭王李暠的后代。李世民的父亲李渊，隋末时做太原留守。太原是隋朝起家的地方，定为北都，建有晋阳宫。隋末，李渊做太原留守，晋阳宫监是裴寂，晋阳令是刘文静。李渊就是后来唐朝的开国皇帝唐高祖，裴寂和刘文静后来是唐朝的开国大臣。李渊的正妻窦氏共生有四子一女，长子建成，次子世民，三子玄霸，四子元吉，再加上女婿柴绍。在唐朝建立后不几年，李世民杀死了兄弟建成和元吉，逼迫父亲李渊让位给自己。从此，官家的史书上就说唐朝首建义举，全是李世民的功绩，建成和元吉都很凶险无能。官家的说法有些道理，却决不公正。

据说，在李世民四岁那年，一位自称善相的书生来到李世民的出生地武功别馆，对李渊说："公贵人也，且有贵子。"见到李世民说："龙凤之资，天日之表，年将二十，必能济世安民。"

隋末，天下已乱，李世民暗生平定天下的志向，开始倾身下士，散财结客。晋阳令刘文静是一个有计谋的雄杰之辈，他认为李世民年纪虽轻，但"豁达像汉高祖刘邦，神武似魏武帝曹操"，有心结纳，但二人都还没有说破。不久，刘文静因为和李密有牵连，被系下狱。李世民前去探望，见面就说："我来看你，不是为儿女之情，是要与君议大事。"刘文静说："天下大乱，非汉高祖、光武帝那样的才略不能定，现在炀帝南巡江淮，李密围了东都洛阳，群盗遍天下，只要有明白人出来，天下自可为其所用。号令天下，谁敢不从？乘虚入关，建立帝业易如反掌。"于是二人背着李渊暗中准备。

以后，李世民对李渊说了实情，要兴义兵。李渊当时大惊，说要把李世民告官，最后答应考虑一晚。裴寂也参与李世民的预谋。裴寂先前曾私下里动用了晋阳宫里的宫女招待李渊，裴寂就对李渊说："事若发觉，你我二人都要被诛。群情已如此，你还有什么可想的！"次日，李渊对李世民说："想你的话想了一夜，你的话也有道理。现在家破身亡也由你，化家为国也由你吧！"

这时，建成和元吉还在河东，柴绍在长安。部署已定，李渊派人叫这三人速回太原。公元617年，秋七月，李渊以尊立代王杨侑为名，誓众出师，有兵三万。以建成为陇西公、左领大都督，世民为燉煌郡公、右领大将军，元吉为镇北将军、太原留守。十月，李渊率军二十万攻克长安、立代王杨侑为天子，遥尊炀帝为太上皇。扶立的代王封李渊为唐王、大都督、大丞相，改封李世民为秦公。没过多久，李渊受禅即皇帝位，国号大唐，年号武德。立世子建成为皇太子，封世民为秦王，元吉为齐王。

此后，李世民大部分时间是在外征战，先后打败了隋将宋老生和薛举、薛仁杲父子以及宋金刚、王世充、窦建德几支力量。武德四年，高祖李渊以秦王功大，以前的官职不相称，特置天策上将，位在王公之上，以李世民为天策上将，兼领司徒、陕东道大行台尚书令。此时，许多有名的骁勇战将已聚集在李世民周围，如李世勣、程咬金、秦叔宝、尉迟敬德、史大奈、段志玄、侯君集、张公谨、张亮等。李世民又在秦王府中开馆，召延文学之士，杜如晦、房玄龄、虞世南、姚思廉、李玄道、蔡允恭、薛元叔、于志宁、薛收、陆德明、孔颖达、许敬宗等一班名士，同时也是最好的谋士策士，也都聚集到李世民身边。

李渊决计叛隋，并非是要顺乎民心替天行道，而是因为他私用了隋炀帝的后宫，所以他要犹豫再三；但是在建国之后的玄武门之变中，李世民却决计没有什么权衡犹豫可言，当断则断，不能展示风度，不能讲求情面。历史上郑庄公伐共叔段，刘邦追杀项羽，秦二世杀公子将闾，无不如此。荀子说物有不赡则争。天无二日，土无二王，皇帝的名位是最不够分的了，不能不争，虽骨肉至亲不能例外。

武德初年天下未定，而李渊父子和李世民兄弟之间的关系已在逐渐发生变化。到武德五年，矛盾渐趋恶化。

皇太子李建成为人宽简仁厚，毛病是喜欢酒色和畋猎。由于经常留守京中，帮助李渊处理政事，所以没有多少军功。但他有政治才能，也有军事才能，而且和朝臣及后宫的关系很好，有不少人支持他。东宫官属中魏徵、王珪、韦挺都是很有名的人物。在朝廷大臣中，宰相裴寂、封德彝也支持他。

李渊在做了皇帝后，内宠很多，给建成、世民兄弟生下将近二十个同父异母的小兄弟。这些受宠的妃嫔为了保住自己母子的名位，就都和皇太子建成交好。建成和元吉为了自己的利益也愿意和妃嫔往来，以取媚于李渊。李渊最宠幸的两个妃子张婕妤、尹德妃和建成关系都不错，以至有丑闻传于外。

在长安，太子东宫和李世民的秦王府、元吉的齐王府都有自己的兵卫，同时，他们还都私养勇士，秦王府有勇士八百，东宫曾有武士两千。武德五年，太子建成为了建立军功，以镇服海内，主动要求领兵征伐刘黑闼的叛乱，在河北、山东一带，结交原幽州总管罗艺，在地方上树立势力，同时乘机征调李世民手下的将领。

李建成与李世民互相收买对方的军将。李建成以重金收买李世民手下的骁将尉迟敬德、段志玄，被拒绝。李世民收买建成手下将领常何、王晊，却获得了成功。

据说在太原起兵时，因为都是李世民的谋略，李渊曾对他说："事若成，则天下皆汝所致，当以汝为太子。"天下平定后，李世民功名日盛，李渊又数次想以李世民为太子，数次犹豫未决，但却足以引起建成的深深不安。建成也和元吉说好，如自己做了皇帝，就让元吉做皇太弟，将来把皇位传给元吉。于是二人联合起来，排挤李世民。

李渊晚年优柔寡断，朝中政令既不果决，也不统一。李渊的诏敕，东宫的太子令，秦、齐王府的教，相互并行，都是合法的，相互冲突，只看谁先谁后，官署不知所从。这种局面无疑助长了诸子刀兵相见的明朗化。

从当时双方的力量对比看，虽然李世民周围有相当一批力量，但比建成、元吉，仍然处于不利地位。武德九年，突厥犯边，建成向李渊建议由元吉做出征统帅，想借此把秦王府的精兵骁将转到自己手里，然后趁机杀掉李世民。密谋被王晊透露出来，在生死关头，李世民背水一战，先发制人。六月四日，常何在宫城北门玄武门执行禁卫，前一天，李世民向李渊告发建成和元吉淫乱后宫，李渊决定于次日进行鞫问。次日，元吉本来打算称病不朝，勒兵待变；但建成以为常何当值，没有问题。于是，建成、元吉一同入朝，待走到临湖殿，发觉不对头，就拨马往回跑。李世民带领伏兵拦住去路。元吉向李世民连射三箭，都没有射中，李世民却一箭就射死了建成，尉迟敬德也射死了元吉。此时，东宫的优势兵力蜂拥而来，尉迟敬德情急生智，将建成、元吉的头割下示众，兵马才不得已散去。事后，尉迟敬德持矛向李渊上奏，李世民跪见父亲，二人相抱恸哭。六月七日，诏立世民为皇太子，军国庶事无论大小悉听太子处置。七月，高祖下制，传位给皇太子，李世民即皇帝位，他就是唐太宗。

玄武门之变的前一天，长孙无忌劝李世民抢先下手，李世民说："骨肉相残，古今大恶。我知道祸在旦夕，想等建成先发难，然后以义讨之。"长孙无忌和尉迟敬德一再相劝，李世民说："你们说得对，我说得也有道理。"问众府僚，也劝李世民先发。李世民说："算卜吧，看凶吉然后定。"幕僚张公谨从外面赶回来，进门就把算卜用的龟壳扔在地上，说："卜是用来决疑的，现在这件事没有疑问，还卜什么！"于是决定下来。

说起唐太宗，常让人想起《诗经》中的名句："叔于田，火烈具扬。"让人想起兰陵王的故事，北齐兰陵王高长恭勇武过人，但容貌清秀，自以为不足以威慑敌人，遂戴木雕面具出战，时常取胜。唐太宗自幼喜爱弓矢，所用的弓比常人的要大一倍，百步之外能洞穿门阖；自幼喜读兵书，能背诵曹操注的《孙子兵法》，自己也有一部兵法《李卫公问对》传世；精于骑术、射术，骁勇善战，最擅长以奇击正，主动出击，以弱胜强。杜甫写诗歌颂唐太宗是"风尘三尺剑，社稷一戎衣"。唐太宗即位以后，宫中曾模仿他当年作战的形象排演了一部武舞《秦王破阵乐》，想来当比唐玄宗梦幻得来的《霓裳羽衣舞》别具风采了。

李唐的家世，自称是十六国西凉王李暠的后裔，源出陇西，移家武川，世代居住北方，祖祖辈辈为武将，先祖李虎为著名的"八大柱国"之一。但是据历史学家陈寅恪的考证，李唐的家世是伪造的。李氏的先祖或者是赵郡名门望族李氏中的"破落户"，或者是赵郡李氏的"假冒牌"。李唐的先祖本为汉族，但在李世民的祖父李暠、父亲李渊和他自己接连娶了鲜卑人独孤氏、窦氏和长孙氏为妻以后，又已染上胡族血统。加上李氏世代为武将居住北方，在性情上也早被胡化，与塞外民族融为一体。

隋初开皇年间，在太原曾流传一首童谣，道是："法律存，道德在，白衣天子出东海。"前一句如此庄重，后一句如此怪异。隋炀帝在听到这支童谣后，就总要穿白色的衣服，又经常出巡到江都一带，以接近东海。海水迷离浩瀚，对历史上许多帝王都有一种特殊的吸摄力量。秦始皇就很喜欢海，经常沿海岸巡游，甚至死也死在东巡归途。汉武帝喜欢海，魏武帝曹操也喜欢海。《老子》说："澹澹其若海。"曹操《步出东门行》诗序说："经过至我碣石，心惆怅我东海。"大概在古人看来，大海与帝王至尊的名位是同样的迷茫高远，难于问讯吧！但是帝王的高远是虚，大海的高远是实；帝王的高远是暂时的，而大海的高远却亘古一如。

　　隋朝崇尚红色，旗帜都是红色。而北方的突厥民族则崇尚白色，旗帜也是白色。白色无疑是多种色彩中最为普通，也最为富于内涵的颜色。苍白，清纯，空寂！唐太宗就喜欢白色，李唐在最初起事时张的就是白旗。直至后来长安大明宫主殿建好后，宫墙也是一片粉白。可以想见秦王李世民在跃马麾军打败宋老生、李密、王世充、薛举、刘武周、萧铣、窦建德、刘黑闼、徐圆朗、杜伏威、辅公祏等强敌的激战中，那些跳动闪映在苍茫血泊和震耳厮杀声中的白旗，该具有怎样的鬼怪般的魔力，定能让人终生畏惧，永世不忘。现在我们谁都看厌了明代清代的宫殿建筑，那些过于红透的厚重墙体，过于烂熟了的黄色琉璃，确实给人以超稳定、超成熟的感觉。然而唐代长安大明宫的色泽本不是红墙黄瓦，而是白墙青瓦，青瓦上点缀着绿色琉璃。那般清秀，高傲，开放！此种气象，在日本奈良仿唐建筑中，仍然可以寻到蛛丝马迹。

　　据说，唐高祖李渊曾经称臣于突厥，借了突厥的兵马攻打关中。双方讲好，事成之后，人众土地入唐公，财帛金宝入突厥。到李世民时，严格地说已不是向突厥称臣，因为李世民与突厥的突利可汗结有香火之盟。按照当时的部落习俗，突利与李世民一旦结为兄弟，突利即可成为汉族的一分子，李世民也可成为突厥的一分子。李世民既是中原人，同时也是突厥人。于是李世民索性竖起了突厥的白色旗幡，一路南下。以后又将长安大明宫的墙体涂成白色，又进而将太原童谣"白衣天子出东海"一句修改成为"白旗天子出东海"。天子一出，天下震动。不仅山东豪杰望风归降，胡族突厥也纷纷遥拜，尊称李世民为"天可汗"。李世民是有史以来唯一的一个"天可汗"。历史学家陈寅恪说，李唐一族本为汉族名门中的破落户、假冒牌，而后则混以塞外野蛮精悍之血，注入中原文化颓废之躯。旧染既除，新机重启，所以能够恢宏更张，别创空前之世局，成就不世之所为。

繁盛，热烈，开放，这是唐代历史的最大特点。唐代的版图尽括天山南北，声威西达里海、地中海，南到印度恒河流域。中亚地区的波斯、大食，喜马拉雅山麓的天竺、泥婆罗无不纷纷遣使来朝。胡人在唐朝经商，定居，娶妻生子，各部落的文臣武将在唐朝居官任职。汉夷一家，一视同仁。唐太宗说："自古皆贵中华，贱夷狄，朕独爱之如一。"大唐王朝这种繁盛、热烈、开放的格局面貌，无疑与李世民有极大的关系，与李世民的突厥混血和崇尚白色有极大的关系。

唐代史学家吴兢评价唐太宗说："太宗时政化，良足可观，振古以来未之有也。"明代史学家朱翌评价说："自三代而下，创业守文之君，兼之者唯唐太宗，汉之文、景、武、宣皆不及也。"唐太宗评价自己则是"武胜于古"，"文过于古"，"怀远胜古"。唐太宗曾说："我年十八而经纶天下，二十四而天下定，二十九而居大位，四夷降服，海内乂定，古来英雄拨乱之主没有能比及的。"

然而不幸的是，唐太宗和许多开基创业的有为帝王一样，都不能够挣脱一种独有的帝王误区。英明一世，却并没能善始善终。

《易传·系辞》说："广大配天地，变通配四时，阴阳之义配日月，易简之善配至德。"圣人王者总是谋求与天道、日月相配应，殊不知天道这种哲学上的概念尚可以是静止的，永恒的，而圣人王者的肉身却无论如何也不能是永恒的。越是人生短暂，越要追求长生；越是渴望长生，越是得不到善终。这就是帝王们的误区。中国古代雄才大略富有建树的帝王，确实往往是年寿较高，在位时间较长的帝王。但就是这些雄才大略、在位数十年之久的帝王，反而都不能处理好身后的事业继承，在天道与人道之间，无限与有限之间，出现了不相衔接的断痕。齐桓公、赵武灵王、秦始皇、汉高祖、汉武帝、魏武帝、隋文帝、唐太宗、唐玄宗、明太祖，无不如此。要么是死于非命，尸骨不收；要么是幼主昏庸，懦弱无为；要么是骨肉相残，血溅宫墙。

唐太宗长孙皇后共生三子。长子承乾有足疾；三子晋王李治为人暗弱，太宗都不喜欢；次子魏王李泰好文学，聪明敏锐，深得太宗喜爱。承乾在武德九年被立为太子，当时才八岁，长大以后，喜欢声色畋猎，奢靡纵欲，太宗心里很不得意。魏王李泰见此，折节下士，深自约束，以求声誉，暗中有夺嫡之心。承乾企图谋刺李泰，这样一来，就使得太宗更加不悦。贞观十七年，承乾联合了对太宗不满的将领侯君集和太宗的弟弟汉王元昌，准备谋反。事泄，承乾被废为庶人，侯君集和元昌伏诛。

承乾被废之后，最有资格做太子的只有魏王泰和晋王治。朝廷大臣岑文本、刘洎、崔仁师都劝立魏王泰，长孙无忌、褚遂良则主张立晋王治。长孙无忌是长孙皇后之兄，在朝廷中实际上处于首相的位置。太宗虽然喜欢魏王泰，但终于决定立晋王治做太子。他说："我若立泰，则是太子之位可经营而得。且泰立，承乾与治皆不全。治立，则承乾与泰皆无恙。"考虑到晋王治的庸弱无能，太宗在晚年特意采取了一系列措施，想在死前为晋王治的平安统治铺平道路。

首先，太宗想起魏徵生前曾推荐过侯君集和杜正伦，怀疑他们结交朋党，就解除了亲口许下的把女儿衡山公主嫁给魏徵长子的婚约，推倒了亲手为魏徵撰写的墓碑。不久，支持魏王泰的岑文本和马周病死，没有死的刘洎和张亮就被太宗借故杀掉，崔仁师也被流放。

唐太宗还准备在他死前彻底解决边疆问题。贞观十八年以后，唐太宗出击焉耆，远征高丽，北击薛延陀，征服铁勒，在西南发巴蜀十三州兵击败了松外诸蛮，收降七十余部，兵役和徭役开始繁重起来。

贞观十七年，唐太宗私下对长孙无忌说："你劝我立晋王，晋王懦弱，恐怕守不住社稷。吴王恪英果像我，我想立吴王，你看怎么样？"长孙无忌急忙劝阻说："太子仁厚，太子居储副的重位，岂可数易。"太宗只好打消立吴王的念头，对吴王说："父子虽是至亲，但如儿子有罪，天下的法也不能顾私。汉朝立了昭帝，燕王不服，阴图不轨，大臣霍光就只有杀他。做人臣子，不可不戒。"太宗却不知道，在他死后即使有他的告诫，吴王恪也还是要被长孙无忌杀死。

一天，唐太宗在两仪殿视朝。朝罢，把长孙无忌、房玄龄、李世勣、褚遂良四人留下。太宗叹气语："我三子一弟，都如此样子，我心里实在没意思。"又自己跳起来，回身撞在床上。长孙无忌急忙上前抱住。太宗就又抽出佩刀，要往自己身上刺。褚遂良上前夺下佩刀，交给晋王李治。几个大臣于是恭谨地请问太宗的意思。太宗就说："我想立晋王。"长孙无忌急忙表示："谨奉诏。有不同者臣请斩之。"太宗高兴了，转身对李治说："你舅舅答应你了，快谢过他。"

贞观二十三年，唐太宗在临死前处罚了李世勣，把他贬为叠州刺史。太宗对李治说："李世勣才智有余，但你对他没有恩，恐他心里不服你。我现在把他贬黜出去，他如果马上起行，我死后，你就把他召回，用他做宰相。他如果徘徊观望，你就杀了他。"李世勣很明白唐太宗的心思，受诏以后家也不回，就到叠州上任去了。

唐太宗戏剧般的立下晋王，却不能为他担保一生。唐太宗自己的宫女武媚娘，就要出来和他作对了。

贞观二十二年，太白星经常白昼出现，太史说："女主要出现。"同时民间流传的《秘记》也说："唐在三世之后，女主武王代有天下。"太宗心里对此十分腻烦。一次，太宗同武臣们一起饮酒，行酒令时，要各人自报乳名。左武卫将军武连县公武安人同时又在玄武门当值的李君羡说，乳名叫"五娘"。太宗愕然。"五"与"武"谐音。就因为李君羡身上占着这么多"武"字，太宗借故把他杀了。唐太宗曾私下问太史令李淳风说："《秘记》上说的，是真的吗？"李淳风说："我夜观天象，知道那个人已在陛下宫中，从今以后不过三十年，当做天下之主，杀唐宗室子孙殆尽。"太宗说："我把可疑的人都找出来杀了，怎么样？"李淳风说："天之所命，人不能违。王者不死，多杀无辜也没有用。"太宗只得作罢。

贞观二十三年，唐太宗病死，终年五十二岁。临死，命甲士四千人拥卫皇太子入宫。唐太宗死后，皇太子李治即位于太宗灵柩前，他就是唐高宗。

唐高宗即位后，用长孙无忌、李世勣为宰相主持朝政。高宗做太子时，曾在太宗身边见到侍奉太宗的一位宫女，心里很喜欢。太宗死后，后宫都被送到感业寺里为尼。高宗就去感业寺进香，见到那位宫女，把她带回宫中，拜为昭仪，很快就超过其他妃嫔，宠幸无比，她就是武则天。

高宗永徽六年，废王皇后，以武则天为皇后。不久，本来就很羸弱的唐高宗身患风疾，双目迷蒙看不清，朝政大权完全操在武则天手中。宫廷大乱，竟与李淳风的预料丝毫不差。

武则天

划过中世纪的流星

◎耿　昕

> 男人们迷茫地翻检着她那发黄的卷宗，女人们则迷茫地仰望着她曾握有的天空。或许，这便是历史的耐人寻味处。

孤独如同黑暗一样包围着她。

武则天（她在不同年龄叫法有差异，为方便阅读，本文统叫武则天）肿胀的激情慢慢松弛下来。像一堆曾经熊熊燃烧过的火，渐渐地连自己也无法照亮了。更准确地说，她恰如一具活着的"标本"，象征着短命的武周王朝和漫长的中国专制。所不同于标本的，是她还能在遗憾里喘息。从唐神龙元年（705）正月二十六日起，八十二岁高龄的武则天就蜷伏在这里——洛阳上阳宫，直到十一月二十六日停止了呼吸。

在浩渺的生命大洋里这不算什么，但对于武断霸道的人类专制史来说，这却是值得一提的事。不过，令历史学家难堪的是，他们满面灰尘地清理了十个世纪的典籍，也没能找到关于这位女皇在这十个月里是如何度过的只言片语。然而，假如我们斗胆逻辑一下，武则天似乎应该是在卑微与伟岸间的困惑、胜利与失败间的孤独以及性别悲剧的迷茫里，在苦苦回忆中游过了她生命的最后一段日子。而这些，也许正是她一生的主旋律。

◆◇ 革命的"巫女"

武则天是一位木材商人的女儿。父亲武士彟早年目不识丁，精明善媚的品性使他跻身于李渊父子太原首义勋臣的行列。在武则天出生时，他已经是新朝显贵了。但在中国传统的"士农工商"的阶级分野排名表上，商依然是卑微铜臭味的代名词。武士彟的豪富并没能使女儿日后的生活开满幸福之花，相反，却成为女儿苦恼、奋争一生的源头之一。

也许是李渊对这个崛起寒微的新贵厕身士林的一种修饰，李渊亲自做媒，将关中著名士族隋室宰相杨达之女与新鳏的武士彟点成鸳鸯。杨氏的堂嫂是李渊的女儿桂阳公主，善于计算的武士彟陡然攀上拐弯皇亲，自然喜出望外，尽管杨氏已是四十三岁的半老徐娘。杨氏生了三个女儿，武则天排行第二。寒微与高贵，在武则天的血液里交替撞击，犹如阴阳不调，始终存于武则天的心底。武则天为撞破这张网苦斗了一生，但她最终还是扑倒在网底，这是她悲剧人格的核心源头。

士彟的原配是做木材商人时娶的相里氏。相里氏在丈夫腾达的路上凄凉离世，为丈夫留下元庆、元爽两个幼子。再婚的杨氏以高贵的身世却不得不屈寄在相里氏寒微灵魂的阴影之下，为此，日后衍出了桩桩悲剧。

武则天八岁时，武士彟撇下三个女儿撒手尘寰。元庆、元爽支撑门户后，杨氏这个后娘饱尝了寄人篱下的苦酒，武则天也从父亲宽厚温暖的怀里一下子跌入异母兄的白眼冷遇中。武则天的冷酷与忍耐也许自此埋下根苗，并伴随着她的政治生涯长成参天大树。

杨氏拉着武则天到佛前去寻找寄托。日后，武则天则牵着朝堂群臣的血腥灵魂前去寻求心理平衡。佛的慈眉善目撞开古老中国的大门后，就一直端坐在中国人的心中，人们跪伏在他超凡脱俗的脚下，聆听超脱的短暂教诲，然后继续在冷酷的现实苦海里挣扎。武则天也毫不例外，不同的是她胸中坐着儒海，右手紧握佛释，左手挥舞道巫。矛盾在她体内时而争论不休，时而握手言和。

激励武则天奋勇冲刺的不是佛的慈言，而是星相家袁天纲的谶语。唐代依然是巫术泛滥的时代，武士彟似乎对巫术更为偏爱一些。武则天两岁时，父亲为弥补缺憾，请袁为"儿子"看相。袁看到一身男装的武则天，惊道："这位小郎君龙额凤颈，此乃伏羲之相。可惜是郎君，若是女，当为天下主。"武士彟在夜阑人静时总是玩味这句话，膨胀的野心刺激着他去做一生中最后一次的投机生意。在他心中隐隐作痛的，是中国还没有一个女皇出现。在武则天稍长更事后，武士彟按捺不住兴奋，屡屡将主天下的话灌输给女儿。武则天无论是做才人、当尼姑，或是成为妃子、皇后时，都曾像牛反刍般的细细品嚼这句话。

谶语虽一再拯救她，但也有惹来意外麻烦的时候。

贞观十一年（637），十四岁的武则天满怀憧憬被召入宫。一代天骄的唐太宗因心爱的妻子长孙后的去世，坠入痛苦、空虚、孤寂的深渊，他选择了美色来平复狂乱的心，慷慨地封武则天为才人。

几年后，太白金星屡次白昼间高悬大唐的天空，人们传说这是"天子易位"的征兆。中国的天、人、地是如此巧妙地胶合着，以致中国的天文学就是在这迷信的褓襁里成长，人们对此也愈加深信不疑。太宗偶尔在宫中发现一本《秘记》，中云："唐三代后，女王武氏灭唐。"这句话，使太宗坐卧不安。其实，武才人也心神不宁。蛊惑人心的谶语像幽灵般舔着武才人的心，并且已经不胫而走，在街头巷尾秘密流传开来。这句暗合袁天纲预言的谶语曾在她心中燃烧。但现在，这预言的魔力正把她推向死亡——太宗要杀掉宫中全部姓武的宫女。

精通天文、历数、阴阳之道的太史令李淳风上奏谏止：既为天命，人难挽亡。三十年后，该女已成老太太，或许会有更多的慈悲之心。但假若现在杀了，天或许会降一壮年之人为主。太宗在半信半疑中杀了一位乳名"五娘"的武将李君羡，这李君羡是武安人，封为武连县公，任左武卫将军，在玄武门值班，又有"五娘"的"武"谐音，五"武"巧合，杀了他，太宗便松了口长气。当然，这也挽救了武才人如同游丝般的生命。武则天在"天降大任于是人"的危境中生还，实为偶然，但她此时更加相信"天命"并为之自觉奋斗。

武则天踏着预言登上征途。其实，这预言只不过是唐初阶级矛盾的折射而已。但对武才人来说，这不啻是盏明灯。这时，鹬蚌相争、兄弟互残的历史在太宗儿子身上重演。太宗只好让庸庸碌碌的"渔翁"——懦弱的小儿子李治出任皇太子。不久，太宗在长吁短叹的困惑中谢世。做了十二年才人的武则天耳濡目染宫廷斗争的残酷，逐渐成熟，学会了忍耐，把内心激荡的痛苦，迷茫藏入微笑的背后；变得冷酷，不惜任何手段将敌人打倒；更善于把握时机，将每一个稍纵即逝的机会都纳入自己的时间表中。

于是，造就伟人的时机接踵而来。

太宗行将就木前，在病榻一侧的武才人对多情好色的皇太子李治展开了"秋波攻势"。懦弱而富于幻想、具有浪漫气息的李治随即落入网底。从小缺乏母爱的李治在武才人母爱、情欲兼而有之的丰满指间找到温柔之源。之后，武才人进感业寺剃发为尼，分离的痛苦使李治内心熊熊燃烧的爱情之火愈加旺盛。永徽二年（651），高宗李治借进寺上香之名与武则天重温了"巫山之梦"。

凡是没能生育的太宗小老婆，按规定都被赶到了感业寺削发为尼。不仅仅对武才人，对所有的宫女来说，后宫是一个华丽的监狱，感业寺则是埋葬希望的墓穴，而她们则是活着的明器婢子。这里，有的是清冷的钟声，孤独、枯燥、单调的日子。昔日的武才人，在狂死、自缢者之间苦苦地守候着久远的预言和新皇帝、旧情人的诺言。二十九岁的她已这样度过两年，权欲炙烤着她受伤的心灵，情欲折磨着她原本健康的身体，多疑、冷酷、刚毅、忍耐等等构成她复杂多变的精神世界。《全唐诗》所收武则天的一首诗《如意娘》，也许就作于此时：

> 看朱成碧思纷纷，憔悴支离为忆君。
> 不信比来长下泪，开箱验取石榴裙。

高宗的到来一扫她的无限惆怅。但接踵而来的是新的困扰。她发现自己已经怀孕。

作为太宗的才人却怀了高宗的孩子，更何况自己还是个戒色寡欲的尼姑！"仁慈宽厚，尽孝仁德之君"的高宗对此一筹莫展。兴奋激动的武则天陷入悖伦骇俗的困境，忧郁、烦恼油然而生，儒家的纲常礼教折磨着她，她由憎恨而至愤怨。日后，武则天对儒家学说多次宣战。甚或对自己儿子的儒雅风流也感到难以容忍。也许其最早的思想根源即在于此。

"偶然"再一次挽救了她。

　　高宗原配王皇后与萧淑妃经年不息的争宠。使王皇后摸起了武则天这张王牌。王皇后将她接进后宫。高宗如释重负。永徽三年，被封为昭仪的武则天安然生下一子。萧淑妃当然迅速败下阵来。武则天的一再怀孕便是明证。

　　嫉妒之蛇仍在高宗的后宫蜿蜒。王皇后没有生儿育女。她很快就发觉自己是在招魔驱鬼。丈夫已被武氏独占。于是，王皇后又与萧淑妃联袂，共同对付武则天。

　　永不满足是苦恼的策源地。武则天并未因小胜而沾沾自喜。她觉得处心积虑所结的果不该仅仅是独宠于身。高宗在武则天生子前已有四个庶子。但他们的母亲都已宠衰。武则天在内心深处屡起狂澜。开始为儿子汲汲营取太子位。但在饱读儒家经典的朝臣胁迫下，高宗不得不立庶长子忠为皇太子。武则天再次品尝到失败的滋味。

　　立庶长子忠实际上也是争宠的产物。王皇后收忠为养子，起到了一箭双雕的作用：既遏制武，也打击萧。武则天对浅薄的王皇后一向嗤之以鼻，惨痛的失败现实使她心底的冷酷慢慢上涌。她明白，必须用更歹毒的计谋对抗王皇后。永徽五年正月，武则天第二胎生下一女，高宗非常宠爱。满月后的一天清晨，王皇后独自去探视这个新生儿。武则天返室后果敢而毫不迟疑地向女儿伸出黑手，然后在高宗面前嫁祸于王皇后。纵使王皇后身长百口，也辩白不清。高宗决心废掉王氏。

　　当武则天意识到孩子永远去了的时候，不禁失声痛哭。她扪心自问，难道这就是胜利的代价？她痛苦地思索着：如此残酷的斗争目的究竟是为了什么？仅仅为了生存，不对。仅仅为了开辟一条通往权力之巅的"终南捷径"，也不对。血淋淋的现实与女性特有的母爱交织着，折磨着她。十年后，武则天真正掌握了大权，为这位小公主举行了极为隆重的葬礼，使她困茫不解的心绪稍稍有些平复。

　　她转向佛，在佛的宽宏大量里她清洗自己的罪孽。她开始向佛施舍自己虔诚的心，并希望能得到庇佑。在生第三个孩子的时候，她请从西域归来的著名高僧玄奘为她做法事，祈求佛保佑她们母子平安，然后给寺院布施了大量的金钱。

　　在高宗的朝堂上，以皇舅长孙无忌为首的关陇士族几乎处于垄断地位。高宗的皇位是长孙无忌在太宗面前面红耳赤争来的，高宗对舅父一向唯唯诺诺，但在改立皇后的问题上，高宗却固执己见，舅甥间第一次生出芥蒂。群臣中很快就分成反对派和拥护派。出身寒门的朝臣开始投身于武氏麾下。武则天有了第一班政治人马。

武则天娴熟地适用以巫制巫的办法，对王皇后又猛击一掌。小公主事件后，王皇后的处境已形同幽禁。王皇后其母柳氏秘请僧人制一小木人，钉上铁钉，祈神消灾。武则天买通王皇后贴身侍女，待高宗到皇后寝宫时，即把另一小木人放于香案之下。中国人一向以"厌胜"为最恶毒的诅咒，这种邪法一向是被禁止的。高宗见此大怒。王皇后的长兄中书宰相柳奭因此丢官丧命。武则天的巫术初战告捷。

唐代后妃制是皇后以下设四妃、妃下设昭仪。如今四妃已满。武则天要独创性改革此制，提出一个崭新的建议，即在四妃之上新设"宸妃"，但此议一出笼，便被朝臣否决。这个试探性气球的破裂，对武氏来说无疑是当头棒喝。但她丝毫没有退却的意思，几经较量，高宗决定循着武氏铁的意志行事。

高宗将顾命大臣长孙无忌、褚遂良、于志宁召至内廷，讨论废立皇后。褚遂良首先发难，认为皇后是先帝亲选，今无大过，岂可轻废。在此以前，一帮愚忠的臣僚已经泪流满面地谏止过高宗。高宗对这种话早就听腻了，龙眉紧蹙。没想到第二天褚遂良竟说："陛下必欲易皇后，伏请妙择天下令族，何必武氏！武氏经事先帝，众所具知，天下耳目，安可蔽也。万代之后，谓陛下如何？愿留三思。"褚遂良说完将笏板置于殿阶，叩头出血，血泪纵横地要求辞官归乡。高宗的柔弱气质终于因积蓄太多而爆炸，怒喝道："将此奴拉出去！"一直躲在帘后窃听的武氏激愤荡胸，大声叫道："何不扑杀此獠！"

武则天一反温和常态，眼神中充满杀机。如今她所有的隐私都暴露于光天化日之下！她的确出身寒门，又曾侍奉先帝，她恨不得将所有的儒家经典都付之一炬，将伦理纲常都踩入泥沼，将门阀观念扯个粉碎。

她生活在一个新旧交替的时代里。儒学经过"礼崩乐坏"的魏晋时代，在贞观年间歌舞升平的氛围里慢慢复苏，佛释内部流派纷呈，渐渐抱紧中国大地；道家因为李唐王室的倡导，大有独居国教之势，儒家学说的精髓在于协调人际、伦理关系，是治理以农耕文明为基础的国家的良药，因此，社会盛世也往往是儒学的盛时，武则天生活的时代，胡风异俗正强劲地吹打着儒家学说，那些死死拥抱儒学思想的人们面对异彩纷呈的世界惴惴不安，极尽卫道士之能事。这时门阀士族观念也已开始步入暮年，庶族寒门子弟已开始渐掌机要，但士庶的鸿沟一时还无法填平。关陇贵族还在为士族制度唱着美妙的挽歌。因此，武则天的身世当然成为攻击的口实。而她内心的痛苦也恰恰在于此。她既欲跻身其间，又欲摧毁旧的观念，面对褚遂良的刻薄之言，自然怒不可遏了。

几天后，六十岁的褚遂良被贬谪潭州。永徽六年（655）十月，王皇后、萧淑妃以谋行鸩毒的罪名被废为庶人，文武百官奉表立武昭仪为后，紧接着立后诏书正式颁下，内称：

> 武氏门著勋庸，地华缨黻，往以才人选入后庭，誉重椒闱，德光兰掖。朕昔在储贰，特荷先慈，常得侍从，弗离朝夕，宫壶之内，恒自饬躬，嫔嫱之间，未曾迕目，圣情鉴悉，每垂赏叹，遂以武氏赐朕，事同政君，可立为皇后。

我们不惜笔墨地抄录此文，是为了更明了武则天内心世界的矛盾。这篇诏文使武氏一门顿成勋贵，"天下周知"的先帝之妾，堂堂皇皇地成为早已"赐朕"。武则天冲破了流言蜚语与正统伦理，却又扑倒在世俗的门下。这一困惑在武则天日后的政治生涯里屡屡重现。

这篇诏书自有其划时代的意义。传统观念与士族制度犹如被它腰斩，连武则天这样的女人都可以"母仪天下"，那还有什么可瞻前顾后的呢？

十一月一日，在山东布衣出身的司空李勣主持下，举行盛大的皇后册立仪式。仪礼结束后，武则天独出心裁，向传统的典章礼仪再次宣战，在肃义门接受文武百官和外国使节的朝见，这在皇后史上前所未闻。武则天登上皇后宝座后，以一种猫玩老鼠的心理戏弄起曾经反对她的一切势力。

她首先切断了高宗易变的情根。高宗在新后铁血性格的强大精神压力下，时常怀恋废后旧妃的昔日柔情。他果真去各处看了一回。武则天胸中的醋意顿时狂滥不已，派人将二人各杖一百，扔入酒瓮中，美其名曰："让二妪骨醉！"萧淑妃在大棒的淫威下，绝望地咒道："阿武妖猾，乃至于此！愿他日生我为猫，阿武为鼠，生生扼其喉！"

信巫崇邪的武则天对萧氏的咒语不寒而栗，恐惧感笼罩着她。武则天复杂的人生经历赋予了她复杂的心理与人格。她既富于理性，又对神秘事物怀着无限的敬意。如冰一样冷静的理性与玄妙天启般的神秘主义集于一身，揉捏成她的精神面目。她怀着阴森可怖的惊惧向冒犯她的人挑战，用冷静的心计阴谋将对方打倒在地，然后又带着恐惧的神情去向佛、巫忏悔。这种惶恐与困惑陪伴了她一生。

她下令从此之后不许宫中养猫，并且将王皇后之姓改为蟒氏，萧妃之姓改为枭氏。猫在中国的唐代是一种圣物，就像古代埃及用猫作为金字塔内木乃伊的守护神一样。也许萧淑妃正是以这种圣物来诅咒武则天的。武则天对猫的恶意也许不全在此，她曾把猫和鹦鹉置于一笼，高兴地让群臣传观，并得意地宣布它们可以和睦相处。但没等再传到她手中，鹦鹉已经鲜血淋淋，死于笼中。而"鹉""武"谐音，在巫术中是犯忌的。

文字对中国人来说，具有独特的神秘性，似乎中国人在造字的时候就把神秘的作料掺入了这方块中。武则天坚信文字具有魔力。她登上女皇宝座伊始就颁布独创的新字，如"照"改为"曌"。现在，她以人们最忌惮、嫌恶、鄙视的动物为王、萧的姓氏以示最有力的惩罚，她可以安稳地睡了。但王、萧二人的灵魂却屡屡造访她。富于想象力和迷信思想的武则天依然梦见了那两具血肉模糊、支离破碎的尸体。宫中还出现了几起闹鬼的事，高宗不得不敕许太史局的阴阳道博士进行逐斥鬼魂的法事。武则天则要求高宗幸驻东都洛阳。从显庆二年起，武则天一直住在洛阳，直至去世，其间只有极短的时间西巡长安。都城长安形同虚设，而洛阳则随着武则天的巨大存在和神秘思想繁盛起来。

富于理智、自制力、超人的武则天并未因此而却步。武氏的另一面，智、忍、断、狠使她明白王、萧仅仅是她的第一道祭品。

公元656年，在武后的授意下，皇太子忠被废，武则天的长子弘立为新太子。笃信文字具有神秘魔力的武则天督促高宗改元显庆。这是一个吉利词，也是武则天胜利的标志。不独如此，日后，高宗还无力地看着十几个年号频繁地出笼。

武则天的左膀右臂许敬宗、李义府随后弹劾曾企图阻挠立武为后的来济、韩瑗与褚遂良，诬其谋反。被拔去羽翼的皇舅长孙无忌也无力逃脱谋反的怪圈，高宗含泪下诏左迁长孙一族，无忌被逼自杀。于志宁也被贬出朝。以无忌为代表的关陇贵族集团的倾亡，在唐代乃至中国历史上都有着划时代的意义。武则天终于切除了外戚、功臣及门阀贵族把持李唐朝政数十年的痼疾。至此，唐皇室曾图形于凌烟阁的二十四位功臣，除李勣任官依旧，尉迟敬德、魏徵等先已徂逝外，几乎被一网打尽。武则天亲手拆除了李唐皇室的支柱而重新构筑起耳目一新的庙堂。"傀儡"没有变，而操纵者却换了主人。在武则天心中，那"受天命"的预言又在蠢蠢欲动了。

全歼顽敌后，武则天为打倒门阀而修改了《氏族志》，并怂恿高宗封禅泰山。显庆五年（660）炎夏，高宗旧疾风眩病复发，头痛难忍，双目眩晕，视力骤减。深秋病情更加恶化。高宗命武则天代理朝政，从而使她堂而皇之地坐在珠翠帘后，名正言顺地染指政治。三十七岁的武则天精力充沛，思维敏捷，处事得体，历史正式进入"二圣"时代。武周革命的又一块基石坚固地奠于高宗孱弱的病躯之上。

因为武则天喜欢器宇轩昂、雄伟盖世，龙朔二年（662），根据武则天的意愿，大规模地更改官衔、官职的名称。百官名称一改无遗。这次改革，似乎有指鹿为马的味道，但更深一层也许是武则天在培养朝臣们的革新意识。她企图搅活这一潭死水。

更令人叫绝的是武则天改革妃嫔制。她将《礼记》踢到阴暗的角落，废除旧制，皇后下设赞德二人、宣仪四人、承闱五人、承旨五人、卫仙六人、供奉八人、侍栉二十八人、侍中三十人。赞德以下的宫人，已不再是名副其实的妃妾，而成了侍奉皇帝的仆人。这是武则天强硬意志的产物，也无疑是一次空前绝后的勇敢举动。她要在千年的皇、王史上踏出自己的有力脚印。

武则天的荣耀是踏着王皇后、萧淑妃的尸体而得到的，她始终没能从脑海里抹去她们的冤魂。如今，这冤魂又来惊扰她。她又拾起厌胜邪术，以一名巫女的身份横卧于李唐的后宫。她召来道士郭行真在寝室旁辟一静室，设起祭坛，祈祷神力驱散幽灵。

高宗得到密报后大怒，不假思索地召来上官仪起草废武诏书。武则天闻讯后旋风般赶到，高宗顿时吓得魂不附体。自此后，武则天正式垂帘听政，"天下大权，悉归中官，黜陟、杀生，决于其口"，高宗成了真正的甩手掌柜，直到他窝窝囊囊地死去。

麟德二年（665），武则天上奏，要求封禅。在封禅的典礼上她出尽风头，又一次证明女人的价值，稳步地开始向皇位进军。上元元年（674），高宗下诏自称天皇，皇后则称天后。天莫大焉，天后乃亘古后妃之最，武则天为提高女性的地位，可谓用心良苦。

上元元年年末，武则天以天后的身份"建言十二事"，系统地提出施政纲领。二年，组建"北门学士"班子，名为编书，实际上成为她的私人秘书与智囊团成员，她以此而巧妙地架空了前廷的宰相们，成为大唐朝廷的另一议事机构。三月，心灰意冷的高宗竟欲禅位天后，"使天后摄知国政"，郝处俊声泪俱下地谏道："天子理外，后理内，天之道也。昔魏文著令，虽有幼主，不许皇后临朝，所以杜祸乱之萌也。陛下奈何以高祖、太宗之天下，不传之子孙而委之天后乎！"高宗于是改口要禅位太子弘。

不幸的是二十四岁的皇太弘突然死去。弘的暴卒像一个没有底的谜，裹着人们的好奇心。弘的孱弱深肖乃父，他善良的心在母亲的冷酷里颤抖。在武则天的眼里，儿子俨然是儒教活着的亡灵。母子间的感情冲突时有泄露。弘是不是武后所鸩杀，史家们至今面红耳赤地争执不下。这不是问题的关键，关键是天后并不满足于垂帘听政。

李贤在天后希望的襁褓里登台。但他却怀疑天后不是亲母，更重要的是，权力是一个不可分享的怪物。武则天心中的巫逼她重新抉择。道士郭行真离去后，精通符咒、厌胜术的明崇俨填补了空缺。武则天甚至向高宗推荐，让他为夫皇治病。明氏一跃而为正谏大夫，他在武后耳边窃窃私语，声称皇子相王旦最肖乃祖。新太子贤在惴惴不安中暗杀了这个多嘴的巫师，一年后案发，贤被废为庶人。

哲（后改为显）坐上了烫屁股的太子位。年号如走马灯般的更改，从公元680年至公元685年依次有永隆、开耀、永淳、弘道、光宅、垂拱纳入天后神秘主义的文字游戏中。弘道元年（683），高宗李治在洛水泛滥、长安饥馑的苍生地狱图中伤感地死去。遗诏："皇太子可于枢前即皇帝位。军国大事有不决者，兼取天后进止。"

中宗李显在皇位上席未暇暖，两个月后即在太后武则天的厉声呵斥中下了台，原因是这位血气方刚的新皇帝想让岳父韦玄贞做宰相，给乳母的儿子一个五品官，而这幼稚的举动竟没有请示铁娘子皇太后。乖巧而貌似憨厚的第四子豫王旦即帝位，是为睿宗。同年，废太子贤神秘地自杀了。武则天看着手足无措、唯唯诺诺的小儿子，脸上露出了发自内心的轻松的笑。

武则天以"皇帝谅暗不言，眇身且代亲政"的轻快之言中，在紫宸殿，垂下薄紫色的帐子。她像一位历经险滩、经验丰富、性格刚毅的船长手握舵把，炯炯有神地目视着前方。李旦垂手而立，心中痛苦地琢磨着母亲会把这艘船开往何处。

公元684年，武则天已成为实际上的女皇。气盖亘古的独创精神诱惑着她继续向前驰去。六十一岁的她感到这仅仅是捉摸到"天命"的美妙肌肤。为使"天命"蜷伏在女性龙床上，必须彻底、干净、利索地消灭一切反对势力。

此后，她甘冒菩萨心肠之大不韪，大开杀戒。依次镇压扬州兵变，处死宰相斐炎，清洗李唐皇室。这是武则天革唐王朝之命以前的三部曲。由公开临朝称制而起的兵变与忠于唐室的裴炎企图以相权抵御女人政治，对武则天的革命来说是第一块绊脚石。武则天用军队横扫武装反抗，用酷吏以从肉体上消灭的方法消去群臣中抵触革命的情绪。

一个女权革命者，为轧碎儒教的羁绊，不得已中，使历史的巨轮滑入最黑暗的酷吏时代。

垂拱二年（686），武则天首开告密之门，命铸铜匦四个，以受天下密奏。从此，靠告密起家的酷吏一个接一个地粉墨登场。儒家传统在白色恐怖里黯然失色。

她以恐怖、残酷的手段镇压异己，稳扎稳打，一步步将她心中的谶语变为现实。垂拱四年（688），她命令建立祭祀武氏宗族的崇先庙，以此作为朝臣对自己是否忠诚的试金石。结果，唐室太庙减为五室，崇先庙设为七室。二月，未经诸儒议决即发布命令，建立明堂，在顶部九龙所捧圈盖上饰金铁凤，以凤压龙。四月，她的侄子武承嗣把预先凿制的白石差心腹康同泰上献给她，诡称这是得自洛水的瑞石，上书"圣母临人，永昌帝业"八个字。武则天兴高采烈，这简直是完成易世革命大业的天赐良机。她大做文章，将该石命名为"宝图"，并下诏命令诸州都督、刺史及李唐宗室外戚在拜洛前十日集结于神都洛阳，她要亲自拜洛水受宝图，举行告天仪式。自此，武则天以一位易世革命的大巫女身份，屹立在中世纪的历史之巅。

五月，武则天正式加尊号"圣母神皇"，一开为活着的帝王加尊号之先河。六月，制作三枚"神皇"玉玺。七月，又改"宝图"为"天授圣图"，将洛水更名为"永昌洛水"，禁止捕鱼。洛水附近的嵩山被授名为"神岳"，禁止放牧。

诸王接到武则天的诏书，惶惶不可终日。私下认为这是"大行诛戮"的死亡通知书，为自保计，举起了匡复李唐的大旗。武则天的清洗之刃则毫不犹豫地指向他们。不久，唐高祖、太宗的子孙亲党数百家人口几乎都上了酷吏的长长的死亡花名册。连武则天的亲孙子也未能幸免，只有高祖女儿千金长公主百般要求做武则天的干女儿，才得以保全，此后，千金公主改姓武。

十二月二十五日，武则天在"圣图泉"之畔举行规模宏大、气氛庄严的"拜洛受图"盛典，这是有唐以来最大的一次庆典。二十七日，明堂竣工，命名为"万象神宫"。三天后，武则天第一次穿上天子的衮冕大礼装，手执羊脂玉的镇圭，在万象神宫举行隆重的大祭仪式。翌年正月三日，武则天第二次身穿衮冕，在万象神宫接受文武百官朝贺。从这天起，中国历史上第一次出现了身着衮冕的女帝形象，她身上蕴藏的神秘之气和威凛之风开始弥漫大唐的历史。

随后，武则天索性宣布武氏家族的祖先为西周王室，尊亡父士彟为周忠孝太皇，亡母杨氏为忠孝太后，祖坟一应改陵。武则天为证明自己的合理性，打出"大周再兴"这张以子之矛攻子之盾的王牌。周天子是祭祀昊天的大祭司，其政治是神秘的宗教权威下祭政一致的神秘政治。

公元 690 年秋，睿宗皇帝请求"赐武姓"，恳请"太后即大位"。六十七岁的武则天正式登基，建国号大周，改年号天授。空前绝后的女皇帝终于登上男人的舞台。

但是，革命的女大祭司却面临着更大的困惑。其自身的双重矛盾性已在慢慢地掘着悲剧的墓坑。

◆◇ 性别的悲剧

勇敢登上皇位的武则天照亮了东方的女人，她以大无畏的革命精神证明了"牝鸡"可以"司晨"。她手提屠刀，宰割男人们对"牝鸡司晨"的咒语。她用"天命"去论证她将是历史上最伟大的女性。

武则天满怀激情，热情奔放地去追求爱情，去寻找女人失去的权力。她以毕生的精力剥离男尊女卑的迷雾，并向男人频频提出挑战。

她的确一再证明着女人的价值。

早在侍奉太宗时代，武则天就以其勇敢而嘲笑了阴阳参半的宦官。太宗喜马，西域曾进贡一匹名为"狮子骢"的骏马，性情暴烈，骠壮脱逸，无人驯服。太宗征询左右有何良法可治此马，武则天果敢地说："妾能治之，然须三物：一铁鞭；二铁树；三匕首。铁鞭击之不服，则以树树其首，又不服，则以匕首断其喉。"左右无不惊愕。

在高宗废王立武的辩论中，武则天掀帘杀出，一声断喝："何不扑杀此獠！"在场的男人们竟无人敢直面这位暴烈之女。儒教男性中心论在武则天面前瑟瑟发抖。

在其皇后时代，武则天于微笑中屡屡冲破女人的禁忌，登上只有李唐皇帝才能显威的殿堂、门楼，检阅廷臣，接受男人的朝贺。显庆四年（659），在武则天的授意下，修改《氏族志》，皇后武氏一族列入天下第一等名家，作为女人的武则天有足够的勇气嘲笑名门望族。次年，皇帝夫妇行幸武则天的老家并州文水，衣锦还乡的皇后大宴武氏亲族、故旧、邻人，并破例特别召见其中妇女，分赐物品，又慷慨地授予在并州居住的所有八十岁以上的妇女郡君名位。

垂帘听政无疑是对男性皇帝专制制度的嘲笑。而武则天在丈夫的身后垂帘，更可以说是对男性皇权的莫大嘲讽。武则天在"汝何乃如此负情"的咆哮质问下，在丈夫的"羞缩"中进入"二圣"时代。凤与龙开始并驾齐驱。而实际上，作为男性家长制的最高代表高宗李治早已戴上了"惧内"的桂冠。有趣的是，在中国历史上，隋唐间"惧内"的皇帝一再出现。

在武则天的鼓噪下，高宗未建殊功而封禅泰山。这完全是武则天强权的反映，成为武则天实现女人的封禅梦，提高妇女地位的关键步骤之一。麟德二年（665）十月，武则天表奏道："封禅旧仪，祭天为'封'，祭地为'禅'，封禅礼仪均由公卿执掌行事。但'天'对男子，'地'本妇女，因此，祭'地'的'禅'仪，应破旧习，妾请率内外命妇奠献。"妇女参加封禅祭典，实属破天荒。但唯唯诺诺的高宗在武则天对儒教男尊女卑的挑衅下不得不下诏："禅社首以皇后为亚献，越国太妃燕氏为终献。"女人第一次登上了神圣的祭坛，她们在冬天凛冽的晨风中放声合唱祭歌。这无疑为武则天以后替代男人祭祖、登基祭礼架起了桥梁、铺平了道路。

之后，武则天毫不犹豫地穿起了男人的衮冕，"封"天"禅"地，祭祖拜水，大踏步地登上皇帝宝座。在专制的男人世袭的领地里，男人们第一次屈膝于一位女人的罗裙之下。

自从出现人类，两性间的战斗从未熄火。人类为解决这对矛盾曾绞尽脑汁，男尊女卑只是这条长河里的一段而已。不幸的是，武则天就生活在这女卑的时代里，她对男人的挑战意味着女性意识的复苏。唐代妇女是幸运儿，她们，包括众多的公主们的一嫁再嫁，寻觅幸福，可以断言，同武则天对男人的挑战不无关系。

但在世界性的女人失败的浪潮里，在儒家学说的笼罩下，武则天的反抗多少显得苍白无力。登基不久，武则天就迷茫地感到，她无力像男性皇帝一样全面地推行女人对男人的全面专政。

首先，最现实的一个问题她便无力解决。她寻找不到一部规范女主的像《礼记》一般的经典。很难想象，如果她像男性皇帝一样去遴选天下美男充塞后宫，天下的男人甚至她的同性会如何看待。尽管激情澎湃的武则天需要异性的爱抚，但天启没有为她解决性的世俗问题，旷夫日久的武则天只能痛苦地瘫坐在世俗的伦理中，焦躁不安，脾气越来越坏。

值得我们叫绝的是，一向放荡不羁的千金公主为她的干妈找到了理论依据："陛下的烦躁乃阴阳不调所致。天下生灵，阴阳相合而生而存。男子为阳，女子为阴。陛下以阴之玉体长年进行阳之操劳，不免阳亏于阴，使阴阳失调，阴气日衰，所以玉体需要吸收阳气，以使阴气相增。"

对于武则天来说，决策是一种孤独的享受，而夜阑人静时的顾影自怜、欲语无人，实在是一种孤独的磨难。日近暮霭，残阳的余晖洒落在武则天孤寂的心灵上，焦躁的情欲在胸中抽搐着。她需要用异性的爱洗去白日的疲倦，消去更鼓滴漏声中的孤独，甚至，更需要一种男女间平等的权利。

在中国人奉为金科玉律的《礼记》里，为帝王安排了近百名等级各异的大小妻子。妃嫔成群，饱餐美色，对男性帝王来说是天经地义的；而对女人则表现了超乎寻常的固执：任何私情都将是罪莫大焉。直到礼崩乐坏的南朝，山阴公主向她做帝的哥哥提出"我们同出龙体，为什么你可以有三宫六院，我却必须独守一人，从一而终"的质问时，女人才第一次大胆地对两性间的不平等鸣冤叫屈。这微弱的呼声迅即淹没在男性的唾骂声中。我们姑且不论山阴公主淫荡与否，饱读诗书的武则天想必受到山阴公主这段故事的启示。

千金公主不单是一位理论幻想家，还是一位实践家。垂拱三年（687），她将一服"妙药"送给武则天，这便是江湖出身的冯小宝。性苦闷中的武则天喜不自胜，当夜幸之。同英国的伊丽莎白女皇、俄国的叶卡捷琳娜二世一样，武则天的"黄昏恋"并没能堂而皇之地步入婚姻的圣堂。在男尊女卑、三从四德的儒家伦理的巨大阴影笼罩下，武则天付出了加倍的勇气，才冲出阴影。

武则天这时正紧锣密鼓准备身登九五，一向果敢的她，不得不优柔寡断得像个怀春的少女。她将冯小宝落发为僧，改名怀义。更为令人费解的是，她让自己的女儿太平公主的丈夫薛绍认怀义为叔父，薛家高贵的宗祠圣地突然闯进一名卖假药的江湖骗子。

武则天再次成为一个男人的保护神。形同乞丐的冯小宝摇身一变而成为后宫的贵宾，身穿锦缎袈裟的薛怀义被突如其来的高贵弄得眼花缭乱。卑微的人一旦莫明其妙地身居高位，比高贵本身的丑陋更加面目可憎。薛怀义骑着高头大马招摇过市，如在途中遇到蓄长发的道士，那么，这个道士一定会转眼变成和尚的模样，头上寸毛不留。更为肆无忌惮的是，他竟纠集洛阳无赖，暴打右台御史冯思勖。朝臣敢怒而不敢言。连武则天的侄子武承嗣、武三思等都奴颜婢膝地为这个假姑父牵缰上鞍。

情夫的过火举措令武则天在朝臣面前也颇觉难堪，以致苦恼地担心他会触犯儒家卫道士们。果然如此。一日僧怀义在朝堂遇到新宰相苏良嗣，苏对怀义不可一世的骄横忍无可忍，振臂一呼："不过是个男妾！如此东西，竟敢在朝堂无礼，诸公，把他打出去！"群臣竟一拥而上，将怀义猛揍一顿。鼻青脸肿的怀义呜呜咽咽地跑到武则天面前诉苦，不料，又怜又痛中的武则天竟无可奈何地说："阿师当从北门出入，南门是宰相往来之地，不要招惹他们。"

武则天宽容地咽下臣子们"嫪毐"的咒语，自有其精明的计算。这时，她还无力对儒家发动全面的反攻，她不愿让羽毛未丰的怀义在朝野的一片混乱中夭折，更不愿让自己苦心布置的登基计划受挫，只好让情人暂时委屈。从一开始，她的情夫就是她一盘棋中的一个"卫士"。剃度怀义为白马寺主，究其深涵，便是以佛释抗儒道，将怀义做佛家领袖来培养，是打算让他在最关键的时候为自己鼓噪呐喊。道教是李唐的国教，武则天要革唐命，道家必然是她的猎物,武则天的出身和悖世驻俗的作为与儒家伦理又格格不入,因此,武则天只有倚仗舶来的佛教,为自己寻找新的理论依据。而菩萨的女身及慈眉善目便是武则天心中最佳的化身。富于创造性和想象力,机敏善变、工于营构而又极少濡染儒道传统的僧怀义,则是现实与佛堂间一座最好的桥梁。

在武则天眼里,单纯的情欲是幼稚的。她的历史一再证明在她生理渴望的背后总是隐藏着一双权欲的眼睛。她的眼神跃过面前的肉体盯着遥远的未来,那摸不着的另一个目的。从太宗,高宗到僧怀义,以至后来的二张,这眼神无不以跨过肉体为走向。

她稳步栽培僧怀义的宗教、政治势力。情人间的不快在武则天浩渺无边的权力里化为乌有。武则天命怀义掌管宫中的基建土木工程。怀义为弥补赌气的过失,乐奉懿旨。富有戏剧性的是,一个不知趣的补阙官这时却羼乎到这对情人间的握手言和中。补阙王求礼愚笨地认为这是天后的考虑欠周,于是建议:"太宗时,有一个善弹琵琶的罗黑黑,太宗将他阉了之后才命他教授宫人。现在陛下认为怀义有机巧灵性,想驱使宫中。臣下敬请依故事将他阉割,这样才不致于秽乱宫闱。"武则天阅过这篇哭笑不得的奏文,在群臣莫明其妙的眼神里捧腹大笑。司马光不无遗憾地告诉后人道:"表寝不出。"

僧怀义没有辜负武则天的厚望。垂拱四年(688)二月,武则天决意抛开诸儒的腐见,毁乾元殿另建明堂。怀义冲锋陷阵,一扫朝堂诸儒腐气,巍峨壮观的乾元殿在怀义报复性的冲力下轰然颓倒。十二月,耗资空前、气势磅礴的明堂竣工。武则天在清洗了宗室与举行了拜洛盛仪后,入主怀义刚刚建成的"万象神宫"。这对武则天具有非常关键的象征意义。因此,不封僧怀义左威大将军、梁国公,不足以表达武则天对情夫的感谢之情。

仅仅这两个唬人名号还难以使怀义的势力逆传统而流。次年,永昌元年(689)五月,武则天为证明怀义不仅是一位超群拔萃的泥瓦匠、建筑工程师,而且还是一个不可多得的将才,任命他为新平军大总管,北讨突厥。怀义率军北上,抵达紫河(今内蒙古境内)后,连突厥军的人影也没摸到,便勒石记功,"凯旋"。怀义不懂军事,也不愿拿真正的战争开玩笑,更何况武则天同样也不希望怀义冒险殉国。因此,武则天匆匆忙忙地便将辅国大将军、右卫大将军、鄂国公、柱国等桂冠纷纷抛来。这位没打过仗的"将军"终于在朝堂中有了一席之地。

随后，酷吏时代到来，佛先道后排名表确定。放荡不羁、颇具独创性的怀义为武则天的"易世革命"倾力鼓噪，摇旗呐喊，并奇迹般的将大乘佛教天堂里的弥勒菩萨出生与尘世间的则天太后联结起来，为武则天做女皇的合理性构筑了一整套天花乱坠的理论体系。怀义联络颇负盛名的东魏国寺名僧法明等九人，共撰《大云经》，一时天下平地涌起了一股信奉"太后陛下乃弥勒菩萨下生"的潮流，全国各地广建大云寺，甚至连敦煌这样的边疆也没有逃脱。

天授元年（690），武则天在情夫僧怀义首倡、全国各地大云寺的颂唱声中堂堂皇皇地登基。此刻，圣神女皇武则天怀着"往事茫茫如梦"的感慨和伤感，怀着无限幸福与欢快的交织心绪，与僧怀义共进晚餐，并为他的汗马功劳频频举杯，一掬谢意。

此后，则天女皇命怀义、法明等十来个大周帝国的功勋高僧，在内宫频繁地举行道场。佛教在女皇狂滥赏赐下陡然隆盛，皈依佛门一时成为热门。

女皇与怀义的亲昵关系一直持续到天册万岁元年（695）。其间，女皇于公元694年命怀义为代北道行军大总管，宰相李昭德为征讨军长史，再度出征。在战略战术上，二人发生激烈争吵，怀义盛气凌人，大发雷霆，直到李昭德跪地求饶才罢休。女皇面对情夫、宠臣，忽然发觉自己处在十分尴尬的境地。

喜欢追逐新奇刺激的女皇渐渐对怀义失去了激情，怀义屡屡给她闯祸也使她颇不耐烦。她像一只母鸡，时时要充当好斗雄鸡的调停者、赔罪人。女皇处于欲罢不忍、不罢难堪的困境中。

怀义在以色事人的自卑感中，极力树立独立人格的形象，焦躁不安地左冲右突，企图冲破女皇的阴影。但以他那微薄之力，只堪笑谈。因而他愈加狂躁，甚或将心中的怒火全浇到了女皇的霸道上。而且，他觉得侍奉这个已变味的老太婆也着实乏味，他不再经常入宫。

女皇掌舵的大周帝国这时已渐入航道。她运用酷吏与《大云经》已证明了自己的合理，如果让他们继续活动于历史舞台，除了异化自己的统治之外，将别无他图。于是，女皇亲手摧毁的官僚机器这时不得不重新修补，使之重新转动。在痛苦中女皇又不得不将酷吏们一个个送入"瓮"中。

把自己心爱的东西亲手打碎是痛苦的。尤其是将曾使自己激情满怀的情人置于死地则更加撕魂扯魄。但女皇清醒地看到，现在已物换星移，不知进退的怀义已成为可能给自己带来羞辱的祸害。在政局趋向平稳后，女皇松弛下来的神经开始偏爱细腻温和的柔情。怀义出宫后的龙床的空缺，已被侍从御医沈南璆悄悄填补。

怀义得知女皇另有新欢，且是自己一向鄙夷的文弱御医，不禁邪火猛窜。当天夜里，女皇的圣所，怀义费五六年时间精心构建的万象神宫及明堂化为灰烬。这把火将女皇心中残存的希望彻底烧尽。女皇深以为耻，她想不到自己曾颇为倚重的怀义会做出如此病狂之举，她椎心刺骨般为怀义掩饰道："这是因为工匠误烧麻主，因大风而延明堂。免于追究肇事者。"随后，将自己的一腔怒火全部倾泻到一河内老尼姑身上。

怀义百思不解为什么女皇不追究明堂着火原因，因而更加心惊胆战，动辄雷霆大发。女皇重新以怀疑的眼光审视怀义，觉得这个缺乏理性的家伙说不定还会有什么惊人之举。很快，她从宫人和户婢中挑选了一百多个强壮如男的健妇组成保镖团，以防不测。一个月后，太平公主亲自率领健妇们，在女皇与怀义曾欢笑春风的瑶光殿，将怀义捉于树下，在乱棍的飞舞中使之"涅槃"。

与怀义的诀别后，则天女皇内心的空虚、孤独、寂寞再度浮现。两人间的恩恩怨怨留下的是一场感情的劫难。怀义离去后的两年，政局平淡无奇，除了封禅嵩山与对付突厥外，武则天在剩下来的时间里便频繁地玩起文字游戏，年号频改进入又一高潮。同时，不堪驱使的沈南璆昙花一现般在武则天的情史中消失。武则天慢慢冷静下来。

从公元 695 年至 697 年，因怀义的离去，武则天加速了重新审视酷吏的时间。她将又一批忠于女性政治的酷吏亲手送上断头台。她开始心平气和地对待儒学臣僚，并提拔了一批儒臣，重新捡起了被踢进阴暗角落里多年的旧臣。她那女性的"柔"渐渐生出嫩芽。

武则天在不自觉中滑入又一矛盾的旋涡。她迷茫不解地思索着酷吏与怀义悲剧性的结局。她不明白这同样是她自己——一个空前绝后的女皇的悲剧所在。在对女性较为宽松的时代，武则天紧紧攥住了每一个偶然的机遇，以致权由己出。但武则天欲破传统陈规，以女性的身份首践皇位，便不得不采取非常手段。尽管她曾倾力反抗传统观念，但欲以一人之力而逆转千年男性中心论的世俗积淀，无论如何是要遭败绩的。这是整个女性的时代悲剧。武则天尽管贵为皇帝，也无力一改新貌。所以当她倚仗酷吏的恐怖政治，短暂遏止了群臣的言行时，却无法从人们的思想中根掘男尊女卑的偏见，"牝鸡司晨"的咒语。一旦政局走向稳定，她便必须捡拾起儒家治国平天下的理论。因为，她找不到也创造不出一个新的方法来统御她的臣民。她只能痛苦地拔起自己栽下的，又曾在此下避过雨的树，倒入时代的陷阱。

在做女皇的最后八年中，一如既往，她仍不得不眼睁睁看着她苦心经营的花园惨遭破坏。她种下的玫瑰花却刺在了自己的手指上。

自怀义死后，武则天一直处于郁郁寡欢的境地。衰老悄悄爬上额头。公元697年，太平公主为母亲献上又一服长生不老妙药，武则天惊喜交加中接纳了这个完全可以做她孙子的妖丽美少年。这年，张昌宗尚未弱冠。

昌宗出身名家，其叔祖是贞观晚期的刑部尚书。昌宗精通音律，尤擅斜吹横笛。进谒的当天，武则天就宠幸了他。比较喜欢"将军"字眼的女皇，随即任命他为云麾将军。几天后，颇合女皇口味的昌宗又被提拔为从三品光禄大夫。

半个月后，身心均感紧张疲劳的昌宗向女皇举荐了他的哥哥张易之。易之皮肤白皙，容貌端正，比起弟弟来毫不逊色，并且声音甜润悦耳，一曲一歌便令博学多才的女皇顿时倾倒。经年累月，紧张战斗了四十年的武则天已经有些倦怠，无情岁月慢慢蚕食着她的美貌年华与雄心壮志，于是倾身于易之兄弟的歌舞谑笑中，开始追求安逸与解脱。

武则天进入暮年才表现了她幼稚的举措与柔弱，为结美少年兄弟的欢心，她甚至同病相怜地想到了昌宗守寡多年的母亲臧氏。于是拜臧氏为大夫人，并特别将眉目清秀、儒雅风流的风阁侍郎李迥秀赏赐给她做私夫，就像一个男性的长子把自己的妃妾下赐给臣下一样。从中我们不难窥见武则天对孤独和晚年的情欲理解得多么深刻。

此时的武则天成了真正的母鸡，一直将二张掖在她的翅膀底下。曾为怀义牵马执鞭的武承嗣、武三思把媚态转向了二张，一班贵戚重臣也纷纷抢夺马鞭。圣历二年正月（698年12月），刚刚站稳脚跟的二张便得到女皇为他们特意准备的控鹤府。控鹤府是一个多功能的机构。在这里，倖臣们可以说下流的笑话，奏高雅的音乐，修一千三百卷的《三教珠英》，理天下的政事。

它掩饰了后宫荒淫的生活。一批天下英才如张说、李峤、沈佺期、刘知几之流尽入府中。其实一如北门学士，这是武则天借二张之手培植的又一权力中心。生性多疑的武则天不相信儒臣相官们的忠诚，而武家子侄又多是扶不起的"阿斗"，过去的滥刑亦使文武百官对武则天心有余悸，武则天在四面楚歌的忧虑中只好重演旧伎，用女人特有的手腕组建心腹集团以抗衡相权。

从日后群臣与二张的激烈矛盾冲突中，我们可以一赏武则天"走钢丝"的身姿。与对待怀义不同，武则天将"政事多委张易之兄弟"，以致他们"势倾朝野"。为维护二张，武则天不惜将自己的孙子李重润、孙女李仙惠逼迫自杀，把重用多年的大臣魏元忠、韦安石、唐休璟贬出洛阳。

久视元年（700）控鹤府改名奉宸府，张易之为奉宸令。从全国各地遴选的一大批美少年尽入府中。在儒臣官僚的眼里，奉宸府成为淫荡无耻的代名词。有关"女帝乱行"的传闻，像当今的流行歌曲一般，在民间飞短流长。武则天为忘却和逃避自己老迈的身影，却引来臣民们不可原谅的鄙夷。

二张一如其老前辈薛怀义，骄横不可一世，致使部分朝臣群起围攻。长安四年（704）七月，韦安石、唐休璟曾以贪赃为理由将易之兄弟下狱；同年十二月，张昌宗引术士占相事发，宋璟等重臣坚持问罪。斗争达到水火不容的白热化程度。而武则天竟置群臣于不顾，四次命令审鞫二张，又四次下敕救免。对于苏安恒的警告——不除二张将"逐鹿之党叩关而至，乱阶之徒从中相应，争锋于朱雀门内，问鼎于大明殿前"——也置若罔闻。

武则天的命运不幸被苏安恒言中。神龙元年（705）正月二十二日，张柬之等五人发动政变。年迈的武则天在病榻上眼巴巴地看着自己点燃的大周帝国的火炬倏然熄灭。

武则天以毕生精力证明女人的价值，但她做皇帝后，却在面首男妾的问题上踌躇不已。她一方面渴求恋情，另一方面又不得不迁就世俗，在臣下的奏章问题上多次以苍白无力的沉默处之。她最初向男尊女卑提出挑战，最后又在无奈中倒入"牝鸡司晨"的阴影。武则天的悲剧既来自传统的儒教，也来源于她自己，她时常需要自己打倒自己，才能保持平衡。

作为女人，作为皇帝，武则天最难以忍受的悲剧是：百思不解，困惑百生。她躺在病榻上，孤独地品嚼一世而亡、被颠倒的乾坤再被颠倒的原因。

假如武则天九泉有知的话，她最遗憾的应该是：她向男尊女卑挑战的结果却是贻给后世妇女一个更加漫长的黑暗时代。唐代的文人曾经不无惶恐地讨论过"男子益消,女子益专"的话题。不幸的是,中国的妇女不久便坠入酷寒的冬天,其中也包括武则天的在天之灵。

安史之乱后,女祸误国的谬论渐兴。德宗年间沈既济对武则天"体自坤顺、位居乾极,以柔乖刚,天纪倒张"的革命倍加斥责,开攻击女皇之先河。

五代时期的刘昫效步于沈既济之后,指斥武则天"夺攘神器,秽亵皇居","韦武丧邦,毒侔蛇虺。"他痛苦地继续写道:"自武后秽国三十余年,朝廷罕有正人,附丽无非阴辈。……朋比成风,廉耻都尽。""牝鸡司晨"的怪论再度出笼。

随着宋明理学的日益泛滥,武则天美丽的脸庞逐渐变得凶神恶煞起来。

南宋理学大师朱熹对武则天大加笔伐,"僭位"的大帽子紧接着飞来。至此,武则天的脸谱已基本描就。

胡致堂走得更远,大有盖棺定论的架势:"武氏之祸,古所未有也。……武氏以才人蛊惑嗣帝,一罪也;戕杀主母,二罪也;黜中宗而夺之位,三罪也;杀君子之三人,四罪也;自立为帝,五罪也;废高宗庙,六罪也;诛锄宗室,七罪也;秽德彰闻,八罪也;尊用酷吏毒痛四海,九罪也。"不过,他还没有达到完全失去理性的地步,不情愿地、充满遗憾地说道:"使其生为男子而临天下。其雄才大略殆与孝武等矣。"

自卑的明代文人对待武则天已改为谩骂口吻。张溥将"女宠"列为"唐室三大祸"之首,女人祸国的陈滥话题再度重提。顾回澜将"虺蜴之心,豺狼之性"的大帽子扣完之后,极为动情,大为伤感地感叹:"噫!武曌以女统男,当时公侯卿相,无不以男而事女!"

一向受今人尊敬的王夫之,独在女人问题上令我们难堪。他将亡国的一腔愤恨全倾泻到武则天头上,极尽谩骂之能事,骂武则天是"嗜杀之淫妪,"认为武氏"滔天之恶","鬼神之所不容,臣民之所共怨,万世闻其腥,而无不思按剑以起"。

感情复杂的清代文人对武则天的抨击没有越出宋明才子哲人的想象。只是骂声高了些,人数增加了些而已,并提出一个有趣的问题:"武氏匹妇为天子,其与匹夫而为天子者有以异乎?"

如果武则天能听到这些后人评说,不知道她是否还会像当年见到骆宾王的《讨武曌檄》那样宽容地一笑，并击节叹其文采？笔者对此不敢妄加臆度，但我武断地想，作为后世子孙，我们应该汗颜的是：仅仅因为武则天是个女人，就如此罄南山之竹挞伐，实在不独是武则天女皇大帝一人的性别悲剧，这悲剧是历史的，也是民族的。

李泌

从政智慧与三教之惑

◎李向平

　　治世、治心、治身的儒释道三教，惟独不能治理灵魂；奉其教
旨而孜孜以求者，可以救世救人，惟独不能救赎自己的命运。

　　正如晚霞消失之后，人们还在追恋太阳的灿烂光芒那样，中国历史中的
盛唐气象，千百年来一直是中国人所忆恋、所眷顾、所称颂的。然而，斗转星移，
即已成为历史的国祚朝运与人事政治，却潜藏、沉伏着多多少少的待解之谜？
太阳西下后，明天依然有东升旭日，历史的沉思因此也是绵绵不绝、辍而又生。
　　在那李唐盛世的悠悠岁月中，尽管有唐太宗的贞观之治，有忠臣魏徵的
显赫政绩，有诗人李白的风流倜傥……然而，也同样有政治家李泌的身心苦
恼。
　　人们尽可以去想象，在那如日中天的盛唐世界，国势鼎盛，政和民安，
正是英雄们一展抱负建功立业的美时良机，雄才大略可以任意施展，遗憾与
懊恼从何而来？
　　李泌曾被认为是古代中国特殊环境产生出来的特殊人物，被称为封建时
代有着非常特殊表现的忠臣和智士。他历经唐代玄宗、肃宗、代宗和德宗四朝，
不在相位，却几度享有宰相大权，可以说是唐中叶帝国大厦的梁柱，犹如太

阳沉沉西下时一抹耀人眼目的瑰丽晚霞。虽然，李泌竭诚尽智，鞠躬尽瘁，为治理安史之乱后唐王朝的政治残局颇有贡献，同时博学多识，善治《易》学，儒、释、道皆通，但是他不仅在生前为时人所轻，就是死后也未得到应有的道德评价，朝廷史家吝惜笔墨，认为他的平生业绩达不到死后不朽的高度，只不过是近乎立功立名而已。

古代中国对于一个人物的评品，往往以立德、立功、立言三大方面着眼。如能立德、立功、立言者，世人及后人将会给他冠以"不朽"的桂冠，从而可以流芳百世。李泌的懊恼就在于，他一生历经四帝，忠诚奉君，素以立德、立功、立言作为终身目标，有神仙出世之志，却从未与前世圣贤教诲相悖，有道则见，无道则隐，达则兼济天下，不达则独善其身，但其终生努力结果竟不能荣获身后"不朽"的美名。

当李泌得到唐玄宗赏识，逐渐跻身当时中国最高政坛时，大唐帝国虽然还有它昔时鼎盛的余晖，却已是元气损伤，江河日下。安史之乱以后留下难以收拾的破烂摊子，社会矛盾日益加剧，土地兼并越发激烈，许多农民无以为生；战乱频仍，生灵涂炭，藩镇割据各霸一方的分裂局面形成在即。整个国家，上自中央朝廷，下至庶民百姓，都在期待政治强人的再现，重振唐王朝之雄风，整顿政治动荡的残局。至于这一政治强人，是贤君还是忠臣，是圣人还是豪杰，是儒生还是道人，谁的心中都悬挂着一个巨大的问号，无形中便把希望寄寓在历史的偶然性与政治的奇迹之中了。

很难说得明白，李泌在中国政治舞台上的出现，是否寄托着这一时代的期望；再有，就是他本人是否对这一时代希望有个明确而清楚的认识，时人与后人都不得而知。唐玄宗尽管十分赏识李泌的过人才华，但他并没有明白流露出更大更重要的历史嘱托。诚然，赏识是被重用并委以重任的重要条件。

就李泌本人来说，他是有些受宠若惊的。他身为道教信徒，对于神仙怪异有着浓厚的兴趣，常持黄老鬼神之说，又常以世外之人自居，应该是宠辱不惊，飘飘乎超然于世俗之上的。然而，李泌不但是一道教信徒，同时又精通儒、释。孔孟儒学修齐治平的理论，无疑给他以深刻影响，甚至左右着他一生的言行与情感心理。李泌满可以在儒、释、道皆通的基础上，将儒学的入世治世与释、道的治心养身巧妙地融合起来，相互补充。所以，李泌即使是奉行道教无为养身的教旨，他也会认为受到皇上赏识、重用并入仕治国，不与其人生本愿彼此冲突。

正因为如此，到唐肃宗主宰天下时，李泌就担任了广平王李俶（即后来的唐代宗）的军司马，权力相当于宰相。全国各方上奏朝廷的报表，无一不送李泌先行审阅。治国平天下的儒教情怀，此刻已占据李泌的全副身心。

即使是无知无感于当时时代的期望，李泌受着传统儒教的限定，身在其位便谋其政，也会充当着历史的不自觉的工具，从而以天下国家为己任。

他为唐肃宗出谋划策，以图平定安禄山、史思明余部的动乱势力，收复为其控制的成德、魏博、卢龙等河北诸镇，并集中优势兵力直捣其势力中心——范阳，然而再收复长安与洛阳两京城。

他与唐代宗同舟共济，亲密笃诚。只是因为朝廷中有大臣元载专权，骄横不可一世，使李泌常受其党羽攻讦不已；同时，翰林学士常衮又对李泌多有猜忌，迫使李泌不得不避开争权夺利分外剧烈的中央朝廷，出任地方官吏。唐代宗虽然与他私交甚密，情谊颇深，可是，身为天子也奈何不了朝中小人的专政与争斗，糊涂之时还会宠任元载党羽。这时，李泌出任地方官，一是避实就虚，同时也有静观时变、等待机会的政治策略上的考虑。治国平天下的抱负虽已无从谈起，但李泌在任地方官吏期间，政绩仍然可观。远离是非中心，却又能不失儒臣之责。

他为唐德宗排忧解难，力挽狂澜于既倒。他以自己身家性命保住了苏州刺史、润州刺史及镇海军节度使韩滉，消除唐德宗对韩滉的猜疑，促使韩滉感激涕零，从南方发米百万解运至关中，帮助唐王朝渡过了饥荒难关，也避免了一场可能在南方闹将起来的兵变。同时，李泌还凭借着与唐德宗的私人感情，在一定程度上调和、融洽了德宗政治集团中的上下君臣关系。李泌与德宗当着众多朝臣签订"契约"，希望唐德宗不要因为臣下功大、位高而疑虑重重。如此，天下可以平安无事，陛下可以高枕无忧。李泌还成功地阻止了唐德宗欲废太子另立舒王的计划。因为，在封建政治家看来，父子相互猜忌，则会导致国家动摇、倾覆。唐德宗听从了李泌的建议，终于稳定了德宗政治集团。

纵观李泌一生中重要的政治行为及其重大的政治策略，人们难以想象李泌是以道教信徒的身份步入唐朝中期最高政治集团的。与其说他是一道人，毋宁说他是一介儒臣。他至少是从事君以忠的角度，视治平天下为分内之事。他有为仁由己、朝闻夕死以至敢于以死进谏的儒士精神。儒教的宗旨、儒教的精神、儒教的心怀与风范，李泌都有所体现，有所践履。否则，他的许多言行、谋略甚至是情感心态都将无法理解。

李泌的儒臣精神、入世的姿态与某些道德政治理想，虽然在某种程度上能与当时时代的希望暗合，可是在真正体现时代精神与个人理想抱负方面，整个时代能产生期待，却不能提供现实社会的某些基础与条件。这不能不使李泌深感遗憾。即使李泌想通过君臣上下戮力同心再现唐帝国中兴的灿烂辉煌，其政绩也只能是如此如此而已，不免成为镜花水月。

倘若李泌必欲思考其中的奥秘，我看他也未必能想出个究竟来。常言道"时势造英雄"，而"英雄造时势"这下半句，总是让有志之士自个去体验去玩味。当时的历史条件，政由人亡，政由人兴，一个君主、一代朝廷，甚至就是一个时代、一代英雄的象征或代表。你不得不服从，你不得不懊恼。你想成就什么样的丰功伟业呢？所谓的立德、立功、立言，立与不立，其价值判断的标准也由不得他人染指，虽有某些时代特征，却也总是由一朝天子所控制所掌握。由此观之，李泌苦心孤诣，悉力支撑，结果则是近乎立功立名，殊不为怪。

诚然，李泌不很在乎自己的功、名。他怀着达则兼济天下，不达则独善天下的儒教教旨，常有一种兼济与独善两两皆可的随意和超脱。能够两全其美，当属上上大吉；若能二中保一，也不失为希望尚存。

严格地说来，这已非道人的超脱与潇洒了。既然不为功名不为利禄，又何苦在危机四伏、暗藏杀机的官场仕途中委曲求全呢？既然已深受时代、政治的种种制约，难为中兴也难以建树圣贤道德事业，又何苦要小心翼翼、格外谨慎地去恪尽儒臣职守呢？不能不说，这大都是因为李泌的心灵深处，常常有儒教之政治信仰与政治情怀在支配、影响着他，内圣外王的道路也一度成为他人生理想中的重要部分。

最初，李泌是以其过人智慧而受到天下主宰之青睐的，为此，他无疑要对唐玄宗慧眼识"千里马"的知遇恩情感戴不已，从而来往于朝廷中，混迹于官场里。也许是青年意气，李泌曾赋诗讥诮杨国忠、安禄山等权佞小人，因此而得罪朝廷，不得不隐居于颍阳，以免杀身之祸。然而，玄宗之子唐肃宗刚登龙位，李泌便主动结束了隐居生活而自荐于肃宗，愿效犬马之劳于陛下。其后，李泌又历受唐代宗、唐德宗的征召而加以重用，但都与他以往的政治经历一样，先是隐居在外，求得"政治避难"，然后再受诏出山，东山再起。在这过程中，李泌颇有中国知识分子有道则见、无道则隐的传统政治智慧，同时也难以推托来自天下主宰的青睐。在他的心底，重新燃起了政治热情，重新萌生了建功立业的希望。一朝天子一个时代，总有他大展抱负的时日。

在这方面，李泌不似道人，却更像中国历史上不多却也常见的中兴大臣。李泌身为道教信徒而参与政治，步入中国最高政治集团，并通于神仙诡道，声称曾与著名道士赤松子、王乔、安期和羡门相处游乐，互称为道友，然而，李泌的道教信仰想必不是十分严格的。他是儒、释、道皆通的知识分子，信奉道教，却也不排斥儒、释的信仰，反而认为儒、释、道三教的信仰可以相得益彰，殊途同归。当李泌投身于政治活动中时，其表现酷似儒生，践履的也是儒教修、齐、治、平的主义。

李泌的政治活动，似乎在表明中国信仰的一个文化特征：治心与修身，不完全是生命个体之事，并非信奉某一教旨教义便可臻至崇高的超脱境界，获得安身立命的终极根基；它必须与社会政治的普遍道德化以及个体生命在此过程中全身心的投入紧密联系。舍弃了这一必要过程，什么信仰，什么修养，都将是毫无意义，难以获得中国社会的美妙称颂，难以戴上道德圣贤的桂冠。中国人的"不朽"境界，因此不是灵魂的永恒与超越，不是由此而出现的理性的升华及对有限世俗的不断俯瞰，而是深受世俗政治道德无限制约的立德、立功、立言。为此，即使是作为道教信徒，他也不会把个人的身心炼养问题与社会、政治、道德等方面截然分开，或许，他也希望以参与政治的方式来弘扬其教旨教义，并在这个过程中完善、完美自己的个体身心的修养。

李泌虽然有着自己的文化信仰，但是，这个文化信仰的魅力远远不及皇帝的青睐与重用。为了后者，他宁可牺牲或放弃前者。儒教宗旨告诉李泌，政由人兴（人亡）。凡为天下主宰必有崇高的道德知识（内圣），然后才有可能建树治平天下的文治武功（外王）。作为一般的臣民或知识分子，之所以必欲在修身齐家的道德讲求上下功夫，也就是因为在人们的共同价值准则及人生理想中，认为内圣者才能外王，内心中具备圣贤道德素养才能立德立功立言，才能获得不朽的美誉。在这个前提下，个体的文化信仰不论多么的高尚、独特，都要与社会政治相互缠绕。换言之，个人之信仰只有在世俗伦理、政治规范中才有可能成立。

当李泌受到皇帝的征召时，李泌是不得不应诏入仕俯首为臣的，他的道教信仰亦无可以抵抗的内在本质，更何况李泌的政治智慧中原本就是儒、释、道三教合一的。因此，应诏入仕、身为儒臣、忠心事君乃第一天条教义，李泌的艰辛努力与谨慎为政，也就必然是传统中国政治中净臣、忠臣的形象，敢于力排众议，敢于冒死进谏，时时以社稷国家（君主陛下）为重，而把个人的身家性命置于不顾。的确，这是高风亮节，这是铁骨铮铮，这是忠臣和智士的气质。

令人懊恼的是，现实世界中的政治生活，并非儒教之希望那般纯净、那般圣洁。善恶杂陈，真假难辨，美好理想与卑劣贪欲结合，高尚志向与个人功利混淆。虽然，可以道德理想圣洁君子自居自恃，来面对政治生活中的丑恶与虚伪，继续以"内圣"的人格理想来警策自己，可以产生伟人意志和圣贤人格，可是，由内圣通向外王的路径已不通畅，途中障碍重重，两者间的距离日益扩大，从而导致某些儒教主义者的困顿和疑惑。

本来的程序是，如果谁想获取外王的功绩，他就必须具备内圣的条件；接着变为，如果谁想使自己臻至圣人的高境，他就必须付出卷入政治的昂贵代价。李泌便是如此。功绩是他所希望的，圣人高境也是他追求的。然而，在他付出了投身政治的昂贵代价之后，却落得功不成名不就，事业雄心也付诸东流。李泌的十年宰相，一无所获，连自己的神仙美梦也悠悠落空了，破碎在朝廷宫阙里，跌落在陛下龙椅前。对此，后人深深为之惋惜，说他是"至竟名心抛未得，十年宰相误神仙"。

值得后人庆幸的是，李泌毕竟是一个道教信徒。虽然他也践履儒教主张，入世为政做官，功名未立，神仙梦破，但是他依然故我，没有悲恸欲绝，也没有心灰意冷，一次次应诏入仕，又一次次因回避政治斗争而退隐山野。真是令人感慨，盛唐气象之后的李泌，乃是中国政治文化中的一个谜。

与其他参政的知识分子不太一样，在李泌的从政智慧中，道士风貌、道教精神尤为突出。他对于道教的信奉，由于儒教政治的制约，不得不转而成为他政治活动中的智慧和技巧。也正因如此，李泌践履儒教主义时所可能产生的困顿与苦恼，已被这道教出世修身求道的信仰以及以此为基础而转化的政治智慧所冲淡、所掩抑。

绵延数百年之久的大唐王朝，表面上是儒、释、道三教并行，但在主要的和本质的方面，则是崇道抑佛国策的大力推行，并遥尊春秋老子李耳作为李唐皇室的始祖。所以，唐朝历代皇帝大都迷信道教，希冀道教法术带来百世长命并延长国祚。李泌作为一个具有道士精神风骨、常持黄老鬼神说的学人，是比较容易在这样的政治宗教环境中获取晋身之阶的。

李泌尊事的四位唐皇帝，无不信奉道教。玄宗每每于中夜夙兴，顶礼焚香，经常诏见道士，亲受法箓而拜官赐物；肃宗于祠祷求请甚为殷勤，曾差遣公卿百僚悉往道观设醮讲论，纵容信任各方道士；代宗则刚一即位，便幸宠道士李国祯等，召入禁中，待召翰林；德宗本来厌恶巫祝怪诞之士，后来则渐渐为其迷住心窍。他重用李泌，一个主要原因，就是因久闻李泌长于鬼道的大名才有意自外征还、以至大用的。李泌能与唐德宗签订"契约"，互守君臣之责，以及唐德宗能够接受李泌以死所进之言，不废太子，除个人感情外，很大程度上是因了这一共同的信仰。

李泌出于官场，以智免祸的从政智慧，亦无一不与道教对世俗政治的信念和态度有关。道教的政治信念，是国政犹身，治国如养生。主张和强调的是顺物自然、心地无私，天下国家才可以大治大理。"无为政治"由此成为道教的最高政治理想和最完美的政治手段。为此，从政也和治身一样，无为则高，顺事自然而不强从人意，绝不执著于个人的情感意志而招致人为的损失与迫害。倘政治无为，从政者也可以无为，最终收到社会清平、个人神清志和并不伤贵体的双重效应。

与儒教的教义比较，同样也有个人修身养性与社会治理的内容，但道教更为冷静，更讲究个人的政治手段和处世方法。政治无为，大都是一种理想形式；但道教并不因此而看破而改变初衷，而是因此产生视治国若烹小鲜的洒脱。具体的表现是，虽不能洒脱到治大国若烹小鲜的境界，但也应该以道自居，持卑处下处事无为，处君皇犹与道友，明哲保身以术免灾，始终不悖养生长命、求道求仙的道教宗旨。

李泌无疑是深谙这一道教宗旨的。同时，他也熟悉唐帝国安史之乱后元气大伤的病情和衰症。一方面，他已尽力为之，死而后已，曾经希望贤君明主能够中兴大唐王朝；另一方面，他也秉持着道教的政治主张，参政处事时无欲无私，以保证：治国不能如意，但求治身还能遂愿。对于前者，后人也许可以苛求、可加品评，可以赞扬他或者是讥评他；可是对于后者，人们表现得更多的是关注和兴趣，同时也是惊讶和不解。

这也就是说，按照儒教的规定，李泌功名不就，不入圣贤之列，可是，李泌得益于道教信仰而形成的从政事君的经验以及官场上进退自如的技巧，后人则是不敢小视的。

唐肃宗时候，李泌与肃宗是出则联辔、寝则对榻，可说是亲密无间。但李泌执意不受肃宗所给予他的官职，宁愿以宾客的身份为其效劳。对此，李泌的回答是非常巧妙的。他说，陛下以朋友待我，那么，我的地位则要比宰相还高贵。因为，在李泌看来，没有官职，凭借与肃宗的情谊，所干之事大都能干成；身缠官职，则易遭小人嫉恨，反而是进退为难。果然，李泌后来受到奸臣李辅国的诬陷。为保证自己的生存不致于受到威胁，李泌请求肃宗允许他远离朝廷。

唐肃宗当然对李泌的请求大惑不解。天下能获天子宠遇者能有几人！但李泌可不这样想。他以为，他的作为已报答了唐肃宗对他的知遇之恩，这已符合儒教规定的臣下名分。士为知己者死。可是，死在奸臣小人手里，这则是与其信奉的道教宗旨所违背的。再说，无道则隐，独善其身，也是儒教给参政知识分子预设的一条美好退路。纵使李泌智谋过人，他也清醒地认识到，肃宗已对他宠之太深，任之太重，他自己也功太高，迹太奇，足以为奸臣所忌。此时继续待在朝廷，不等于束手待毙吗？

总算是获得了肃宗的恩准，李泌可以隐居于湖南衡山，过他的"神仙"日子。那里环境静谧，风景优美，李泌为自己筑有一所"端居室"（后人称为"邺侯书屋"），广藏书卷，求仙学道，不问政事，游山读书，俨然一副神仙风骨。

这样，李泌躲过了一场他无力阻止的宫廷厮杀。唐肃宗立张良娣为皇后，李辅国任兵部尚书。肃宗病危，张、李二人争权夺利，矛盾激化。先是张良娣被李辅国联合宦官鱼朝恩合谋处死，紧接着是唐代宗即位，李辅国被杀。

唐代宗期间，官场风云更为险恶。李泌同样应诏出山，离开了衡岳"端居室"。后因宦官鱼朝恩作奸和元载权臣的攻讦，李泌又服从唐代宗的安排，出任地方官，避开险恶风头。这时，李泌没有向代宗请求，再回山里隐居，有可能就是他心怀中的儒教主义在起着某些作用，促使他捺住性子，以图日后大业。至于道教徒的信仰，正好也与他的儒教主义互补，无为而无不为，天下无道，等待良机。

当然，良机如失，时不再来。只有等待主子更换，出现新"时代"。李泌的经验，就是隐居。所以，唐德宗即位主宰天下，李泌随即又应征入仕，开始他历臣四帝中为官时间最长的一次政治生活。

显然，这次参政，李泌最为平静安定，没有小人、权臣的妒忌和威胁，唐德宗又与李泌的信仰相同，称为道友。这就给李泌提供了很好的政治条件。所以，李泌在此期间的政治作为最多，从而也最有忠心儒臣的形象。他能够冒死担保忠臣韩滉；敢于与德宗互订"条约"，确立君臣间的信任和依赖；又以死进谏不废太子，坚决制止唐德宗赠送安西、北庭两地给吐蕃，以作为击败朱泚动乱的愚蠢行为。如此总总，如无达则兼济天下的儒教抱负，李泌在历经了多变的政治风云及多次隐退之后，是不可能这样竭诚尽心的。然而；如无可为则为、不可为则不为的道教政治经验，李泌徒有一腔大志，也是难以诸事顺遂的。唐德宗对于李泌，还暗自喜爱不已，认为是他三位宰相中最得力者，认为李泌见解中肯，尽释心中疑难，既不像卢杞那样谨小慎微，亦不似杨炎那样逞强好胜。

李泌早在与政为仕之前，已对神仙不死之术歆慕不已，常常游玩、寻道于华山与终南山；身在朝廷，他也不绝其修道游山的志愿和兴趣。他是本着心在朝廷志在仙道的初衷来参与政治的，所以，在许多次政治斗争中游刃有余，进退自如，能够保身免祸以智以巧，能够巧避风浪又东山再起，能够犯颜直谏又得主子喜爱。也许是他的从政智慧过于高超，也许是他事君技能过于精妙，以至于后人读过他的史传之后，颇觉他大有政治上要滑头的嫌疑，历经四朝，左右逢源。

实际上，说李泌政治上要滑头、精明过人，倒也大可不必。虽然李泌是心在朝廷志在仙道，朝廷不宁，还有仙道可以依恃，但是，在他多次引退以避政治灾祸时，却又耐心地等待新朝皇帝的征诏，又可以说是志在仙道，心在朝廷。反反复复，久而久之，能够对李泌心灵发挥深刻作用的，倒是中国知识分子的原始情怀，朝闻夕死与修齐治平。唐德宗时期，他的政治言行和政治态度，就是一个以社稷国家为先的典型儒臣的精神风骨的体现，就是吾已闻道、必欲以其道救世救人的宗教情怀的流露。此时此刻，李泌不但是心处宫阙之中，而且也是志在朝廷稳固了。所以，他的生命并没有结束在他向往神驰的仙术神道之中，而是结束在唐德宗所暗自喜爱的宰相职位上。至于他高居相位的国家要职，依然津津乐道于黄老神仙之术，大谈鬼神，这本可免于时代非议，不为时人所轻视所讥诮的。正统史书对李泌的评价手下无情，不愿给李泌戴上功名、不朽的道德桂冠，后人知晓个中原委，倒可为李泌慨叹一声：冤哉枉也。

李泌这一辈子，可以说是终生不得如意。投身政界，其治世抱负难以在宫廷政治中实现，现实世界亦不具备唐朝可以中兴再现富强的条件。竭尽了他的忠诚与智慧，仅能与他所事奉的皇帝交交朋友、协调君臣关系而已，唐王朝的命运依然如旧，每况愈下。假使说他本无什么政治抱负与建立功名的预想，溺身于官场出于无可奈何、身不由己，那么，他的道教信仰，他的个人志愿，他的情感意绪，又尽悉失落、破碎在你争我夺彼此嫉恨的宫廷权争中。两头茫茫望不到岸，究竟是此岸还是彼岸可为依托？李泌想到这些，当是最为心酸、最为悲叹的了。可他所能作为的，只能徒然感喟叹息、仰望苍天沉思人生无为之道而已。面对无言的世界，只能是无言。

儒、释、道三教，细分仍有差别，但在预设人生的最高境界及其终极关怀时，却是小异而大同。尽管各自有治世、治心与治身的着重和执著，但是，儒教的治世必须建立在治心与治身的灵界文化基础上，而释、道二教的治心与治身，也从来不要求与治世过程的物界文化相脱离相区别，以至于从不把人的身心发展引导去一个超脱在世俗此岸之上之外的神学彼岸。它们配合得相当融洽默契，契合得个人的灵魂皈依也由此缺乏容身之地，缺乏净化、超越的空间，甚至于只讲治世基础上的治心与治身，从不谈论什么灵魂的皈依及个人的终极关怀。

儒教的治世过程中，已强调有心性修身的内容；释教道教的治心治身的教义中，也相应地蕴涵有不离世间觉悟、不出世间修道的媚世主张。所以，三教合一，不言灵魂，内圣（心身）的境界为三教所肯定，而外王（治世王政）的人物与制度也由对内圣的肯定，成为人生理想的载体。生在如此世界，倘欲得救，如盼皈依，只能是心身修炼与外王治世过程的结合。舍弃了后者，人们往往会自我感觉不满足不伟大，但是，仅仅是后者的成功，人们又往往是颇感失落与无处安心；或者，后者也不成功，反而事事痛苦处处尴尬，那么，价值意义方面的危机就随即沛然而生，强大无比。

内圣外王——作为三教合一的产物，即政治亦宗教，即宗教亦道德，一个人从生到死，从读书到做官，从生计问题到灵魂关怀，统统地被纳入其中，被规定于其中。政治活动也罢，生命信仰也罢，以及两者之间的本质联系，也全在于这内圣外王的价值框架里。不能出离，当然也不可能超越。

李泌的人生终极目的也不过尔尔。即使是出于对自己生平遭遇的思考与感慨，他对儒释道三教欲有所感或感后有惑，面对着这样一个强大深固的政治文化信仰体系，他能说什么，能有什么思想不通的呢？终究还是无言无语！

在李泌身后，很有一些有识之士，既为李泌打抱不平，同时也可能在为自己寻觅新的归宿。不过，这些有识之士，除了说说李泌"十年宰相误神仙"之类的话之外，终究也还是无语又无言。

能说什么呢？不做唐德宗那十年宰相，李泌就能成为神仙？我看未必！倘若没有这十年宰相的政治经历，恐怕李泌之后的有识之士也不会来为李泌大发诗情，而李泌也不过是一位某山某岳的著名道士而已。再说，李泌之好言鬼神歆慕神仙，如果并非他的真实信仰，而是他的人格面具和入世做官取宠于皇帝的政治手段，那么，后世旁人又能有何理由说他是"十年宰相误神仙"呢？

正如历史走着它的必然之路那样，李泌无法选择历史。只有历史来规定他、预设他的一切，注定要迫使他在政治斗争与求道成仙之间痛苦踌躇、犹疑不决。儒释道三教之中，他更执著于道教，并以道教来融释其他两教。他过人的政治智慧，大抵上是有一自信，以为有一个高于一切的"道"，可以保证任何一个信徒在社会政治樊篱中的独立与自主；或者是，依从顺乎其"道"，便能无所不成、无所不治，身、心、世可以合而理之。神仙梦可圆，功名心亦成。

遗憾的是，道教的政治智慧，大都是弱者保护自己、施加权术的那些内容；它并没有围绕着"道"来构筑它高于世俗社会、此岸世界的超越基础，从而使每一信徒可以志在朝廷、心存仙道、灵魂不受污染。它主要是提供了道教徒参与政治后的谋略、法术和技巧，强调以政治无为的方法来处卑持弱，最后实现无为而无不为的政治目的。同时，更由于道教的终极关怀始终不离那必定要死亡的有限个体生命（身），并且体现为求道、长寿、成仙的价值目的，从而削减、压抑了"道"的超越性质和超越能力，从而使道教的政治智慧转化成为信徒们进入社会世俗、从事政治活动的个人技能。在运用这技能的前提下，你的结局好歹、功名成就、长寿成仙与否，它一次性销售，概不负责，全在于你个人的贤愚巧拙。因此，外在的超越基础不可能具备，内在超越的程度如何，何赖你个人的主体努力。灵魂不须拯救，此岸的存在是你最大最后的价值。

李泌就是如此。他尽管可以自信、自主，可以进退自如，显得生死系乎自己智慧，但是他的最大能耐也就是如此。不论是道教，还是儒教释教，可以规定你治身、治世、治心，但并不要求也不帮助你超越自我、实现自我、高于现实、超脱政治。它们觉得能够将世、身、心治理，就是人中圣贤，绝不理睬个人的灵魂与命运。李泌不就是这样？再大的能耐也没有，再辉煌的政绩已不可能，灵魂与命运问题或许也不用考验。他能有什么百思不得其解的困惑吗？也许，他已困惑到没有困惑的境界。所以，后人之评价李泌，亦无必要去庸人自扰了。

到了什么时候，到了灵魂和命运已成为孤独个人所独自面临的终极问题，如不解决则命不立心不安的时候，人们才会感到困惑，莫大的困惑；同时，回首历史，这才会为李泌深感困惑。然而，道教做不到这点，佛教也做不到这点，儒教则对这点极力反对。宁予恺撒，不予上帝。至此，连困惑也交将出去，遗留下来的能有些什么呢？这就是历史以及历史上诸伟人的伟大遗产。

为圣世知止不殆之臣

◎李勤印

他，曾雄心勃勃地要振济天下。然而，他又不肯轻易出仕；已出仕，又轻易地抛弃了自己亲手构建的事业大厦而悄然隐退。进退之际，其心其态究竟如何？

公元 1060 年。

宋仁宗赵祯已经在位 37 年了。

嘉祐五年十一月，朝廷颁敕，命令三司度之判官直集贤院王安石与司马光一起修"起居注"。古来惯例，修起居之官，向来选择才品优长的文臣兼任。王安石与司马光都是有宋一代的硕儒圣手，同修起居，侍从天子，既能充分施展他们的文学才华，为宋代历史增添异彩，又能就此图个日后通达。此敕可谓得人了。然而，司马光五辞而后受命，王安石则始终推辞。阁门吏无法，亲自捧着敕令来到三司衙门，王安石竟然躲避到厕所里面，阁门吏只好把敕令置于案头，悻悻地离去。谁成想，王安石随即派人把敕令送了回来。他，为什么拒不受命？

前此数年，他曾经辞试馆职，辞集贤校理，辞提点江东刑狱，辞度支判官，辞呈一上再上，甚至求请大贤欧阳修为其斡旋，求请当朝收回成命。据他所云，其中因缘不外乎以下两点：一是家族多事，难住京师。二是自视其材不足以任剧，且昏眩多病，体力难支。他一再宣称，"察臣本意，止是营私"。初时，安石祖母年老，先君未葬，弟妹当嫁，家贫口众，确实难以常留京师。后来，祖母二兄一嫂，相继丧亡；奉养昏嫁葬送之窘，又甚于向时。他苦于应付，乞任外官以便家事。这也合情合理。仁宗嘉祐年间，沉重的家累早已解脱以后，王安石为什么还左辞右辞，就是不肯到朝内来做官呢？

多年以后，他拜相变法，朝臣吕诲弹劾他，说是"先帝临朝，则有山林独往之思；陛下即位，乃有金銮待从之乐。何慢于前而恭于后？见利忘义，岂其心乎？"吕诲的奏章意在挑拨王安石与神宗皇帝的关系，所以，对安石逊避辞官的本心极力歪曲，但是所谓"慢于前而恭于后"的话却给千百年以后的我们以某种启示。

我们知道，仁宗嘉祐三年，亦即王安石辞修起居注的前二年，正当他三十八岁的时候，曾经写了《上仁宗皇帝言事书》。这就是历史上有名的"万言书"。此书详细分析了北宋中期国家积贫积弱的形势，倡言法先王，立法度，变风俗，理财政等，全面而系统地提出了变法图强的方针策略。但是，这份情辞恳切的奏书并没有得到应有的回响，犹如石沉大海。王安石的辞官之举，同上书遭冷遇、心理受到重创显然有着直接的关系。固然，君命不可抗。他最后终究无可奈何地赴任了。

嘉祐六年，朝廷拜他为知制诰。他似乎又看到了一线希望，以为自己度越众人，蒙上采擢，尽节明时，已经到来，所以不再辞官，欣然受命。上任，即作《上时政疏》。此疏直言不讳地指斥当今朝廷未得贤才，一切举措皆不合法度；批评仁宗皇帝高居深拱，没有询考讲求之意，只以逸豫无为，侥幸一时为幸。他甚至列举晋梁唐三帝享国日久而终至覆亡的历史教训，反复申诫。最后，则大声疾呼说："以古准今，则天下安危治乱，尚可以有为，有为之时，莫急于今日，过今日则臣恐亦有无所及之悔矣。"这话说得不好听，倒是确凿的事实。有宋一代，除去开国皇帝宋太祖、宋太宗尚属有为之君，其子孙宋真宗、宋仁宗均为守成之主。事实证明，不图进取，即使守成也难于维持有宋百年的国运。到了他们持政的时候，国家财政早已经面临严重危机了。仁宗庆历年间，每年都入不敷出，差额在三百万缗以上。从景德到庆历，四十年间各项添加的税收竟增至三四倍。国家对内控制力量日益削弱，农民起义"一年多如一年，一火（伙）强如一火"。——山雨欲来风满楼；对外，则不能自奋于一战，与辽，与西夏，打一仗，败一仗，临了只有割地、赔款、求和，羞辱中国，羞辱祖先。

> 河北民，生近二边常苦辛。家家养子学耕织，输与官家事夷狄。今年大旱千里赤，州县仍催给河役。老小相依来就南，南人丰年自无食。悲愁白日天地昏，路旁过者无颜色。汝生不及贞观中，斗粟数钱无兵戎。

这是王安石所描绘的流民图。天灾人祸，内忧外患，堂堂大宋，百年河山，如今竟沦落到这般地步。面对这种衰颓的国势，志士、仁人，谁能不惊心，谁能不奋起！前此，朝臣如范仲淹行过"庆历新政"，没有皇帝的支持，没有众多士人的参与，昙花一现，不堪保守派之一击。李觏、苏轼等人也曾纷纷上疏论列，要求变革现状。在庆历、嘉祐年间，世之名士常患法之不变，国之不振也。然而，宋朝自祖宗以来，便以因循苟且为常习。为人君者，不仅自己不振作，而且放纵了臣下懒怠骄惰的心性。偶或之间，诸臣有特出一二者，欲重振家业，再图发举，人君又谨守家数，这也看不惯，那也瞧不上，掣胳膊掣肘。"仰畏天，俯畏人"，其意乃以为一切如常才好。宋仁宗皇帝就是这样一位安常守旧的"仁君"的典型。面对这样的人主，范仲淹、李觏等终究一事无成，甚至身遭窜逐。聪明机敏而又入世心切的王安石又能如何呢？他也只好暂时隐伏，以不出为好，或勉强出仕，而以敷衍时日，求禄养亲为上了。始而振作，奋发；继而困惑，心冷。这就是王安石当时的心理发展轨迹。

徒法不能以自行。他认命了。

他给朋友王逢原写信说："身犹属于命，天下之治，其可以不属于命乎。"命与机遇在某种场合是同义语。古之圣贤孔子、孟子始不信命，"六合之外，存而不论"。他们以仁政游说诸侯，席不暇暖，恓恓惶惶。其结果呢？孔子斥于齐，逐乎宋卫，困于陈蔡，孟子则游事齐宣王，宣王不能用，适梁，梁惠王不果其言。"迂远而阔于事情"。这就是时人对他们热心救世主张的定论。到头来，他们不也只能把这一切归咎于命运安排了吗？"不知命无以为君子"，

"道不行，乘桴浮于海"，"君子行法，以俟命而已"，这是孔孟申述过的感慨，也是王安石此时反复称述的话。的确，生当宋世，欲效先王尧舜之所为，在表面气象承平的社会局面下奢谈什么变法图强，这怎能不得毁于流俗之士，而遭到君王的冷落和白眼呢？"臣之所称，流俗之所不讲，而今之议者以谓迂阔而熟烂者也。"安石面临着与孔孟一样的处境，一样的遭际。"君不见，咫尺长门闭阿娇，人生失意无南北"，"廊庙乏材应见取，世无良匠勿相侵"，"斗粟犹惭报礼轻，敢嗟吾道独难行。脱身负米将求志，戮力乘田岂为名。高论几为衰俗废，壮怀难值故人倾"，这是咏史，这是咏松，这是寄友，这又都是作者在自我申诉，在申诉着他那不被世人理解的拳拳报国的赤子之情。

治乱有命，修身俟命。

他虚心以待，期待着一个好皇帝。

公元 1064 年。

宋英宗赵曙即位。

即位之初，检放宫女，减免乘舆服御。及其临政，臣下有奏，必问朝廷故事与古治所宜。每有裁决，皆出群臣意表。观其风仪，似乎欲有为，似乎欲循常，上天还未及让这位皇帝充分展露其个性，便以疾病夺去了他的生命。他在位四年，卒时仅三十六岁。其时安石在江宁居丧，英宗召之再三，而安石三次托病辞免。揣其心意，大略亦在于不明英宗意旨，只以不出，静观其变罢了。

公元 1068 年。

宋神宗赵顼即位。年方二十，血气方刚，志在有为。

即位之先，他和韩维一道谈论过天下大事和政治抱负。即位之初，便谓文彦博曰："养兵备边，府库不可不丰。"他甚至披上金盔银甲到后宫去拜见祖母仁宗曹后，询问这副打扮怎样。这举动貌似儿戏，可实际上并非儿戏。在这戏剧性的历史描述中，明显地凸现出神宗皇帝不甘包羞忍辱，欲刚强自立的个性特征。他痛心于国家的衰弱不振，为辽与西夏的嚣张欺人而感到羞愧难容。他要励精图治，重振国威。

宋神宗把满腔热望寄托在元老重臣身上。同宰相富弼谈论富国强兵之术，富弼说："陛下即位之始，当布德行惠，愿二十年口不言兵"，"富公一向畏事，只是要看经念佛"。韩琦、欧阳修等人曾经支持过范仲淹的"庆历新政"，此时也因地位的上升，而欲因循守成，失却了当年振奋向前的锐气。"思有所为，则方以妄作纷纭为戒；循安常理，又顾碌碌可羞。""非惟职有忧，亦自老可叹。形骸苦衰病，心志亦退懦。"这是贤者，其心其志尚且如此！

神宗皇帝又把视野转向新进的士大夫。

终于，他发现了王安石。

仁宗朝，贤者陈襄、文彦博、欧阳修等人都曾极力推荐。本朝，韩维、曾公亮也曾交口赞誉。其具人品、人望，众望所归。神宗心有所动。于是去问吴奎，奎曰："所为迂阔，万一用之，必紊纲纪。"他又请教韩琦，琦对曰："为翰林学士则有余，处辅弼之地则不可。"他又询问唐介、孙固，一言"好学而泥古"，一言"宰相自有度，安石狷狭少容"。众说纷纭，莫衷一是。神宗由是想见其人。他先授安石知江宁府，诏到，安石即起治事。既而又授翰林学士，然后让他越次入对。帝问为治所先，安石仍对以择术，法尧舜。在这以后，神宗皇帝又与安石从容议论，多次倾谈。安石又上《本朝百年无事札子》，详论有宋百年"累世因循末俗之弊"，详论"一切因任自然之理势，而精神之运有所不加"而造成的衰颓局面，再次强调"变风俗，立法度"的基本国策，同时又勉励年轻的神宗"知天助之不可常，知人事之不可怠。然则大有为之时，正在今日"。

皇帝殷殷求治，欲有所为。臣下忠贞奋发，欲助皇帝有所为。君臣遇合，兴邦立业。若诸葛之于蜀汉，景略之于苻秦，姚崇之于唐，数千年历史中的又一段佳话就此开篇。

公元 1069 年。

宋神宗任命王安石为参知政事。翌年，又任为宰相。"熙宁变法"在紧锣密鼓声中拉开了序幕。

一切规模都在先前的"万言书"中立定。而一切又都在按照既定的规模行事。

王安石首先设置了负责制定变法条款的领导机构——制置三司条例司。于是，均输、青苗、农田水利、保甲、免役、市易、保马、方田诸役相继并兴。王安石不想专权。他只想尽快摆脱积贫积弱的国运。"除弊兴利，非合众智不能尽天下之理。"他从下级官吏当中选拔了一批有志改革的人物，吕惠卿、曾布、章惇等相继参与上层机构的决策。他又鼓励朝廷内外官员，以及各色人等积极陈述。在农田水利法公布以后，"或胥、或商、或农、或以罪废者"，纷纷上书。"市易法"就是根据"草泽人"魏继宗的建议制定的。王安石的官邸成了官员、士大夫、普通民众聚会的场所。按资升迁的成例被打破了！普通民众也萌发了前所未有的政治参与意识。

据说神宗左右的伶人曾经做戏讥讽过这一前所未有的现象：一个戏子故意骑着毛驴闯上轩陛。左右止之，他竟不无得意地说："将谓有脚者尽上得。"这是一则历史的笑话，但是我们却不难从这则富有调侃意味的小说家者的记载当中，品味出了王安石变法的丰厚蕴含。在家天下、朕独断的封建时代，有这么多的下层民众寄怀国事，充分表现着他们的才与智，贡献着他们的光与热，那该是多么难得的历史新迹象啊！邦以民为本。民以国为家。我们古代的圣贤们所津津乐道的理想王国又在什么时候真正实现过呢？如果真的实现了，中国的历史又该怎样写呢？

这里，我们无意，也不可能对"熙宁变法"的每一个细枝末节都作出具体介绍，只拟就时人争议最多，关系到新法成败，关系到王安石进退之际的"青苗""免役"二法略作描述。

宋代不抑兼并，大官僚、大地主、大商人利用各种手段兼并土地，而高利贷剥削又是他们的重要手段之一。百分之一百的所谓"倍称之息"，逼迫贫苦农民卖掉田产，甚至把妻孥质于豪族。"盖人之困乏，常在新陈不接之际，兼并之家乘其急以邀倍息，而贷者常苦于不得。"为了抑制豪强兼并力量，平衡物价，帮助农人及时农事，安心畎亩，王安石根据自己早年在鄞县实施的"贷谷于民，立息以偿"的经验，又参照了李参在陕西推行的青苗钱例，遂创立"青苗法"。每年春秋耕种之前，由政府向乡人提供贷款，夏秋随二税缴纳。届时，在原额之外再缴纳百分之二十的利息。这样，被称为"富民之利"的高利贷，就在一定程度上由政府控制起来，豪强大姓不仅失去了重利盘剥的机会，而且在每年两度十五贯钱的抑配中，还要向政府交纳六贯的利息。毫无疑问，"青苗法"极大地限制了豪强兼并势力，为国库增支开辟了一条新的途径，同时又赈济了灾荒，使一般自耕农避免了贫困化。

宋代差役最主要的是衙前役。为各级官府运送物品，催纳赋税，逐捕盗贼等劳役均属此类。按照差役轻重，百姓按户等轮充，而户等高低又是按田亩、丁壮的多少而定。这样看来，官户、富户差役理应繁重，而事实上，官户免役，大商人、大地主也都役所不加，承担差役的只是一般小地主和普通民众。充作壮丁和弓手的，需自备弓箭。充作户长的，赋税催不上来，需照数赔偿。官府唯恐官物失陷，差做衙前的还必须有一定的产业作抵押。州县定役之日，吏胥携带簿书到各家各户去，不仅把田地房舍估价入册，甚至连一鸡一犬一箕一箸都计算在产值之内。定差之后，还要纳钱买通关节，以便及早得到差派。在沉重的徭役负担下，农民往往倾家荡产，田业卖尽。他们甚至不敢多种一桑，不敢多养一牛。民生凋敝，略无生机。衙前役严重戕害了农民生产的积极性。鉴于这种情况，王安石等人几经商讨修订，试行以后，遂正式推出了"免役法"。"计产定赋，募民代役。""家至户到，均平如一。""所宽优者村乡朴蠢不能自达之穷甿，所裁取者乃仕宦能致人语之豪户。""免役法"成了抑制豪强兼并，鼓励农人辛勤田事的又一重要手段。

如前所述，王安石变法的根本点是摧抑豪强、减轻农民负担和发展社会生产力，从而达到富国强兵，维系封建统治的目的。事实证明，这一目的是达到了，积贫积弱的局面改观了。前此，在和辽、西夏的关系中，宋朝经常处于被动挨打的局面。整顿军队以后，兵额减少了三四十万，但是战斗力却大大加强了。部伍整肃，兵强将精。又把全国约三分之二的兵力布置在河北、陕西等边防地区，以加强防御外敌的国防力量。这就从根本上扭转了前此"守内虚外"的形势，振奋了国威，振奋了民族精神。熙河之役，宋朝开边竟至青海与甘肃，辟地二千余里，招抚大小蕃族三十余万。王安石执政不久，即取汉唐以来沦没之旧疆，亦可谓振古之奇勋了！史载，熙宁年入五千零六十万贯，收支已经平衡。实际上，除正常开支以外，节余还有很多。据统计，单是诸路常平、免役、坊场积于州县的钱粟，就约略有数十百巨万，如果统归朝廷，可以支二十年之用。宋神宗元丰元年，将摘山、煮海、坑冶、常平、免役等利，悉归朝廷，建为三十二库。元丰五年，又增建二十库。由于农业、手工业的发展，城市贸易也日趋繁盛，物价也由此前的高涨而下降，并逐渐趋于稳定状态。米一斗价五十文至八十文，麦一斗价三四十文，绢一匹一千二三百文。濒临破产的国民经济得以复苏，人民生活日益安定，社会呈现了前此百年以来未有的繁荣景象。

这里，还是请看一下变法的策划人王安石自己的描述吧：

> 歌元丰，十日五日一雨风。麦行千里不见土，连山没云皆种黍。水秧绵绵复多稌，龙骨长干挂梁栿。鰣鱼出网蔽洲渚，荻笋肥甘胜牛乳。百钱可得酒斗许，虽非社日长闻鼓。吴儿踏歌女起舞，但道快乐无所苦。老翁堑水西南流，杨柳中间杙小舟。乘兴敧眠过白下，逢人欢笑得无愁。

以此太平兴旺景象对比前之所引流民图，其情其景，不啻天壤之别了。

> 天眷皇国盛，真儒德性高。文章追孔孟，事业过伊皋。……邦财理丰本，民力较秋毫。惠遍农无乏，输均役不骚。保兵知警守，吏禄绝贪饕。信令朝廷重，伸威塞境牢。深谋压夷狄，侵地复岷洮。万里耕桑富，中原气象豪。河淤开亿顷，海贡集千艘。……

这是时人韦骧的记载。在他眼里的王安石，德性、文章、事业集于一身。他不仅比较客观地颂扬了新法的功绩，甚至还表示希望王安石再次出任宰相呢！可以设想，王安石若果真再次出任宰相，熙宁新法若果真不被废除，宋神宗皇帝若果真不那么早地离世，那么，北宋的国势沿此继续发展下去，又该是一种什么样子呢？不幸的是，历史往往因瞬间的闪失铸就千古遗恨。

一切都在按照既定的方针行事。而一切又都没能如愿以偿。

正值变法运动轰轰烈烈全面铺开的关键时刻，王安石向神宗皇帝递交了辞呈。在这以后，他屡次称病不治事。

公元 1074 年，王安石六上《乞解机务札子》。去意已定，神宗皇帝无可奈何地解除了他的相位。

公元 1075 年。王安石再次拜相。翌年，再次辞相。临行，神宗询问朝臣中有谁能继他执政。他的回答很简略：自有贤俊。自始至终没有荐举一个人。从此，他在北宋政界销声匿迹了。他去得这么果断，其内心难道真的这么坦然宁静？要知道，他倾注了毕生心血用一砖一瓦构建起来的大厦还没有最后封顶，那激动人心、令人雀跃的最后的兴奋他还没有充分体尝。然而，他终究就这么轻易地抉择了自己的去就，抛弃了心爱的事业。

掩卷冥思，我们在深长的历史叹息声中约略把握着他那震颤着的无可奈何的心音。

难啊！有谁能料到北宋一个极欲有为的大臣的难处呢？

还在神宗皇帝即位之初，王安石就遭到唐介等守旧朝臣的一致反对。所谓"议论迂阔"、"博学而泥古"等论调充斥朝野。等他接任参知政事，执政尚不及半年，新法尚未草创完就，御史中丞吕诲就先后两次上疏，弹劾他十大罪状。指责他在前朝累诏不起，指责他见利忘义，好名欲进，指责他事无大小，皆与同列异议。断言他罔上欺下，必误苍生。这两份奏章被朝论誉为先见，吕诲本人也被视为抗言敢谏的直臣。观宋人之意，安石既具人品才性，只要不出，或出而循常，不务改作，便一好百好，交口赞誉。若挺身任事，欲有所为，便交口毁之，虽百好而略无遗一。甚至捕风捉影，捏造罪名，务必把安石搞臭轰下台方才甘心。枪打出头鸟。宋代社会的习俗、心理竟是这样的颓靡败坏。

对此，王安石早就预料到了。他有迎战的勇气和胆识。

改革的各项条款陆续出台。朝议哗然。

太后的哭诉。

元老大臣纷纷辞职。

保守官僚司马光是这样反对"青苗法"的：

> 夫民之所以有贫富者，由其材性愚智不同。富者智识差长，忧深思远，宁劳筋苦骨，恶衣菲食，终不肯取债于人，故其家常有赢余而不至狼狈。贫者歭窳偷生，不为远虑，一醉日富，无复赢余，急则取债于人，积不能偿，至于鬻妻卖子，冻馁填沟壑而不知自悔也。是以富者常借贷贫民以自饶，而贫者常借贷富民以自存，虽苦乐不均，然犹彼此相资以保其生也。

按照司马光的逻辑，贫者向富者借贷，正是民间相互赈济的举动。不惟不能抑制豪强大族放债的行为，而且应该加以鼓励和褒扬。他们的财富积累，一则在智商高，二则在勤恳，三则在节俭。贫人之所以贫，一则在智商低，二则在偷怠，三则在奢靡。

苏轼兄弟是这样反对免役法的：

他们认为差役由普通农众承担是天经地义的事情，这就好像"官吏之不可不用士人"，好像"食之必用五谷，衣之必用桑麻"。对于"免役法"的摧抑豪强，他们认为"城郭人户虽号兼并，然而缓急之际郡县所赖，饥馑之岁将劝之分以助民，盗贼之岁将借其力以捍敌，故财之在城郭者与在官府无异也。"

按照苏轼兄弟的逻辑，豪强大户的财产即是国家财产的一部分。我们若循此逆推，既然财之在城郭者与在官府无异，那么眼下国家积贫积弱，从城郭人户的腰包里掏几贯钱支持官府，为什么就喊冤鸣不平呢？很显然，苏轼兄弟与司马光一样都是一屁股坐在了豪强大地主的板凳上。

朝中大臣如此，地方办事官员也起而呼应。

东明县事贾蕃在老臣文彦博的授意下，故意抬高户等，以减少免纳役钱的人户，结果激起下等户农民的不满。东明县民一千多人聚集在一起，进了汴京城，包围了王安石的住宅。

事发之后，御史台交章弹劾论列。免役法竟有五不可行和十大弊害。

王安石所面临的绝不仅仅是政治经济的软弱凋敝。他所面对的是来自朝野上下的人为的阻碍和沉积百年之久的因循苟且的陋习。

这里，还有两条生动的材料，使我们有幸观照到熙宁变法时候一般士人的心态：

某次，神宗皇帝召见苏轼。苏轼竟然这样劝导神宗："国家之所以存亡者，在道德之浅深，不在乎强与弱；历数之所以长短者，在风俗之厚薄，不在乎富与贫。臣愿陛下务崇道德而厚风俗，不愿陛下急于有功而贪富强。"

大臣韩琦曾经写给神宗一份奏章，弹劾王安石。他认为变法加强了边防，设置鹿寨，增置重兵等等，一定会引起辽与西夏的疑心，从而引来战争。为了避免战祸，最好的办法就是把一切防御设施撤除。这就是所谓：致敌疑者有七，皆宜罢之，以释其疑。

迂腐陈旧的道德观念就是这样弥漫在宋代那些有智识的先哲们的脑海里！

因循怯懦的社会习性就是这样渗透在宋代那些顾命大臣们的血液里！

难啊！为政之难，莫难于以一人之力战天下之人。"一年三百六十日，风刀霜剑严相逼。"这其中的辛酸苦辣又有谁能代安石体尝呢?

没有人能代安石体尝。他甚至都不能从朋友亲眷那里得到理解、同情和支持。他在辞相的时候,曾经致书同僚王禹玉,里面谈到这样一种情况:"自念行不足以悦众,而怨怒实积于亲贵之尤。智不足以知人,而险诐常出于交游之厚。"赋闲家居以后,又曾谓其侄曰:"吾昔好交游甚多,皆以国事相绝。"的确,以安石之人品、德量、才学,与他交结的朋友当然有很多。司马光与他平素相善,二人为着新法书信往还,反复辩论,竟至于三书而后绝。司马光在信中这样描绘执行不到一年的新法:

> 今介甫为政,尽变更祖宗旧法,先者后之,上者下之,右者左之,成者毁之,弃者取之,矻矻焉穷日力继之以夜而不得息;使上自朝廷,下及田野,内起京师,外周四海,士、吏、兵、农、工、商、僧、道,无一人得袭故而守常者,纷纷扰扰,莫安其居。

司马光若果真忠于国事,若果真是安石的密友,那么,他就应当从当时的客观实际出发,恰如其分、平心静气地摆明自己的观点,而他却耍了这种辞赋家惯用的伎俩来夸大其辞。王安石理直气壮地驳斥了他。但是老朋友的前后三封信带给他心理上的重创又该有多么重呢?

没有人去估量,也许根本就无法估量。

据《涑水纪闻》的说法,安石的弟弟安国看到天下汹汹,不乐新法,曾经力劝其兄莫行。安石不听,安国遂哭于影堂曰:"吾家灭门矣!"此条记载虽出于笔记丛谈,依当时情势考察,当也真实可信。若是这样,安石的内心又该作如何想呢?

亲友的不能谅解也就罢了,最令人难堪、痛心的是变法派内部,那些曾经志同道合而终究分道扬镳的人。吕惠卿是欧阳修推荐给朝廷的。据说其人才识明敏,文艺优通,是端雅之士。新法伊始,安石遂委以重任,改革的许多条款便出自他的笔下。然而在安石初次罢相的数月之间,他竟创厉民的"手实法""鬻祠法",违背了安石变法的本意。此犹可视为学识不足,可以原宥。但我们若仔细揣味二人的来往书函,又隐隐觉得二人似有很深的私怨。安石所谓"昔之在我者,诚无细故之可疑,则今之在公者,尚何旧恶之足念?"

在变法派的核心人物之间有着严重的裂痕。

"笑骂从汝，好官须我为之。"这是初次投身到变法队伍当中的邓绾的自白。这些投身变法洪流的形形色色的士大夫们究竟怀着什么心理？渴望好官？渴望经济实惠？渴望名望？不少人自私的欲火，或明或暗，或疾或徐地滋长着，蔓延着。

王安石是君子之人。他要只身迎击来自上下左右的反对派的猛烈炮火，还要分心劳神地去劝谕、引导，甚至提防身边这些人吗？

难啊！为政之难，难在知音寂寥，人心叵测。

对于宋神宗与王安石的遇合，后世不少史家啧啧称道。应该承认，在许多情况下，他们君臣间的配合是相当默契的。变法条款的陆续出台，皆经君臣讨论，有所争辩，神宗"辄改容为之欣纳"，"一切屈己听之"。神宗多次提到"自古君臣如卿与朕相知极少，卿于朕，岂他人能间！"他也曾劝谕其他执政大臣与安石通力合作，协心施为。正是神宗皇帝的知遇与看重，王安石才起而兴作，毅然决然地担当起了挽狂澜于既倒的艰难大业。

但是，神宗皇帝毕竟是封建地主阶级的总代表。他本身又具有两面性。一方面，他看到了有宋积贫积弱的国势，以及由豪强兼并势力给封建专制带来的危害，因此，为王安石摧抑豪强的举动擂鼓助威，不断高喊"此豪强所以宜摧"，"多取之不妨"；另一方面，他又动摇犹豫，不断打着退堂鼓，特别是在政治经济局面日益改观，豪强兼并势力及其政界代表反扑凶猛的时候。"民合而言之则圣，亦不可不畏"，"仰畏天，俯畏人"。神宗皇帝的血脉里仍然承继着他父祖的原因子。

王安石曾满怀感慨地评述神宗皇帝说："只从得五分时也得也。"他描绘神宗的作为说："天下事如煮羹，下一把火，又随下一杓水，即羹何由有熟时也。"

我们若拿王安石早年所写的"万言书"与执政后的行事细加考校，就会发现神宗皇帝与王安石在许多问题上都是有分歧的。君臣遇合，只是就其一般形态来讲，其实也多有貌合神离、互相悖谬的地方。

这里，我们只能罗举一二，概略述之：

王安石欲缓图，且以讲学变风俗为当务之急。在安石，则欲一道德，明是非，变观念，为日后的变法创造良好的环境氛围；而神宗皇帝却欲急就，且以汲汲理财为先。在神宗，则年轻气盛，急功近利，以图早日摆脱困窘局面。王安石欲神宗乾纲独断，任贤勿贰，去邪勿疑，在必要的时候采用强硬手段以压制反对派的嚣张气焰；而神宗皇帝却总希望安石能安心助治，勿生疑虑。王安石一再告诫神宗要"精于用志"，"明于见理"，要辨奸邪，远佞人，而神宗又总是态度暧昧，是非不清，一味地和稀泥。对此，清代杨希闵有一段精妙的评论：

> 宋自仁宗四十年恬熙，过于宽慈，养成廷臣一种党同伐异之见。为君上者，几如慈母在堂，众子谨咙，略难约束，只好一味和事而已。神宗虽略英毅，然积习相沿，竟为牵绊，可叹可哀。荆公要神宗乾纲独断，下令如流水之原，乃有把握，乃好商量，又不便导君如雷如霆，启蛰振靡，此所以言有不能尽，力有不能申也。稍一波流，立脚不住，执拗之名，已独尸之。

面对是非颠倒、朝纲不振的衰败世俗，面对支持不力、左右摇动的人君，安石纵有天大的勇气和胆略，又怎能安于职守呢？大道难行，那么也就只有求请罢去这一条路可走了。

王安石本来是个积极用世的热血汉子。他曾作《咏史》诗数首，盛赞商鞅的"能令政必行"和范雎的"相秦倾九州"，对张良的从容俯仰以成汉业，对曹参的能召长老问所以安集百姓，对韩信的北面师事广武君，均表示了极大的艳羡。对汉代贾谊的怀才不遇，他也有自己的看法。他认为汉文帝曾采纳过贾谊更改律令、让诸侯就国的建议，贾并非遭受冷落。臣与君，言不听，计不从，那才是真正的失意，并不在于给予爵位的高与低。这些诗都充分展露了王安石用世心切，同时又蔑视富贵，而以实现自己的人生理想为终极目标的博大襟怀。

据说王安石在求请罢相之先，尝就教于课命老僧化成，化成曰："相公得意浓时正好休。要去，在相公，不在上。""得意浓"吗？确实，自己平昔所学，自己的规模设计，年轻的神宗皇帝基本上都采纳了，国家衰颓的局面已经大大改观了。吾愿行，吾道毕。扪心自问，人生已经略无遗憾了。久居相位。贪恋富贵，既非本愿，更何况众怨总至，年纪老迈，若不及时隐退，岂不终究要累国累身吗？欲及罪戾未积，得优游里间。"既得长为圣世知止不殆之臣，亦获遂其平日富贵浮云之思。"于国于己，岂不两便？"周公兄弟相杀戮，李斯父子夷三族。""可怜世上风波恶，最有仁贤不敢行。"他饱读书史，前贤的悲惨下场历历在目，对此，他感到怵心和惶恐。"人间投老事纷纷，才薄何能强致君。""惯作野人多野兴，欲为时用少时材。"他历经宦海，深知一人之力的渺小可怜。试手补天，无奈才薄力怯者何！"东陵岂是无能者，独傍青门手种瓜。""无人语与刘玄德，问舍求田意最高。"

王安石终于坦然地选择了人生的最后归宿。

公元 1076 年。

金陵钟山山麓。万籁俱寂。

已是苍髯白发的王安石葛衣粗服，神态潇洒。一驴代足。或憩松石之旁，或息田野之家，或入山寺小歇。天际浮云微掠。路旁秋风萧飒。

人性复归自然。

公元 1085 年。

宋神宗病亡。他自二十岁登基，死时年仅三十八岁。继承皇位的是他的不满十岁的儿子——宋哲宗赵煦。

改元元祐。高太后垂帘听政。司马光任宰相。新法全部废除。限期五日。唯独知开封府蔡京如期而办。他曾是王安石变法的积极参与者。

公元 1086 年。王安石辞世。

公元 1127 年。

金朝的军队围困了汴京城。宋徽宗、宋钦宗率百官出降。

北宋灭亡。

耶
律
楚
材

湛然居士与治天下匠

◎李向平

政治上的参与，往往在动机与结果、手段与目的方面存在着难以消弭的矛盾。治世之道不会与善良的治心意愿互相吻合，而治心之法却能为治世手段涂抹上诱人的色彩。

作为佛教信徒，很少有人能够在政治事业上留下自己的英名。被称为高僧大德的，亦不过因其佛教发展史上的地位而得名。从这方面来说，金、元之际的湛然居士耶律楚材，应该算得上是非常幸运的了。

耶律楚材作为佛门居士，在明人编修的官方史书《元史》中，不入《释老传》，却被列入《列传》，对其曾为佛教信徒之事只字不提。后人对他的评价也异常的漂亮和崇高。称赞他功德无惭于先圣，柱石名教，纲纪人伦；歌颂他立三教而废邪伪，丰功伟烈，衣被天下。

然而，也就是在这并非十分遥远的历史中，却存在着历史的不真实。官方正史文籍不喜欢一个佛教徒在中国古代政治史上留下光彩的痕迹；同时，后世儒生的溢美赞辞，也湮没了耶律楚材本人在身不由己的政治生涯中的人生理想及其情感心态。名教可续，纲纪可正，功勋甚矣。可是，作为湛然居士的耶律楚材，他原本由衷的人生旨趣和喜佛的天性，却在《元史》本传中销声匿迹。作为政治家，在某种程度上论，耶律楚材是成功的；但作为佛教徒，湛然居士则是终生抱憾，无可奈何。这种意绪，这种心态，一直伴随着耶律楚材的政治生涯。仔细体味后人为他编辑的《湛然居士文集》，历史中的真实与不真实及知识分子参政后的惆怅与失落，豁然于今人心中。

耶律楚材字晋卿，生于金章宗明昌元年（1190），死于蒙古乃马真后三年（1244），享年五十五岁。他出身于一个汉化的契丹贵族家庭，为辽东丹王突欲的八世孙，尚书右丞耶律履的儿子。楚材三岁丧父，由其母杨氏抚养长大。自小博览群书，尤通经史。十七岁时试进士科，对答如流，成绩独优。二十四岁，金章宗授予他同知的官职。次年，蒙古大军南下，围攻燕京，楚材奉命留守，官为左右司员外郎。

耶律楚材和他父亲一样，虽出身于汉化的契丹贵族，却是因其广博出众的学识而进入仕途参与政治的。从他博览经书至考试及第为仕，直到以左右司员外郎一官留守被蒙古大军围困的燕京时，楚材的道路也就是古代中国儒生学而优则仕的传统道路，无奇异可言。虽然他在童年、青年时代，曾一再目睹连年战争所带来的社会灾难，并由此影响了他政治抱负的形成，但此时的楚材，可以说是聪慧过人，仕途顺利，功名唾手可得。

历史上的伟人往往得益于历史的偶然。耶律楚材在蒙古大军围困燕京的危急时刻，皈依了佛门，拜名僧万松老人为师，开始寻求心灵、精神上的最后依托。也许，作为一位参政的知识分子，楚材已感觉到人生的无常。他由此杜绝了与他人的交往，摈斥了一切事务，专心思道以致废寝忘食，时达三年。二十七岁，万松老人面授显诀于耶律楚材。从此，楚材集知识分子、政治家、佛教信徒于一身。在耶律楚材的政治生涯中，往往会体现传统儒生的思想风格，而且，也会体现出传统儒生少有的佛教徒气质。

蒙古大军的铁蹄终于跨入了燕京城的大门。燕京落在了蒙古人的手里。蒙古太祖成吉思汗风闻耶律楚材大名，便下诏召见。成吉思汗十分器重楚材，命他跟随于左右，以备咨询。其后，楚材跟随成吉思汗西征，匆忙于四处征战的戎马生涯之中。

这时候的耶律楚材，以其博学而克尽职守，天象、历学、占卜，皆得蒙古太祖成吉思汗的赏识。成吉思汗每在率军出征之时，总要楚材预卜吉凶，自己也同样烧羊髀骨来彼此应验。据传说，一次，长星出现在天空西方，成吉思汗问楚材，此类天象有何预兆。楚材认为，女真国主当有灾难。果然，金朝皇帝第二年就死去。又一次，在西征途中，成吉思汗的侍卫看见一兽鹿形马尾，独角色绿，能像人一样说话，能对人说："大汗啊，你应该尽早回去。"成吉思汗大惑不解，问楚材。楚材答道："这野兽名称角端，一日可行一万八千里，能听懂四夷语言，善生恶杀。这是苍天在上派遣它下来告诉陛下，希望您愿承天心，宥恕该地众生性命，班师回朝。实在是大汗无限福运！"成吉思汗言听计从，当天就下诏班师。

人们尽可以去怀疑这些神异传说的真实性、可靠性，但从中也可以发现这样一些事实：成吉思汗手下的耶律楚材，此时是仕途如意并可以一展其政治抱负的；成吉思汗的铁骑可以摧枯拉朽般地开拓疆土，但如何统治、治理那些刚被征服的臣民，则不得不依赖并信服这位已汉化的契丹族知识分子。

毛泽东的诗句："一代天骄，成吉思汗，只识弯弓射大雕。"是对蒙古铁骑征服各民族地区的深刻而绝妙的描绘。耶律楚材正是深刻认识到，仅凭一介武夫之勇岂能治理天下；正是因为成吉思汗只识弯弓射大雕，才使自己有了施展才能的机会，于是欣然投靠，暂且按下自己内心深处的好佛求道的初衷。

当时，成吉思汗的幕下也曾有人对耶律楚材的言行诧异不解，以为本朝尚武好战，征伐为本，楚材却希冀以学识文才获取大汗陛下的重用，这不是南辕而北辙吗？耶律楚材却颇为自信地说道："制造弓箭须要能工巧匠，难道治理天下就不需要治天下匠吗？"成吉思汗听到此话后，以为楚材之语正与其吞并天下的夙愿相合，大喜过望，更加信任耶律楚材。

耶律楚材从此以"治天下匠"自居，并饮誉天下。可是，这只是表现了他欲以儒学来治国平天下的政治情怀。也就在这喧嚣骚乱、动荡不居的倥偬岁月中，楚材梦中回到了他师傅万松禅师的面前，怅然命笔，写下了《西域寄中州禅老》和《蒲华城梦万松老人》两首诗，聊以寄怀。

楚材为自己悟道未精就过早地离开了导师万松和尚而抱恨不已。虽然这种分离是由他投靠蒙古太祖的麾下所促成，但在心灵的最后依托上不免油然而生乳慕之念。他已感到自己深深地沉陷在世俗尘嚣里，或许是被绑在历史的战车上而难以自解了。他想去索解这人生苦愁的谜底，却又在百思之后频添烦恼，不知愁底更添愁。他虽是重权在握，随军征伐，自居为治天下匠，但思念恩师，顾及孤独的心灵却那么凄清寒远。惆怅天涯沦落客，临风不是忆鲈鱼。对他来说，鹏程万里，高官厚禄已是题中应有之义，但他却在期待，有那么一天，撇下尘嚣归去好，只向云川结小庵。

历史毕竟是历史。它似铁一般的无情。个人意志可以领略、感受、体味它，终究不能改变它。在它面前，耶律楚材尽管有着他自己的体会和感受，但他也希望自己的远大志向能够成为历史的一部分，或者是能幸运地汇融于历史之中，永载史册，供后人传习或咏叹。不然，他就不会在燕京失守之后，在他已皈依佛门为弟子之后，投靠成吉思汗左右了。

这也是历史，无情的铁的历史。倘若是对一代天骄成吉思汗有着崇高的评价，从而顺理成章地认为耶律楚材的投靠之举是玉珠明投的话，那么，其中就很有些成者王败者寇的历史局囿了。假使对于成吉思汗的评价没有如今这样美好高尚的话，楚材作为湛然居士，是很难在古代中国史上留下自己名字的。

楚材的父亲谥为文献公，精通术数，特别是精于《太玄》。他六十岁得子楚材，视为家中千里驹，预测来日必成伟人，同时将为他国所重用。于是，文献公因《春秋》左氏传中"楚虽有材，晋实用之"一语，为他的宝贝儿子命名。相信命运的人，可以认为，耶律楚材的政治生涯正好为其父亲的预算所言中，其实，毋宁说，他后来的人生选择也自觉不自觉地为其所规定。

耶律楚材确实具有能成伟器之相：身高八尺，髯长而美。所以，成吉思汗称他为"吾图撒合里"而不呼其名。"吾图撒合里"意为长髯人。耶律楚材通于经史，学优而仕，这并不违背他作为知识分子的意向。正如他诗中所记叙的那样："经书兴我志，功业逼人忙。"他的政治抱负、治世才能，有很大一部分源于他所通悉的儒学经史。所以，像中国古代许多学有所成的知识分子那样，其抱负无疑是治国平天下，别无他路异径。为此，耶律楚材就自觉不自觉地迈入紫禁宫墙，入仕为政了。

诚然，楚材在个人情趣上有眠云卧月归隐林泉的心灵依赖；在他成为佛门俗家弟子之后尤是如此；可是，就在他闲适自逸的同时，则是忧国心情常悄悄。由于他自信为治天下匠，又是满腹经纶学富五车，盛赞"巍然周礼乐、盛矣汉文章"的中华汉民族文化，所以他又担心有识之士皆卧东山不出，谁来治理当今世界。特别是当他看到蒙古铁骑对中原、西域各地的征服将成事实之后，更萌生了"谁知板荡中原后，潇洒河东有若人"的道德忧患意识。

从他失守燕京、皈依佛道而后成为成吉思汗幕僚，直到他自信为治天下匠，承担起"扶持天下敢为先""仁义且图扶孔孟"的历史使命，可以说，知识分子的社会良心、持道自居、舍我其谁的儒生传统在发挥着良好的效应，这也是他在战乱之中易主为臣且受器重的时候所应该产生的心灵情怀，是一种自我的持重与平衡。

频仍的战乱和广袤的征服，使楚材意识到自己的道德、政治使命。按蒙古旧制，大军所到之处如遇抵抗反击，在占领该地之后立即进行屠城式的杀戮。蒙古人的军事征服虽获天下，社会秩序都是极不稳定，号令律法也难以迅速制定和发挥作用。蒙古军的官吏首领掌握生杀予夺之权，被征服者常有全家被戮，襁褓不遗者。加以自成吉思汗西征之后，无暇治理中原地区，各层官吏多横征暴敛，中饱私囊，而官府仓廪库室则无斗粟尺帛。于是，大臣别迭等人建议："汉人无补于国，可悉空其人以为牧地"，以弥补多年来大规模军事征服所形成出现的经济匮乏。

现实极为严峻。在中原地区汉民族文化经济面临军事毁灭之厄运的关键时刻，耶律楚材的入世治天下的志向却得到了最为美好的呈现。原先，随蒙古太祖西征，他视为将安亿万众生的使命，即使是作为扈从随侍左右，也是书剑犹随身，以冀在一旦飞黄腾达时，献策划谋用智慧。现在，目睹战乱所带来的破坏，随征服而至的大肆杀戮，楚材大有铁肩担道义的贤士之风，他要"引君当正道，陈事上封章"。所以，他敢于驳正大臣别迭等人的建议，以为掠地杀戮作为牧地的设想实属下策，他认为："天下如此广大，四海宝藏如此丰饶，何求而不得，怎么能说是无用哩！"并奏议实行税制，征收地税商税及酒醋盐铁山泽之利，又奏立各地十路课税所，设使副二员，皆以儒者为之。蒙古统治中从而有了最初的税制税法。

成吉思汗晚年，屡屡声称，楚材是天赐我家之宝，治国大政应当悉心委托给他。成吉思汗死后，窝阔台继承大汗位，是为蒙古太宗。太宗悉遵先帝之命，推心置腹任用楚材。太宗大宴诸王贵臣时，亲自端着酒杯赐酒给楚材，说："没有爱卿的智慧，我怎么能够高枕无忧！"

耶律楚材看出了蒙古军事征服的不足之处，深刻地指出："天下虽得之马上，不可以马上治。"为此，当蒙古太宗窝阔台将即大汗位的时候，楚材为太宗策立朝廷仪制，告亲王察合台说："亲王虽然是兄弟，但地位是臣子，按宫廷礼仪应当下拜大汗。"亲王听取了楚材的意见。太宗即位时，亲王率皇族及臣僚拜于太宗帐下。元朝君臣之礼仪制度由此开始。同时，楚材时时向太宗进说周孔之教，一再强调军事征服之后礼义教化的重要性。而且，从全国各路税所起用儒生为官时，元帝国的统治也在楚材的政治主张下而信用文臣，补正了长期以来专任武人的政治弊病。接着，蒙古太宗就陆陆续续采用了·系列由楚材制定或建议的政治、经济措施，稳定秩序，安顿民生，意义深远。

值得指出的是，耶律楚材在承担自己所意识到的道德、政治使命后，他并没有希望自己使命和理想的实现，即成就一个普济众生的极乐佛国。恰恰与他所信奉的佛道相反，他希望看到的，乃是孔孟仁政的美好实现，是尧舜圣德泽惠天下的教化新貌。在对待儒、佛冲突方面，楚材不是出于信仰者、践道者的襟怀，而是一位颇有手段的政治家的眼光和策略。他以为"三教根源本自同，愚人迷执强西东"。所以，儒家道义的承担者以及佛教理论的信奉者，彼此毫无反唇相讥的必要，在他看来，所谓治世治心，无非是说法不一但又殊途同归的主张。

耶律楚材自以治天下匠居之，同时就把治世治心一并作为了治理天下的两大内容。这也就是说，楚材治世的政治使命同时也是他治心的道德使命。可以说，这就是楚材失守燕京后不以身殉职，既皈依佛门却又不脱俗缘、愿意易主为臣的深层文化心理。原为通悉经史的知识分子，治国平天下自然是当仁不让；既为湛然居士欣然奉佛，那么，心灵解脱也是人生一大理解。怎么办？楚材折中处理了，以为自己的努力可以把治世与治心结合起来，在治天下的过程中体现出道德与政治的双重性的美好目的。作出了这样的选择，心怀深处意绪茫茫，即使惆怅入梦，他依然有着自信。

这有点儿类似西欧中世纪初叶的历史情形。少数民族自北方南侵，西罗马帝国崩溃瓦解，在少数民族的统治下文明几乎倒退了几个世纪。值得庆幸的是，一大批信奉基督教的信徒，凛然保持着自己的信仰，护卫着自己因信仰坚定而纯洁得多的灵魂。他们构成了一个能够超脱于一切征服、战争、混乱的文化精神秩序，保存了一个可以在心灵上征服征服者的文化价值体系，成为西方后世文化精神发展的深刻底蕴。

耶律楚材之所以在后人挑剔的目光中备受青睐。并不是因为他在临济、云门禅道上的造诣，而是因为他在一个天子威风扫地、纲纪人伦瓦解的战乱时代中，能够振兴儒教，进用士人儒生，以补救偏任武夫及色目种人之弊。以耶律楚材的命世之智，正值王运之兴，正好是已经延续了上千年历史的中国儒学价值秩序的重建。所以，他的努力保持了一个可以开启后朝各代以儒学教化天下的人伦纲纪，后世儒生因此对楚材有"屹然如砥柱之在中流，用能道济生灵，视千古为无愧者"的赞美之辞。

耶律楚材治天下的政治主张，集中表现在他上奏于蒙古太宗的《陈时务十策》里，细分为信赏罚、正名分、给俸禄、封功臣、考殿最、定物力、汰工匠、务农桑、定土贡、置水运十大方面。但我以为楚材的最终目的恐怕还是在其儒臣的事业上。在给太宗的奏章里，楚材认为："制器者必用良工，守成者必用儒臣。儒臣之事业，非积数十年殆未易成也。"太宗首肯之后，便以经义、词赋、论分为三科，考选士人。许多被俘为奴的儒生也可以前往就试，于是免为奴者四分之一，得用士人四千余人。又派遣属下入城求询孔子后裔，寻得孔子五十一代孙孔元措，上奏袭封为衍圣公。这不正好说明了楚材作为名教柱石的作用和地位么？这不正好说明湛然居士无愧于先圣、挽狂澜于既倒的独运匠心么？

元朝的儒学可以振兴于不坠，不得不归功于耶律楚材这个佛教徒的许多良苦用心。通过他的再三进说与劝谏，蒙古统治者也渐渐明白了三纲五常的教化之理，有国有家者莫不由之，犹如苍天之有日月星辰那样。它们作为万世常行之道，怎么能够就废灭在我所统治的蒙古帝国里呢？当然，这一政治态度，也可说是元朝能够抚定中原统治中华的一大文化基础。正因为如此，这个以治天下匠自居的佛教徒，把道德使命与政治使命合二为一了。

然而，这又与西欧中世纪初期的历史情形彼此相异。耶律楚材所悉力拯救的儒学及其价值秩序，不同于西欧中世纪初期那信仰上帝的文化价值秩序，它并非导引人们神往天国否弃现世，而是注重现实社会纲纪人伦的复兴和重建，主张入世教化圣贤政治，希望在尧舜周孔般的道德政治中获取心灵精神上的充实和安慰，并且在个人的辛勤努力中有可能把自己培养成为一个道德圣贤，理想上达到勖世超秦汉、规模迈帝王的高度和境界。所以，耶律楚材和被他所重新扶建的儒学价值秩序，被历史制约着必欲与王朝政治结合、默契，才有可能使某些设想成为现实——尽管是被改造过的现实也是如此。正因为这样，耶律楚材一方面主张儒、释合流，同时也没有因为以儒为仕而深感弃悖了佛道的心灵痛苦；另一方面则在具体复杂的政治生涯中，感到了一种喧喧嚣嚣、纷纷扰扰尽觉非的百无聊赖与无所寄托。他虽然总是自居为治天下匠，但对于以儒治天下还是以佛治天下，以治世为主还是以治心为主这一关键问题，楚材是至死不明，徒然留下许多傲世却又自逸的诗篇。洋洋洒洒，萦萦绕绕，别是一番滋味在心头。

后代学人评价湛然居士所为，大都以为他迹释而心儒，名释而实儒，言释而行儒，术释而治儒。王国维说得更具体，认为他于禅学所得最深，但是用来辅佐蒙古人安治天下的则为儒术。他对儒生则主张以儒治国，以佛治心；虽洞达佛理，性格却实与儒家近似。他毅然以天下生民为己任，在中国古代学佛信道的士大夫中，是绝没有这种气象的。不过，正统的儒门弟子则又认为耶律楚材对于孔学六艺之学实在是肤浅粗糙，真有造诣者只是在禅宗棒喝悟真方面。这真是极大极妙的疑惑：肤浅粗糙的儒学理论，难道可以作为湛然居士治理天下的根据吗？仅有临济、云门禅学顿悟棒喝之造诣的耶律楚材，难道也可以作为后人评价他为名教柱石、儒学栋梁的光辉事迹吗？

表面上看来，耶律楚材本人似乎很明白儒佛以及治世与治心的关系。他以为，圣人为政，目的是设教立化，虽然手段、途径相异，但总是会归乎其极，莫不得中的。孔子、老子与释迦牟尼三圣教义的本质相同不异，而天下罪恶却是如出一辙的。善与不善，终有所归。那么，在儒门之中喜爱佛道者为数不少，但虔诚信仰的却是凤毛麟角。或信其理而弃其事，或信经纶而诬其神异，或信其理事而破其因果，或鄙其诵经，或讥其筑寺……总之，信而不诚，难以知晓学至于佛则无可学者，乃知佛即圣人，圣人非佛。所以，楚材感觉到，对于佛道的至诚信仰，同样也可以臻至圣人境界，然后再求圣人设教垂化的理义与途径。

湛然居士的师傅万松禅师，本来就是宗说精通，儒释兼备的，并喻及楚材有以儒治国、以佛治心的警语。后耶律楚材以儒入仕为官后，唯恐得罪自己的精神导师及佛门同道，作有《寄万松老人书》以自我辩护。他在书中说道，比较儒佛二道来说，儒道仅能治天下，不足以治心，所以，无疑是佛道的余渣而已。假如说欲治其国先正其心，心不正则国家不可能获治的话，那么，治天下之道当为治心之道所兼有。因此，楚材申辩他并没有屈释扬儒以治天下，某些弘扬、扶植儒教的做法不过是偶尔暂行的办法罢了。

这里，耶律楚材实在是进退两难，手足无措。抑释扬儒或扬释抑儒，都有可能祸及他在蒙古帝国中的政治地位，都有可能被骂为是叛道忘本。虽然人们大都评价他是名义上为佛徒，实际上是儒臣，但是，他主张三教同源，认为治理国家天下的最好目标，就是人人均受尧舜圣人的恩泽，人心达到至善的境界，这就说明他确实是把治心之道视为治世理天下的目的来对待的。然而，这一目的，楚材没有也不可能实现。

治世平天下的政治使命，耶律楚材可以说是完成了一部分。他的政治措施和经济政策部分得到了太祖、太宗的首肯和采纳。可是，耶律楚材所完成的这些政治使命中并没能包括他所期望的道德治心目的，或者说，不能完全包括、容纳进去；甚至是存在着一定程度上的矛盾和冲突。政治终究是政治。在传统儒家看来，治心并非治世的终极目的或最后境界，在治心与治世两者之间发生矛盾的时候，与其说是保证治心的道德目的的完美与实现，毋宁说是牺牲道德目的而屈从于治世治国的政治意图。所以，在我看来，耶律楚材的《寄万松老人书》并不是像王国维说的那样，仅仅是向佛门同道作一交代的托词遁语，而正好是他融政治、道德使命为一目标的内心意志的流露。作为学优而仕的传统知识分子，其终极考虑大都是道德人伦方面的东西，政治关怀始终是被期望甚至是幻想为达到某一道德境界目的的手段与途径，于是才乐此不疲孜孜以求，全身心地投入和贡献，九死一生在所不惜。耶律楚材自然超脱不出这个历史与时代所设定的范围和局限。

作为佛教信徒，楚材自然会把心灵上的寄托、依赖视为人生要务；位居蒙古帝国中的一个官职，他不得卧居林泉应诏而仕，为治天下自然而然地必定以儒治国。虽然他一再主张儒、释、道三教同源合流，但在他孜孜于儒臣之事业的政治努力中，楚材的确是如同一儒生官僚，振兴儒学，续绝存亡，释、道二教似在下流。然而，伴随着他终生政治生涯及振兴儒学的全过程的，却是他对人生短暂、事业无常、名利如烟、心无所寄的无限感慨，其惆怅、其苍茫、其凄清、其高远，正是他治心的道德意愿不得依附于治天下过程有所体现后的意绪和情感。从其深层的文化心态、文化信仰来看，楚材作为佛教徒的初衷，始终没有迁移和改变，只是有所压抑而通过诗文宣泄出来；从其以治世之道乃为治心之道所兼有的宏愿本志来看，我倒以为他是迹儒而心释，行儒而情释，是一位压抑了个人人生理想人格本志从而入仕参政以儒术治国的佛教信徒。诚然，湛然居士的某些政迹及文化意愿，的的确确是给统治中原的元朝帝国涂抹上一种朝纲重振、王运复兴和儒教再生的漂亮色彩。因为，没有这样一层漂亮色彩的保护和慰藉，原来深受儒家纲常名教教化熏陶的中国人，就难以名正言顺地在蒙古人色目人的统治下安身立命并生儿育女传宗接代了！这也就是历史的无情的真实。至于耶律楚材个人的人生体验和情感心灵上的惆怅失落感，正经的官方史书未予记述，也不可能把一佛教徒的真实心志，充溢于儒教重兴的光辉过程里。这也便是历史的铁的不真实处。

实际上，耶律楚材并不得意。成吉思汗对他并非十分重视；即使太宗窝阔台统治时期，其职权也局限在文化、教育及汉人地区的税收管理方面。军事大政方面，耶律楚材是难以染指的。治天下匠终究不过是一"匠"罢了。他以一介书生孤立于帝国朝廷之上，尽欲施行他所学所识，但得以付诸实施发生社会作用的却是十不能二三。当时是南北政风每每相戾，言语不通，志趣不同，耶律楚材能够有所作为，已经难能可贵，完成了时代所赋予他的使命。公元 1241 年蒙古太宗窝阔台死，乃马真后称制。耶律楚材受到冷遇，只保留了一个名义上的相位而已。虽然，耶律楚材对于朝政愤懑不平，常以太祖、太宗的老臣（已非治天下匠）自居，却也不过是一位有识之士的自我感喟。

其实，耶律楚材本人应是十分明了这政治使命与道德责任的矛盾，非常理解这以儒治国的最后目的与他人格本志的冲突。尽管他仅仅是一佛门的在家弟子（居士）而没有出家削发为僧，可他自幼喜佛如同天性，曾经宣称穷理尽性不如信尚佛法，可说是信仰的虔诚与深刻。问题的关键在于，在他信尚佛法以穷理尽性的同时，他又颇觉济世安民唯孔教为妙。所以，耶律楚材极为聪明地也走上了古中国知识分子的老路，用我则施行孔教常道济世安民，不用则安乐佛法自为真如。为此，他苦心孤诣地要为陶渊明辩护，以为以陶渊明的才德，如果生逢尧舜汤武圣贤世界，必定能与伊尹周公并驾齐驱。孔子也说：有道则仕，无道则隐。这样，尽管耶律楚材在以治天下匠自居之时，他的佛道信仰也依然在支撑着他的人格、心灵与精神。在以仁义之道治四海，终而归宿在治心之道的政治途径难以畅通之后，他很会卷而怀之，以穷理尽性信奉佛法来治一己之心。为此，身为佛门居士，楚材在处理"达"与"不达"、兼济天下与独善其身的矛盾关系时，他有传统知识分子共识的一面，但又以他表面上淡泊骨子里深刻的佛道信仰作为特征，所以他晚年郁郁而终，突出原因则是政治事功与个人文化信仰及心灵寄托的巨大矛盾。

他无可奈何地喟叹，天道不可穷尽啊！原来思想不立功名也无所谓，能行仁义也有无上的荣光和自豪。天生我英姿雄才总属有意，那么，不以儒道拯救众生开继勋业毕竟是有悖天意的。虽然并不留恋高官显位荣华富贵，但是苍生未获普济又怎么能沉沉思归？虽然在蒲团上习静打坐，参透悟尽那政治升平本来亦是无象虚有，仿佛千古兴亡如同一梦，梦里沉睡着多少未归之人，但是这半辈子的戎马生涯政治经历又有谁能知悉其个中消息？平庸者将讥笑为谋生计拙，有识者才可能谓其心忧。安静下来沉沉思索几十年间事，总是纷纷扰扰颇觉今是而昨非，甚至感到诗书事业真是可笑。刀笔功名有何可以羡慕。遗憾的是，楚材官职在身，尽管心中苦闷也不能像许由那样潜身而退了，不能鹤迹云踪任意去留而退隐闲身。于是他更是欣羡以往学道的情趣，神往那种鱼兔入手忘筌蹄的自在。对于以儒治国的政治使命，楚材晚年已是渐渐放下，以为翻手荣枯有何事，不如归去入无何；与师相约云深处，松竹萧萧静掩门。还有那以仁义戢干戈，将敦厚惩浇薄的以佛治心的道德使命，湛然居士也徒然对此空空沉首，思绪悠悠而已，连他自己欲遂初心以明本志，但求营居碧林、醉眠秋日都不可能，又有何可能去救济众生匡正凡心呢？！

公元1244年，耶律楚材因病死于其虚有其名的相位上。蒙古人、色目人因此伤心泪下如丧亲人，天下儒生无不茹泣凭吊寄哀。和林为之罢市，数日不闻乐声。这样，耶律楚材作为治天下之儒臣，想应含笑于九泉，但身为湛然居士，他的惆怅他的失落他的情怀……，想来并没有随他而去。

可以设想，倘若耶律楚材以儒治国事事如意并一帆风顺，或许他有可能忘记自己曾为佛教信徒（朱元璋即如此），觉到压下的本志初衷本来就不屑挂齿。历史喜欢捉弄人。湛然居士这一治天下匠，恰好是未能随心所欲地一展技艺大显身手，这使他时常牢记了他原先的心灵精神的寄托和归宿，以留有精神上人格上的退隐之处而独自完善那颗难以安静的心。诚然，历史的事实是，耶律楚材已无时间退隐闲志以自我完善便溘然逝去。以儒治国、以佛治心的冲突、矛盾及其难以克服的困惑，早已滞留在政治家与思想家的头脑中和心坎里，直到逝去。

从是风以徜徉

○ 郭孟良

他，宛如一片雪花，随北风飘然而来，飘然而行，又飘然而逝。
而与此风俱来的矛盾和冲突又苦苦地折磨、困扰了他一生，他不禁
仰天长叹："日月犹不死，吾道曷其昏；天地犹不坏，吾道曷沉沦；
世我实相违，赘蔓徒纷纷……"

公元 1257 年，岁在丁巳，在大蒙古国治下的保州（今保定）南里，虽然
时序已进入了芳菲殆尽的初夏四月，但呼啸了一冬一春的北风仍然拂拂扬扬，
吹个不停，久寓于此的郝经正兴致盎然，"崇土为址，断木为楹，虚其北而
不置户焉"，亲手营构起一座简陋的居室，命之曰北风亭。偃息其中，取庄
生《齐物论》及宋玉辞赋读之，心颇敞然。适友人抱琴而至，效庄惠濠梁之游，
究天人之际，观世事沧桑，追念自己三十五年来动荡不宁的人生旅程，不禁
感慨系之，喟然而叹曰："余生于是风，而长于是风，将从是风以徜徉此生也。"
遂作《北风之歌》，友人鼓琴而和之。曰：

北风其凉兮　吾中之寒其摅以扬兮
风雪其霏兮　吾物之禽乃所以为张兮

吾于此亭处不遑兮

委之以顺　寿而康兮

飘然而行　跨六合而凌八荒兮

敷仁兮扇义　扩道以疆兮

◆◇ "北风吹雪"：华夷之惑

公元 13 世纪初，在欧亚大陆的东北部，广袤无垠的黄金草原之上，长星彗天，赤气升腾，一股强劲的北风盘旋而起，呼啸南向，"掣箭飞沙石，赑负尘昏塞"。大风所至，整个世界亦为之撼动。从此，"中原一囊土，再逐混沌群"，两个世纪以来形成的中国历史上第二次南北朝抗衡局面——两宋与辽金对峙，由于蒙古铁骑的南下变得扑朔迷离了。

在这股历史的大旋流面前，素以儒家正统自命，严守春秋大义、夷夏大防，而又以修齐治平、道济天下为己任的中州士大夫们面临着空前严峻的历史、人生的困惑和抉择："皇皇择木鸟，落日将安之"，"嗷嗷复嗷嗷，途穷愈多歧"。他们彷徨四顾，大地苍茫，尘世如网，莫知所至。传统与现实、出世与入世、华与夷、新与旧的矛盾和冲突交织丛集，这就是那个时代的乐章，是处在北风之中的北方汉族地主阶级知识分子，即所谓正统的中州士大夫的人生旋律。

此时，一个新的生命在北风中展开，他，属于那个时代，也属于他所背倚的那个阶层。

郝经，字伯常，泽州陵川（今山西陵川）人。自八世祖以下，同居业儒，教授乡里，为一郡望族。他生于乱世，长于乱世，活动于乱世，最终病殁于乱世，在金朝、大蒙古国、宋朝三个政权下度过了坎坷落寞的一生。虽然他每于颠沛流离、幽囚拘系之时，著书立说，必冠"陵川"于姓名之上，并以名其诗文集，以示不忘祖宗丘垄之所在，但其生其殁均不在故土。

金宣宗元光二年（1223）十一月，他出生在河南许州临颍之城皋镇。此前，蒙古铁骑长驱直入，分掠河朔，庐舍丘墟，城郭陵夷，其祖父郝天挺与父亲郝思温携家避乱南下，往来淇、卫之间。至贞祐之乱，又渡河逃到许州一带。郝经幼年就生活在这种兵荒马乱之中。公元 1232 年底，金哀宗从汴京出走归德（河南商丘），金朝灭亡已成定局，战火随着北风继续向南蔓延，一些有政治眼光的北方士大夫纷纷渡河北返。郝经也在次年春天随父母北渡，流寓于保州附近，而滞留河南的郝氏宗族大半死于兵火之中。后来郝经每忆及少年时代这段痛苦经历，辄自比若浩荡北风中的一片雪花，四处散零，"适天步之艰，遭万死之阨，累系俘虏，梗踣南北"。北风长驱，肆其威灵，吹去了郝家同居治经业儒的融融之乐，似乎也拂去了他这个中州士大夫的功名前程。

然而，"日月倘随天地在，诗书终疗子孙贫"。流寓保州的郝思温依然从事儒业，教授生徒，勉强维持六口之家的生计。作为长子的郝经则晨给薪火，昼理家务，少隙则执书读之。十六岁那年，迫于生计，决定中断学业，做事谋生，但母亲认为郝家世代治经业儒，曾培养出许多名士，绝不可因一时困顿而中断家学，辱及门风，决心含辛茹苦，把儿子培育成才。于是，命其从父就读于保定满城之铁佛寺南堂。

他日诵两千言以为课，夜则考其传注，贯通其义。入夜不解衣带，发愤苦读，昏怠则仰就背枕以假寝。如是者首尾五年，学识大进。其间，朝廷开科取士，他也学着作制艺之文，跃跃欲试。父亲坚决制止了他，勉励他首治六经，次习诸子史传，然后再攻诗文章句；并谆谆告诫：士不能忍穷，一事不能立，勿以浅功近利而有速售之心。立身行世惟有坚忍二字，能坚忍则能任事，历大患难、处大富贵，决若长河而不回，屹若泰山而不移，然后可谓大丈夫。

从此，他遵承父训，洁身素处，研经读史，务为有用之学，立下了这样的座右铭："不学无用学，不读非圣书，不为忧患移，不为利欲拘，不务边幅事，不作章句儒。达必先天下之忧，穷必全一己之愚。贤则颜孟，圣则周孔，臣则伊吕，君则唐虞，毙而后已。"并且以兴复斯文、道济天下为己任，读书则专治六经，潜心伊洛之学，涉猎经史子集，以穷理尽性修己治人为本，其余则厌视而不屑为。这不仅体现了郝氏之学的传统特点，也描绘出一个正统的中州士大夫的理想模式和典型形象。

源于《春秋公羊传》的所谓"君子大居正""王者大一统"并杂糅战国以来的"五德终始说"，华夏、夷狄之论而形成的正统观念，被历代封建知识分子奉为金科玉律，成为传统政治思想的重要范畴，而其核心便是用以区分正统和僭伪的所谓春秋大义、华夷大防。郝经出身于儒学世家，每以"中州士大夫"自诩；受传统思想，尤其是宋代理学影响至深，且理学造诣颇高，多有论作，影响及于后世，可以说是元代的一名理学名儒。有这样的传统基础，其正统思想是根深蒂固的。自弱冠始，每读陈寿《三国志》，辄以其尊魏抑汉，后世不公之甚。虽然司马光《资治通鉴》改蜀为汉，朱熹《通鉴纲目》黜曹魏而以汉继统，但作为一代之史，终未能改正。因而他立志改写《三国志》，一生诗文多及之。至幽系真州（今江苏仪征），乃发挥欧阳修、司马光、朱熹、赵秉文等人的正统思想，作《续后汉书》百三十卷，以"备昭烈之幽光，揭孔明之盛心；祛曹丕之鬼蜮，破懿、昭之城府，明道术，辟异端，表风节，甄义烈核正伪曲折，隐奥传之，义理征之，典则而原于道德。推本六经之初，苴补三史之后，千载之蔽一旦廓然矣"，集中表达了他的正统观念。对历史如此，于现实又何尝不然？在大蒙古国、金朝、南宋三方鼎立的情况下，他也是倾向于以南宋为正统的。这从对三者的称谓的差异上即可明了。对于金朝：他虽然作为金国遗少，但仍避称其国而直呼别号曰金源、金源氏，即以其初起之地即按出虎水所发源的上京路的别名称之，表明在他心目中金朝仍为边疆政权，而非正统王朝。对于他一生服务的对象大蒙古国：除了在外交文书中自称"大蒙古国信使"之外，其他场合均称为"北鄙"，即北方边邑之意，显然没有把它作为正统王朝。而对于偏安江左的南宋：则称为"宋国""堂堂大宋"，并在《宿州与宋国三省枢密院书》中写道："自有宋国以来，西北二边，常为祖宗患"，这里的"二边"之患不仅包括辽与西夏，自然也包括金朝与大蒙古国。不仅如此，他还盛赞宋朝文治武功，"国体则以正"，可与汉、唐合称后三代，与夏商周三代相媲美。毋庸置疑，郝经以宋为正统的观念是很明确的。

　　然而，郝经所生活的北方，已有两三个世纪不属于中原汉族封建王朝统治的华夏之区了。这又是北方汉族地主阶级知识分子思想与活动的现实基础。"一切时代的（思想）体系的真正内容都是由于这些体系的那个时期的需要而形成起来的。"纵观中国历史，不管是魏晋南北朝，还是五代十国、辽夏金元，凡是在以汉族为统治民族的时期和地域之内，则"严华夷之分"的正统思想自然被置于绝对支配地位而广加阐扬；反之，淡化甚至摈弃华夷之别的思潮便会悄悄占居上风，这时的汉族知识分子最为重视的不在于做皇帝的人是夷还是夏，而是能否采用汉法，重用儒士。所以在前述现实基础上生活的郝经也毫无例外地不囿于传统的正统观念的束缚，在现实政治行动上往往冲破夷夏樊篱。对于饱经离乱之苦的郝经来说，天下动乱已久，疮痍满目，生灵涂炭，人心向治，不能不说是他所立足的又一现实基础，是其政治态度的基本出发点。面对几十年来连绵不断的民族战争，他最明显的感触便是"兵乱极矣"的社会现实，至于怎样去认真辨析战争的责任和性质，不仅无暇冷静思索，恐怕也是难以缕析明白的，只能留待后人了。这一点，只要读一读他的《思治论》以及上忽必烈、与南宋君臣的文书，听一听他反驳劝阻他使宋的一席话，便不言自明了。如此，采用汉法、任用儒士来治理天下，弭兵息民，就成了他所代表的北方汉族地主阶级知识分子最基本的政治理想。所以，当忽必烈两次相召，他便慨然启行北上，并道出了广大中州士大夫的心声："兵乱四十余年而孰能用士乎？今日能用士而能行中国之道，则中国之主也。士于此时而不自用，则吾民将膏斧钺，粪土野，其无孑遗矣。"

不容忽视的是，在他应召北上之前的十余年间的生活经历与社会交往，对其政治思想的形成具有重要影响。自公元1243年起，年方及冠的郝经因学术纯正、才识超迈而在北方士大夫中声名日噪，"藩帅交辟"，先后在贾辅和张柔府中度过了十三年的家庭教师生涯。张柔是顺天府路（1241年保州升改）的万户，为当时著名的世侯、汉地七万户之一，贾辅是他的副手。二人都喜欢收藏图书，征战所至，广泛搜罗，上自金朝实录、秘府珍藏，以至经史子集、百家众流、山经地志、方技术数、法书名画无所不有。出于对郝经的器重，他们都付之管钥，使他得以恣意博览群籍，眼界更加开阔，"上溯洙泗，下迨伊洛诸书、经史子集靡不洞究，掇其英华，发为词章"，学识有了很大的长进。当时，那些据地称雄的汉族地主武装分子，十分需要知识分子的经划、辅佐；而"流离兵革中，生资荡然"的中州士大夫，也不得不投靠他们，谋取一线政治和生活出路。史载，贾辅、张柔当时在顺天府路（即保州）尽礼延纳人才，四方贤士翕然来归，有平原、稷下之盛。他们每于保州城内之横翠楼上置酒宴集，"而余（郝经）必在焉"。此间，郝经交游日广，而且与张、贾二处关系十分密切，既以家庭教师为其教授诸子，又作为幕僚随侍左右，为其议论筹划军政大计。在这样的环境中生活了十多年的郝经不免会在一定程度上接受贾、张及其谋士们的政治态度。尤为重要的是，这期间他还结识了金朝遗老、大文学家元好问和南方理学大师赵复，并以师礼事之。"理性得自江汉赵复，法度得自遗山元好问"，在思想和行动上受他们的影响至大。

元好问早年曾受业于郝经祖父郝天挺，是其父郝思温的同窗，也是他的师长。金亡不仕，往来燕赵间，采摭遗逸，以著述授徒为务，郝经称之为"一代宗匠"。他对郝经也颇为器重，见而奇之，言"子貌类汝祖，才器非常，勉之"。二人相与论作诗作文法，并以"百世远大之业"相勉。郝经事之有年，曾作《元遗山真赞》对其学品、人品高度赞赏。公元1257年秋，当他接到老师的讣告，便立即赶到常山参加葬礼，然却晚了一步，元好问已经归葬，郝经"爇文酹酒，哭于画像之前"，并为撰《遗山先生墓铭》。元遗山虽以金朝遗老自命，然其政治倾向亦颇值玩味。当耶律楚材奏立十路课税所，选用儒士充任长官；后又奏选儒士"散居河北，官为给赡"，在一定程度上改变了"亡金士大夫，混于杂役，随于屠沽，去为黄冠"的悲惨命运之后，"中州士大夫"由此看到了一线希望，公元1233年，作为他们的代表的元好问写下了《上耶律中书书》，开列了孔元措以下五十四人的名单，希望耶律楚材能"聚齐之，分处之"，一旦有用之时，衣冠礼仪，纪纲文章尽在于是，便可随左右而取之，成为辅佐新朝的得力助手。元好问的荐贤名单中没有郝经，因为那时郝经还不过是个十岁的少年。然而，对元好问推崇备至的郝经，必然要受到老师对时局的看法和对大蒙古国的态度的影响。

赵复为南宋的理学大师，公元1235年蒙古军攻破德安时被俘，强行将其带往北方，归顺了大蒙古国，传播理学。郝经在贾馆中曾拜见赵复，并师事之，向他请教伊洛之学。在《与汉上赵先生论性书》《送汉上赵先生序》等文中，郝经盛赞赵复在北方传播理学的功劳，比之于孔、孟、司马迁、杜甫、韩愈。赵复对郝经也十分赏识，尝言："江左为学读书如伯常者甚多，然似吾伯常挺然一气立于天地之间者，盖亦鲜矣。"

毋庸置疑，郝经在入金莲川忽必烈幕府之前的十多年中，与贾、张两位幕主，元、赵两个老师以及众多中州士大夫的交往，对其政治思想的形成起了很大的作用，可以说，一定程度上改变了他对"北风"也即大蒙古国的态度。大约是在公元1254年前后，他曾到杞县拜见忽必烈的心腹谋臣、河南经略使赵璧，未能见到，此后又写了一封《上赵经略书》，言忽必烈开府以来，"天下翕然望治"，"岩穴幽隐莫不弹冠振缨，引领拭目，将以窥太平之盛世"，接着为他分析形势，希望能抓住这个时机，以身任天下之重，收揽俊乂，进用老成，"张本汴洛为天下倡"，"则蒿莱岩穴之士莫不刮磨振厉以自效"，"至治有期矣"。明确表达了中州士大夫拥护忽必烈并愿为之效劳的态度。这封《上赵经略书》与二十年前乃师的《上耶律中书书》有异曲同工之妙，只不过所表现出来的中州士人参与政治的要求愈加迫切了。

我们还不可忽视郝经自身的主观因素。他自束发学道，由于受传统家学的影响，"非先秦书弗读也，非圣人之言弗好也"，立下了学以致用，经济天下的大志，即后来所论的"佐王经世，拨乱反正，以为事业"，"辨天下之大事，立天下之大节，济天下之大难"。这种功利主义的原则成为他人生的理想目标，是他一生治学和政治生涯中始终坚守的信条。这种功利主义思想是着眼于"大功大利"的，他提出"学者学夫舜而已矣"，应该以济世安民为出发点，笃力行而为之，有大功大利及于万世。认为人之于世，治亦有用，乱亦有用，凡有识之士，必须"以天自处，以生民为己任而不渝也"。既不能像主张弃世的山林之士那样，往而不返，槁其行，灰其心，以绝人类，自同于麋鹿，视世事之难、生民之毙而不顾恤；也不能像"市朝之士""逐末之士"那样，狃于利，徇于欲，既得而患失，自同于狐鬼；也不能像"文章之士"那样，为无用之学，华而不实，工丽缛，衒辞令，以沽名而贾利，自同于绨绣。做人，就应当"结发立志，挺身天地间"，做"无时而奋"的豪杰。这种源于儒家经世思想、着眼于大功大利的功利主义，是郝经一生政治活动的思想根源。基于此，他治经业儒，务为有用之学。对于一些藩帅的辟请，多不屑一顾，等待机会一显身手，实现自己的用世之道。当他看到北风长驱，奄有中夏的历史趋势，大蒙古国初期武功有余，而治道不足，自蒙哥即汉位，任用儒士，采用汉法，"致治之机复来"；尤其是忽必烈领漠南汉地军国庶务，附会汉法，"天下翕然望治"，便决定"应天下之时"，抱着"不忘天下之忧"的信念，北上应召，向忽必烈大讲"治道"，以期弭兵息民，"成天下事业"。

如此，正统的华夷观念与现实的社会基础以及大功大利的政治思想之间出现了极大的反差，这种反差与矛盾又恰恰对立统一而系于郝经一身，犹如一只金箍紧紧地攫住并困扰了他一生，从而在历史上留下了一道道复杂而矛盾的轨迹。

轨迹之一。

作为坚定的正统论者、正统的中州士大夫，却委身于他目为"北鄙"的大蒙古国。如前所述，在郝经的心目中，是以南宋为正统王朝的。然而，基于前述的客观和主观因素，他看到北风为"始终之机"，将使万物各归其本，是历史潮流所向，认为忽必烈"应期开运，资武英明，喜衣冠，崇礼乐，乐贤下士，甚得中士之心，久为诸王拥戴，稽诸气数，观其得度，汉高帝、唐太宗、魏孝文之流也"，适应了他所背倚的北方汉族地主阶级士大夫的政治需要，自己平生所学有了用武之地，便"乘政治之机，而应政治之时"，投入了蒙古统治者的怀抱。可是直到囚禁于南宋之时，他仍作《春秋外传》《续后汉书》，阐发其正统观念，这与他一生冲破夷夏樊篱的政治活动本身形成了尖锐的矛盾。

轨迹之二。

作为大蒙古国的谋臣和江淮荆湖南北等路宣抚副使，却始终反对蒙古帝国武力灭宋的既定国策。蒙古联宋灭金之后，在中国大地上，形成了大蒙古国与南宋两个政权对峙的抗衡局面。对于骁勇善战的蒙古贵族来说，肆其余威，一举南下灭宋，统一南北，是其不言而喻的既定国策，于是战端迭起，蒙、宋之间的矛盾，遂成为当时中国国内的主要矛盾。公元1258年初，蒙哥率军伐宋，命张柔从忽必烈征鄂州，塔察攻荆山，以分宋军兵力。郝经应召从忽必烈南行，至濮州，正好得到宋朝有关守御方面的奏议，忽必烈集诸将谋臣议论，郝经力陈"古之一天下者，以德不以力"的历史经验，并分析双方虚实情况，摆出大蒙古国"诸侯窥视于内，小民凋敝于下"的危局，而又认为南宋"君臣辑睦，政事修明"，没有败亡之衅。劝忽必烈结盟好，以弭兵锋。他对南宋情况的估计是不真实的，当时南宋不仅阶级矛盾十分尖锐，而且政治极端腐败，权臣专断，守将倾轧，亡国之象已具，郝经的动机无非试图达到劝阻蒙军攻宋的目的。当忽必烈任命他为江淮荆湖南北等路宣抚副使时，尽管他率兵南下，但一路之上，在真定、曹、濮、唐、邓等地，一再向忽必烈进言，极言不当南侵，均未被采纳。后来听说蒙哥在四川久战无功，伤亡甚重，又进《东师议》，批评蒙哥伐宋之失策，认为大蒙古国几十年来连续用兵，民力凋残，本应休养生息，却师出无名，间岁大举，至为失计。劝忽必烈所率东师停止攻宋，偃兵息民，保存实力，以图后举。忽必烈虽觉得不无道理，但却以已经与蒙哥约定，不能中止为由，没能采纳，仍率师进围鄂州。蒙哥死后，郝经又上《班师议》，力劝忽必烈与宋议和，撤兵北归，认为南侵本来就是"师不当进而进，江不当渡而渡，城不当攻而攻"，而蒙哥死于合州之后，"当速退而不退"，已是很危险了。况国内空虚，阿里不哥已分官号令，欲窃汗位，所以忽必烈必须与宋议和，许割淮南、汉上、梓夔两路，定疆界岁币，断然班师北返。恰好这时贾似道遣使请和，忽必烈便采纳郝经的建议，将计就计，议和班师。尽管忽必烈之所以接受建议很大程度上是出于北返争夺汗位的需要，郝经反对武力攻宋的理由之一也是要大蒙古国首先整顿内政，巩固北方，然后再筹划统一全国的问题，但从客观上对南宋是有利的，使危在旦夕的南宋政权得以苟延残喘。而作为大蒙古国的谋臣和宣抚副使，郝经自最初被忽必烈召见，就以议和止杀为请，始终反对武力攻宋，这不能不说是极其矛盾的心态所致。这种既反对灭宋战争，又错误地分析双方形势的举措，与其前后许衡、姚枢等儒臣的议论不谋而合，既表明了当时中州士大夫的矛盾心境，也表明了他们的天真和书生气。

轨迹之三。

作为大蒙古国信使，却处处为南宋的"国运"筹议。公元1260年春，忽必烈在升平即大汗位，改元中统，不久其少弟阿里不哥亦在和林即汗位，与之分庭抗礼。为了集中力量整顿和稳定本部，忽必烈决定对宋采取守势，派郝经为国信大使，与宋议和。这与郝经一向主张的对宋议和政策正相合，于是他毅然拒绝友人的劝阻，前往南宋。在此后的岁月里，他反复致书南宋君臣，以他的重建南北朝的时势观，试图说服南宋当局与大蒙古国"讲信修睦"，结南北之好，活百万生灵，达到"弭兵息民"的目的。值得注意的是，作为蒙古使臣，他却事事处处设身处地为南宋"国运"计议：他分析南北形势，认为大蒙古国实力雄厚，忽必烈推行儒治，政治修明，虽有阿里不哥之乱，必定能稳固地据有北方，成为北朝。而对于南宋，虽然以前他曾过高估计其实力，认为它是延续三百年的礼仪之邦，"内无祸衅"，地亦未可谓小，力亦未可谓弱，但当看到它屈辱苟安、腐败虚弱的本质时，便不免对之丧失信心，甚至预言"揆之天时人事，宋祚殆不远矣"。因此为其"国运"议，南宋最好的选择是与大蒙古国划江而守，重新形成南北朝的局面。他为宋朝君臣历数五代以来的南北之势以及北宋诸朝不能混一南北的主客观条件，认为从南宋"国运"考虑，统一天下是"理有所不能，势有所不可"的事，不要抱有"收奇功，取幸胜"的幻想和侥幸心理。反复奉劝南宋君臣不要失此良机，尽快与大蒙古国议和，否则，南北将永无和好之日，而战端一开，"贵朝可忧矣"。

当然，这种南北朝时势观并不可能是大蒙古国与南宋建立平等的睦邻关系，而是要南宋"屈己就和"，像当年孙吴称臣于魏，或宋朝对辽、夏、金那样割地纳币，以换取偏安江左的局面，反映出他始终没有摆脱效忠于大蒙古国的基本政治立场。即便如此，我们从他作为一个正统论者而又对南宋丧失信心，效忠于大蒙古国；作为大蒙古国的信使又设身处地，为南宋"国运"计议这一系列的复杂现象中，难道不能看出他内心的极度困惑和矛盾吗？

……

汉晋以来，古老的中华大地上几度北风劲吹，南与北、华与夷、农耕世界与游牧世界之间对峙抗衡，演出了一幕幕历史的悲喜剧，给正统的中州士大夫带来几多迷惘，无限困惑。当成吉思汗及其子孙们继承其祖先的开拓精神和草原民族的恢宏气度，席卷中原之时，中州士子带着难言的困惑和无奈投其麾下，希冀借此实现他们"弭兵息民"、以儒道经世的良好愿望。然而，历史又一次捉弄了他们。

这，不仅是郝经的悲剧，更是他所背倚的那个阶层、所属于的那个时代的悲剧。

◆◇ "飘然而行"：新旧之惑

一位哲人说过："人们自己创造自己的历史，但是他们并不是随心所欲地创造，并不是在他们自己选定的条件下创造，而是在直接碰到的、既定的、从过去继承下来的条件下创造。一切已死的先辈们的传统，像梦魇一样纠缠着活人的头脑。"

历史老人就是在这种新与旧的复杂纠葛中六道轮回，周而更始，蹒跚前行的。

就在郝经呱呱坠地之时，号称世界征服者的蒙古黄金家族聚敛起其先世习骑善射、骁勇剽悍的历史遗风，席卷中原。"河断其流，万马喋血"，破灭了另一个草原民族女真人的百年天下之梦。经过这场大浩劫，那些素以正统中州士大夫自命的北方汉族地主阶级知识分子大半凋零于兵燹之中，即使是得以苟全性命于乱世的金朝遗老，也因流离失所，生资荡然，且对亡金感情难泯，衔"江山之恨""禾黍之悲"，处于困顿、痛苦、迷惘、消沉的状态。

或隐居乡里林下，匍匐草野蒿莱，或遁入空门、皈依佛道。郝经的亲友中也不乏其人。元好问等即金亡不仕，蛰居燕赵之间，与大蒙古国持不合作态度。郝经的舅舅许德怀在壬辰之乱后，弃家为道士，于长垣出于圜堵，"以不羁之姿肆志于轻世，窘于天步之艰，迫于势利之厄，于是放心遗形，吸孤风，抱明月，耿耿自若而逃山林、放沧海耳"。

郝经生于金末望族，生长于北风飘雪、举家流离避难之中，也算是金朝的一名"遗少"。但他起自布衣，且处于久非华夏之区的中原社会环境，似乎可以无所顾忌地"任天下之责"，委身于能行中国之道、用中州之士的新的"中国之主"，实现其"有大功大利及于万世"的夙志了。故而对于那些金朝遗老、林下之士的言行颇不以为然，以为"斯盖过于用智致远而泥者也。虽越藩墙，穿穴隙，穷高极远，卒溺于异端而终无所获也"。至诚之心，可以贯天地，动日星，开金石，若遇明时圣主，佐王经世，成就天下事业，方为俊杰。因此，当忽必烈开府于金莲川，驰驿四方，招贤纳士，两次遣使相召时，郝经叹曰：读书学道，本以经世致用，今王好贤思治如此，不正是中州士子用其所学、道济天下的致治之良机吗？于是慨然随使北上奉召。公元1256年初，进见忽必烈于沙陀，很快顺应时势，投入了大蒙古国的怀抱。他向忽必烈进讲二帝三王之治道，以仁民爱物之义相勉，颇得器重。并上立国规模、治安急务30余条，忽必烈"喜溢不倦"，"皆以为善"，一一采纳。从此，郝经成了忽必烈的一名重要幕僚，随侍左右，开始了他作为大蒙古国儒臣的政治生涯。不久又出任大蒙古国江淮荆湖南北等路宣抚副使，随宣抚使杨惟中率归德军到江上"宣布恩言，纳降附"。后又被命为翰林侍读学士、国信大使，可以说一跃成为大蒙古国的一名"新贵"。

正如郝经《北风之歌》所唱的："委之以顺，寿而康兮；飘然而行，跨六合而凌入荒兮！"他随此北风讲布治道，宣抚南北，似乎可以说是"北风"得意了。他深得主上宠信，从而竭忠尽智，对军国机务，出师利害多所筹划，反复备言，或面陈、或召对、或奏议，自称"愚瞽知识，亦已罄竭"。他最早较为完备地提出了实行汉法即以儒道治天下的问题。其基本精神是要忽必烈改变蒙古旧例，建立符合汉地情况的新的典章法制，"信用儒学，用能以夏变夷"，立政安民，为一代之治。同时，还曾上《便宜新政》十六条，系统地提出了一套立国行政的全面规划，诸如定基统、严备御、立省部、建监司、行宽政、明赏罚、减免赋役、裁减冗官冗吏、扩充诚明、坚凝果断等等，尤其值得注意的是定都邑以示形势、定储贰以塞乱阶两项建议。他希望忽必烈迁都燕京，经略中原，东控辽碣、西连三晋，背负关岭，瞰临河朔，南面以莅天下；及早预立皇位继承人，使上下无所觊觎，且使皇太子朝夕视膳，或出而抚军，守而监国，练达政事，改变蒙古由忽里勒台大会选汗的旧俗，避免"授受之际，天下忧危"的历史遗患，采用汉法，明定国是。在忽必烈即位一月之后就提出这样大胆精警的建议，表现了郝经的远见卓识，也切中了当时大蒙古国的政治要害，从而为忽必烈所接受，"皆节次行之"。另一方面，他始终坚持议和止杀的对宋政策，极力进劝忽必烈"弭兵息民"。尽管这种乱世思治的愿望与大蒙古国武力灭宋的既定国策存在着严重矛盾，但在一定历史时期内还是付诸实践，取得了良好效果。如在公元1259年蒙哥死后，忽必烈在中原前线，面对前方劳师无功、后方阿里不哥争夺汗位，气势逼人的关键时刻，郝经提出了"断然班师，亟定大计"之策，对忽必烈夺取汗位及稳定内部起到了很大作用。而当忽必烈即位后，阿里不哥分庭抗礼，内乱迭起，郝经的对宋议和政策又得以实行，为后来元朝的统一创造了条件。应该说，他对于元初社会历史的发展是有特殊贡献的。自然他也得到了忽必烈的重用。

然而，金国的亡灵犹如梦魇一般又无时不在困扰着这位中州士大夫。从"遗少"到"新贵"，郝经的身份地位发生了根本的变化，但他对亡金的怀恋之情却历久弥深，毕生难泯，诗文之中不时流露出对故国的无限神往和哀思。

公元1253年夏，他由金朝万宁故宫登琼花岛，遥想大定之治与有金百年之盛，感慨万端，不能自已，遂作《琼花岛赋》。开篇写道："楛矢飞燕，辽倾宋奔，中夏壮观，萃于金源。"接着称颂金世宗大定年间，天下晏然风清，风俗淳美，纪纲日完，财不聚而富，刑不用而措，政不更张而治，徇不愧尧舜之誉。当年海宇升平，君民同乐，令人神驰，然而北风乍起，金源以涠，宗社丘墟，当年"琼光楼起，金碧钩连"的琼花岛，如今已是"悲风射关，枯石荒残，琼花树死，太液池干"，不禁使游子目之而生叹，故老思之而泪潸潸，寄托了一个亡金遗少对故国的缕缕哀思。

及出仕大蒙古国，这种怀恋故国之感情仍未稍减，在《读党承旨集》中追怀大定之治时写道："金源文物纂辽宋，国初尚有宣政风，世宗大定三十年，师于不试信命通。藻饰皇度议事典，培植教养王化隆，胜残去杀于乎仁，继以泰和尤昭融。……"他还写下了《三峰山行》《青城行》《照碧堂行》《汝南行》等多首政治抒情诗,为金之灭亡扼腕兴叹。在《汝南行》中,他不仅为金朝末代皇帝惋惜:"天兴不是亡国主,不幸遭逢真可惜;十年嗣位称小康,若比先朝少遗失。"同时,还对自杀殉国的金国将士臣民大唱赞歌:"岛中自杀五百人,义烈只数田横客……莫言解复九世雠,三韩有灵应益惭。"非但如此,郝经还对在蒙金战争中为国捐躯的金国节义之士,如王子明、伊喇都、郭哈玛尔、哈达平章、禅华善等,推崇备至,特为其人撰一歌,题作"金源十节士歌",称他们有古烈之风,可以兴起末俗,振作贪懦。言金源多节士,"各得死所古未闻""名节俱全义不折",教天下之人"从今莫把夷狄看",试问"中原几人能自守"。这种讴歌金朝治道纲纪、风俗节义和哀叹、痛惜亡国、亡主的真切感情,却从这个入仕大蒙古国并为之竭忠谋划的中州士大夫的内心汩出,是多么矛盾,多么不可思议。然而,矛盾就是现实。

"无可奈何花落去",故国不堪回首,大定之治也早已成了历史的陈迹。然而,"似曾相识燕归来",继金之后进入中原的又一个游牧民族蒙古人,在亡金的废墟上建立起自己的"马上天下",而其主忽必烈开府以待天下士,征车络绎,贲光丘园,访以治道,期于汤武,又唤起了中州士大夫们的一片痴心。他们认定这位重用儒士,并接受了"儒教大宗师"称号的蒙古之主,就是"心以尧舜为心,学以孔孟为学"了,是他们理想的代表人,于是纷纷起于山林,"愿推往古明伦学,用沃吾君济世心",希望这位马上天子能够按他们所设计的儒家规范行事,"用夏变夷",改变这个骑马民族国家"文治多缺"的局面,恢复儒治,虽不能成汉唐之法度,也要踵行元魏、苻秦、金源之治。作为其代表人物之一的郝经又想起了他曾为之神往的金朝遗典、大定之治,试图劝说忽必烈奉金朝为楷模,创立典章法制、开国规模,似乎想以此来召唤金之亡灵,重现所谓的"有金百年之盛"。在《删注刑统赋序》中说:"必欲致治,创法立制,其先务也。"那么究竟要创立什么样的法制呢?他借用宋人真德秀的话,"金国有天下,典章法度、文物声名在元魏右",以为不刊之论,接着极论金制之美,"盖金有天下,席辽宋之盛,用夏变夷,拥八州而征南海,威既外振,政亦内修,立国安强,徙都定鼎。至大定间,南北盟誓既定,好聘往来,甲兵不试,四鄙不警,天下晏然,大礼盛典于是具举"。至泰和中,律书始成,一以新法从事,国无弊政,野无冤民,粲然一代之典,堪与汉唐比隆。而大蒙古国"今地过于金，而民物繁多，龙飞凤舞，殆四十年"，当务之急便是仿效金朝成法，而立一代之制，"用夏变夷"，教化天下，期于久远。

公元 1260 年，郝经被任命为国信大使出使南宋，及入宋境，又向忽必烈进《立政议》，极称金源世宗、章宗二帝，配天立极，继统作帝，皆光大炳烺，不辱于君人之名，有功于天下甚大，有德于生民甚厚，是有志于天下，"熙鸿号于无穷"的圣主明君。金源氏起自东北小夷，部曲数百人，渡鸭绿，取黄龙。一用辽宋制度，取两国名士置之近要，以藻饰王化，儒治天下。内外无事，天下晏然，法制修明，风俗完厚。苦口婆心地劝说忽必烈以金朝为榜样，断然有为，奋扬乾纲，"应天革命"，"树立功成治定，揄扬于千载之下"。当然，他也明白，要让大蒙古国完全摈弃游牧民族的旧俗和成法，显然是不切实际的，只有结合当时的实际情况，借鉴元魏尤其是金朝参用汉法、重用儒士的历史经验，创立适合于统治中原地区的新的历史条件的新制度来。因此，他劝请忽必烈振起于"纲纪礼义，文物典章，皆已坠没"的乱世，扭转四十年来大蒙古"国攻取之计甚切，修完之功弗逮，天下之器日益弊而生民日益怠"的危险局面，"以国朝之成法，援唐宋之故典，参辽金之遗制，设官分职，立政安民，成一代王法"，且不可再失致治之机。作为大蒙古国的开国谋臣，可谓用心良苦。但从中也不难看出，这位大蒙古国的"新贵"，却念念不忘故国，留恋世、章二代的升平治世，不厌其烦地要忽必烈向他们学习，建立起实质上是金源化的开国规模、统治体制，足以表明这位金朝"遗少"、蒙古"新贵"内心深处复杂而矛盾的情感。

◆◇ "穷海雁书"：和战之惑

> 霜落风高恣所如，归期回首是春初。
> 上林天子援弓缴，穷海系臣有雁书。

至元十一年（1274）暮秋，霜枯原野，风摧秀木，大江南北一派肃杀凄凉景象。地处长江岸边的宋真州忠勇军营新馆后园，已在此半囚半客、不死不生的境遇中度过了整整十五个春秋的大蒙古国翰林侍读学士、国信大使郝经，正孤独地伫立在荒草斜阳之中，"目断松楸心耿耿，气填胸臆泪潸潸"。忽有客人来访，以四十只大雁相赠，盛情可感，称谢不已。忽见内中一雁体格稍异，一见到郝经便振翅引吭而鸣，若有所悟，遂命蓄之。择吉日良辰，率从者焚香北面而拜，他写下了上面那四句诗，因南北隔绝已久，不知已改元，仍书中统纪年于后："中统十五年九月一日放雁，获者勿杀。国信大使郝经书于真州忠勇军营新馆"。亲手系于雁足，再拜致礼道："系臣敢烦雁卿通信朝廷，雁其保重。"欲复再拜，大雁已奋力入云而去。不久，有虞人获之苑中（一说汴中民射雁金明池，得之），托近侍将帛书进呈于忽必烈，上恻然曰："四十骑留江南，曾无一人雁比乎？"遂决意挥师南伐。

真真天下奇事，读来犹若神话，然史籍言之凿凿，且谓其书珍藏于燕都秘监。也许是郝经的苏武之节、魏牟之心感泣了天地鬼神，鸿雁有灵，才为之传递信息的吧？郝经文集中曾有一诗《馆人饩雁》："持节江头久食鱼，馆人供雁意踟蹰。呼儿细看云间足，恐有中原问讯书。"似亦有其迹象。无论如何，透过这件奇闻罕见之事，我们不难想象郝经在"国事梗而无成，介佐叛而无与，馆吏绝而无交，骨肉还而无亲，仆御逃而无俦"的环境中，面对"蹉跎两朝事，惨澹一江水"，是怎样一种困惑、矛盾、痛苦的心境。

还在中统元年（1260）三月，忽必烈即汗位之初，为了平定内部，巩固汗位，决定对宋采取守势。四月，召郝经于开平，赐佩金虎符，充国信大使，赍国书赴南宋，"告登宝位，布通好弭兵息民意"。这桩差事在当时可谓祸福难卜，冒着莫大的风险。对于这一弭兵息民政策，大蒙古国朝廷内部是有很大分歧的。在忽必烈，这无疑是一个缓兵之计，目的在于为其争取到一定的巩固自身统治的时间；力主议和的是一班儒臣，即使到后来大举攻宋之前，许衡仍坚决反对武力平宋，"宁不预平宋之功，而必使以德行仁义之言无负于孟轲"；而掌握军民财政大权的汉人世侯是反对议和的：这些世代相传、割据一方的土皇帝，大多已历二世，正值壮年，不甘心"坐老岁月"，仍希望通过征战谋取功名，扩大势力。这批好战分子此时慑于忽必烈的地位和威望，不敢轻举妄动公开反对议和，但一有机会就会阻挠和破坏和议。在南宋方面，此时贾似道专权擅政，飞场跋扈。早在公元1259年秋蒙古军进围鄂州时，他曾受命率军往援，并于军中拜右丞相，但因蒙军攻城甚急，宋军死伤惨重，料难扭转战局，遂密令宋京到忽必烈军中请输币称臣议和，忽必烈没有答应。

适蒙哥死讯传来，贾似道再次请和，于是草草允和，撤围北归。贾似道不仅向宋理宗和朝野上下蒙蔽了这一丑剧，还指使亲信廖莹中撰《福华编》，大颂其解围退敌之功。因此当郝经一行前来议和并征岁币的时候，贾似道做贼心虚，害怕真相大白于天下，便极力阻止蒙使入宋议和。然而，这桩糟糕的差事还是很自然地落到了对宋和议政策最早的倡议者和坚持者郝经的肩上。当时很多人劝他"称疾勿行"，他虽也深知此行前途难料，但仍然知难而上，反驳道，我读书学道三十余年，尚无大益于世，今南北遭难，天下困弊已久，所幸大汗有意息兵罢战，务通两国之好，是社稷人民之福，亦与我素来的主张相符。此行若能得解两国之斗，活百万生灵于锋镝之下，虽以微躯蹈不测之渊，亦不失我终生所学，不负我济世安民之初衷。当下慨然应命。当时郝经还曾请忽必烈派一二蒙古官员随行，而忽必烈以南宋君臣皆书生，且贾似道尝请输币议和，不须多虑，加以拒绝。临行前，忽必烈还意味深长地叮咛：朕初即位，诸事草创，纲纪未尽立，法度未尽举，卿今远行，所当言者可奏进之。于是郝经于四月十七日上《便宜新政》十六条，举凡立国急务皆详论之。又上《备御奏目》，请备御西王，罢诸道世袭，以加强集权，稳定国基。及入宋境，仍觉言不尽意，又作《立政议》，劝忽必烈以天下自任，创修文物典制以为国之命脉，振作纲纪礼仪以养国之元气，兼听俯纳，奋然有为，期于大治。殷殷此心，为大蒙古国的统治可谓竭忠尽虑，死而后已。然而，"天下皆北而吾独南"，前路茫茫未可期，此行的心情，又何尝不似荆轲易水钱别，苏武汉廷奉节呢？

郝经一行，以刘仁杰为副使、高翔为参议，荀宗道为书佐，还有马德麟、孔晋、魏斌、成玉等二十七人（一说四十人）。他们在中统元年（1260）四月十日受命。不久便陛辞开平南行，过居庸关，然后经山东济南、东平到达淮南。所过之处，兵燹余生的士子百姓无不扶杖引领，"遮马快睹"，至有恻然流涕者，咸曰：不意今日南北尚能化干戈为玉帛，亦旷世之盛事，更须忍死，以睹其成。人心恩治，人心思安，于此可见一斑。感慨之余，更坚定了郝经力成两国之好、全活百万生灵的信心。

然而，"弭兵息民"又谈何容易！郝经此行，交织着极其复杂的矛盾。单从他本人内心而言，议和止杀的初衷和重建南北朝的时势观与他"佐王经世"、以成天下大事的大功大利思想，还有大蒙古国稳定内部、待机而发的战略之间就存在着无可缓和的冲突。和只是暂时的，战又是必然的。历史上南北相争，前鉴在在有之。对郝经来说，这不能不是一个历史的悲剧。况当时双方局势，议和成功的希望又是微乎其微，颇为渺茫的。启行之初，忽必烈就召还江上兵，命令沿边诸军，各守旧地，撤去哨骑，不能挑衅生事。然蒙古诸军多不遵约束，轻起事端。而南宋执政贾似道为掩盖鄂州乞和与冒功请赏的劣迹，极力阻止郝经一行入宋，犹"遮国之手，覆天之盆"，蒙蔽朝廷，对大蒙古国的通报、文移皆搁置不问，使欲和而不可得。郝经一行原计划是从涟州、楚州进入宋境的。涟州为山东淮南行省长官李璮的辖区，事先李璮曾奉命派刘仙等人入宋楚州通报。不仅几次发公文没有回音，而且信使被杀，驿亭被毁。郝经一行于五月间到边境后，又从涟州移文请入境日期，依然毫无声息。李璮见入境不成，便劝他勿入不测之地，并派人邀他返回。郝经又改从宿州入境。然这时大蒙古国内反对议和的汉人世侯们又从中阻挠破坏，史载丞相王文统妒忌郝经威望，欲排置异国，并暗中命亲信李璮违诏侵宋，企图以此假宋人之手置郝经于死地。就在郝经刚入宋境，被宋两淮制置使李庭芝安排在真州忠勇军营，李璮就潜师侵扰宋朝边境，李庭芝致书质问蒙古之和意安在，使郝经处于极为被动和尴尬的境地，给和议投下了失败的阴影。

虽然李璮的进攻很快被李庭芝击败，加害郝经的企图未能完全得逞，但贾似道的诡计却实现了。郝经就这样"半囚半客仪真馆，不死不生扬子衎"，如"幕中之燕，釜中之鱼"，在困惑、抑郁、激愤、痛苦之中耗尽了自己的余生。这期间，他曾给宋朝三省枢密院、两淮制置使、丞相贾似道和宋朝皇帝连连上书，极陈利害，凡数万言，但南宋当局却"摈而不问，陈说不答，表请不报，差官不从，告归不许"。反而软硬兼施，多次试图迫使郝经降宋；并暗中使人劫掠其馆，杀其伴使，郝经也几乎遇难。这样老天长日，随行人员也因长期被拘禁而时出怨言，甚至有因"拘囚岁久，殆无生意"而"斗殴相杀死者"。"国事迟稽而家不能恤，志力衰塞而亲不能养"；"以天下之至信，获天下之至疑；以天下之至利，获天下之至害；本欲泽加四海，而乃祸丛于一身"。家国、人生的巨大困惑，思亲思乡的无限痛苦，一夕十年的幽系生活，还有疾病的折磨，伴随他度过整整十六年。

"闻说长歌犹恸哭，慰愁赖得有诗篇"，《陵川集》中上百首作于仪真新馆的诗歌，如泣如诉，绘出了他那淌血的心迹：

孤馆年深草自荒，愁来无语立斜阳；
裂冠毁冕霜鸡紫，接屋连墙露菊黄。
仰视飞鸿肠欲断，伫闻灵鹊恨尤长；
中原万里家何在，江气霏霏水泼裳。

（《秋晚后园独步》）

新年新月照愁人，白发新添愁更新；
拟著长鞭游海外，岂期孤剑坐江滨。

（《丁卯春日夜饮见月》）

三年独酌楚江滨，醉里乾坤梦里身；
周颙近来添一斗，坐中不见洛阳人。

（《忆酒友》）

啼落深江月，催残故国春；
不堪多恨鸟，偏聒未归人。
血尽肠应断，哀余声更频；
关心尤入耳，一枕夜愁新。

久客难胜感，那闻泣血禽；
乾坤心绪苦，岁月鬓毛深。
亡国元多恨，催春漫好音；
馆人将赭树，何处没青林。

（《新馆夜闻杜鹃二首》）

墨经归来草满坟，拟将还葬奉遗言；
几年竟坠蹉跎计，万里徒劳惨淡魂。
客里可堪逢忌日，梦中却得见生存；

遥知今夜佳儿女，哭断寒云静掩门。

（《先大父忌日》）

思子甚思母，只应泪更多；
尚无归国日，其奈倚门何。
江汉悲温峤，诗书愧孟轲；
今朝谁献寿，庭户可张罗。

（《丁卯九月五日思母》）

在这"天下皆动而余独静，天下皆行而余独止，天下皆通而余独塞"的拘禁环境中，本来"生平自书札外，于物无他嗜"的郝经，每见一事一物，辄浮想联翩，黯然神伤，生发出无限惆怅，万端感慨。每于月明风清、江馆寂寥的夜阑之后，一人独酌，悲叹"变故空长策，蹉跎惜此心"，去国期年，万金（家书）阻隔，"遥怜灯火罢，儿女夜愁深"。九月重阳，是人们登高远望、亲友团聚的日子，然而"不逢四海为家日"，只能"独立苍茫漫起愁"了。这时，伴使送来木樨一瓶、牡丹菊一本，不禁感慨系之："岩桂浑疑是枫叶，牡丹谁使作黄花？强将琼露浇斜日，万里西风万里霞。"久居长江之滨的北国书生，燥湿的气候已难以经受了，更兼家国之感，人生之痛，虽借杯中之烈物，难浇胸中之块垒。远望江云似江水，纡余细缊，渺渺复粼粼，"遮回断行雁，望杀未归人"；"病骨湿侵寒似水，冤肠恨入毒似刀"。破碎之心，久病之身，哪堪远处时时传来杜鹃鸟的频频哀鸣，柳笛声声幽怨，如泣如歌！

一日，北风甚急，鸢鸦蔽天北飞而不得，竟北首南尾，溯风直翅，飘忽而南，不能自止。郝经观之，不禁仰天长叹："《春秋》所谓六鹢退飞入宋都者，殆此类也，夫余之行使止尼，亦此类也。"然而，六鹢退飞入宋都，而他退飞入宋国；鸢鸦退飞过于江，而他却止于江而进退不得，遂名他所拘之馆曰"退飞堂"。

幽系之中，山川百物隔绝，他一改过去"与物相忘"的本性，遇物辄感，持玩不能去手，汲汲如不得见。仪真濒临江岸，石子皆奇润可爱，脂白如隐玉，淡黄如蜡丸，缜黑如玄珠，更有花色相间，形态各异者。郝经每得一江石子，如获奇宝，濯之以清泉，薰之以沉烟，置之盘盂之内，而簸弄于明月之下。

常置之座右，每顾盼熟视，思天地万物变异之理：凡有形者必变，变而必至于尽，至柔善变之水能变至坚不易之石，天地则能变水，"气"复能变天地，而"道"复能变"气"。高而大者不能必存，而小且弱者不可以必亡。想自己昔日北逾岭，南逾恒，东至岱宗、琅琊，西过太行，随风而行，而今幽系穷海，耳目俱丧，四壁片天之外，一无闻知；本志于"弭兵息民"、佐王经世，道济天下，结果却祸集一身，愁填胸臆，岂非天人之数！

"深庭寂寂都忘世，长日沉沉且著书"。痛苦之余，郝经不仅教育"初不知书"的从人马德麟、孔晋等文章书法，使其历六七年而通书传，作字颇有章法；且"思先哲立言垂世，多是幽忧困顿中"，便凭借身边有限的书籍及素日之记忆，穷经研史、著述不辍，以期从前贤那里寻求自己历史、人生困惑的答案；效法周文王拘羑里而演《周易》，作《周易外传》100卷。及至"君子慎密而不出，圣人洗心退藏于密"，遂以时观身，以身观心，以心观道，而得其义，乃名其所居"密斋"。又著有《春秋外传》81卷、《续后汉书》130卷，《一王雅》250篇、《原古录》《太极演》《玉衡真观》《变异事应》《甲子集》《通鉴书法》等书，凡数百卷。绍述春秋大义、正统思想；究天地万物变易之机理，阐至圣前贤经邦济世之道统。然而人生、家国、天下、古今之是非又如何阐发明白，自身无限的困惑，答案何在？只能留待后人去探寻评说了。

中统六年二月十三日，郝经《春秋外传》绝笔之日，从人就满是疑问地进言道：昔日先生居于保下，名闻四方，学问文章有是者，亦有非者，皆系于一身；及被征北上，赞天子改制度，施教化，进贤退不肖，则是非又系于一国；至奉使宋国，拘系一馆，为陈请之表，上万言之书，以明诚伪、仁暴、战和、安危、利害之本，则亦有是非系于天下。先生又以为未足，乃作《春秋外传》，上下数千年，自以为说，则古今万世之是非在焉。为何先生之是非如此之多呢？郝经只能不无伤感地答道：人立身行世，是非在在有之。只要是其所是，不非其所是；非其所非，不是其所非，则谓之真是非。我一生是非虽大且多，自取而不得脱，终致一生困惑不已，只希望不以真是非自欺，不以伪是非欺人而非人，则非非是是，亦聊可自慰了。于是，又名其居馆为"是是堂"。

"计穷仍持节，途穷拟问天；难为绕指铁，万折志弥坚。"郝经就在这样与世隔绝、只有片天得仰的环境中度过整整十六年的囚徒生活，始终心如金石，守节不移，他说："……其生死进退在于彼国，吾惟有一守节不屈耳。吾祖宗以来七世读书，宁肯为不忠不义以辱中州士大夫乎？"并时时用"士不以一失自沮，一得自喜，金万炼而方精，万折而愈厉"与从行人员相勉，希望他们"贯日临危节，巉天讨贼心；中原有期运，莫畏岁华深"。

至元十一年（1274）六月，忽必烈命伯颜大举伐宋，并遣礼部尚书中都海牙及郝经的弟弟行枢密院都事郝庸入宋"问执行人之罪"。元军以摧枯拉朽之势，很快尽有江淮之地。宋廷只好派总管段佑礼送郝经北归。然而，这位被困惑与矛盾折磨了一生的儒士、儒臣，已是两鬓白发、身体羸弱，归途之中便病倒了。至元十二年四月回到大都，忽必烈赐宴慰劳，咨以政事。三个月后，郝经即怅别人世，终年五十三岁。诏赠翰林大学士、资善大夫；谥文忠。当月，归葬于保州城西，奉安于父亲的墓侧。

这时，他似乎可以一生忠节、半世功业光大家学，告慰他的父祖了；也似乎可以摆脱尘世间的无限困扰，毫无牵挂地游荡于天地之间，飘忽于九霄之外了……

然而，他不能！

他的北风之行虽然结束了，但是强劲的北风依旧浩浩荡荡，呼啸不止。就在他辞世之即，一场南北之间的生死决战已拉开了序幕；最终使他重建南北朝的时势观和弭兵安民的美好愿望化作泡影；也就在此时，曾被郝经和广大的中州士大夫天真地认定并奉为"中国之主"的忽必烈，逐步感到保守、僵化甚至有点儿迂腐的儒学对于已经建立并初步巩固的元政权已没有多少用处了，再加上他长期以来对金儒士风无补治道的不满，对孔子教法的怀疑，对金、宋皆亡于儒的认识，便开始疏远儒臣，弃置汉法，"左右复无汉人"。这批正统的中州士大夫、"奋时而起"的乱世治国者，无可奈何地带着华与夷、新与旧、战与和、成与败的无限困惑走下历史的前台，淹没于寂寂暗世之中，消失在浩浩北风之下。

郝经，那颗徘徊于茫茫宇宙之间的幽灵能轻松、平静吗？

倘若上苍假其岁月，他是否要补写其《北风之歌》呢？

朱元璋

阶级·家国·人生

◎张　研

　　阶级、家国、人生。当时人称颂他的圣武功德，后世人评说他的是非功过，却很少注意到他作为一个农民、一个皇帝、一个人的太多的困惑，这困惑，使历史也因之困惑了……

　　他无疑是中国历史上的一位伟人。

　　他所出身的农民阶级这样看。

　　中国的农民祖祖辈辈面朝黄土背朝天，日出而作日落而息，在饥寒交迫中默默无闻地走过自己短促、悲凉、寂寞的一生。唯独他，这个小名重八，做过放牛娃、游方僧的地地道道的农民的儿子，竟是个千年不遇的"龙种"，一脚踏上金銮殿，当了皇上。

　　中国的农民自陈胜吴广始，不乏销锄为刃、裂裳为旗、试图改变自己命运的造反者。他们啸傲王侯、叱咤风云，在漫漫长夜中放射出夺目的光芒。然而，他们毕竟是转瞬即逝的一颗颗流星，在失败者的血海中坠落、沉沦。唯独他，这个粗黑面皮、硕长下巴的穷汉，竟文韬武略运筹帷幄驱兵遣将决战决胜，成为横贯中空的一轮白日。

　　他所归依的地主阶级这样看。

当他礼贤下士、争取和依靠地主阶级，特别是地主阶级知识分子的支持与合作，自称吴王，发布檄文公开同红巾军决裂，并于瓜洲沉船，杀害了农民军小明王的时候，地主阶级便从内心认可：他，是他们的代表，是受命于天的真龙。

他扫平六合，将汉族地主阶级从异族统治者的铁蹄下，从农民反叛者的剑戟下解救出来，还给他们土地特权，使之享乐太平。他重建地主阶级的统治秩序，开创了稳固、强大、绵延达二百余年的一代新王朝，使自己跻身于秦皇汉武唐宗宋祖等明君之列，使中国封建社会进入发展的又一高峰，使域内海外无不顶礼折服。

他，便是明朝开国皇帝、庙号太祖的朱元璋。

伟人，毕竟是人。当代人称颂明太祖圣武功德，后世人评说朱元璋是非功过，却很少注意到他作为一个人，对阶级对家国对人生的困惑。是的，他留给历史太多的困惑，使历史，也因之困惑了。

◆◇ 阶级

人类自跨入文明之日始，便划分为阶级。

封建社会两个截然对立的阶级是地主与农民。剥削者，压迫者。被剥削者，被压迫者。非此即彼，水火不容。

朱元璋是农民的皇帝还是地主的皇帝？人们曾经这样提出过问题。人们似乎不该这样提出问题。教科书上明白写着：封建皇帝是地主阶级的总头目。元末农民起义领袖之一的朱元璋，在地主阶级知识分子的包围下背叛了自己的阶级，蜕化变质为新的地主分子，篡夺了农民起义的果实，并因之改朝换代，登上了皇帝的宝座。他当然是地主的皇帝。但历史果真如此简单吗？历史的复杂性也许正在于：人们心中仍然存在着这样的问题。

烙印之一。

元至正四年（1344）。淮河流域旱蝗频仍，瘟疫流行，人们非死即逃。死寂的村庄，干裂的大地，弥漫着一股股腐臭的尸气。不满十六岁的朱元璋和二哥，抬着半月之间相继死去的父母，一步一步朝一个小山坳走去。二哥的眼泪早已哭干，随着艰难的步履发出一声声嘶哑沉重的呻吟；二哥身后，朱元璋木然移动着双腿，没有淌一滴眼泪，他茫然凝视着只用破衣裹身的父母。父母劳作一世，如今没有衣衾，没有棺木，没有葬身之地。好心的邻居发了恻隐之心，这才得以将父母抬往山凹邻居的地中。是人间的愁云聚集成了空中的乌云吗？天色暗了，暗了……突然一个炸雷，大雨倾盆而下。又一道闪电，山洪奔腾而出。二哥急把朱元璋拉到了一棵松树下，只听惊天动地一声霹雳，小山塌陷的泥石流将父母的尸体埋没了。朱元璋不顾一切挣脱二哥的手，冲进雨中放声号啕。这是无泪的震吼，好像旷野中回荡起一阵孤独凄惶的狼嗥。

三十余年后，当了皇帝的朱元璋特封邻居刘继祖为侯，作诰文曰："朕昔寒微，生者为衣食之苦，死者急无阴宅之难。吁，艰哉！尔刘继祖发仁惠之心，以己之沃址慨然惠朕，朕得斯地，乐葬皇考妣于是，至今难忘。"并亲制皇陵碑，中有："殡无棺椁，被体恶裳，浮掩三尺，奠何殽浆。"何其伤心乃尔。

刻骨铭心的烙印。

烙印是无法消除的，这并不在于朱元璋最终成为什么人。如果皇帝是最大的地主，那么朱元璋则是一个曾经做过农民的地主。

烙印之二。

明洪武元年（1368）正月初四日。应天城内一朝新帝正举行登基大典。朱元璋龙行虎步，敛服正位，向天地恭行大礼。他多少有些恍如梦中之感，因而又一次举目观天。数日前，他曾先行祝祷："如臣可为生民主，告祭之日帝祇来临，天朗气清；如臣不可，至日当烈风异景，使臣知之。"不错，清清宇宙，朗朗乾坤，风和日丽，万物生辉，自己果然是奉天承运的真命天子。文武百官著老都民，拜贺舞蹈，山呼万岁。具皇帝卤薄，威仪导从，追尊四代，祭告社稷，庄严肃穆，循规蹈矩。到服皇帝衮冕，在奉天殿升座，受群臣朝贺时，朱元璋从外表到内心都已是一个道道地地的正统皇帝了。

是的，早在元至正二十六年（1366），朱元璋于声讨张士诚的檄文和宣谕徐州吏民的文告中便表明了他的立场。他指斥自己曾经信奉过的农民起义思想武器弥勒教为妄诞之妖术、妖言、凶谋，自己曾经参加、依附过的农民起义主力红巾军"焚荡城郭，杀戮士夫，荼毒生灵，千端万状"；他宣称自己早已灼见妖言不能成事，方才渡江兴师、伐罪救民，并以保护地主产业、维护地主统治秩序为己任。如今，他在旧地主的拥戴下做了天下之主。非但如此，他还加官封爵、赏赐庄田，使跟随他起兵征战的农民将领迅速形成了一个新地主集团。据洪武四年统计，徐达、汤和等贫苦农民出身的四公十方侯共拥有佃户三万八千余户。

刻骨铭心的烙印。

烙印是无可回避的，这并不在于朱元璋曾经是什么人。如果朱元璋曾经是个农民，那么，从传檄平吴到应天登基，他是一个已经成为地主的农民。

不，朱元璋不会这样提出问题。他不知道阶级，只知道他是皇帝，是农民和地主的皇帝。然而，皇帝也是人，阶级的烙印同样不可避免地在朱元璋身上发挥作用。只是由于历史的大潮将他抛到了两个对立的阶级之上，这些交相作用在个人身上的烙印，便在国家、社会发展的长河中折射出复杂、斑斓的色彩，使他困惑，使历史沉思。

朱元璋对农民对地主的态度和做法似乎是矛盾的。

对农民。朱元璋一再提到："朕起布衣，深知民间疾苦。""朕起农业，深知稼穑艰难。"建元洪武前一年，朱元璋亲自带着长子朱标遍历农家，观其居住饮食，对朱标说："汝知农之劳乎？夫农勤四体，务五谷，身不离畎亩，手不离耒耜，终岁勤动，不得休息。其所居不过茅茨草榻，所服不过练裳布衣，所饮食不过菜羹粝饭，而国家经费皆其所出。"洪武二年，他又亲履田亩，徒步视察，慨叹说："农为国本，百需皆其所出，彼辛劳若是，为之司牧者亦尝悯之乎？且均为人耳，身处富贵而不知贫贱之艰难，古人常以为戒。"建国之初，朱元璋将解决农民土地的问题放在了重要地位。洪武元年规定："各处人民曩因兵燹抛下田土，已被有力之家开荒成熟者，听为己业。旧主还，有司于附近荒田内验数拨付耕种。""其余荒田亦许民垦辟为己业。"洪武五年下诏："兴兵以来，所在人户抛弃产业逃避他方，天下既定乃归乡里，中间若有了力少而旧田多，不许依前占护，止许尽力耕种到顷亩以为己业。若有去时丁少，旧时丁多，而旧产少者，许于附近荒田内官为验了力拨付耕种为业，敢有以为旧业多夺占护者，论罪如律。"实际上承认了战争中形成的土地所有现状，使夺得土地的农民成为合法的自耕农。除此之外，朱元璋又用移民、招募、民屯垦荒等办法将无地农民与土地结合起来。如，洪武三年召民耕于北方近城之地；徙苏松嘉湖杭五郡无田细民四千户往临濠开种；以沙漠遗民三万二千余户屯田北平，开地一千三百余顷。洪武九年徙山西真定民无产业者于凤阳屯田。洪武二十一年迁山西泽潞二州民之无田者往彰德等地闲旷之处置屯耕种。洪武二十二年许令杭湖温台苏松诸郡民无田者往河南迤南滁和等处就耕；徙山西民于大名、广平、东昌者凡给田两万六千余顷；招山西民于北平、山东、河南旷土耕种。洪武二十五年徙山东登莱二府无恒产者五千六百余户就耕于东昌；徙苏州崇明两千七百户灾民于江北屯种。洪武二十六年令苏松等五府田少丁多者分丁并小民无田者就东昌开垦荒田，等等。移徙、招募、民屯的具体措施是"官给牛种舟粮以资遣之"，"验其丁力、计亩给之"，"以所种田为己业"，"三年不征其税"。与此同时，朱元璋用二十年时间丈量土地、清查户口，编制了征派赋役所依据的黄册鱼鳞图册，在广大区域内实行了轻徭——均工夫，薄赋——民田亩税三升三合五勺的政策。

然而，朱元璋又把农民完全放在对立的方面。他以分户定籍、追捕逃户、定期清查等办法紧紧控制着农民。规定民间私藏武器有罪，规定鼓动农民起义的弥勒教白莲教为左道乱正之术，有隐藏图像、烧香集众、佯修善事、煽惑人心者，为首斩，为从杖流，造谶纬妖书妖言及传用惑众者处以极刑，连民间迎神赛会也在禁止之列。他榜谕农民："为吾民者当知其分，田赋力役出以供上者乃其分也。"应该"唯知应役输税，无负官府"，否则"不但国法不容，天道亦不容矣"。他的轻徭薄赋是有条件的。在粮食主要产区、国赋重要承担者苏松嘉湖杭五府，朱元璋借口恨其为张士诚守，坚决实行重赋政策，按私租簿每亩七斗五升起征，加上交官租须远涉江湖，农民负担比私租更重；对军粮国用的主要来源军屯等官田，也亩征一斗，远重于民田，有的地区官田租十倍于民田，赏赐给公侯的官庄更征以元朝后期苛重的官粮私租原额。有官员上疏请减租赋或以失信天下而拒不奉诏征逋赋者，如金绹、郎礼、周衡等均被逮被杀。与"是时宇内富庶，赋入盈羡。米粟自输京师数百万石外，府县仓廪蓄积甚丰至红腐不可食"的记载同时，也有"方今力役过烦、赋敛过厚"、"或卖产以供税，产去而税存，或赔办以当役，役重而民困"的记载。

对于地主。朱元璋以富民的当然之主自居。他经常以"自己人"的口吻告诫富民："民生有欲无主乃乱，使天下一日无主，则强凌弱，众暴寡，富者不得自安，贫者不得自存矣。今朕为尔主，立法定制，使富者得以保其富，贫者得以全其生。尔当循分守法，能守法，则能保身矣。毋凌弱、毋吞寡，毋虐小，毋欺老，……周济贫乏，逊顺乡里，如此则为良民，若效昔之所为，非良民矣。"他认为有恒产者有恒心，因而将富民作为自己依靠的对象。早在龙凤四年取金华后，他便选用七县富民子弟组成御中军充当宿卫。建元洪武后，他又将天下地主富户登名造册、依次取用。并普遍用地主富户为粮长负责征赋运粮，同时规定粮长犯杂罪、流徙刑、死罪者可纳钞赎罪。富户耆民皆可进见，粮长按时运粮进京朱元璋也亲自召见，"奏对称旨，辄予美官"。他还特别召选天下富民子弟进京补吏，等等。

然而，从某种角度说，朱元璋同样把地主放在对立的方面。建国之始，朱元璋便采用汉高祖徙天下豪富于关中的办法，于洪武三年徙江南民十四万户于凤阳，洪武二十四年和洪武三十年分别徙富民于南京，使豪富地主离开土地，耗财去势。朱元璋则加强了对他们及他们原籍人民的控制。当地主及其代表——各级官吏规避钱粮、蠹害百姓、贪赃枉法时，朱元璋以出乎寻常的嫉恨、骇人听闻的重法坚决惩治。据明初人记载，三吴巨姓数年之中既盈而覆，或死或迁，无一存者；浙东西巨室多以罪倾其家，富民豪族盘剥殆尽。洪武四年立法，官吏犯赃罪者不赦。二十五年颁令，官吏犯赃，钞六十两以上者枭首示众，仍处以剥皮之刑。当时，府州县衙门左侧的土地庙俗称皮场庙，是专门剥赃官之皮的刑场。剥下人皮实以稻草，就悬于衙门公座两旁，以为警惕之用。

朱元璋对农民对地主似乎矛盾的态度和做法，并不使他感到困惑。因为他本人绝不认为这是矛盾的。他是一个曾经做过农民的地主，一个已经成为地主的农民，一个农民和地主的皇帝。在他眼里，最重要的是君与民的对立与统一。朱元璋抱定"民安其生，君才能安其位"的思想，千方百计使富者自安，贫者自存。他扬此抑彼、损此益彼的目的即在于此。

使朱元璋感到困惑的是，他费尽心机、苦心经营，却受到了来自农民与地主两个方面的对抗。

农民方面。元末红巾军小明王余部一直活跃在西北，杀官军攻屯寨，一直坚持到洪武三十年。除此之外，洪武元年浙江昌国、温州农民起义；洪武三年山东青州孙古朴黄巾起义，沂、邳山民起义，浙江龙泉、福建泉州、湖广绥宁农民起义；洪武六年湖州王佛儿聚众起义。福建福州、罗源、古田，广东廉州、广西永福，湖广房州、儋州农民起义；洪武十二年成都彭显贵起事，曾占十四州县。广东潮州、清远、福建漳州农民起义；洪武十四年福建漳州、古田、福安，浙江衢、处、温三府山民，广东潮州农民起义，另有广州海"寇"，据险立寨，攻城略地，被官军斩杀五千余人，俘获两万余人；洪武十五年广东东莞农民起义，铲平王起义，被杀一万，被俘两万七千余人；洪武十九年潮州，二十年惠州，二十一年韶、潮、惠州，江西袁州，二十二年韶州，二十三年烘撒，二十四年袁州、宁波，二十六年东莞，二十八年崖州，二十九年连山都发生了农民暴动。据说，洪武一朝的农民起义比过去任何一个历史时代都多。另有不少农民为逃避赋税，藏匿深山，宁肯刀耕火种也不肯赴平原接受官给牛种的优待。

地主方面。地主富户决不肯放弃任何一个中饱私囊的机会。他们千方百计规避赋役。如，把自己田产诡写在亲邻佃仆名下的"铁脚诡寄"，层层向上哄骗的"通天诡寄"，贿赂贪官污吏将他们应纳赋役转嫁农民的"移丘换段""捏造包荒""民间洒派"等。他们利用作粮长征粮运粮的权力，巧立名目，私派私敛。如舡水脚米、斛面米、装粮饭米、车脚钱、脱夫米、造册钱、粮局知房钱，看米样中米等，有的竟多达18种。农民交不起，便迫其以实物准折，从房屋、牲口、农具一直到锅灶、衣物、屋瓦。他们利用当官的机会，竭尽贪污之能事。所谓"掌钱谷者盗钱谷、掌刑名者入刑名"。朱元璋以重刑惩治贪污、户部侍郎郭桓贪污一案便追赃七百万石，牵连被杀数万余人。然而他们并不因之裹足，反继续如水之趋下。结果内外官僚能善终者寡、身家屠戮者多，杀身亡家者不计其数。

朱元璋只有不解："朕自即位以来，法古命官，布列华夷。岂期擢用之时并效忠贞，任用既久，俱系奸贪。"

只有愤恨："我欲除贪赃官吏，奈何朝杀而暮犯？今后犯赃的不分轻重都杀了！"

只有疑虑："天下初定，民顽吏弊，虽朝有十人弃市，暮有百人而仍为之，如此者岂不应经之所云（民不畏死奈何以死惧之）？"

只有浩叹："民有不知其报而恬然享福，绝无感激之心。一日天灾人祸并至，茫然无知其由……甘于利其利而不知其报者多矣。"

只有困惑。

困惑，使洪武一朝"无几时不变之法，无一日无过之人"，"或朝赏而暮戮，或忽罪而忽赦"，"激浊扬清之不明，善恶贤愚之无别"，"好善而善不显，恶恶而恶日滋。善未必蒙福，而恶未必蒙祸"。

于是，更深的困惑。

是的，"这个社会陷入了不可解决的自我矛盾，分裂为不可调和的对立面"，又无力摆脱之。"为了使这些对立面，这些经济利益互相冲突的阶级不致在无谓的斗争中把自己和社会消灭掉，就需要有一种表面上凌驾于社会之上的力量，这种力量应当缓和冲突，把冲突保持在'秩序'的范围以内，这种从社会中产生但又自居于社会之上，并且日益同社会脱离的力量，就是国家"（恩格斯）。诚然，由于国家是在阶级冲突中产生的，所以它照例是最强大的、经济上占统治地位的阶级的国家，是阶级压迫的工具。但这是国家的本质。人们有时强调国家的本质而忽略了它的特性——"把冲突保持在'秩序'的范围以内"。阶级相互对立的另一面是阶级的相互依存。水火不容的另一面是无水即无火。只有把冲突保持在"秩序"的范围内，社会才能存在，才能发展。在这一点上，朱元璋是成功的。无论对农民还是对地主，无论使用怀柔还是镇压的手段。这种成功也许正由于双重阶级烙印对他的深刻影响。而同样由于双重阶级烙印的深刻影响，他并没有真正认识到自己的成功，反而产生了困惑之感。他错了。对立的阶级总要冲突，不可能相安，不可能调和，即便是在"秩序"之下，即便是在君民矛盾的同一方。他本可以更超脱一些，那样，他的治策或许会更一贯，更稳定。

困惑，给历史以启示。

似乎只有能够同时培植两个对立阶级并能够同时铲削两个对立阶级的人（尽管他的本质或根本目的是为了一个阶级统治、压迫另一个阶级）才能成为国家的领袖，领导社会前进。换言之，农民的皇帝必须同时成为地主的皇帝，地主的皇帝必须同时成为农民的皇帝，唯其如此，才能得天下，坐天下。站在阶级的立场上，这是一种背叛。站在社会的立场上，则无所谓背叛。两个对立的阶级，却是此中有彼，彼中有此，互相依存组成了社会。于社会有利，也于本阶级有利。从这种意义上，对阶级的背叛，有时毋宁说是一种进步。

而阶级的统一、依存是相对的，阶级的对立、斗争是绝对的。国家的任务只是将冲突限制在"秩序"的范围内，本无须也不可能调和阶级矛盾。为阶级矛盾的不可调和而困惑，而不断变换既定的方针政策，实乃谬甚。然构成国家之人都在一定的阶级地位中生活。双重阶级烙印的影响使朱元璋感到困惑，单一阶级烙印的影响使其他人极易忘却国家的特性。如何自觉地调整各阶级之间的关系，如何把握将阶级冲突限制在一定"秩序"中的"度"，确实体现了治世者的识见、胆略、胸怀和艺术。

人，总是从不自觉到自觉，再从新的不自觉到新的自觉。只有走在这条认识道路上的人才会困惑。半个世纪以前，古老中国一个成功的治世者给历史留下了他的困惑。不成功又并不困惑的治世者有多少？他们给历史留下了什么呢？

◆◇ 家国

在中国，国是由家构成的。国与家连缀而成"国家"一词。就封建君主来说，国即是家，家即是国。然而多数场合这是一种笼统、宏观的说法。世上的事有时神奇得让人不可捉摸，就像天边的云，远望上去，婀娜多姿绚丽多彩，真正涉足之中，才知其不过是一团迷蒙的灰色水雾。假若君主能够在每一个统治细节上完全贯彻中国式的家国原则，那么，还存在这种原则在宏观上显露的那种温馨与和谐吗？

朱元璋所处的时代，朱元璋的经历与秉性，决定了他成为笃信传统家国原则，并企图彻底实现之的君主之一。

从国的角度看，他是一个家长。

的确，自宋以来国政即有"一兵之籍，一财之派，一地之守，皆人主自为之"的发展趋势。然而，中国式父家长的那种绝对权威、独断专行，是由朱元璋在国家体制中实现的。

洪武九年（1376），朱元璋首先把地方大权集中到自己手中，将中书省的派出单位行中书省改为直接秉承皇帝意旨的承宣布政使司，布政使司掌管刑名按察的机构又设提刑按察使司，与掌管军政的都指挥使司合称三司。三司互不统辖，均直接受皇帝指挥。洪武十三年，朱元璋杀了与之分权的丞相胡惟庸，并借此兴大狱，杀了可能妨碍其专权的数万名渡江旧部、从龙元勋，撤销中书省，废除了行之千年的丞相制。与此同时，朱元璋又将节制中外军事的大都督府一分为五，与兵部互相配合互相牵制。兵部掌管军令与军官铨选，却不能直接指挥军队，都督府掌管军籍军政，也不能直接统率军队。遇有战争，兵部奉旨颁发军令遣将调兵，都督府长官才奉旨出任将军总兵官，率军作战。战毕缴还将印，回归都督府，所调之军则各回卫所。朱元璋成了历史上权力最大的皇帝。这种权力特别表现为颐指气使、唯我独尊的家长气。洪武三年，朱元璋读《孟子》，见中有"民为贵、社稷次之，君为轻"，"天视自我民视，天听自我民听"，"君有大过则谏，反复之而不听则易位"，"君之视臣如草芥则臣之视君如寇仇"等句，不由大怒，说："这老儿若活至今天，非严办不可！"下令将孟子配享的牌位逐出孔庙。后虽予恢复，但还是派人将《孟子》一书删去了三分之一，计八十五条。所删部分"课士不以命题，科举不以取士"。他对"孝"，也做了独特的注脚："事君以忠，夫妇有别，长幼有序，朋友有信，居处端庄，莅官以敬，战阵勇敢，不犯国法，不损肌肤。"这是国与家完全混为一谈的"孝"。

从家的角度看，他是一个君主。

洪武三年（1370），朱元璋修《女诫》，规定皇后只管宫中妃嫔之事，宫门之外不得干预；于宫中立红牌诫，后妃不得参与政事，不得内外交通，犯者处死。并规定内侍不得读书识字，不得官高四品，不得兼外朝职衔，不得穿外朝官服，并立铁牌于宫门，上书："内臣不得干预政事，犯者斩。"有亲属触犯国法，朱元璋也决不姑息。早在平吴之时，朱元璋亲戚谢再兴叛降张士诚，其弟谢三谢五在总兵官李文忠指天起誓、留其性命的保证下，纳城出降，朱元璋却不管是否失信于天下，断然斩之。建元洪武后，驸马犯私茶被杀；立有大功的亲侄义子朱文正、亲甥义子李文忠均因犯罪，一被鞭毙，一被毒杀。

究竟朱元璋是以君主的身份行事，还是以家长的身份行事？是从国出发，还是从家出发？有的时候他自己也搞不清楚。他曾纳陈友谅之妾做妃嫔，对此，他写道：朕"军中未尝将一妇人女子。惟亲下武昌，怒陈友谅擅以兵入境，既破武昌，故有伊妾而归。朕忽然自疑，于斯之为，果色乎？豪乎？知者监之。"

不，他并不因此而感到困惑。家与国在他的头脑里已合而为一了。他的国便是他的家，他的家便是他的国，他一身同时兼有天子、家长的双重身份。然而自古以来人们崇尚的以国为家，并不等于把国变为自己的家。前者是形容奉献，后者则涉嫌索取。事实上，朱元璋走的正是后一条路。他困惑的是，这条路竟是如此艰难，甚而至于使他失去了家的温暖、国的安宁，成了一个踽踽独行的孤家寡人。

失爱于家。

朱元璋一生有二十六个儿子，十六个女儿。多子多孙多福的农家思想，使他的心灵得到最大的慰藉与满足。他是一个充满了爱心的父亲。这种爱心，除了同所有的父亲一样，希望子女永远不受自己受过的苦、永远享受自己未曾享过的福以外，更从国父的角度着意培养子弟成为栋梁之材，守业之主。他特于宫中建大本堂，贮古今图书备览、聘四方名儒施教，选才俊青年伴读，以为诸子学习之所。因太子为王储，又特别挑选一批德才兼备的正人君子做太子宾客、太子谕德，朝夕讲说"帝王之道、礼乐之教和古往成败之迹、民间稼穑之事"。并令太子每日跟随自己，手把手教其听断、批阅章奏，平决处理政事，见习做君。

不料，以家国合一为宗旨培养出来的太子竟然反其道而行之。知识赋予人区别于动物的最宝贵的特性之一：思想。尽管有正确的思想，有错误的思想，有切合实际的思想，有不切合实际的思想，但思想毕竟使人更加"人化"。而无论是封建君主还是封建家长都不喜欢除己以外的任何人有能够思想的独立人格。如马克思所说："哪里君主制的原则是天经地义的，哪里就根本没有人了。"倘若这独立人格竟表现在自己的儿子身上，那所引起的痛苦、暴怒则无可言状了。然而，不同的出身、经历、教育，必然决定太子不能理解朱元璋的所作所为与良苦用心。他宽厚、慈爱，信奉王道与仁政，朱元璋却以铁血政策镇压政敌或可能成为政敌的一切人。父子经常发生争执。据说，一次宋濂得罪，太子哭救其师，朱元璋怒曰："等你做皇帝赦他！"太子惶惧悲愤，投水自杀，左右急救方免。又一次，太子谏父："陛下杀人过滥，恐伤和气。"朱元璋黑沉着脸没有作声。第二天命人将一棘杖放在地上，令太子拿起来。太子踌躇不前，朱元璋教训说："你怕有刺不敢拿，我把这些刺都给去掉了，再交给你，岂不是好？我所杀的都是天下的坏人，内部整理清楚了，你才能当这个家。"太子答："上有尧舜之君，下有尧舜之民。"朱元璋再也无法按捺胸中怒火，抄起椅子朝太子掼去……

失望，失落。

儿子如此。妻子呢？妻子马皇后与自己患难相随，倾心相助。困难时宁肯自己挨饿，宁肯让偷来的炊饼烫红了胸口，也要让丈夫吃饱。她有见识、识大体，常拿体己钱物抚慰将士，稳定后方，并亲率妇女缝做战衣军鞋，支援前线，是个真正的"贤内助"。而她，难道就能理解、支持朱元璋建国之后的家国之道吗？朱元璋将她比作唐太宗的长孙皇后，她说："臣妾安敢与长孙皇后相比。然臣妾尝闻夫妇相保易，君臣相保难。陛下不忘与臣妾贫贱之时，唯愿陛下亦不忘与群臣患难之交，有始有终，方为善事。"胡党一案，朱元璋以连坐之罪将杀宋濂。马后以其为太子之师，婉言求情，不允。吃饭时，朱元璋发现皇后不动酒肉，惊问之，答曰："心里难过，为宋先生修福。"朱元璋默然不语，也放下了筷子。第二天传令特赦宋濂，免死安置茂州。洪武十五年八月，马后病，因怕连累医生得罪，不肯服药而死。朱元璋悲恸欲绝，放声痛哭。她，一个弱女子，此举之外还能说什么，做什么呢？妻子死了，他才知道，自己早已先失去了作为知己的她，而他是多么软弱、多么需要妻的慰藉。

悲戚，寂寞。

从此朱元璋不再立后，仿佛害怕最后失去那一缕还伴随着自己的温馨回忆。

失仁于国。

不管别人（包括家人）怎么看，怎么想，朱元璋铁了心要为自己的"家天下"扫平道路。

洪武十三年（1380），胡惟庸案发。

胡惟庸是渡江旧人。洪武六年始任中书省右丞相，又进左丞相，任职七年，权倾天下。他交结朋党，网罗亲信，遇有朝廷大事，竟往往独断专行，并不向朱元璋请示。朱元璋感到大权旁落，以擅权枉法之罪，铲除了这一心腹之患。从此，"胡案"成了朱元璋政治斗争的方便武器。凡有潜在威胁的功臣大吏，诸如御史大夫陈宁、中丞涂节、韩国公李善长、延安侯唐胜宗、吉安侯陆仲亨、平凉侯费聚、南雄侯赵庸、荥阳侯郑遇春、宜春侯黄彬、河南侯陆聚、宣德侯金朝兴、靖宁侯叶升、申国公邓镇、济宁侯顾敬、临江侯陈镛、营阳侯杨通、淮安侯华中，大将毛骧、李伯升、丁玉等，均作了朱元璋的刀下之鬼。加上株连九族，被杀者达三万余人。胡党之外，开国功臣中又有德庆侯廖永忠、永嘉侯朱亮祖父子、临川侯胡美、江夏侯周德兴等，以各种借口被杀身灭族。

胡案之中的李善长，是以七十七岁的老迈之身，被朱元璋托以星变，需杀大臣应灾而伏诛的。一年之后，有人为之上疏鸣冤，说："李善长与陛下同心同德，出万死以取天下，为勋臣第一。生封公死封王，儿为驸马、亲戚拜官。倘若他确佐胡氏谋反，即便得手也不过是第一勋臣，他又何必以安享万年之富贵换取侥幸万一之富贵？何况李善长与陛下并无深仇激变、大不得已之事，反而是儿女骨肉亲家，怎会忽成胡党，若说是为了应天象而诛则更无道理。臣恐天下闻之，谓功如善长且如此，四方因之解体矣。"朱元璋阅毕，默然无语。有谁能窥见他的内心世界？一个人的内心世界又怎能长久匿于铁石面具之后呢？

洪武十八年（1385）四月，大将徐达卒。

徐达，濠州人。世代务农。22岁随朱元璋起兵，南征北战定天下。曾九佩大将军印，立功盖世。为开国功臣第一。与朱元璋既是君臣，又是相濡与共的战友、手足。朱元璋曾如此评价他："受命而出，成功而旋，不矜不伐，妇女无所爱，财宝无所取，中正无疵，昭明乎日月，大将军一人而已。"那么，在徐达由病至死这一过程中，朱元璋是如何表现的呢？据云，徐达于北平患背痛，病势凶猛，朱元璋赐玺书召之归来，屡次探望，延集天下名医为之调剂。并亲祷于山川社稷城隍之庙："愿假大将军息数载，以宁万姓。吾他日与之同往。"徐达的病竟渐渐有所好转。朱元璋得知，屡派中使打探消息起居状。徐达似有所悟，暗对诸医说："尔等急去，稍迟则不得活命矣。"诸医不知何故，仓皇逃走。果然朱元璋忽遣使赐食。徐达见是背痛最忌的蒸鹅，不觉涕出，当着使臣的面吃了下去，不多日便告去也。朱元璋蓬头跣足，肩担纸钱，一路痛哭来到徐达府第。他立命收斩医徒，并百般抚慰其妻，说："嫂勿为后虑，还有朕在。"妥善安排好后事，方才离去。

不，与其说这是朱元璋的狡猾、奸诈、耍手腕，毋宁说这是朱元璋的内疚、矛盾、痛苦。为了既定的目标，他不能不牺牲自己的老友，违背自己的良心。

天有不测之风云。

朱元璋费尽心机，用沾满勋臣鲜血的双手削除棘杖之刺，然，预定的接杖之人皇太子却于洪武二十五年突然病故。时朱元璋年已六十五岁。五雷轰顶般的打击，使他须发皆白。他咬牙坚持"嫡长子继承"的家国原则，立太子之子允炆为皇太孙，重新开始了对皇太孙的培养与教育。皇太孙性情为人酷似其父。朱元璋望着单薄孱弱、年方十六的皇太孙，叹了口气，又横下心来，兴起了蓝玉之狱，广事株连，凡杀一万五千余人。功臣大吏死于其祸的有吏部尚书詹徽、户部侍郎傅友文、开国公常升、景川侯曹震、鹤宁侯张翼、舳舻侯朱寿、东莞伯何荣、普定侯陈桓、宣宁侯曹泰、会宁侯张温、怀远侯曹兴、西凉侯濮玙、东平侯韩勋、全宁侯孙恪、沈阳侯察罕、徽先伯桑敬、都督黄辂、汤泉等。蓝党之外，定远侯王弼、永平侯谢成、颍国公傅友德、宋国公冯胜也先后被杀。只有主动交还兵权、庄田的汤和、李景隆、郭英数人侥幸得以善终。

失算于后。

朱元璋为了维护一家一姓的天下，采取了早已过时的封建藩屏制。他认为："天下之大，必建藩屏，上卫国家，下安生民。今诸子既长，宜各有爵封，分镇诸国。"他声称朕非私其所亲。是的，历史上的君主委重任于其所亲时，都说举贤不避亲，然何以得知其亲为贤呢。这也许是由于亲眼看着成长、于己有血缘关系而更为了解、可信、可靠的缘故。朱元璋却不尽如此。他既将天下之国变为一己之家，既失信于天下，天下亦已失信于他，他就不得不走分封这一条路。虽然他明知道分封会引起同室操戈、骨肉相残，但还是相信可以有补救的措施，还是相信内部矛盾比外部矛盾容易解决。一次朱元璋问太子，汉七王之乱，曲直安在？太子答曲在七国。朱元璋说，这是讲官讲偏了。景帝做太子时，曾经用棋盘打死了吴王世子，即位以后又听晁错建议黜削诸侯，这才引起了七国之乱。讲官应这样对诸皇子阐述此事："藩王必上尊天子、下抚百姓，为国家藩辅，以无挠天下公法。如此，则为太子者知敦睦九族、隆亲亲之恩；为诸子者知夹辅王室，尽君臣之义。"洪武五年，朱元璋命编《昭鉴录》，详细列举汉唐以来藩王善恶事迹以为劝诫。立皇太孙后，又编《永鉴录》《皇明祖训》严格规定皇帝、藩王、臣下的职责权限及相互关系，并强调："凡我子孙，钦承朕命，勿作聪明，乱我已成之法，一字不可改易。"更改祖训者以奸臣论，杀无赦。与此同时，又制定了各种限制措施。除传统的"列爵而不临民，分藩而不锡士"以外，着重限制藩王的护卫人数。但是内外形势决定了，朱元璋既要依靠藩王以为屏蔽，限制措施便成了一纸空文。北部塞王因有御边之任，重兵在握；内地藩王出镇各大都会，成为朱元璋在地方的军权代表，"凡奉敕调兵不启王知，不得辄行。"而权力之争又引起兄弟父子的更深矛盾。早在洪武九年大臣叶伯巨即上疏痛陈："秦、晋、燕、齐、梁、楚、吴、蜀诸国，各尽其地而封之，城郭宫室之制，广狭大小仅亚于天子之都，优于甲兵卫士之盛。臣恐数世之后，尾大不掉，然后削其地而夺之权，则起其怨，如汉之七国，晋之诸王，或则恃险争衡，或则拥众入朝，甚则缘间而起，防之无及也。"这正触到了朱元璋的痛处，他大发雷霆，斥骂曰："小人放肆，竟敢离间我骨肉！"要亲手射杀之。后终将叶氏逮至狱中饿死。

叶氏死了。朱元璋也有死的一日。他无从知道，叶氏所陈，他所不愿听、不愿承认、不愿发生的一切都发生了。朱元璋死后不出五年，由于建文帝朱允炆削藩，朱元璋四子燕王朱棣引祖训起兵"清君侧"，打了三年"靖难之役"，推翻亲侄朱允炆，自己做了皇帝。好像是短暂秦朝之后的汉、短暂隋朝之后的唐一样，自此之后的国，已不是朱元璋心目之中的国；自此之后的家，也已不是朱元璋嫡长子相承的家了。朱元璋为家为"国"为家国合一，经营了一生，到头来却失去了他的家与国，成了无家无国之人。倘人死后有知，他又将陷入怎样深重的困惑之中呢？

困惑，给历史以启示。

中国的家国观念由来已久。在生产力极其低下的时代，血缘、伦理，将一个个状若散沙的小家庭黏合起来，筑成一个幅员广阔、人口众多、冠之以"国"的大家，发挥出改造自然的雄浑柔韧之力，显现一种和谐的美。而历代治国者往往自觉不自觉地以父家长自居，将国当作自己的家或变为自己的家。泱泱大国，何以为一己之家？小家庭有它的自私性、狭隘性、排他性。以治小家之策国之大家，名为无私，实则有私。倾轧，肆杀，毁灭贤良，任人唯亲，独裁专制……在治国者手中，家与国的合一只能是一种凶残的丑行、丑状。

中国的家庭观念由来已久。父业一定欲要子承。父辈一定要不惜任何代价为儿孙铺平道路。唯可叹"痴心父母何其多，孝顺儿孙谁见了？"不同的经历、教育、生活环境，如何使儿孙毕肖其父，尽遂父愿？勿论朱标、朱允炆儒雅懦弱不堪担当大任，只看朱元璋意欲给子孙带来福泽的后果，便让人啼笑皆非。洪武初定，皇族按血缘远近均支以一定数额的俸饷，出生由礼部命名，成人由皇家主婚。不料皇族人口与其他人口一样按几何级数增长，到嘉靖四十一年，仅诸王府禄米即占全国收入的四分之一以上，比输往京师之米多出一倍多。各地皇族禄米，如山西、河南等省，竟超出存留米粮的一倍多。祖法并禁止皇族科举做官、自谋生计，疏远皇族只得啼饥号寒。有无钱贿赂礼部者，一辈子无名无婚嫁。活活培养出一个寄生虫阶层。

困惑实有多种：一是先知而不为世之所容；一是不知而为心之所扰，一是错知而行之不通。

朱元璋关于家国的困惑或许属于第三种。而天下人往往行之不通又不知错，行之不通却还要照旧行之，困而不惑，更使后人为后人困惑也。

◆◇ 人生

中国古代思想家孔子曾这样总结他的一生："吾十有五而志于学，三十而立，四十而不惑，五十而知天命，六十而从心所欲，不逾矩。"

人的一生往往都是坎坷的。若一个人能够在坎坷的人生拼搏中孜孜不倦于对真理的追求，不断认识和战胜自然与自我，他便最终能够获得一种超然的自由。那时人生于他，是常青之树，他于人生，是自在之主。他尽可去热爱人生拥抱人生把握人生，他的心境是豁达轻松欢愉平静安详满足的……

朱元璋的人生呢？

朱元璋的一生极富传奇色彩，从一个放牛娃、游方僧一步登天做了皇帝。人所有的他均有，人所无的他亦可得，随心所欲为所欲为，应该说事业上是成功的。然而他的人生却并不轻松也并不潇洒。

朱元璋遗诏中有："朕膺天命三十有一年，忧危积心，日勤不怠。"

他生前曾说："吾平日无优伶婢近之狎，无酣歌夜饮之娱。正宫无自纵之权，妃嫔无宠幸之眠"，"每旦星存而出，日入而休，虑患防危，如履薄冰。苟非有疾，不敢怠惰，以此自持犹恐不及"，"朕自即位以来，尝以勤励自勉，未旦即临朝，晡时而后还宫，夜卧不能安席，披衣而起，或仰观天象，见一星失次，即为忧杨；或量度民事，有当速行者，即次第笔记，待旦发遣"。

"实录"记载也是如此。如洪武十七年九月十四日至二十一日八天内，内外诸司奏札凡一千六百六十件，计三千三百九十一事。也就是说，他平均每天要看或听二百多件报告，处理四百多件事。（《朱元璋传》）

朱元璋在忧虑中度过了一生。忧虑是困惑的一个侧面。面对忧虑的人生，朱元璋有着什么样的困惑呢？

命。

生活在封建社会，"死生有命，富贵在天"的思想，不能不给朱元璋以很大影响。朱元璋出身卑微却做了皇帝，是命该如此，还是逆命而行？他仿佛一生都在喋喋不休地试图向自己和他人说明：是命该如此，不是逆命而行。而这一举动本身，不恰恰说明了他对这一问题的困顿与惶惑吗？

一方面，朱元璋对自己的根基表现出极大的自尊。

历代开国君主多尊古代同姓名人为祖，以示血统之高贵，朱元璋父、祖皆佃，外祖为巫，有文臣建议朱元璋附于宋代名儒朱熹之后，他沉吟未决。时恰逢徽州一典史来见。朱元璋闻说他姓朱，触到了心事，顺口问道：你也是宋儒朱熹之后吗？典史不知何故，据实答曰：否。朱元璋突生一种奇耻大辱之感：区区典史尚不肯冒认他人为祖，我赫赫皇帝难道不已是天之子吗？他否决了文臣的建议，反而大肆宣扬自己像汉高祖那样，是起于微寒、上庸天命的开基创业之祖，说话行文总要理直气壮地强调："朕本江左布衣""淮右布衣""匹夫""起自田亩"等等。

理直气壮的背后总有些心虚，他又亲撰了《周颠仙人传》，行所谓神道设教之事。他说周颠是个烧不死、饿不死、灌不醉的仙人，常疯癫癫地缠着朱元璋"告太平"。一次画地成图，指图对朱元璋说："你打破个桶（统），做一个桶。"朱元璋领兵征陈友谅，问周颠可否，周颠回答：可。朱元璋又问：陈友谅已称帝，平他还容易吗？周颠仰面观天，稽首正容道："上面无他的。"舟师出发江面无风，周颠说："只管行，只管有风，无胆不行便无风。"果如其言，等等。以神仙征应说明他确是受命于天的真龙天子。

而民间也跟着传说朱元璋是天上星宿下凡，具体到是二十八宿中的娄宿。朱元璋出生的元天历元年，娄宿隐暗。朱元璋死去的明洪武三十一年，娄宿复明。就连朱元璋小时放牛，也有种种神奇传说。如他率众牧童杀牛吃肉，将牛尾插入山中，回报主人说是牛钻入山里了。主人去拔牛尾，尾摇牛吼，再拔不出……

这些，还不够他自尊自豪吗？

另一方面，朱元璋对自己的根基表现出极大的自卑。

他绝不能容忍别人轻视、哪怕是提及自己的出身。更不能容忍别人怀疑自己的帝王之命。于是，洪武一朝出现了一种奇特的文字狱——犯忌。

朱元璋当过和尚,不但"光""秃""僧"等字为讳,就连与僧发音相近的"生"也不能用;朱元璋参加过农民起义,"寇""贼",甚至同"贼"音形相近的"则",也都被看作是犯上文字。大臣奏表中凡有触犯禁忌者,一律问罪杀头。最典型的例子是,徐一夔《贺表》有"光天之下,天生圣人、为世作则",朱元璋读了暴怒,说:光天之下的"光",是骂我秃;天生圣人的"生"是僧,骂我当过和尚;为世作则的"则",声近于贼,骂我做过贼!

而有人献"天书",证明"上位"确是真命天子,也似乎触到了朱元璋自卑自贱的敏感神经,同样被杀。

这是一种什么样的心态呢?朱元璋自己也被搅糊涂了。他经常心慌、心悸,发热病。有时出现幻听幻视,见到了天上的神仙宫阙;有时喜怒无常,躁狂失态,不能自已,表现出他不信命又信命,渴望把握自己的命,又生怕把握不了的复杂心理。

运。

即便有命,也并非见得有运。世间多有有命无运之人。元明鼎革,朱元璋亲眼所见。世事无常,人生无常,放牛娃当了皇帝,朱元璋亲身所历。皇帝宝座能否坐得长久?这一问题无时无刻不在缠绕着朱元璋,使他"寝不安枕,忧悬于心"。

朱元璋无法摆脱这种忧,无法掩饰这种忧,索性以冠冕堂皇的道理为自己的忧作注脚,到处宣传、提倡这种"忧"。他说:"尧舜圣人,处无为之世,尚犹虑之,矧德非唐虞,治非雍熙,天下之民方脱于戕残,其得无忧乎?夫处天下者,当以天下为忧;处一国者,当以一国为忧;处一家者,当以一家为忧。且以一身与天下国家言之,一身小也,所行不谨,或致颠蹶;所养不谨,或生疾疾。况天下国家之重,岂可顷刻而忘警畏耶!""古之贤君常忧治世,古之贤臣亦忧治君。贤臣之忧治君者,君常安;明主之忧治世者,世常治。""其寻常之君,不以天下为忧,反以天下为乐,国亡自此而始。""朕尊居天位,念天下之广,生民之众,万机方殷。""未尝一日忘其忧。"

然而,有谁能说这种忧,不是出于害怕政权得而复失的虚弱心理呢?

虚弱心理就像是一副无形的有色眼镜,给所有的人和事都罩上了一层可疑的色彩。朱元璋不相信任何人,他建立了由检校、锦衣卫组成的庞大特务网。

检校专门探刺隐秘、告发阴私、监视恐慑、调查搏击。朱元璋自己说:

有了这些人，"譬如人家养了恶犬，则人怕"。

检校足迹无处不至。任何人，包括和尚，都可充作检校。任何人，包括检校自己，都被检校监视。

宋濂性格诚谨，有一次请客喝酒。隔天，朱元璋问他昨天喝酒了没有，请了哪些客，什么菜？宋濂据实回答，朱元璋才笑着说，"全对，没有骗我。"

国子祭酒宋讷独坐生气，面有怒容。朝见时朱元璋问他昨天生的什么气？宋讷大吃一惊，照实说了，朱元璋叫人把偷着给他画的像拿来看，他才明白。

这是朱元璋对特务工作的一种卖弄，对左右臣下的一种警慑，对自己手腕的一种得意。雕虫小技的卖弄，色厉内荏的警慑，心虚胆怯的得意。

锦衣卫则是皇帝直接统辖、组织完备的军事特务机构，掌握诏狱、廷杖。负责审判、处置全国所有的政治性重罪犯人，并在殿廷杖责官员。朱元璋亲侄朱文正、工部尚书薛祥被杖死，永嘉侯朱亮祖父子被鞭死，大理寺卿李化鲁被掼死阶下等等，皆出其手。

除检校、锦衣卫外，朱元璋在地方普遍设立巡检司盘诘行人、验查路引（通行证），规定："凡军民人等往来，但出百里即验文引，如无文引，必须擒拿送官，仍许诸人首告，得实者赏，纵容者同罪。"并推行里甲连坐之法，查拿逸夫（无业游民）"一切臣民朝出暮入，务必从容验了。""一里之间、百户之内，仍有逸夫，里甲坐视、邻里亲戚不拿，其逸夫或于公门中，或在市阎里，有犯非为捕获到官，逸夫处死，里甲四邻化外之迁，的不虚示。"

虚弱心理的另一种表现是以猛治国。所谓"猛"，有两种表现：

一是杀戮。

除上述杀功臣、杀犯忌者之外，还有杀戮名目。

杀贪官，其实有不少并非贪官。

洪武十五年（1382）"空印案"。朱元璋以为地方上官吏按惯例携带空印文册以备户部驳回更改其中有弊，不分青红皂白将全国各地衙门主印长官一律处死，佐贰官杖一百充军边地。

洪武十八年（1385）"郭桓案"。户部侍郎郭桓被控舞弊，朱元璋将户部左右侍郎以下全部处死，地方布政使官吏被杀数万人，全国中产以上地主破家的不计其数。

还有洪武四年录天下官吏；十九年逮官吏积年为民害者；二十年罪妄言者，被杀官吏成千上万。其中员外郎张来硕因谏止用已订婚少女做宫人，竟被碎肉而死。

杀文人。

朱元璋对不肯合作的文人决不手软，他说："率土之滨，莫非王臣，寰中士大夫不为君用，是自外其教者，诛其身而没其家，不为之过。"贵溪儒士夏伯启叔侄断指誓不做官，朱元璋大怒，派人将其押回原籍，处死枭令籍没其家，"以绝狂愚夫仿效之风"。

大规模无休止的杀人，造成了朝野上下的极端恐怖。据说朱元璋杀人之前习惯将玉带揿在肚皮以下，每日上朝，文武官员均提心吊胆揣摩有无杀人风暴的信号，若居然能活着回家，与出门时诀别相反，则合家庆贺又多活了一日。

后人评说："明祖借诸功臣以取天下，及天下既定，即尽取天下之人而尽杀之，其残忍实天下所未有。"

二是严刑。

明代刑罚极其残酷，多施法外之刑。挑筋、剁指、刖足、髡发、挑膝盖、蝎蛇游，无所不用其极。重辟之罪，除凌迟处死外，有枭令："以钩钩脊悬之"；有所谓刷洗："裸置铁床，沃以沸汤，以铁帚刷去皮肉"；有称竿："缚之竿杪，彼末悬石而称之"；有抽肠："亦挂架上，以钩入谷道钩肠出"；有剥皮："剥酷吏皮置公座"；等等。集体杀人之法又有所谓"铲头会"："掘地埋其身，十五并列，特露其项，用大斧削之，一削去数颗头。"

普通人或朱元璋视之为眼中刺的功臣大吏自不必说，即便一般为士者也都"以溷遁无闻为福，以受玷不录为幸，以屯田工役为必获之罪，以鞭笞捶楚为寻常之辱"。

是朱元璋不知滥施严刑之弊吗？否。

一次朱元璋与群臣论刑法。有人说："法重则人不轻犯，吏察则下无遁情。"朱元璋说："不然。法重则刑滥，吏察则政苛，钳制下民而犯者必众，钩索下情而巧伪必滋。石头山，山非不高，而草木不茂；金铁溪，水非不清，而鱼鳖不生。古人立法制刑为的是防恶卫善。所以，唐虞以改易冠服代替杀戮而民不犯，秦朝施凿颠抽胁之刑、惨夷之诛却囹圄成市、天下怨叛。……朕闻帝王平刑缓狱而天下服从，未闻用商韩之法可以致尧舜之治也。"

洪武二十八年（1395），朱元璋下令："嗣君统理天下，止守律与大诰，并不许用黥刺剕劓阉割之刑。臣下敢有奏用此刑者，文武群臣即时劾奏，处以重刑。"

朱元璋自己为什么却反其道而行之呢？这难道不是他对长保家运、国运的一种极其痛苦的忧虑、极其强烈的意欲的反映吗？

命和运，确实是难以捉摸的。难以捉摸的命运，赋予了朱元璋一个困惑的人生。

困惑，给历史以启示。

治国者的人生与国的发展息息相关。封建专制社会更是如此。一个人、一个集团从被统治者一跃而成为统治者，他的思想应当迅速适应统治者的地位与环境。朱元璋内心深处的思想情感、思维习惯却似乎还停留在夺取全国政权以前。他为自己的卑微出身感到羞辱，转而猜忌、愤恨一切不同于自己，特别是有知识的人。他习惯于征战杀伐、地下斗争，总感到杀机四伏，总是自然地运用过去用惯了的手段从肉体上消灭自己的敌人，包括可能成为的敌人和假想的敌人。这种心理状态的根源在于不认识自己，对自己的统治不自信，因而缺乏应有的襟怀与气度。结果政治常不安定。

治国者又实在不应把他自己的人生等同于国的命运。朱元璋居安"忧"危，表面上"忧"的是国是民之危，实际上"忧"的是他自己和他子孙的统治之危。如果治国者的一生本来是与国的命运同向发展的话，那么，事实上当他将国与己完全混为一谈的那一刻起，他的人生便与国的命运背离背反了。

什么是真正的人生，成功的人生？有人说：无私无畏，无悔无愧。有人说：战胜自然，战胜自我。有人说：达于自由，达于自然。这，也适用于治国者吗？

朱元璋为自己的人生而困惑，为数不少的治国者却似乎没有自己的人生。不困惑的困惑，难道不是更大的困惑吗？

洪武三十一年（1398）四月，朱元璋祭享太庙。礼毕，他缓步踱出庙门，徘徊顾立，指桐梓对太常寺卿说："往年种此，今不觉成林，凤阳陵（家乡祖墓）树，也一定如此吧？"说着，感怆泣下。两个月后，朱元璋一病不起，安然故去。

年年复年年，孝陵陵木亦已成林。年年复年年，又有几多陵木不觉成林？但见那，古碑荒塚，寒鸦残照，匆匆过客，终归寂寥。却不见，朵朵疑云已化作了轻雾薄霜、落霞飞虹，永远装点着神秘的历史长河。

朱
允
炆

仁君梦的悲壮实践

◎杨　林

　　君主是天生最不该具有仁慈、宽柔性格的一类人。尽管矫饰出来的宽仁或许能带来统治上的若干好处，但是，当君主真的具有这类性格，甚至要认真推行它时，君主统治的结束便已经为期不远了。

　　十四、十五世纪之交，中华帝国的专制铁幕下，吹拂过一阵柔和的清风。建文帝朱允炆和他的臣子们所进行的一场政治变革运动，给明初政坛带来了短暂的开明。然而，仅仅四年时间，这短暂的开明之治便被亲王们以武力扼杀了，象征新政的年号也被全部革除，这便是明史上的所谓"革除之际"。关于夺位和屠杀的历史记载，遭到篡弑者的野蛮禁毁，以致存世无几，但是从历史的缝隙中，人们仍然能够看到那惊心动魄的一幕。

◆◇ 血与火的谢幕

　　明建文四年（1402），为传统干支纪年的壬午年。这一年发生在中国政治舞台上的悲剧，史称"壬午之难"。

自从明太祖朱元璋定都以来，在天子脚下讨生活的南京百姓们，已有三十余年未蒙兵灾了。燕王朱棣"靖难"兵起，惊碎了秦淮河上的笙歌灯影。自六月三日燕军横渡长江，兵临南京城下，这座国都便陷于一种大难临头的紧张气氛之中。

六月十三日，南京城破。成千上万身披铁甲、手执长矛的燕军士兵，蚁拥蜂攒一般的杀进了金川门。一时间，京都街头战马嘶鸣，箭矢如雨，哭声震天。一场激烈的争夺过后，朱棣的军队终于控制了全城。他意识到，自己在夺取侄子皇位的斗争中已经获胜，便忘情地策马向建文帝居住的皇宫奔去。

就在这时，皇宫中突然燃起了一股熊熊大火。血红色的火光从红墙黄瓦间高高升起，卷起滚滚黑烟，伸向天际。朱棣最关心的是建文帝朱允炆的下落。他急忙派人飞速冲进宫中灭火搜人，并在全城戒严，严令士兵们把住各门，不得放任何人出入。大火被扑灭了，皇宫的每个角落都经过反复细致的检查，竟不见建文帝的踪影。

在假惺惺地演出了四天固辞劝进的把戏后，朱棣废除了建文年号，正式登极称帝。在即位诏书中，他对倒台的侄子进行了严厉指责。他要以此来说明自己夺位的名正言顺。

> 允炆以幼冲之资嗣守大业，奈其秉心不孝，更改宪章，戕害诸王，放黜师保，崇信奸回。朕乃整师入京，秋毫无犯。诸王大臣谓朕太祖之嫡，应天顺人，天位不可以久虚，神器不可以无主，上章劝进，朕拒之再三，俯徇舆情，乃即皇帝位。

无论把话说得怎样冠冕堂皇，朱棣终究无法洗去自己身上篡弑的印记。他的夺位，在朝野上下的文人中自然遭到了激烈反对。京师陷落后，建文朝臣中仅有二十余人前去迎附，在任逃遁的却多达四百六十三人，致使朝署几空，整个国家机器完全陷于瘫痪。

更使朱棣恼火的是，竟有不要命的人匿于迎降者中欲谋行刺，幸亏他防范严密，才未遭暗算。因此，他上台后的第一件事，就是对反对派实行最残酷的报复性镇压。几乎所有忠于朱允炆而又不肯同他合作的文臣，都被他指为"奸臣"，遭到榜示通缉。

捉拿建文遗臣的悬赏是相当优厚的：凡文武官员军民人等，绑缚奸臣为首者升官三级，为从者升二级；绑缚官吏为首者升二级，为从者升一级。赏格一出，告密者蜂拥而至。或邀官求赏，或挟私泄愤，或勒索财物，简直是鸡飞狗跳，乱成一团。

一场血腥的大屠杀开始了。

建文朝主持变法的文学博士方孝孺，在诸臣中被祸最惨。城破当天他即被执下狱，朱棣命他为自己草诏，遭到了严词拒绝。朱棣以"灭九族"相胁迫，他回答："便十族奈我何！"恼羞成怒的朱棣命令手下以刀抉其口至两耳，然后磔于市。在九族之外，又以其朋友、门生算作一族并诛，坐死者八百七十三人，谪戍缠死者不可胜计。

原兵部尚书齐泰和太常寺卿兼翰林学士黄子澄，是朱棣起兵首指的"奸党"，京师陷落时正在外地募兵，不久皆因人告密被捕，并由朱棣亲自进行了审讯。他们抗辩不屈，同死于酷刑之下。族人不分老幼，全部斩首，姻党悉戍边。

礼部尚书陈迪与子弟六人同磔于市。刽子手把他儿子的鼻舌割下炒熟，塞入他口中，他吐出后高声大骂直至凌迟而死。他死后，人们从血染的衣带中得到一首遗诗：

> 三受天王顾命新，山河带砺此丝纶。千秋公论明于日，照彻区区不贰臣。

刑部尚书暴昭，被捕后骂不绝口，被朱棣亲自打掉牙齿，又砍去手足，犹斥骂不息，最后断颈而死。

兵部尚书铁铉被强押上殿朝见朱棣。为了表示对篡贼的蔑视，他背立廷中历数朱棣罪状，被割去耳鼻也不肯正视朱棣一眼，最后以寸刀慢割而死。朱棣犹不解恨，又将他的尸体投入油锅，烧成炭灰。

大理寺少卿胡闰，在朱棣召见时竟身穿丧服，恸哭而至。朱棣命他更衣，他不肯，被以金瓜落尽其齿，勒死廷间。朱棣又将他的尸体浸于灰蠹水中，剥下皮来，用稻草充塞后，悬挂在武功坊外示众。

金都御史司中，也在朱棣面前出言不逊。朱棣命人剥去他的衣服，以铁帚刷其肤肉至死。

御史大夫景清本与朱棣有旧，颇受器重。朱棣进京后仍授以原官。但他却在早朝时身藏利刃，准备行刺，不幸被发觉。朱棣责问他时，他奋起回答："欲为故主报仇耳！"景清死后，又遭赤族、籍乡，转相攀染，村里成墟，被称作"瓜蔓抄"。

监察御史高翔也是被朱棣看中的人才，准备授以官职。可是他厉言相讥，结果家遭族没，祖坟也被挖掘。

……

在这场骇人听闻的大屠杀中，无辜罹难者成千上万，难以尽数。其杀戮之惨，手段之恶，甚至超过了异族入侵，确是历史上所罕见。连建文遗臣的女眷们，也都被朱棣发付教坊司当作娼妓，转营奸宿。

用专制的屠刀对付那些没有反抗能力的文人，并且株连亲属，这算得上是中国封建社会的传统，而这些身在刀俎之上的文人却又偏偏不肯屈服，一个个都是铮铮铁骨，在极端野蛮的酷刑下毫无惧色，对朱允炆表现了最大限度的忠诚。除死于朱棣刀下者外，礼部侍郎黄观、翰林修撰王叔英、监察御史魏冕、太常少卿廖升、大理寺丞邹瑾等一大批左班文臣，在南京城陷后也相继自裁。他们宁肯为建文新政殉身，也不愿再回到亲王军人统治的暴政之下。明人朱鹭在《过金陵吊方正学诸臣》诗中这样写道："四年宽政解严霜，天命虽新故忍忘？自分一腔忠血少，尽将赤族报君王。"多少道出了他们怀念故主，甘为开明政治献身的心情。"吾徒虽死终无憾，望采民艰达圣明"，他们还企图以自己的慷慨赴死，唤起执政者对百姓的同情。

在血泊中倒下的文人们，成了专制者祭祀之用的牺牲品，但被烤炙的这个王朝本身，最终也无可避免地被送上了祭坛。壬午之年的大屠杀，使国家大伤元气，在民族心理上造成的创痛，历有明一代而不得平复。以至明末人总结明亡经验时，将"靖难"视作明亡各种原因之本。这些史家们坚持说，正是由于朱棣夺位诛戮无度，才使后来臣子只知自保身家富贵，不肯效死国家，官场上阿谀逢迎、持禄固宠之风渐盛。李自成进京时，满朝文武竟无一人抗节骂敌而死。当然，这已是两个多世纪以后的话题了。

朱棣虽然夺得了侄子的皇位，却没有抓到朱允炆本人。这位青年皇帝究竟结局如何？是被乱兵所杀？还是纵火自焚？明代各种史书众说纷纭，莫衷一是。

据《奉天靖难记》等官修史书记载：皇宫的大火被扑灭后，人们从灰烬中找到一具烧焦的尸体，已经无法辨认了。朱棣认为这就是建文帝，他曾故作惋惜地叹息道："小子无知，乃至此乎！"于是七天后为允炆举行了葬礼，遣官致祭，辍朝三日。

在民间流传的《从亡随笔》《致身录》和谷应泰《明史纪事本末》中，却记载着这样一个与官史截然不同的传奇故事：京城陷落后，朱允炆准备以死殉国。翰林院编修程济极力劝他出逃。少监王钺也跪在地上说："昔太祖高皇帝升天时，留下刘基制作的一只遗箧，嘱咐遇到大难方可打开，现收藏于奉天殿内。"众人闻言急命将遗箧取来。这是一只红色木箧，周围俱固以铁。程济急忙打碎木箧，见到三张度牒和袈裟、僧帽、剃刀等物，有朱红小字详细写明从何处可以出宫。建文近臣五六十人见状都痛哭仆地，表示甘愿从亡。朱允炆流泪道："有等任事著名，势必究诘；有等妻子在任，心必萦系，宜各从便。"于是程济迅速为朱允炆祝发易服，并挑选九人随其从地道逃出京师。以后，他一直隐姓埋名，流落于云桂川黔的深山古刹之中。有些记述还收录了几首具名朱允炆的诗，其中最著名的一首写道：

> 牢落西南四十秋，萧萧白发已盈头。
> 乾坤有恨家何在？江汉无情水自流。
> 长乐宫中云气散，朝元阁上雨声收。
> 新蒲细柳年年绿，野老吞声哭未休。

英宗正统五年，朱允炆在外已经流浪了近四十个春秋，年纪的增大和身体的虚弱，常常使他追思往事，很想死后埋在祖先的陵墓旁。他向广西思恩州知州讲明了自己的真实身份，被礼送北京。英宗为辨明真假，让建文时老阉吴亮出来鉴别。朱允炆见到吴亮，立即认出他来。吴亮初不肯认，朱允炆对他说："当年我御便殿，你侍食。我弃子鹅肉于地，你手执壶，据地狗舐之，难道竟忘了吗？"吴亮伏地泣不成声。朱允炆左脚趾上有颗黑痣，吴亮验过属实，捧着他的脚又大哭一场。后来，朱允炆被迎入西内居住，宫中人都叫他老佛爷，直到死后被葬于西山，不树不封。

　　野史的记载，反映了人们对建文帝逊国的同情和对朱棣夺位的不满。实际上，当皇宫起火时，皇后马氏跃入了熊熊烈火中。七天以后，她的尸骨被当成建文帝秘密埋葬。建文帝虽然不像传说的那样流落西南，又自陈入宫，但他确实在京师城破时乘乱出走了，并且再也没有回来。建文遗踪已成为一个永远无法解开的千古之谜。

　　早在朱棣登极之时，朱允炆率从亡诸臣出走的消息便传到他耳中。从火堆中发现的那具尸体并不一定是朱允炆，这一点他比任何人都清楚。这个英鸷狠毒的皇帝无论如何放心不下，一面在全国各地追治所谓"奸党"，一面派人四出密查朱允炆的踪迹。第一个被派出的是太监郑和，他于永乐三年出使西洋的目的之一，便是寻找被疑为流亡海外的朱允炆。第二个受命密访的是户科都给事中胡濙，他在外寻踪探迹前后达十六年之久。永乐二十一年的一天，胡濙出巡还朝，已是深夜，已经就寝的朱棣急忙起身召见。两人密谈至次日凌晨，胡濙漏下四鼓乃出。虽然无人知晓密谈内容，但多以为必与允炆踪迹有关，很可能他已得到了有关允炆的确讯，如果不是死亡的消息，则必定已示甘心让国，恩怨勾销。追寻了多年的疑案，才算悄悄了结。然而这时距朱棣去世只有八个月时间。他以篡弑夺位二十二年，竟被侄子的疑踪搅扰了二十一年之久。

　　无论如何，建文帝朱允炆是亡国了。以一位得人心曾无过举的青年皇帝，在维护极端专制主义的保守势力无情打击下，仅执政四年而横遭惨败，饮恨皇城，引起了当时和后世许多人们的怀念。明代文人笔下的建文四年，士大夫崇尚礼义，百姓家给人足，道化融洽，路不拾遗。他的仁声义闻甚至远播西域，有"治民几等于三代"之誉。不该胜利的成了胜利者，不该失败的却大败亏输。这种历史的逆反现象使人们感到迷惘不解，封建史家们只好将其归于"天意"。

　　建文之败，是必然，还是偶然，能够避免，还是无法避免，它占据着历史思维的时空，萦绕在每个重读这段旧事的人们心头。

◆◇ 微臣的预言

　　洪武三十一年，也就是发生"壬午之难"的四年前，明皇室叔侄间的这场政治绞杀刚刚拉开序幕。

这一天是闰五月十七日。一向肃穆阒寂的南京皇城内，传来了阵阵不祥的钟声。七十一岁的明太祖朱元璋，在病榻上结束了"雄猜好杀"的一生。

洪武一朝旦夕危惧的文武百官们，正跪伏奉天殿前。对这位开国皇帝的去世，他们似乎并没有多少悲哀之情，相反，不少人心中还隐约泛起松下一口气来的感觉。司礼秉笔太监用干涩的语调，宣读着太祖早已备下的遗诏：

> 皇太孙允炆，仁明孝友，天下归心，宜登大位。中外文武臣僚，
> 同心辅佐，以福吾民。布告天下，使知朕意。诸王临国中，无得至京。

于是，皇太孙朱允炆正式成为大明朝第二代君主。在历史的安排下，这个年仅二十一岁的青年被遽然推向了权力的巅峰。

朱元璋去世后的第六天，明宫中举行了新帝登极大典。此时，年轻老成的朱允炆高坐在祖父坐了三十一年的金銮宝座上，接受百官的宣表致贺。但大臣们很快便发现，这位青年皇帝的脸上，丝毫也看不出那种新主君临天下的兴奋之色。二十一岁本该是一个无忧无虑的年纪，而身为一国之主的朱允炆，稚嫩的肩膀上却压着普通人难以想象的重负。他清楚地意识到，随着皇位的更替，统治圈内一场你死我活的夺权斗争已经开场，祖父交给自己的这条船，正行驶在随时可能面临灭顶之灾的政治旋流之中。

朱允炆面临的危险，首先来自那些为祖父亲手封立，又重兵在握的亲王们！

作为明帝国的开创者，朱元璋本是一个极富谋略的政治家。在元失其驭、四方鼎沸的形势下，他以凤阳皇觉寺中的一个穷和尚，不失大乱之机，经百战而后翦灭群雄，竟为天下之主。但在分封诸子的问题上，他的政治远见却受蔽于强烈的宗法意识。他以为，周天子大封诸侯，所以行之久远；秦始皇废而不行，很快便致亡国。特别是鉴于宋、元末年宗王衰弱，帝室危难之秋缺少屏护的教训，这位乱世英雄愈发感到，只有将儿子们封以爵号，分镇诸国，才能形成一道拱卫天子的屏藩，保证朱氏天下，万世一系。

以宗室力量来钳制朝中官僚系统的权臣，屏御外乱，镇压民众，正是中

国君主制下经常的政治方略。

基于这一政治方略，朱元璋在称帝以后，便开始了他建藩的精心安排：

洪武三年四月，第一批皇子九人被封为秦、晋、燕、吴、楚、齐、潭、赵、鲁诸王。

洪武十一年正月，第二批皇子五人被封为蜀、湘、代、肃、辽诸王。

洪武二十四年四月，第三批皇子十人被封为庆、宁、岷、谷、韩、沈、安、唐、郢、伊诸王。

建藩之后，朱元璋又唯恐儿子们事权不重，下诏使之府置官属，藩王护卫甲士少则三千，多则数万，被授以"外镇偏圉，内控雄域"的重要使命。他有意使秦、晋、燕三藩鼎立，并在祖训中明言："朝无正臣，内有奸恶，亲王训兵待命，天子密诏，诸王统领镇兵讨平之。"这就使亲王招兵买马的行为成为合法，也给日后发动兵变提供了堂皇的口实。特别是被封为燕王的四子朱棣，受命总领北方军务，数次带兵出塞作战。他的军事力量何止编制上的区区护卫军士。在长年征伐中，燕王逐渐控制了北方的军权，成为强藩之首。

在皇位继承的安排上，精明的朱元璋犯了一个不该犯的错误。他将诸子封为藩王，领兵分镇，却将选定的皇位继承人留在自己身边，让其终日接受儒臣的教育，结果导致了外藩强悍而皇储仁柔的局面。洪武二十五年，被朱元璋选作储君的长子朱标突然病故，他的第一次立储设想被打乱了。出于对太子的感情和立嫡长子的传统习惯，他在四个月后选立了朱标的儿子朱允炆为皇太孙。

史书记载，朱允炆年幼时顶颅颇偏，这对一位皇储的外貌来说，不免使人感到有些缺陷。朱元璋曾抚摸着他的头，叹着气说："怎么像半边月呢？"很担心他将来不得善终。但允炆长大后，聪颖好学，性情慈恺，终于得到了祖父的喜爱。朱元璋希望他成为一个温文知礼、宽厚多德的皇帝，免得将来宗室中仇恨、君臣间猜隙，便让通经明史的儒臣担任东宫讲官，又精心挑选了明秀雅重的国子生作为伴读。正是在这样的环境中，朱允炆被培养成为一个处事仁柔、专心文治的读书人。而这对一个帝王的政治生涯来说，无异于在性格上悄悄种下了连他自己也意想不到的祸根。

据说有一次，朱元璋命随侍身旁的朱允炆和朱棣联对。朱元璋出的上联是：风吹马尾千条线。朱允炆对道：雨打羊毛一片毡。朱棣则对道：日照龙麟万点金。于是，后来的史家由此评论说，这两个下联，一个淳柔，一个精悍，储君的逊国和藩王的夺位，已未卜先知了。

是的，人们都说允炆的宽仁酷似乃父，不啻太祖心目中的守成令主。可惜，他的处境却无法同父亲相比。他的身份不是太子，而是太孙；拥兵在外的储王，不是尊他为兄长的兄弟，而是他的长辈叔父。在宫廷生活中变得早熟的朱允炆心里也十分清楚，自己被立为皇位继承人后，那些王叔是很不服气的，每次返回京城，都要以长辈的口吻教训他。洪武二十九年，太祖重新制定了诸王见东宫的礼仪，这显然是根据允炆在皇宫内虽属晚辈，在朝廷上却是储君的特殊情况安排的，但诸王却悻悻不悦，只是慑于太祖的威严，不敢发作罢了。面对这些如狼似虎的亲王，朱允炆不能不时时忧虑日后怎样处理自己与诸王的关系。

"我以御虏防患之事付之诸王，可使边尘不动，给你个太平天子做。"朱元璋曾将自己这种安排示以允炆。

"虏不靖，诸王御之；诸王若不靖，谁去御防呢？"朱允炆讲出了自己的顾虑，大大出乎朱元璋意料之外。他沉吟良久，才反问道：

"你的意思如何？"

"以德怀之，以礼制之。不可，则削其封地；再不可，则废置其人；还不可的话，就要举兵讨伐了。"虽然脱不开先德先礼的一套，但总算说出了举兵讨伐的主张。

朱元璋默默地点了点头，允炆也无法再讲下去了。忠厚孝义的儒家教育和封建宗法制度桎梏下的皇太孙，是无法向祖父直接要求削藩的，何况封藩还是太祖一直引为得意的事情。

雄才大略的君主们虽然总是比别人更注重历史治乱兴衰中的经验教训，但他们却常常在犯同样的错误。以朱元璋之枭雄，并非不知分封诸王会伏下隐患，但是宋末、元末的结局，却又在不断启迪着他对宗室拱卫藩屏的依恋。他在建藩的同时，一方面命儒臣采摭汉唐以来藩王善恶可为劝诫者编成一部《昭鉴录》，颁赐诸王，教育他们按封建礼法行事；另一方面，又苦心设计了一套防范措施："凡朝廷新天子正位，诸王遣使奉表称贺，谨守边藩，三年不朝。许令王府掌兵各一员入朝。三年之后，诸子依次来朝。"他自以为立下严格的入京朝觐规则，便可以避免篡位的悲剧了，但是用心虽苦，却终是好处想得多了些，坏处想得少了些。以皇权的诱惑力之大，这些写在纸上的规矩，不但无法阻遏诸王觊觎帝位的野心，连朱允炆本人也不敢过分依赖。忧心忡忡的皇太孙，只好将自己的心思说给身边的近臣。

一天，朱允炆把伴读东宫的翰林修撰黄子澄召至东角门，低声问道："诸王是我的尊属，各拥重兵，所作所为多不法，你看祖父百年之后，我该如何办才好呢？"

"此事不难处置。诸王府的护卫军士，仅足以自守，而朝廷军卫，犬牙相制。如若诸王有变，只需临之以六师，谁能抵挡？汉朝七国并非不强，最终还是灭亡，这便是以大制小、以强制弱的道理。"黄子澄轻轻地回答。这使朱允炆愁悒的心情略觉舒展。

"到时全拜托先生了。"这对未来的君臣此时都已彼此心照不宣。

朱元璋做梦也没有想到，就在自己为完成分封的战略设想而长舒一口气的时候，看上去貌不惊人、仁柔寡语的皇太孙，已经开始着手准备削藩了。我们很难想象，这位刚愎自用的老皇帝，会如何看待这件违背自己初衷的事情。

在朱元璋来说，他有种种必要给予子嗣宗亲以特殊的权力、地位，但分润了君主特权的亲王们是否能起到维护君主的作用却并不一定。这一点，看来还是朱允炆更清醒一些。他熟读史书，自然明白，君主的宗族，弱之有其弊，强之亦有其弊。何况在封建政治下，君权的任何分剖转授，随时都可能成为对君主本身的威胁。事实上，汉、晋之初的分封，最后无一不走向分封者意愿的反面，而在大一统趋向持续加强的明代，也依然没有摆脱这种两难的处境。

钟山明孝陵，太祖高皇帝的葬礼正在隆重举行。虽然是法驾连绵，仪仗如林，但置身于祖父灵位前的朱允炆，却感到一种前所未有的孤独。他蓦然记起被祖父杀掉的平遥训导叶伯巨来。那一年，钦天监奏称五星紊度，日月相刑，太祖照例诏求直言，国子生出身的叶伯巨不避杀身之祸，上万言书批评"用刑太繁、求治太速、封藩太侈"，说"臣恐数世之后，尾大不掉，然后削其地而夺之权，则必生觖望，甚者缘间而起，防之无及矣。"这番话当时看似危言耸听，却戳到了朱元璋的痛处，使他大发雷霆。叶伯巨因而被逮至京师，含冤死于狱中。此时，朱允炆暗暗慨叹这位不入流的小官，竟有如此忠心和远见，不由对祖父滥杀言事者的做法产生了一种莫名的怨怼之情。

一切都在按照叶伯巨当年的预言发展着。

◆◇ 郁郁乎文哉

朱允炆登极后，立即宣布了大赦天下的诏令，定于来年改元"建文"。这个年号与太祖的"洪武"，恰好一文一武，形成了鲜明对照。人们不难从中窥见他的治国意向：他要结束祖父重武的政风，开创明代"郁郁乎文哉"的新格局。

早在明代开国之初，文人们就曾怀着对文治的热望走向仕途。不少人认为，异族统治的时代已经过去，新王朝应该像历史上的汉唐盛世一样，呈现一派蓬勃祥和的气氛。然而，这种热望很快便破灭了。

太祖朱元璋是一个专制独断得出奇的皇帝，身居九重，却时时不免一种内在的恐惧，唯恐他人分润太多，更担心天下被他人篡取。于是在封藩的同时，便开始有计划地屠杀功臣。

洪武十三年，左丞相胡惟庸以勾结元蒙、私通日本的罪名伏诛。

洪武二十三年，太师李善长被指为"胡党"屈死刀下。前后坐诛的公侯一级元勋就有二十二人。

洪武二十六年，屡立战功的凉国公蓝玉也因谋反罪遭磔，十三侯、二伯及许多高级官员牵连被杀。朝中刚勇之士几被屠杀殆尽，朱元璋这才略略放下心来。

为了震慑群臣，他还发明了廷杖的刑法，正所谓"血溅玉阶，肉飞金陛"。官员们每天早上入朝，即与家人诀别，到晚上平安回来，阖家才有笑容。

洪武一朝的文字狱，更令读书人胆战心惊。不但议论朝政要遭杀身之祸，连逢迎拍马也会由字义或字音引起莫名其妙的猜疑而诛籍九族。文网之密，搜求之细，简直到了无以复加的地步。暴力统治加思想牢笼，知识分子除了做皇帝的家奴外，便再无别的出路。就是那些入仕高官者，在君主的淫威面前，也不过狗彘而已。

随着洪武政治的自然结束，举朝上下都迫切希望有一个缓和、宽松的社会环境，万民望治如大旱之望云霓。这不但对正值盛年的朱允炆亟思突破现状的心理产生了极大激励，也为他刷新政治、革故鼎新提供了广泛的社会基础。适应这种政治解冻的客观要求，朱允炆即位伊始，便在人事上进行了大规模调整，归重左班，尊右文教，大兴科举，为平民知识分子打开了进入政权的大门。

首先受知于新帝并被委以重任的是兵部左侍郎齐泰和翰林侍讲黄子澄，他们均为洪武十八年进士出身，以干练强记、才高有为而闻名。刚刚被召至京师的汉中府教授方孝孺，则是当时士林的一位领袖人物，曾受教于明初大儒宋濂门下，文章道德为世所宗。这三人都有学识、富理想、积极改革、勇于任事，虽然缺乏处理政务的经验和领导统御的能力，但皆为朱允炆倚任至重，被视作建文朝最有影响力的辅臣。

"陛下君临天下，于为君之道可有所思吗？"以扶持世教自任的方孝孺目光炯炯，朗声发问。

"朕正要听听先生的主张。"朱允炆颇有思贤若渴的气度。

"请陛下赦臣妄言之罪。窃以为，君者，能均天下之谓。天立之君所以为民，非使其民奉乎君也。可惜后世君主知民之职在乎奉上，不知人君之职在乎养民。是以求于民者致其详而尽，于己者率怠而不修。如此立君而无益于民，则于君何取哉！"

"先生所言极是，当细陈之。"君臣二人相得甚笃，越谈越深。

"治理天下，当以德为主，以法为辅，"方孝孺针对洪武年间的严猛之治提出了委婉的批评。"无法不足以治天下，而天下非法之能治也。圣人之治不恃斯民畏吾之法，而恃其畏乎名；不恃其畏乎名，而恃其畏乎义。故治人之身不若治其心，使民畏威不若使民畏义。畏义者，不善不禁而不能为；畏威者，不善禁之而不敢为。不敢为不能，相比何啻霄壤！"

"诚如先生所言，"朱允炆聪明绝顶，与孝孺一拍即合，"朕观大明律，就较前代往往加重。先帝在世时，朕曾遍考经礼，参之历朝刑法志，改定畸重的七十三条，现在看来还很不够。夫律设大法，礼顺人情，齐民以刑不若以礼。就请先生主持变法，谕天下有司务崇礼教，赦疑狱，宽刑罚，以称朕嘉与万方之意。"

见皇上能从谏如流，方孝孺十分欣慰，但变法事关身家性命，话说得重一些还是必要的。"先帝宾天前，方申刑法划一之制，令子孙世守，群臣有稍议更改，即坐变乱祖制之罪。望陛下慎思。"

"先生不必过虑，盖乱国之典，非百世通行之道。知其善而守之，能守之法者；如其不善而更之，亦能守法者。"看来朱允炆决心已定。于是，一场被守旧派指为"变古乱常"的改革运动开始了。

对每一个新上台的皇帝来说，减除逋赋、赦免罪囚是照例要做的文章，但朱允炆并不完全是在例行公事。这个天真的政治家确实诚心希望天下百姓得受其惠。他自称"德惟善政，政在养民"，故大胆变更祖制，"宁屈国法，不忍以法病民；宁缺储积，不忍以敛妨农"，其言似乎不在权术和欺骗。而这一点，后来恰恰可能成为他失败的一个重要原因。

洪武三十一年七月，朱允炆即位仅一个多月，即下诏行宽政，赦有罪，蠲逋赋。规定凡军民有犯五刑者，法司按律科断，不得深文周纳；洪武时代的榜文峻令，也不再张挂。史书记载："罪至死者，多全活之。于是刑部、都察院论囚，视往岁减三分之二。"

八月，诏令兴州、营州、开平诸卫军全家在伍者，得免一人；全国卫所军中单丁者，放其为民。许多军户得以摆脱五军都督府的残酷盘剥，百姓称善。

十二月，朱允炆诏称："朕即位以来，大小之狱务从宽省，独赋税未平，农民受困。其赐明年天下田租之半。"此举又赢得了农民的一片称颂。

建文元年正月，朱允炆针对洪武时期对江浙地区实行的掠夺性赋税歧视政策，做出了平均江浙田赋的决定。诏书指出："江浙重赋乃用惩一时的措施，岂可定则以重困一方？宜悉与减免，照各处起科，每亩征赋不得超过一斗。"赋税科则调整以后，有效地纾解了民困，为解决江南经济负担过重的问题迈出了重要步骤。

建文元年二月，官制改革开始实行。为了纠正太祖废相造成的弊害，朱允炆将六部尚书的品秩由正二品提高到正一品，并以参与军国机务的方式，使他们分享到较大的议政权力。以监察官吏为主要职责的六科给事中被改为左右拾遗，突出了规谏皇帝的职能。这些改革，多少增加了统治集团内部民主管理的色彩，甚至表现出以官制限制皇权的积极作用。与此同时，在地方上省州并县，精简机构，革除冗官冗员。特别是税课局、河泊所等税收衙门的撤销，受到了百姓们的普遍欢迎。

建文元年三月，朱允炆任命刑部尚书暴昭等二十四人为采访使，分巡天下，问民疾苦，奖廉平，黜贪墨，得便宜行事。各级政府机构中，重新录用了不少洪武朝遭到无端贬黜放废的官员，在全国掀起了一股平反冤假错案的浪潮。

建文元年四月，朱允炆下令合并卫所，裁减军队，诏军卫举通经军士，进一步改变了太祖的右武轻文政策。

建文元年五月，针对洪武末年僧道多占腴田、蚕食百姓的现象，朱允炆又下令："每僧道一人各存田五亩，以供香火，余田入官，均给百姓。"

在推行新政中，年轻的朱允炆表现出了一个封建皇帝难得的虚心和雅量。一天，他偶感风寒，上朝稍晚。监察御史尹昌隆立即上言规谏，颇有点小题大做，不依不饶："昔高皇帝鸡鸣而起，昧爽而朝，未日出而临百官。陛下嗣守大业，宜追绳祖武，兢兢业业，忧勤万机。今乃日上数刻而犹未临朝，群臣宿卫疲于伺候，旷职废业，上下懈弛，播之天下，传之四裔，非社稷福也。"左右近臣都有些听不下去了，要求晓以疾病。允炆却认为直谏难闻，不肯怪罪他的鲁莽，下诏称："昌隆之言切直，礼部可颁示天下，使知朕过，朕亦用自警。"正是这个不识眼色的尹昌隆，后来因弹劾执政大臣遭到贬谪，又是朱允炆知道后，亲下御旨命他官复原职。以至连宫女们于后宫殿华，这位皇帝也以"一宫未齐"而怫然自责不已。他不但屡次诏求直言，更倚重大臣们，放手让他们去做事。这些都与朱元璋的极端专制主义作风判然两别。

明初的文人士子们，在洪武年间吃尽了严猛之治的苦头，出仕为官的常常会飞来杀身之祸，不肯出仕的又被指为"不为君用"，也要罪及全家。朱允炆实行宽仁政治，自然赢得了他们真心实意的支持。可惜的是，经历近百年蒙古贵族的歧视压抑和元末农民战争打击的知识分子们，在洪武朝的高压控制之后，并没有很快恢复起来，朱允炆靠他们来支持改革，与维护极端专制主义的亲王军人集团进行斗争，便显得十分软弱无力。这使建文新政从一开始实行，就笼罩在一层阴影之中。

◆◇ 山雨欲来

朱允炆的各项改革措施，不可避免地触犯了以燕王朱棣为首的亲王军人集团的利益，随着新政的推行，朝廷与诸王的关系渐趋紧张。洪武年间便已心怀异志、骄横跋扈的亲王们纷纷串通，说朝廷有人挑拨诸王和皇帝的关系，制造叔侄不和。燕、周、齐、湘、代、岷诸王同时操练兵马，准备兴师问罪的风声不断传来。能否制服藩王，已成为这场改革生死存亡的关键。眼看危机迫在眉睫，朱允炆又同太常寺卿黄子澄提起当年谈过的旧事。

"先生还记得在东角门说过的话吗？"

"臣不敢忘。"黄子澄顿首答道。

他听出了朱允炆问话的弦外之音，回去后便找齐泰商议削藩之策。

已擢升兵部尚书的齐泰主张，既有削藩之举，必当首指燕王，因为燕王势力最强，野心最大，一旦剪除，其余诸王自然无力抗衡。但是当初对削藩胸有成竹的黄子澄，这时却有些犹豫不决。

"不然，"黄子澄不同意齐泰的意见，"周、齐、湘、代、岷诸王，在先帝时就多有不法之事，削之有名。今欲问罪，应先从周王下手，周王乃燕王同母兄弟，削夺周王就似剪去燕王手足。"他考虑到燕王势大，恐难于猝成，准备先从周王开始，再一步步指向燕王；却不曾考虑此举可能打草惊蛇，且为朱棣发兵提供了口实。两人密谋已定，次日上朝时便启奏朱允炆。

朱元璋第五子周王朱橚，是个才高自傲的强藩，树大招风，有关他图谋不轨的传说自然不少。他的次子朱有爋一心想袭封周王爵号，听说朝廷有削藩之谋，便乘机出首告变。这正是朝廷方面求之不得的机会，于是佯作北上备边，兵临开封，突然包围周王府，将朱橚逮送京师，谪遣到云南蒙化。

代王朱桂平素作恶多端，官民怨惧，这次削藩也是势所必及的。他被废为庶人后，抢入王府的大批宫人，都被如数放出。此时，朝廷与诸王间的斗争已经公开化。削藩诏令一出，四方告变纷至。齐王朱榑、岷王朱楩也先后被废为庶人。湘王朱柏被人出首告发，受到降敕切责，阖宫自焚而死。

诸藩的善恶虽然不同，但对于朝廷的威胁却并无二致。因此，削藩集权本是符合明初政治潮流的。可惜作为削藩领导者的朱允炆，却生性过于仁柔宽厚。对于一个在政治风浪中搏杀的帝王来说，这不能不是一种十分致命的性格缺陷。五王连续被削，特别是湘王朱柏的自焚，对朱允炆产生了沉重的心理压力。他感到，削夺诸藩违背了人之伦常，不免内疚，因而在下手削藩时迟疑不定，甚至进退失据，举措乖张。处于权位与人格矛盾中的朱允炆时时希望按照亲亲之谊来解决他与燕王之间的矛盾，化干戈为玉帛，而燕王也总是设法用这种思想来动摇他的削藩决心。人们惊异地发现，朱允炆的这一矛盾性格，竟对整个削藩的进程和结局，产生了举足轻重的影响。

建文元年二月，燕王朱棣赴南京入觐。这位野心勃勃的藩王自以为是皇帝的叔父，又重兵在握，擅行皇道入宫，登陛不拜，很有些目空朝廷的味道。这次入觐，本是除去大患的绝好机会，若把燕王软禁起来，或削藩，或迁藩，就可避免一场不必要的血战。监察御史曾凤韶弹劾朱棣张狂不敬，要求予以示儆。朱允炆却回答："燕王乃朕叔父，至亲勿问。"户部侍郎卓敬秘密上奏："燕王智虑过人，酷类先帝，北平又是金元兴起的强干之地，宜徙封南昌以绝祸本。"朱允炆思考了一夜，第二天的回答却令人失望："朕与燕王亲同骨肉，何得及此。"卓敬又诱导说："隋文帝和杨广难道不是父子关系吗？"允炆沉默良久，才低声说道："先生还是算了吧！"

由于建文朝的史料后来遭到朱棣的禁毁，这次入觐的记载已很模糊不清，甚至对有无这次入觐，都有人表示怀疑。如果燕王入觐属实，我们可以想见，这是太祖去世后到"靖难之役"爆发前，代表新旧两大阵营的叔侄间唯一一次直面交锋。尽管详情无从得知，但事情的结果却很清楚，燕王朱棣平安离开朝廷控制下的京师，返回了自己的封国。

决策的失误并没有成为失败的定局。燕府长史葛诚奉命奏事京师，向朝廷报告了朱棣的兵变阴谋，引起了朱允炆的震惊。如果这时他能采取断然措施，立即削夺燕王，也是可以补救前策之失的。但是，这位在改革旧政中大刀阔斧的青年皇帝，在削藩中却表现出令人难以理解的优柔寡断，一错而再错，仍然不忍心向叔父下手。朱棣也抓住侄子的这一弱点，不断上书申救被削诸王，以"祖宗之心""天地之德"来软化他。囿于亲亲之义的朱允炆果然犹豫不决。齐泰和黄子澄很是着急，私下商议道："皇上这是妇人之德，将坏大事的！"上朝后极力陈述削燕的利害关系。朱允炆徜徉廷间许久，才吐出一句话："朕即位不久，已连续削夺五王，如今若再削夺燕王，该如何向天下解释呢？"

削藩政策也是朝中那些热衷讲经论道的腐儒们难以接受的，因而引起了一场不大不小的御前争论。监察御史康郁上言称："诸王亲则太祖之遗体，尊则陛下之叔父。朝廷用事者持一己偏见，废天下大公，臣愚以为不待十年必有噬脐之悔。伏愿兴灭继绝，释齐王之囚，封湘王之墓，还周王于京师，迎楚、蜀为周公，以敦亲戚，天下不胜幸甚！"

前军都督府左断事高巍则主张"推恩"。他在上书中说："解决藩王隐患，应效主父偃推恩之策，不可行晁错削夺之谋。在北诸王，子弟封于南；在南，子弟封于北。如此则藩王之权，不削而自削矣。臣又愿益隆亲亲之礼，岁时伏腊，使人馈问。贤者下诏褒赏之；骄逸不法者，初犯容之，再犯赦之，三犯不改，则告太庙废处之。岂有不顺服者哉？"

户部侍郎郭任对齐、黄削夺五王的方略也很不满，但他却是个激进的削藩派。他流着眼泪对朱允炆说："天下事，先本后末则易成。今日储财粟、备军实，果为何者？而北讨周，南讨湘，削燕之举则经年无期，实在是舍其本而图其末。用兵贵乎神速，锐气既竭，姑息随之，正所谓强弩之末不能穿透鲁缟，臣恐朝廷将坐而自困耳。"

大凡"秀才朝廷"，遇事往往议来议去，很难有结果。废夺周王以后几个月的时间中，削藩者们竟然未对燕王采取任何具体的控制措施。

在新旧势力之间的这场殊死斗争中，代表守旧集团的燕王朱棣似乎准备得十分充分。他在自己的封国内已经营了十八年，因为备边，握有一支装备精良的部队，且广结豪杰智谋之士，布置私人势力，甚至将耳目安插到了建文帝的宫中。朱棣十分清楚，朝廷一年之内连削五王，都是冲着他部署的。为了争取时间，他一改恣睢故态，表面上显得忧愁悲伤，以至装疯卖傻，一会儿狂呼于街市之上，夺取酒食，口中胡言乱语；一会儿又卧倒在地，终日昏睡，暗地里却在做着起兵准备。他在王府中深挖地穴，建造重屋，周围筑以高墙厚壁，派工匠于其中日夜赶造军器。恐怕有人发觉，又故意蓄养大群鹅鸭，以叫噪之声掩盖住打造军器的响声。朱棣岂止不甘心于坐等削夺，他是早就想做皇帝了。"燕王之变，削亦反，不削亦反。"一场以"靖难"为名的军事叛乱已经悄悄准备停当。

一边是燕王不失时机的准备，一边则是朝廷的逡巡不前，有些旁观者实在看得着急。四川岳池教谕程济假托通术数之学，上疏宣称："北方兵起，期在明年。"朱允炆怪他无端妄语，将他逮入京师。程济高喊"冤枉"，要求将自己囚禁起来，以待来年验证其言。后来"靖难之役"爆发，朱允炆才后悔当初误抓了先知者，赦他出狱，任命为翰林院编修。但这时，削藩的最好时机却早已错过了。

建文元年四月，朱棣上书朝廷，借口自己病重，请求允许让他滞留京师的三个儿子朱高炽、朱高煦、朱高燧归府探视。这本是一个试探性的要求，如能获准，他起兵便可免去人质之忧；如若不准，也可由此窥知朝廷的态度。朱允炆看罢信后，一时拿不定主意，便找来齐泰、黄子澄商议。

"燕王乞子归藩，足见反心已定，不如乘机收逮其三子，作为人质，以牵制燕王行动。"齐泰在兵部任职多年，详于边事，一眼看穿了朱棣的用意。

"臣以为不可，"黄子澄不以为然，"收其三子，等于授之以柄，使其发难有名。不若纵其子归藩，以示不疑，方可乘其懈怠不备而袭取之。"

"是的，祖训中也向无藩王世子入侍朝廷之规，留之无名。"朱允炆竟以黄子澄的主张为卓见，同意放朱高炽兄弟三人归藩北平。

魏国公徐辉祖与朱棣是姑舅之亲，深知朱棣的为人，得知消息后急忙赶去劝阻。他密奏朱允炆道："我这三个外甥中，朱高煦尤为勇悍无赖，非但不忠，而且不孝。今若放虎归山，将来必为大患。"

听了徐辉祖的话，朱允炆将信将疑，又找来徐辉祖的弟弟徐增寿询问。徐增寿曾从朱棣出塞征战，素相友好，自然竭力为之美言，朱允炆便又信从了。

朱高炽兄弟三人获准归藩，如蒙大赦，连夜动身渡江。待到徐辉祖闻讯再派人去追赶，为时已晚。生性凶顽的朱高煦虽是惶惶而行，途中还要惹是生非，凡遇所疑之人，尽皆杀死，一些无辜吏民，因此遭其毒手。经过涿州时，朱高煦又寻衅滋事，鞭笞驿丞几乎毙命。当他们兄弟三人逃抵北平时，朱棣大喜过望，不禁连声叹道："我父子能够相聚，真是天助！"涿州地方官上报朱高煦鞭笞驿丞之事，举朝官员莫不惊骇，纷纷上书指责，朱允炆不由又懊悔起来。

正在双方互探虚实的时候，南京城里出现了皇宫闹鬼的传说。《奉天靖难记》载称："夜宴张灯荧煌，忽不见人。寝宫初成，见男子提一人头，血气模糊，直入宫内，随索之，寂无所有。狐狸满室，变怪万状，遍置鹰犬，亦不能止。"四月二十九日，京师又发生地震，文华殿、承天门和锦衣卫武库连续失火，各地水旱蝗灾的檄报也不断送达朝中，谣言随之四起，闹得朝野上下，人心惶惶不安。

建文元年七月的北平，已处于临战的紧张状态中。燕府长史葛诚不断向朝廷密告朱棣的不轨行动；护卫百户邓庸赴京办事时突遭逮捕，和盘供出了燕府举兵的准备情况。朱允炆这才连忙召集齐泰、黄子澄和方孝孺等几位重要辅臣商议,决定立即对燕王下手,接着便向北平布政使张昺、都指挥使谢贵秘密下达了削爵和逮捕燕府官属的诏令。

就在这关键时刻,在北平受命谋制燕王的另一位都指挥使张信,临阵突然向朱棣告密,泄露了朝廷的计划。朱棣将计就计,以交付属吏为名,诱骗张昺、谢贵单身入府,擒杀于端礼门内。由于群龙无首,朝廷军队不战自乱,朱棣乘夜出攻,夺取北平九门,三天之内便平定了北平城,从而正式打起了所谓"奉天靖难"的旗帜。

——七月二十四日,朱允炆下诏讨伐朱棣。从此,叔侄间这场篡位与反篡位的战争,整整打了三年。

◆◇ 走向暗夜

声讨叛王的诏令很快便发布天下,但选任主将之事却颇费周折。由于朱元璋晚年大肆屠杀功臣宿将,当他去世时,给皇太孙留下的遗产中最为匮乏的,就是能征善战的将帅。齐泰、黄子澄、方孝孺皆为书生,兵事非其所长,靠他们来运筹帷幄、决胜千里,是不可能的。侥幸活下来的几个功臣,也都但求无过,无心征战。朱允炆踟蹰再三,任命长兴侯耿炳文为征虏大将军。

耿炳文虽是洪武末年幸存的功臣,曾为朱元璋争夺天下立下汗马功劳,但他却从未指挥过几十万大军。何况这位六十五岁的老将毕竟年事已高,锐气全无,内心对归重左班、削夺藩王又尚存抵触。发兵之后,各路军马应调而至者也参差不齐,计划调集三十万,结果只到了十三万。事情闹到这般地步,似乎并未引起朱允炆足够的重视。他把削藩的事情全权交给齐、黄等人去处理,自己则和方孝孺潜心于改制的研讨之中。

八月十五日中秋之夜,燕军偷袭雄县,朝廷北伐先锋九千人全军覆没。八月二十日莫州一战,朝廷军队损失近三万人。四天后两军移师真定再战,耿炳文又遭败绩,左副将军李坚受伤被擒,右副将军宁忠、左军都督顾成等几员大将也都为燕军俘获。

"靖难之役"初起之时,形势本应是有利于朱允炆的。就他与朱棣所处的地位来说,允炆为君,朱棣为臣;朱棣举兵,就是叛逆,在舆论上处于受斥责的被动地位。从朱棣提出"清君侧"以恢复祖宗旧法的口号来看,也远不如允炆指斥朱棣"称兵构乱，图危宗社"的罪状具有号召力。何况朱棣是冒不韪以争天下，对建文新政的责难多系强词夺理，稍有头脑的人都很难受骗；相反，朱允炆削藩则是人心所向，尤其是受到了那些藩王压迫下的士民们的拥护。所有这些，按理说应该削藩成功才是，然而结果恰恰与此相反。历史的必然要求和这个要求的实际上不可能实现，构成了这位青年改革家的历史悲剧。

耿炳文出师不利的战报传到京师，朱允炆这才感到不安起来。黄子澄宽慰他说："胜败乃兵家常事，不足为虑。"并且提出再行调集各地军马，重新出师北伐。这次他推荐曹国公李景隆来代替耿炳文。

李景隆是岐阳王李文忠的长子，因少年读书通典故，又生得高大俊美，受到太祖喜爱，得掌左军都督府事，加太子太傅。稍有眼光的人都看得出，像李景隆这样的纨绔子弟，绝非可以倚重之人。朱允炆却好像找到了靠山，高兴起来："先生之计得之，希望竭力维持，他日事平，当有重报。"

皇宫中，朱允炆为李景隆举行了遣将出征仪式，除去照例赐给李景隆代表大将军威仪的斧钺之外，还授予他"通天犀带"，表示了逾分的隆遇。

朱允炆亲率文武百官送李景隆走出午门时，外面仪仗整齐旗甲鲜明的将士已经列队而待。金鼓齐鸣，乐声大作。朱允炆又亲自为李景隆行推车礼，饯之于江浒，准许他"一切便宜行事"。

看着踌躇满志的李景隆，不少人感到有些担心，从征的将士们更是怏怏不乐。人们不相信这个未尝习兵见阵的贵公子能克敌制胜。可以说，这次换将出征，从一开始便显露了败迹。

李景隆来到德州，收集耿炳文败卒并调各处军马五十万，进营河间，直逼北平。诡计多端的朱棣却留下部分军力守城，亲率主力游动在外。在李景隆大军昼夜猛攻北平九门不下时，朱棣却兵袭大宁，既取得了大宁军马附从"靖难"，又解除了北方的后顾之忧。回师驰援的燕军与李景隆所部在郑村坝外的荒原上决战，景隆大败。这个纸上谈兵的大将军感到前景凶多吉少，甚至顾不上正在围攻北平九门的各部，便连夜拔营南逃。围攻九门的朝廷军队在内外夹攻徒守无援的情况下坚持了两天，四座营垒失守，才被迫解围南去。

建文元年十一月，朱允炆收到了朱棣的一份奏书。这实际上是一封恐吓信。朱棣在信中以胜利者的姿态历数朝廷北伐败状，炫耀自己的武力，并要求将齐泰、黄子澄等"奸臣"发来军前究问，否则便要直抵京城索取。已连败两局的朱允炆心情沮丧，黯然提笔复信要求"罢战息兵"。为缓燕军南下，他罢免了齐泰、黄子澄的官职，表面上说是"屏窜遐荒"，实际上仍秘密留在南京筹划军事。朱允炆没有意识到，叛军根本不可能因一两位大臣的去职善罢甘休，而他这种做法却实际上等于承认朱棣对齐、黄等人的指摘，使自己在政治上处于不利的地位。

建文元年到二年的一个冬春就这样过去了。当初夏的暖风吹拂大地时，中原古战场上又响起了撼人心魄的战鼓声。

建文二年五月十八日，朝廷军队与燕军大战于白沟河。都督瞿能父子力战而死，李景隆全线崩溃，奔走之声如雷。燕军一路势如破竹，直捣济南城下。当时尚有余众数十万的李景隆本可据城迎战，但他惊魂未定，临阵指挥混乱，再次大败南逃。

"靖难"起兵已近一年，朱棣虽然遇战多胜，但所占城池，旋得旋失，在整个战局上并无明显进展。如夺取济南，便进可挥师南下，退可划界自守，因而他下令全力攻打，志在必拔。李景隆的败逃却没有动摇山东参政铁铉、都督盛庸固守孤城的决心。济南保卫战打得异常惨烈，铁铉、盛庸将数十万燕军牵制城下，屡挫其锋。这给朝廷方面造成了非常有利的局面。但是，此时的朱允炆，正在宫中忙着与文臣们商讨清理刑狱、抚恤流民之事，军事上并无应急之策。在围攻济南整整三个月后，朱棣被迫放弃济南解围而去，这实际上是一次败退。燕军撤离时，铁铉、盛庸全军出击，燕将陈亨重伤而死，朝廷军队又乘胜收复了德州。

济南战役是朱棣叛乱以来朝廷方面的第一个胜利。捷报送到南京宫中，朱允炆十分高兴。他立即诏令擢升铁铉为兵部尚书，赞理大将军军事，封盛庸为历城侯，取代李景隆掌管北伐之事。当初力荐李景隆的黄子澄痛惭愤误国，手执李景隆于朝班，请求亟诛以谢天下。六部官员和御史们也历数李景隆失律丧师之罪。但心慈手软的朱允炆，却没有给予这个心怀二志的败军之将任何处分。

随着战局的发展，朱允炆的性格弱点越来越充分地暴露出来。自古权力之争都是残酷无情的，双方兵戎相见，"非帝杀王，即王杀帝"，虽骨肉至亲也在所难免。然而，满脑子宽仁厚义的朱允炆却一再告诫北伐诸将："过去萧绎举兵入京，曾发令部下：'一门之内自逞兵威，不祥之极'，如今你们与燕王对垒，务必体会我这意思，不要使朕背上杀叔父之名。"这种政治家所不应有的迂阔，最后终于使他不得不万般无奈地退出了中国的政治舞台。

建文二年十二月，又一场震撼人心的大会战在东昌城下打响了。盛庸、铁铉所部自济南获捷，士气正旺。他们选择精锐，背城列阵，遍置火器、毒弩，再一次把燕军杀得望风披靡。这是朱棣有生以来最惨重的一次失败，被称作"靖难"起兵第一功臣的猛将张玉，也为救主而力竭被创阵亡。燕军一军夺气，精锐部队丧失几万，被迫退回北平。在这场战役中，朱棣几度身陷重围，岌岌可危，但朝廷诸将却奉了皇帝不杀叔父的诏令，不敢临阵强逼，致使朱棣得以死里逃生。

东昌大捷的消息被快马传递至京，宫中少不了又是一番庆贺。朱允炆下诏褒赏有功将士，又赶往太庙祭祀，算是告慰列祖列宗。两战连胜，使他陡然增加了许多胜利的自信，于是立即召齐泰、黄子澄还朝，继续主持军国大事。

然而，局势的发展并不以朱允炆的意志为转移。兵败回师不久的朱棣，为了尽快摆脱困境，在谋臣道衍和尚的极力主张下，重整旗鼓，再度率师南下。

建文三年四月五日，燕军与盛庸的部队激战于夹河岸边。双方你来我往，直杀得天昏地暗，日月无光。夜色降临时，朱棣仅率十余骑落入包围。他知道朱允炆有不杀叔父之诏，故从容引马，鸣角穿营而去。南军将士却愕眙相顾，不敢伤朱棣一根毫毛。

看来朱棣此战颇得几分侥幸。当两军列阵相持不下时，天气突然大变，一阵狂风卷着沙砾从东北向西南刮来。盛庸部下将士逆风而战，被风沙迷目；处于上风头的燕军乘风大呼而进，左右横击。朝廷的军队因此大败，丢弃辎重，退保德州。

南京皇宫中，对这次失利反应最快的就是朱允炆。窘迫之中，他竟再次罢免了齐泰和黄子澄。这种不高明的做法他已经试过一次了，旁观者看来简直像是在开玩笑。其结果根本起不到缓兵的作用，反而徒使朱棣"诛奸除恶"的借口合法化。

受困于仁柔的个性、空疏的道德和贫乏的政治经验，朱允炆的优势在一步一步地丧失，制胜的机会也一个又一个地悄然而逝。而朱棣则在强烈的权力欲驱使下，施展出全身的政治计谋与军事技巧，向着自己的目标逼近。建文三年十二月，南京宫中一些被黜的宦官逃来投奔朱棣，密报京师空虚可取。正为"靖难"战事旷日难下而苦恼的朱棣，认为这是一个不可坐失的良机，立即决定亲率大军疾驰京师，临江一战，以完成他梦寐以求的夺位之愿。

建文四年，形势骤转。南下的燕军采取"毋下城邑，疾趋京师"的方针，很快便推进到淮河南岸。灵璧一战，都督平安的部队因粮道被断，突围时几乎全军覆没。作为南京门户的扬州和高邮、通、泰也相继降陷。朱棣立大营于高资港北岸，舟师往来长江上，旌旗蔽空，声势逼人。

燕军的突进，引起了南京朝野人心震动，朱允炆不得不下"罪己诏"，征兵勤王。六月三日，盛庸率朝廷军队最后一战，终于抵挡不住燕军的攻势，师溃单骑逃遁，诸将解甲投降。就在这最后的危急关头，文人士子们莫不踊跃致身，准备一死报效朝廷；而在改制中地位受到削弱的将军们，却与燕王达成了默契。他们或临阵生心，公开叛附，或按兵不动，迟回观望，渐渐聚集到朱棣"恢复旧制，诛左班文臣"的旗帜下。朝中四出募兵的人虽然不少，却不见有军队入卫京师。

南京城不包括外郭，周围便有九十六里，城内当时还驻有不少京卫部队，民气也尚可一用，如若指挥得当，全力固守，一时倒也不致陷落。但是朱允炆和他的臣僚们，这时大都惶然无主，又有一些对新政不满、欲谋应燕的人四处活动，城中更加混乱，防守之事几乎无人主持。

决战前的夜色，昏沉黑暗，繁华的六朝都城好像穿上了丧服。乾清宫中，烛光闪闪，朱允炆无论如何难以入睡。想到祖父传下的江山将要失于己手，惨淡经营四年的新政也即将付诸东流，他内心十分痛苦，愧悔交织。灯影下，他凄惨地徘徊于廷殿间，不禁双泪长流。

六月十二日清晨，内官来报，右军都督徐增寿欲谋为朱棣内应，事情败露，已被御史魏冕等率同官十八人揪捉痛打了一顿，奏请皇上下旨诛杀。已面临穷途末路的朱允炆依然恻隐之心未改，不忍处死徐增寿，只是命卫士们将他禁闭于寝宫附近的左顺门内。

几乎与此同时，朱棣的大军已进抵南京西北的金川门下。奉命守卫这座城门的是李景隆和谷王朱橞。他们感到朱允炆没有指望了，决心抛弃这个仁柔的皇帝。当他们在城上望见朱棣的麾盖时，立即开城迎降。

南京城破，朱允炆才一改平日仁柔，发起狠来。他仗剑来到左顺门，亲手将徐增寿杀死，又遍寻李景隆不得。见大势已去，他跑回宫中，燃起了一把大火。

建文新政，走过了四年的风风雨雨，就这样在熊熊大火中宣告结束。一个靠左班文人支持的仁柔皇帝，终于不敌强大的亲王军人集团，令人痛心地失败了。多灾多难的中国改革史上，又响起了一曲无尽的哀歌。

建文之败和永乐"继统"，给正在步入耄耋之年的封建专制主义打了一剂强心针。朱棣上台后，便以"建文信任奸回，悉更旧制，使天下臣民无所遵法"为借口，废除了朱允炆的全部改革措施。洪武朝的严刑峻法和江南重赋随之恢复，被精简掉的官僚机构又很快臃肿起来，建文年间遭废黜幽系的诸王也一律恢复了王位，纷纷来朝。再加上党禁严迫，人人自危，使明代政治进一步走向僵化。

令人感叹的是，朱允炆没有完成的削藩的历史使命，却由以反对削藩起兵的朱棣去完成了。历史的辩证法竟是如此。这个玩弄权术的高手，比朱允炆更清楚强大的藩王对皇权的威胁，一旦坐稳皇位以后，便在笑脸之下，悄悄开始了削弱和控制诸王的行动。在朝廷的严密监视下，藩王们终于变成一群坐縻厚禄的寄生虫，除了鱼肉地方、传宗繁衍、消耗财富而外，再也不可能有所作为。

朱允炆同历史上许许多多的政治家一样，以改革开始，又以失败告终。这首被一遍遍地重复着的"未完成交响曲"，凄凉，悲怆，绵绵不绝，每一个音符都是如此令人不忍卒听。人们渴求通过改革来改变自己和国家的命运，但命运之神从门前走过时，却又不幸一次次地被错过，先知者只好重新回到暗夜之中。这不由使人想起一位哲人的箴语：

历史，就是耐心等待被虐待者获胜的福音。

福
临

传自深宫的神龙叹

◎张晓虎

人与神之间重重困惑引起的巨大失衡心态，紧紧攫住并苦苦折磨了他十余年。终于，在极度绝望中，他悲怆地仰天狂啸："吾本西方一衲子，为何落入帝王家？"

◆◇ 死结——皇帝是人，还是神？若是人，为何不能人似的去爱？若为神，不食人间烟火的仙境又在何方？

清顺治十七年（1660）秋冬之交时节，北京城笼罩在一派哀恸惨淡的气氛之中。

一个多月前，顺治皇帝的宠妃董鄂氏去世。朝廷旨令举国发丧，官吏一月，百姓三天，闹得尽人皆知，人心惶惶。时下已近霜降，京城内大街小巷，茶楼酒肆、店铺商号等处为举丧张挂的白布帏早已褪去，唯有皇宫内外的丧礼仪仗依旧，偌大个皇宫俨似一座大灵棚。景山寿椿殿开设了水陆大道场，法器喧腾，哭声撼地，如今已闹过了"断七"，亦即七七四十九天终止丧仪之期，仍未见收场的迹象。西苑和广济寺两处又同时举行仙驭道场，继续为死者超度亡灵，听说山西五台山各寺正筹备着一场规模更大的祭祀法事，顺治皇帝还要亲临五台仙山主祭。

人们窃窃私议着，当今圣上的妃嫔如云，而为祭这位董鄂皇贵妃之死，竟然不惜靡费巨资，不守丧礼成法，摆出了几乎超过帝王"驾崩"时的国丧排场，究竟为什么？而且，这场花银子像淌海水似的丧事，要办到何日才算罢休？

答案都在皇宫之内。

紫禁城——这座号称"九千九百九十九间半殿宇"（皇帝称"万岁"，房数逾此为不敬。据后来统计，殿宇房屋实不足此数）的宫禁之内，一切仪轨和陈设无不显示着皇帝的尊崇至贵。壁垒森严的重重宫墙，把民间远远阻隔在九重天之外，墙内发生的一切，对万姓子民永远是难解的谜团。此刻，皇帝的臣民们怎会知道，一个不啻大地震或龙卷飓风的消息，几乎使威严坚固的紫禁城为之撼动！

自从八月十九日董鄂皇贵妃死后，朝政几乎陷于瘫痪。奏事衙门内的急件奏章早已堆积盈案，办事大臣们急如镬上之蚁，却又都望着寥寥几件批复的文件心生疑窦。按照清制，平日呈审的题本奏章均由皇帝以朱笔批复，谓之"朱批"。每遇有皇帝或皇太后"殡天"之时，由临时理政者改以蓝笔批答，谓之"蓝批"。但"蓝批"仅限于守制的二十七日之内，逾期仍复朱批。董鄂皇贵妃死时连皇后之名都未册封，其丧礼规格本不在"蓝批"之例，可朝中"蓝批"文本居然在她死前即已出现，至今已达两个月之久，这意味着皇帝不是故意违犯祖制，便是神经错乱了。廷臣们都知道，顺治皇帝自爱妃死后，不仅多日无法临朝理政，且因悲恸过甚而大失常态。他整日寻死觅活，吓得孝庄皇太后派了许多近臣内侍轮番守护，生怕不测之事发生。董鄂皇贵妃的尸棺火化之后，听说皇帝已逐渐安静下来。但自古以来，宫廷中风云变幻莫测，眼下"蓝批"的反常情况，使老于世故的廷臣们预感到宫中又将生变，不由各自暗作打算。同时，大家又不约而同地胡乱猜测着，皇帝究竟在干些什么呢？

从皇宫步出西华门，入西苑门，便是被称为"人间蓬莱"的西苑。这里一直是顺治帝避痘（天花）和处理政务的经常处所。两年前，他突然对佛教着了迷，以后越闹越凶，几乎到了如痴如癫的发狂地步。于是，西苑内好端端的一座万善殿，被这位"佛心天子"（僧侣们对他的谀称）弄得仙风道气十足，成了他礼佛参禅的神仙地。殿内正中高悬顺治御笔亲书"敬佛"大字，左右悬着对联，一联云"万象证圆通，金轮妙转；三乘皈定慧，华海长涵"，另一联为"了悟彻声闻，花拈妙谛；净因空色相，月印明心"。有趣的是，首联上阙那"金轮妙转"四字，乃是禅师们揣摩"骨相"，称顺治皇帝乃是"金轮王"转世，他竟信以为真，便亲笔将"金轮"字样恭楷联内，可见走火入魔之深。

万善殿后面是圆盖穹隆的千圣殿，内供七级千佛浮屠一座，左右配殿也都挂满了神仙味儿十足的楹联或条幅，终日烟缠雾绕，诵经声不绝于耳。西配殿后边有僧寮五间，居住着一群顺治帝特意从南方迎请来的禅宗临济派高僧，供张优渥，以备垂询。

就在文武百官们群龙无首、惶惶不可终日的时候，大约是在十月八日，西苑万善殿内却是香气氤氲，法器齐鸣，正进行着一场人们做梦也想不到的薙染具戒法事。主持者乃浙江吴兴报恩寺的首座僧人茚溪森，受戒落发者正是"一身系天下安危"的当今天子——身材清瘦、满面愁容而年仅二十三岁的爱新觉罗·福临（顺治帝名）。

这消息飞速而隐秘地传到紫禁城后宫内，闻者莫不瞠目结舌。

突如其来的巨大变故，使朝臣贵胄们措手不及，无计可施。受戒者乃是圣意难违的"真龙天子"，其言行举止兼有天意和神意，岂是食人间烟火者可揣度？朝廷的各种法典可谓汗牛充栋，唯独没有记载皇帝出家当和尚之事该如何处置。近侍内监中更无人敢乱嚼舌头，谁不见五年前就立在交泰殿内的那块铁牌，明令宦官太监中"有犯法干政，窃权纳贿，属托内外衙门，交结满汉官员，越分擅奏外事，上言官吏贤否者，即行凌迟处死，定不姑贷"。何况，皇上脾气暴戾，喜怒无常，平日动辄发火，许多太监都领教过皇上那条蟒皮鞭的"钦赐"，此刻谁敢去捋龙须找死？

万善殿上，法事有条不紊地进行着。既入佛门为僧，天子亦须遵守"染衣"戒律，首先脱去龙袍，换上僧衣和芒鞋。

顺治帝未入佛门已先有"行痴"法号，亦自称"痴道人"，当时颇有附庸风雅之意。而此刻在万善殿内，"痴道人"已名副其实，结跏趺坐，合十诵经，听凭主持和尚为其净发。茚溪森禅师手里的剃刀熠熠闪光，一绺绺"龙发"落尽。很快，年号"顺治"的满洲皇帝福临已不复存在，禅宗《龙池世谱》内却新添了一位"行"字辈上的年青衲子。另一说法称，顺治帝剃发未成。

清军刚打进关内，即下令所过地区"尽行薙发"。顺治二年（1645）六月，再次严颁薙发令。所谓"薙发"，就是仅留脑后之发交结成辫，余皆剃除。这种发式本属满族旧俗，但在奉行头发乃"受之父母，发之体肤，剃之为不孝"传统观念的中原地区强制施行，无疑是一种饱含人身污辱的民族压迫暴政，引起了十分强烈的反抗，又以江南一带为甚。清王朝以"留头不留发，留发不留头"的野蛮杀戮，使这一血腥的虐政一直维持到清亡。不无讽刺意味的是，在薙发令颁布了十几年之后，签发此令的皇帝本人却尽除乌发，不遗一丝，为这一剃发留头的暴政作了一个绝妙的注脚！

脸面上难堪还在其次，更重要的是"国不可一日无君"。倘若皇上一旦轻入禅关，与炉香经卷、青灯古佛为伍，那么刚刚定鼎燕京、立足未稳的大清帝国怎么办？自努尔哈赤、皇太极以数十年苦战流血创建的累代功业，岂不一朝毁于汉族僧人的一把剃刀之下？此时，郑成功拥兵东南海隅，大西农民军亦有强大军事力量，中原抗清斗争此伏彼起，京畿之内也刻无宁晷，凡此种种，都严重威胁着清政权。而朝廷内部更是诸务未善，南北党争不息，吏治混乱，百端待举。总揽清王朝大权的顺治皇帝，却偏在此时弃天下如敝屣，轻将龙袍换衲衣。况且，诸皇子尚幼，再立新帝势必重蹈摄政王揽权擅政的覆辙，又将是一场……

历史和新朝权贵们开了个莫大的玩笑。

万善殿内的法事已近尾声，法器铿锵，砉然作响，祝诵梵呗，嗡嗡嘤嘤，这岂是在为一个满洲青年人剃发具戒，简直像超度才具雏形的清王朝早登极乐世界。此刻，"痴道人"意守丹田，四大皆空，静待法事结束。天子的至贵荣华，祖宗的伟烈丰功，安危未定的帝国大业，全被他抛之九霄云外。他决心"披缁山林，孑身修道"，以摆脱世间争权夺利、杀伐流血、猜忌讦争、明欺暗算等诸般苦恼，寻求精神的彻底解脱。在"痴道人"眼前，此刻完全是另一幅图景。

和尚们的轮番说教，终于征服了这位中国的最高征服者，使其成为萨满教（满族本教）的叛逆者。于是，"痴道人"颔首沉吟道："朕想前身的确是僧，今每常到寺，见僧家明窗净几，辄低回不能去。"

……

万善殿上的法事告竣，击磬声、诵经声响成一片。恍惚间，"痴道人"仿佛置身于耆阇崛山（释迦佛祖的居住说法处）下，只见祥云瑞霭中，释迦佛手拈仙花，迦叶佛点头微笑，一位智者喝道："佛法不在文字上，不向言语中。若是大丈夫见得明，悟得彻，如俊鹘搦禽，提得便去。若回头侧脑，稍涉迟疑，则空过新罗（即错失良机）矣！"声未了，"痴道人"再也不愿"回头侧脑"，毅然抛下万乘之尊的帝位，"度越生死之因，坚固学道之志"，斩断一头烦恼丝而向灵山上的佛光扑去……

紫禁城内乱作一团，进退维谷。和尚手里的一把小小剃刀，竟胜过万千八旗劲旅的强弓利弩！

文明和刀箭，谁更具有穿透和持久的征服力量？

是什么力量驱使这位征服中国的执剑者笃志向佛？是爱情，是汉族源远流长、体大思精的文化精蕴，使他从"欲"走向"情"，获得了爱的升华。而当这刚刚升腾起来的爱情之火惨遭扑灭之后，爱火的余烬遂凝聚成一团死结。他至死未悟，作为溥天之下的主宰者，为何连爱的起码权利都没有？世人皆曰皇帝是龙，龙为何又有与常人无二的情愫？而那个超凡脱尘的神仙世界又在哪里？神界无觅处，佛门常洞开，他于万般无奈中，在七宝莲台的五色祥光中仿佛窥见了自己的归宿，于是……

◆◇ 痛创——在这个触目皆龙的氛围之中，却包裹着一颗流着血和泪的破碎之心。

无法想象一位年甫六龄的娃娃，被乳母套上那件万民仰望的不合体龙袍，又被母亲抱上那架刻满神龙的御椅，去接受文武百官朝贺时的心理状态。但可以肯定的是，他此刻绝不会知道"皇帝"二字为何物。

"为什么给我穿上这件黄大褂？"

"为什么这么多人给我磕头？口喊'吾皇万岁'？"

"啥叫'吾皇'？是一只能抓兔子的海冬青，还是一只开牙善斗的蛐蛐？"

"为什么……"

逐渐，他开始厌倦、讨厌乃至憎恨这个"皇帝"所必须接受的一切。首先，他必须和亲生母亲分宫而居，每数月才能见一次面，而生身父亲已经作古，兄弟姊妹也只能跪着说些不着边际的恭维话，从此没有了骨肉之情、没有了舐犊之爱，只因他是"皇帝"。其次，不仅周围的侍从、连他自己也得时时提醒——我是皇帝，每天必得"日理万机"，晨昏四时去给祖宗天地叩首，万架经史都得学习，群臣章奏尽管看不懂，也得装模作样地批阅，每日早朝连懒觉也睡不成……。这一切，都实实在在地发生在清王朝入关定鼎的最初几年，中国亿万大众的生死荣辱之权，就握在这样一个不知"皇帝"为何物的娃娃手中！

顺治能够以皇太极（清太宗）第九子的身份登基称帝，完全是一场历史的偶然巧合。

清崇德八年（1643）八月初九日，皇太极怀着入关称帝的遗愿，病逝于盛京（沈阳）清宁宫内。于是，一场酝酿已久的皇位争夺战立即趋于白热化。当时，多尔衮掌握着正白、镶白两旗，皇太极的长子豪格拥有正黄、镶黄两旗，二人在诸王中成为皇位的主要问鼎者。皇太极死后仅六天，多尔衮召集诸王大臣议立嗣君，豪格先声夺人，于当天（八月十四日）黎明盟誓于大清门，然后率领两黄旗巴牙喇精锐护军张弓挟矢，将皇宫崇政殿会场团团包围，准备一旦协议失败便以刀兵相见。经一番剑拔弩张的紧张磋商，结果出人意料，各拥重兵的多尔衮和豪格都未能入选，时年未及六岁的福临却作为折中方案被推上了皇帝宝座。

原来，多尔衮与豪格之间的较量各有短长。多尔衮是清太祖努尔哈赤的宠妃乌拉纳喇氏所生，太祖死前曾有意将帝位传给多尔衮，但在当时的宫廷斗争中，乌拉纳喇氏因失败而被迫殉葬，多尔衮称帝之梦未遂。这种历史原因和显赫的战功，使多尔衮有恃无恐，志在必得。而豪格乃是皇太极的长子，在子承父位的传嗣制度中，他承祧帝业比起多尔衮的兄终弟及即位，显然更加名正言顺。然而，两派力量都缺乏压倒对手的绝对优势，任何一方强自称帝的结果，都必将导致内讧和分裂，只得请出未谙世事的娃娃福临作为权宜之计。另外，双方又议定以多尔衮和豪格势力的代表济尔哈朗共同辅政，俟福临成年亲政时"当即归政"。

总之，皇帝的宝座上只要坐上一个人，无论此公是像秦皇、汉武、唐宗、宋祖那样具有雄才大略的政治家，还是诸如福临之类的小娃娃，仿佛天上就有了太阳，整个封建王朝的"天"就不会塌下来。

多少人垂涎三尺、流血争斗也无法企及的皇帝宝座，顺治却不费吹灰之力就轻取到手。尽管他当时不可能知道"皇帝"二字的重量，也不知周围的险恶政局，更不曾料到做一个被别人玩弄于股掌之上的傀儡帝王究竟是什么滋味儿？对他来说，与其坐在大政殿上的龙椅俯视百官朝贺，还不如到后宫与奶妈捉迷藏更有趣味。然而，这个得之过于轻易的皇位，却让他在懂事以后付出了至为沉重的代价。

从懂事起，顺治就完全生活在一种与其他儿童截然不同的环境中。晨昏参拜，四时祭祀，繁琐礼节要遵守，经史书籍要学习，而最使他伤心的是在多尔衮摄政期间，"皇太后与朕分宫而居，每经累月方得一见"。多尔衮摄政长达七年，也就是说，顺治从六岁登基到十四岁亲政之间，总共也没见过几次仅隔一墙的母亲，人世间还有比此事更残酷无情、摧残人心的吗？因此，顺治视"竭尽心力，多方保护诱掖"的乳母李氏如同生母，感情挚厚甚至超过对母亲孝庄皇太后。而对于给他带来巨大精神痛苦的帝位却看得很轻，甚至十分反感。

顺治的童年生活，就在这缺少母爱、缺少家庭温暖，更无儿童天然情趣可言的冷酷刻板的宫廷内悄然逝去。这种儿童时代所蒙受的巨大心理创伤，因当上皇帝而丧失的感情和温暖，使他至死也陷在无法自释的深深困惑之中。

少年时代的顺治皇帝，唯一感兴趣的就是骑马射猎。在狂奔疾走的骏马上，他能自如地挽弓控矢，多次射中飞禽走兽。在围狩的大自然环境里，他尝到了人间生活的莫大乐趣，暂时忘却那些难以忍受的胸中苦闷。直至他亲政以后，还常因出狩耽误政事，受到大臣们的提醒和谏阻。然而，就在他围猎的短暂快乐中，宫内政治斗争也如同一张正在收紧的网，对他一刻也未放松。一次，他外出行围，随从中多尔衮派出的心腹党羽巩阿岱、锡翰、席纳布库等人，有意在峻岭密林中引他走上险径。当他不得已离鞍步行时，诸人便大加奚落揶揄："年少不习骑射，似此路径遂下马步行耶？"使顺治狼狈万状。这些奴才竟敢肆无忌惮地讽刺皇帝，显然是凭借权倾一时的多尔衮作为后台。每逢此时，顺治总感到自己像是一只被紧紧围逼在簇利的弓箭瞄准下的麋鹿一样，既恼怒、惊惶又绝望。而那位引弓待发的弓箭手，正是"皇父摄政王"多尔衮，他已将"皇叔父"中的"叔"字公然撤掉。

亲政之前的顺治皇帝，除了暗自痛恨这个身材细瘦、一脸虬须的皇叔父之外，更多的却是恐惧和不安，因为多尔衮是"清帝国的实际创造者"（德国传教士汤若望语），清军刚入关时，关内军民只知有睿王而不知福临之名。

顺治和母亲孝庄太后虽然接进皇宫，但母子二人形同摆设，顺治曾愠怒地回忆："睿王摄政，朕惟拱手以承祭祀。凡天下国家之事，朕既不预，亦未有向朕详陈者。"这种徒居皇帝之名而无其实的状况，一直折磨着顺治。他无法控制身边发生的一切，更不知未来的命运，经常处在巨大的自卑、痛苦和压抑感之中而无法自拔。于是，无端地鞭打近侍成为他发泄无名怒火的方式，直到木陈忞和尚入宫时，还见他不时"鞭扑左右"，因借"禅问"劝谏道："参禅学道人不可任情喜怒，故曰：'一念嗔心起，百万障门开'者是也。"顺治点头称善："知道了。"时隔不久，近侍李国柱悄悄对木陈忞说："如今万岁爷不但不打人，即骂亦希逢矣。"然而，顺治那种"龙性难撄"的坏脾气虽因入禅而稍有收敛，其内心的种种巨大痛苦——自幼年以来的孤寂、睿王的种种淫威、母亲下嫁的屈辱、皇后的寡情、明末党争的遗患、十三衙门太监们的为非作歹等等，都在他的心头不断涌动，升腾，汇聚成一股可怕的感情熔岩，等待着喷发的时机。

顺治八年（1651）正月十二日，多尔衮猝死于关外行猎途中，孝庄太后和福临抓住这天赐良机，立即宣布提前亲政，将皇权牢牢控制在手中。紧接着，顺治那积郁已久的一腔怒火喷涌而出，下令削封夺谥，取消多尔衮的"成宗义皇帝"尊号，籍没其全部家产，毁掉华丽的陵寝。士兵们遵照皇帝的意旨，把多尔衮的尸体挖出墓穴，用棍打，用鞭抽，最后砍掉脑袋，暴尸示众，最后一把大火将那座耗资巨大的寝宫烧为灰烬。不宁惟是，连多尔衮生前居住的明南宫也遭池鱼之殃，"金碧辉煌，雕镂奇异"的一切陈设全被毁坏。昔日睿王的党徒们非死即贬，两白旗势力从此大衰。顺治对多尔衮的种种处置方式，完全无视法度的规定，而是个人私愤的恣意宣泄。

顺治性格的另一面，是在亲政后意识到自己肩负着一代帝业的重任，从而激起发愤学习和锐意进取的自强精神。他执政之初，对汉文化几乎一无所知，连大臣们呈递的奏折都不知所云，这种情况无疑极大地刺伤了这位本该"至圣至睿"皇帝的自尊心，"由是发愤读书，每晨牌至午，理军国大事外，即读至晚，然顽心尚在，多不能记。逮五更起读，天宇空明，始能背诵。计前后诸书，读了九年，曾经呕血"。他读书涉猎的范围颇广，博览左史庄骚、孔孟经典、唐诗宋词、医典小说、佛经道藏乃至丹青书法等大量汉族文化书籍，还经常驾临汤若望的教堂（即南堂，在北京宣武门内），请教日月食、彗星、天文、历法和物理等自然科学知识，也谈宗教、道德和国家政务方面的问题。几年之后，他不仅练得一笔好书法，甚至对金圣叹批点的《西厢》和《水浒》，也有"议论颇有遐思，未免太生穿凿，想是才高而见僻者"之类颇得要领的评语。更令人惊奇的是，他所绘山水丹青颇得宋人三昧，尤擅绘牛，而且会作指画（以指为笔绘画），并常以所绘墨卷赏赐大臣。一次，大学士盛际斯偶过其前，顺治突然召他下跪，凝视片刻，取笔疾速摹绘其像，形神毕肖。当盛际斯请赐画稿时，他却笑而不答，若无其事地将画稿付之一炬，令在场大臣皆茫然不知其意。

尽管顺治的脾气让人捉摸不透，但他亲政后朝廷内外的政事确见成效，这首先应归功于他长期刻苦地学习。在汉文化的熏陶下，他领悟了历代汉族帝王以儒家"文教治天下"思想的真谛，懂得了在武力征服之后，必须继之以汉民族传统思想和伦理道德的倡导和发扬，才能使新政权长治久安。因此，在顺治柄政的短短十年间，从根本上扭转了多尔衮摄政时"重剿轻抚"的方针，坚持"帝王临御天下，必以国计民生为首务"的原则，完成了国家大政方针向有利方向转变的重要任务。在这一点上，他远胜过以武力称雄一时的乃祖乃宗，又深刻启迪和影响到继嗣的子孙帝王，而"康乾盛世"的出现，不过是这一方针持续贯彻和发展的结果。

江山易改，本性难移。顺治在政治上虽然日趋成熟，"龙性"却未有丝毫改变。他在太监们的诱唆下多年恣情纵欲，毫无节制；时常莫名其妙地大发雷霆，事后却深自忏悔，令人难以理喻。顺治十六年（1659）六月间，郑成功以"招讨大元帅"的名义，请张煌言为监军，统率十七万水陆大军，意欲一举荡平江南，再取北京，完成抗清复明大业。郑军"旌旗蔽日，樯橹列江"，沿长江直破瓜洲、镇江等二十四县，仅月余即围逼南京。江南"父老争出，持牛酒犒师，扶杖炷香，望见（明朝）衣冠涕泗交下，以为十五年来所未见"。

消息传到北京，举朝震恐，顺治完全丧失了镇定的态度。他先是惊慌失措，既忘了皇帝的身份，更忘了祖宗的武勇精神，甚至产生逃回关外的念头。孝庄皇太后见状，当面斥责他胆怯怕死，竟然如此卑怯地将祖宗苦战得来的江山轻率放弃。太后的镇定和怒叱，使顺治自惭形秽，"反而竟起了狂暴的急怒，他拔出宝剑，扬言决不变更，要亲自去出征，或胜或死"。为表明血战到底的决心，他挥剑将一座御椅劈成碎片，发誓砍死任何敢于劝阻者。

皇太后枉然地用言词来平复他的暴躁，另派皇帝以前的奶母（李氏）劝诫皇帝，可是更增加了他的怒气。他恐吓着，要把她也劈碎，她吃惊地跑开了。各城门已经贴出布告，皇上要亲自出征，顿时全城内引起极大的波动与恐慌。因为皇上性格暴烈，在疆场上遇难是完全可能的，那么满洲人的统治就危险了。

此时只有一个人可以求助，就是汤若望。各亲王、部臣和许多官吏，列为一长队，到若望馆舍中，迫切请求他的援助。他良久拒不应允，最终让步答应一试。他和传教士苏纳、白乃心私下商议对策，又亲自写了一封奏疏。次日一早，他们三人先作弥撒，祷告若望此举成功。然后，若望与他那两位流着眼泪的伙伴作别。

在宫殿门槛处，有一位同若望交好的内官说，皇上已经安静一些了。若望近至帝前，呈上奏疏，并且诚挚地恳求，不要使国家濒于危险，他不愿有所见而不言。顿时，皇帝的情绪转变了过来，请若望立起，认为玛法（满语"爷爷"，顺治尊其为玛法，因孝庄太后曾认汤若望为义父）的见解是好的。于是，各城门又贴出新布告，称皇上出征已作罢论。汤若望因此被称为国家的救星，许多显贵人物都来馆舍伏地叩头。短短几天之内，顺治皇帝先想逃跑，继之以拼命，最后不了了之，一波三折，可谓"龙性难撄"性格的绝妙写照！

◆◇ 初情——爱初萌，两枝芽，一枝爱，一枝恨。

封建时代的帝王能号令天下，运筹大业，却往往对自己的婚姻之事无能为力，顺治即为典型。他的第一位皇后的择配，就是摄政王多尔衮亲手酿制并强迫他饮下的一杯苦酒。

顺治五年（1648）底，多尔衮已完成了进取帝位的一切准备，甚至在睿王府内穿起龙袍，自称"皇父与国父"，并且以自己的名义下诏谕，提前过起了皇帝瘾。同时，多尔衮对渐及成年的顺治帝已如芒刺在背，觉得"皇帝虽幼弱，而他所透出的智略，已超越人们在他这年龄所能期待的程度"。于是，多尔衮不得不加快了称帝的步伐。

多尔衮的如意算盘是，顺治的皇帝名号暂不废也可，只在别处另建一城府，把皇帝当作俘囚迁移其中，而由自己占据紫禁城综理朝政。到那时，顺治皇帝形同虚设，废除名号不过是一纸诏书之事。为造新城，多尔衮开始搜掘库财，添征新税，调集大批工匠和劳力，力争早日竣事，而"冲龄的皇帝已经开始为自己的生命忧惧操心起来"。同时，多尔衮又派英亲王阿济格率队前往蒙古行聘，欲为顺治选立一位蒙古族皇后，俨然行使"皇父"为"皇子"择婚之权，用以稳住顺治之心。因此，这次选立皇后实则多尔衮称帝计划的步骤之一。

满蒙联姻是清王朝贯彻始终的既定国策，也是清朝解决中国历史上北部战乱不绝的有力措施，在清初国基未稳的情况下，此举关系国事成败而至关重要。在清太宗的五宫后妃（有封号者）中，几无例外地全是蒙古博尔济吉特氏女人，顺治帝后来的九位晋封号后妃之中，亦育五位在此谱系之中。博尔济吉特氏（亦译作孛儿只斤）是元太祖成吉思汗的姓氏，其直系后裔多分居于东至吉林、西抵贺兰山、南倚长城、北界瀚海的广大漠南蒙古地区。清王朝开国时首先征服的就是漠南蒙古诸部，所以满蒙贵族之间互为姻亲，则成为武力征服之后必不可少的抚绥手段。多尔衮为顺治选立蒙古皇后，除去不可告人的称帝目的之外，在政治上正是基于满蒙联合的考虑。

然而，因出天花而落下一脸麻子的满族骁将阿济格，并未能顺利实现睿王的迎娶意图。他率队西出北京，欲经山西大同入蒙古。但其部众刚行至以出美女著名的大同城，即大肆劫掠民家女子，连正在花轿上迎娶过门的新娘子也不放过。大同守将姜瓖是故明降将，见状义激而起，举兵叛清。多尔衮闻讯十分恼怒，统兵亲征，直至翌年八月才平定大同战事，将大同城墙削低数尺，然后亲至蒙古接回孝庄太后的亲侄女、亦即蒙古亲王吴克善的女儿博尔济吉特氏。不久，多尔衮猝死，皇后的册封大礼尚未颁行，顺治意欲改换这位仇人选定的皇后，一时却碍着母亲曾耻为多尔衮情妇，而且皇后乃自己表妹的复杂关系，仍旧于顺治八年（1651）八月颁行册封大礼，周知全国。皇后既经册封，且行大婚之礼，便为国母，平民百姓休妻尚且不易，"国父"欲休"国母"自然更难。如果说是多尔衮酿制了这杯苦酒，那么最后强迫顺治吞咽苦酒者，却是孝庄太后。

顺治陷入难以自释的困惑之中，为什么皇帝却要硬接纳一个自己并不爱的女人为妻？

俗话说，"姑舅亲，辈辈亲，打折骨头连着筋"。顺治与表妹的结合，便是这种亲上加亲的姑舅姻亲，况且顺治本人又是满蒙民族的混血儿，理应与皇后和睦融洽。另外，新皇后仪容出众，"足称佳丽，亦极巧慧"，称之"母仪天下"也够资格。可是，顺治皇帝无论在思想、感情、性格、意趣等方面，都与皇后扞格难入。据顺治说，皇后生性妒忌，又嗜奢糜，更坏的是"处心弗端"，见到"貌少妍者即憎恶，欲置之死"。清初宫中沿袭明朝旧制，设教坊司，专司宫中乐奏之事。教坊司中有近半者为女乐，平时"衣绿缎单长袍，红缎月牙夹背心，用寸金花样金发箍，青帕首"。女乐自然选择"少妍"者，且歌舞娴熟，体态婀娜，这使皇后妒火中烧，下令裁掉女乐，一律改用太监吹管弹弦，如是才心安理得。她本人极为讲究衣饰，四季服装数量惊人，又都以珠玉绮绣缀饰，膳食时如有一器非金银制品，则怫然不悦。最使顺治难以忍受的是，皇后竟然对他的举动"靡不猜防"，多生醋意。顺治一怒之下，索性择地别居，从不"临幸"皇后寝宫，而且日益坚定了废除皇后的念头。

短短两年间，顺治因"含忍久之，郁慊成疾"，身体衰弱，容颜憔悴。孝庄太后见状不妙，心知如再坚持己意，势必因此而葬送儿子的性命，只好谕知福临"酌裁"，实则默许了废后之事。顺治得谕，不啻天降纶音，当即于顺治十年八月间下令礼部及内院诸大臣，"命察历代废后事例具奏"。消息传开，朝内外大乱，议论汹汹，尤其在汉人的大臣们看来，皇帝的一切举动皆有关国体，休妻废后简直是不可思议之事！

于是，几班汉官轮番进谏，力图以汉人传统伦理的绳索套回这位不顾一切的满洲皇帝，最后都挨了一顿臭骂，战战兢兢地叩头称罪："圣主在上，臣复何言？唯有席藁待罪静听处分而已。"九月初五日，郑亲王济尔哈朗召集议政王会议，一锤定音，奏言："所奏圣旨甚明，臣等亦以为是，无庸更议。"得旨："既共以为是，著遵前旨行。"

仅二十一天，博尔济吉特氏皇后就永居冷宫。

在严惩多尔衮之后，朝中文武百官在废后之事上第二次看到了顺治皇帝的形象——一个拿定主意就决不回头决不手软的青年人。

皇后之位虽不似帝位那样重要，却也不可久虚无人。一国之内只有帝而无后，等于一家之中有父而无母，意味着乾坤失调，国体不稳。一个月后，朝中旨令"应于满洲官民，蒙古贝勒以下，大臣以上女子中选立皇后"。这不过是一纸官样文章，孝庄太后对此早就成算在胸。

　　顺治十一年（1654）五月，蒙古科尔沁贝勒绰尔济的两位女儿同时被接进宫内，这两位博尔济吉特氏姐妹又几乎同时被聘为妃。按血缘和辈分关系，绰尔济是孝庄太后的亲侄儿，两位女儿自然是太后的侄孙女，也是顺治帝的侄女。一个月后，两位蒙古姑娘同时嫁给了"舅父皇帝"，姐姐册封皇后，就是孝惠章皇后，妹妹即淑惠妃，也是顺治众多妃嫔中的最长寿者。显然，孝庄太后作为清初政坛上的"无冕之王"，仍坚持以联姻为满蒙固宠之计，而置儿子的爱情因素于不顾。

　　这一废一娶之间，仅隔数月，究竟为何？

　　原来，顺治看上了汉家女子孔四贞。此时，提前亲政使顺治皇帝日趋成熟，而汉文化程度的不断提高，又使他逐渐感到滥肆纵欲的羞耻和危害。这种心理和生理上的成熟，促使他在男女关系上从"欲"走向了"情"。他要寻觅一位情投意合的人生伴侣，而不是封建政治的装饰物。孔四贞是定南王孔有德的女儿，其父死于与李定国决战严关之时。当时孔家百余人被杀，独精于骑射的孔四贞突围而出，奔京师哭诉其父死难事。孔四贞仪容秀雅，文武兼备，深得孝庄太后钟爱，竟违反"汉女严禁入宫"的禁令，破例将她育之宫内，封为和硕格格（即公主）。顺治对孔四贞萌情被孝庄太后发现后，立即遭到禁止，其中原因繁杂，但根本的是大清帝国不能允许具有汉人血统的儿孙承祧帝位，这就注定顺治的婚姻只能成为封建祭坛上的缀饰和牺牲之物。

　　顺治刚脱离叔父多尔衮的魔爪，又落入母后的樊笼。他决不甘心再度受制于人，无论是朝政还是私生活。

　　新受晋封的一对蒙古族后妃姊妹，做梦也不会料到，她们仅是一对被摆在后妃位置上的偶像，在父皇兼夫皇——福临的眼中不屑一顾，乃至姊妹二人终生膝下寂寞，无一子嗣。顺治帝既对孔四贞眷顾殷殷，便总看新皇后不顺眼，最后以皇后"虽秉心淳朴，顾又乏长才（特长和才华）"的简单理由，极度冷视皇后姊妹。顺治十五年（1658）正月，孝庄太后闹了一场"怪病"，顺治以"礼节疏阙"对皇后大兴问罪之师，下令停进中宫笺表，直欲再度废后。以后，这两位蒙古族后妃在冷宫中苦熬了三十多年，孝庄太后去世时，她们哭得死去活来，哭太后，还是哭自己？而那位不到十五岁就被废黜的第一位皇后，却连哭丧的资格都没有，只能幽居内宫而怅望西风。清初大诗人吴伟业有一诗记此事，曰："豆蔻梢头二月红，十三初入万年宫。可怜同望西陵哭，不在分香卖履中。"

顺治十三年（1656）四月间，皇宫内落成乾清、坤宁、景仁诸宫，例应册立嫔妃。孝庄太后突然一反常态，提出"孔有德女孔氏（四贞）宜立为东宫皇妃"，令众臣大吃一惊，却又不知其中奥秘。原来，顺治帝又结新爱，孝庄太后觉察后大为震恐，企图以立孔四贞为妃来挽回儿子的心，但为时已晚。

◆◇ 佳境——在胞弟的坟冢上，
竟长出一株艳夺桃李的爱情之树。

如果将顺治皇帝短暂的一生喻为一首配系复杂的交响曲，那么他和董鄂妃的爱情，堪称为其中的华彩乐章！

董鄂妃未入宫时，乃内大臣鄂硕之女。鄂硕为满洲正白旗籍，隶属于地位显贵的上三旗（正黄、镶黄、正白），但他本人并无显赫战功，且因临阵畏惧，受过惩处，不过沾祖宗的恩惠，"三世以军功袭职"。据董鄂妃说，其父"性情夙愚，不达大道"，而且自恃女儿晋封皇贵妃，"荣宠已极，恐自谓复何惧，所行或不逮"。她还有弟费扬古，十四岁袭鄂硕三等伯爵，后于康熙三十五年建战功在昭莫多战役，深受康熙器重。另外，她的哥哥却不成器，倚仗妹为皇妃，"心矜傲，在外所行，多以不理"。这情况与《红楼梦》描写的贾府极相似，自宁、荣二公以战功立业后，子孙袭职受惠，鱼肉乡曲；而贾元春选为皇妃后，贾府更是鸡犬升天，作恶多端。

按照清制，像鄂硕这样的贵胄世家，凡有年及十三四岁的女儿，必须报选秀女，"或备内廷主位，或为皇子、皇孙拴婚，或为亲、郡王及亲、郡王之子指婚"。这种"选秀"制度，往往给旗籍官吏提供了与皇室结亲的绝好机会，一女入选，满门朱紫，鄂硕当然不会放弃这个好时机。顺治十年深秋时节，一队长长的排车载着待选秀女的姑娘们，鱼贯驰入皇宫，首尾衔接地停在神武门前。每届此时，这里总是聚着千百辆车，车内应选之女都手握一面刻着姓氏籍贯的小牌子，仿佛掂着性命的斤两。因为初选合意者将小牌留下，谓之"留牌子"，落选者谓之"撂牌子"，而能留牌子者不过十之二三，有幸"备内廷主位者"更是凤毛麟角。清末曾制造了中国历史大劫难的慈禧太后就是这样进入宫廷的，而在早她二百余年的排车，却送来一位爱神，在内廷引出一场动人魂魄的悲剧。

历史上许多波澜壮阔的大事件，往往发轫于深宫内院的幽微之处。当时的董鄂氏如果被"撂牌子"，顺治的人生之路也许会是另外一种格局。正如慈禧——初入宫禁时的那拉氏兰儿也被"撂牌子"一样，也许维新变法有了更多的成功契机，也许……

然而，历史将昨天发生的一切都永远凝固了起来，致使任何"也许"都成为子虚乌有。

董鄂氏以出众的才艺和姿容通过初选，礼部官员将这面以后引起轩然大波的小牌子留了下来。她不仅成为千百名应选者中的幸运儿，而且令"留牌子"的姑娘们也大为艳羡，她很快被指配给顺治皇帝的同父异母弟襄亲王博穆博果尔为福晋。大约在第二年，董鄂氏与博穆博果尔合卺成婚，时年十六岁，比丈夫大两岁。可是，冥冥中的命运之神并未将富贵和幸福同时赐给她，年仅十四岁的小丈夫根本不懂爱情为何物，且经常率军出征，董鄂氏不过是一位"冷宫福晋"。

失去附着物的爱情，就像没有河道约束的洪水。水无常形，顺地势而奔涌，总要汇聚到可止之地才罢休，无论这中间有何物拦阻。

清初宫廷制度规定，朝廷凡有吉凶大礼典，在京官员的命妇（封有品级的诰命夫人）皆可入朝。另外，平常日子里各宗室及亲、郡王的命妇，也都轮班入侍后妃。董鄂氏乃襄亲王福晋，自然有资格常入宫禁走动，这幕大悲大喜加上大闹的宫廷大戏，从此拉开了序幕。

董鄂氏乃大家闺秀出身，自幼"颖慧过人，及长，娴女红（针线活儿），修谨自伤，进止有序，有母仪之度，姻党称之"，颇具大家闺范，大概很像《红楼梦》里那位知书达礼、雍容识度的薛宝钗。不同的是，薛宝钗在选秀时被"撂牌子"，于贾府潦倒之际做了宝二奶奶，紧接着树倒猢狲散，又被卖入烟花巷。历史就是如此无情地捉弄两位极相似的女性。董鄂氏不知沾了祖坟上哪一炷香的福气，在后宫入侍皇后和妃嫔们的时候，竟被顺治猎入眼中。此时，顺治正为新皇后之事郁郁寡欢，董鄂氏也为少情的丈夫而痛苦，二人一见钟情，遂演成一段风流千古的故事。

现代有些心理学家认为，人类的"情"是一种很微妙的东西，"情"的心理力量有时大得惊人。在极其强烈的情绪笼罩下的人，往往思维不能自制，甚至就根本不能自我控制言行，即所谓"丧失理智"。此刻，不唯顺治帝丧失理智，连董鄂氏也忘乎所以。顺治不惧母后在择亲时的政治考虑，不顾董鄂氏的弟媳身份，更无视皇帝应遵循的伦理道德，几乎毫不犹豫地紧紧抓住爱河之中的一叶孤舟——董鄂氏。既然犹如太阳一般伟大神圣的皇帝敢于如此，董鄂氏又有何惧？此刻，皇帝所享有专利的"神性"已飞到九霄云外，"人性"完全回到他身上。皇帝也是人，与常人毫无二致的人。

这一切都发生在董鄂氏应选入宫后的半年之中。

顺治十一年（1654）四月，孝庄皇太后觉察到这一异常情况，立即意识到事情的严重性，赶紧下令停止命妇入侍后妃之例，声称此例乃"前代所无"，且因"严上下之体，杜绝嫌疑"的缘故，但事情已发展至不可收拾的地步。德国传教士汤若望作为见证者，曾这样回忆道："顺治皇帝对于一位满籍军人（博穆博果尔）之夫人（董鄂氏），起了一种火热的爱恋。当这位军人因此申斥他的夫人时，他竟被对于他申斥有所闻知的天子，打了一个极其怪异的耳掴。这位军人于是乃因怨愤致死，或许竟是自杀而死。皇帝遂即将这位军人的未亡人收入宫中，封为贵妃。"

哥哥垂青弟弟之妻，弟弟因此训斥自己妻子的越墙行为，竟然挨了当哥哥的一记"极其怪异"的大耳光。弟何冤屈兄何暴！更有甚者，弟弟屈死之后，这位皇兄毫无引咎自责之意，只让弟媳为丈夫守了二十七天丧，随即匆匆将这位如花似玉的"未亡人"接入宫中，而且立为"贤妃"，真不知"贤"字从何说起？

顺治敢于如此肆无忌惮地虐弟弟，自有其政治背景。受封为襄亲王的博穆博果尔比顺治小三岁，是清太宗最小的儿子，其母懿靖大贵妃也是蒙古博尔济吉特氏，崇德元年（1636）册封为麟趾宫贵妃，而且地位在当时仅是庄妃的孝庄太后之上。但懿靖大贵妃与另一位康惠淑妃，都曾是蒙古察哈尔部首领林丹汗的妻子，太宗击败林丹汗后，便将二人俘获并纳为福晋。太宗在世时，懿靖大贵妃尚能受宠于一时，然太宗死后，她在后宫姻党的角逐中，因永难洗刷掉战俘的耻辱和自卑而屈居人下，即使顺治干出抢媳害子的恶劣勾当，懿靖大贵妃也只能强咽苦水。

只要能达到目的，顺治并不计较手段和任何后果，因为他已是名副其实的皇帝，是国家法律的制定者，而法律的制定者就是"口含天宪"的活法典，无须对他制定的法律承担任何责任。

皇帝就是法律，皇帝的一切言行永远合法！

诚然，皇帝可以扯下任何一页法典去揩屁股，耍弄法律、强奸民意如同儿戏。但皇帝毕竟也是社会中的一员，他也要受到来自各种社会关系的制约，宗法和血缘关系往往成为比法律更能约束皇帝的因素。

自我膨胀已极的顺治皇帝，恰恰忘了这一点。

无论如何，死者已逝，顺治得偿大愿。但他并未想到，在为一场自己亲手制造的悲剧收场的同时，却又为自己的更大悲剧拉开帷幕。同年十二月，董鄂妃再次册封为皇贵妃，其地位仅次于皇后而高居其他妃嫔之上，而且按照册封皇后的大礼"颁诏天下"。这种异乎常格的礼典，是顺治对母后的第一次正式宣战——他发誓要再度废除皇后而改立董鄂妃！

董鄂皇贵妃的册封大礼于翌年元月初六日告成，十九天后，顺治公然下令："太庙牌匾停书蒙古字，只书满汉字。"

太庙乃供奉祖宗牌位的圣地，顺治竟要剃掉牌匾上的蒙文。谁人不知，清初朝廷上虽称爱新觉罗姓氏的满洲权贵柄政，而后宫却是博尔济吉特氏血统的蒙古贵妇执牛耳。顺治帝的矛头所向，直戳以孝庄太后为首的蒙古族姻党心窝，这场斗争刚拉开幕，立即转入白热化。满蒙之间的权势和地位，母子君臣的矛盾和斗争，董鄂皇贵妃与皇后互争雄长，构成一团团错综复杂的迷雾战云，以极为奇特的方式在内院深宫展开了一场长达五年的血腥厮杀！

顺治皇帝和整个封建政治摆开了擂台。

襄亲王生母的眼泪、幽禁冷宫前皇后的怨艾、母亲的一腔愠怒、蒙古贵族的极度不满、三代人以万众尸骨建立的大清帝国，全不如他和董鄂妃之间的殷殷恋情！

欧洲文艺复兴时代的许多大师认为，人类历史上的悲剧皆根源于爱。爱是一粒令人不可捉摸的种子，它可以结出真善美，也可长出假丑恶；它是美好的，却又是残酷的，甚至比恨还残酷百倍。

可谁不需要爱？为了爱，人们往往无视其后果是悲还是喜，即使是贵为天子的顺治皇帝亦不例外。他敢哭、敢笑、敢怒、敢嘲，敢不择手段、不惜任何代价去追求爱情，哪怕以别人的痛苦和生命为条件也不顾。历史的复杂难解之处，就在于许多种对抗不息的因素却又并行不悖，总是在"打着架"

的情况中前进。

顺治帝和董鄂妃的结合，既有二人对爱情的渴慕与向往，也有天子与妃嫔之间的不平等关系；他追求爱情的目的固然高尚，但为此逼死胞弟的手段却不近人情。无论此事多么合理或者多么不合理，木已成舟。二律背反的定理，使人类历史成为一锅阴差阳错、互逆互顺的大杂烩！

但顺治终究是封建政治的集中代表人物，是称为"真龙天子"的皇帝，这就注定其一切与封建政治相悖、与神性相逆的因素，都将成为悲剧的伏笔，自然包括爱情在内。但承受更大重负和打击者，却是董鄂妃，因为她是弱者，是只能依墙附木的女人。

在宫内外的一片訾议声中，董鄂妃来到皇帝身边。仅四个月，她就成了大礼册封的皇贵妃，很有些唐明皇时那位杨贵妃的味道，"后宫佳丽三千人，三千宠爱在一身"。在众妃嫔的眼中，这种独集专宠是比皇贵妃的地位更令人艳羡之事，董鄂妃因此也成了众矢之的。

俗谚有"伴君如伴虎"的说法，但对于董鄂妃来说，如何处理与太后之间的婆媳关系，是比伴君更为棘手之事。她的入宫不仅引起顺治与母后的尖锐冲突，而且激化了所有后宫姻党的矛盾。就在顺治下令剡掉太庙牌匾上蒙文的时候，皇后大概是被皇帝那种直欲废除她的气势吓坏了，"憔悴忧念"，大病一场几乎丧命。在孝庄太后看来，皇后病危恰是董鄂妃争宠的天赐良机，而她却出乎意外地亲自为皇后伺奉汤药，全无觊觎后位之意，顿时缓解了婆媳之间的紧张关系，确属识见过人。

以后的几年间，董鄂妃几乎以全部精力应付来自各方的非难，诸如太后、皇后、妃嫔、太监等等，又以她过人的胆识和智慧赢得一片称誉声，使内宫的各种矛盾暂时缓和了下来。顺治称她"虽未晋（皇）后名，实（皇）后职也"，当为公允之论。

多年以来，顺治虽生活在锦衣玉食的帝王之家，却又感到毫无幸福和温暖，连找人叙家常聊天，对方也只能跪称"奴才"，吓得战战兢兢，整座皇宫俨如一个毫无人间温馨气息的"神龙世界"——到处刻着、画着各种姿态的狰狞恶龙。是董鄂妃的到来，使顺治这位"真龙天子"从天上落到了人间，一切都变得春意融融。在顺治心目中，董鄂妃是一个至善至美的完人。

顺治每日上下朝，她总是亲自安排饮食，斟酒劝食，问寒问暖，忙得不亦乐乎———一位贤妻。

顺治脾气急暴，常与大臣们闹得关系紧张。但顺治十三年以后，大臣们突然发现皇上很少发脾气，而且动辄与诸大臣共进饭食，君臣关系大为和缓。殊不知，此乃董鄂妃的妙劝发生作用——一位善谏之臣。

顺治既得知心，此间格外勤政，往往批阅章奏至夜分。每逢此时，董鄂妃总是无例外地亲伺书案旁，为夫皇展卷研墨、伺奉汤茶。每见顺治因心绪烦乱而草率处理文件时，她便温语劝道："这难道不重要？陛下为何轻易处置呢？"顺治漫不经心地答道："不用，老一套格式。"她仍不放过，直至夫君认真处理方告罢休。有时，顺治不耐聒噪，索性让她帮助阅件，她却起身敬谢不敏，说："妾闻妇无外事，岂敢以女子干国政，惟陛下裁察。"她心中总有一根无形的尺度，举止言行止于可止之时，从不逾度，即使夜阑人寂，只有夫妻同室阅卷时也不越职而遗人把柄———一位通达识度者。

顺治初政时，吏治不整，故明降将旧臣复入朝廷，使新旧矛盾层出不穷，惩处降谪遂成为顺治的经常处置手段。董鄂妃曾提醒道："诸大臣即有过，皆为国事，非其身谋，陛下曷霁威（息怒）详察，以服其心。不则诸大臣弗服，即何以服天下之心乎？"好一番高论！她提出处治罪臣时，要分清"为国事"与"为身谋"的根本界限以区别对待，并以"服其心"为惩治要旨，这些思想都成为顺治整饬吏治的重要方针———一位良臣。

一次，顺治连夜审批报斩案卷，握笔难决。董鄂妃起身询问，凄然泪下，劝道："这些愚昧者虽获罪该斩，但案情并非陛下亲自审理，岂能尽无冤屈？陛下宜敬慎求可矜宥者全活之。"以后每遇此类卷，她总劝夫皇详加复审，说："民命至重，死不可复生，陛下幸留意参稽之。不然，彼将奚赖耶？"在处置死刑犯人时，她提出"与其失人，毋宁失出"，即与其因误判而错杀，还不如误将罪人减刑。因为误杀无法改正，而误减却可复判，在草菅人命的混乱时期，这无疑是卓有识见的法制和量刑思想，避免许多重大冤狱对于稳定清初政局尤显重要。顺治称赞她"以宽大谏朕如朕心"，她在皇帝身边生活的短短四年间，"重辟（杀头）获全，大狱未减（减罪）者甚众"，顺治坦率地承认，由于"复谳（复审）"而少杀了许多无辜者，"亦多出后（董鄂妃死后追封为皇后）规劝之力"。顺治执政时将治国方略从"重剿"转为"重抚"，董鄂妃在其间的作用是显见的———一位明法者。

爱情像一团火，使顺治那颗长期失爱而渐趋冷酷的心，重新温暖燃烧起来，愈烧愈旺，这种甘美无比的爱，是他在亲生母亲身上也未体尝过的，而董鄂妃却给了他爱的全部温煦和力量，使他从冷漠无情的龙世界落到人间，对生活又有了热情和信心。然而，当顺治从一个爱的享受者刚刚懂得去奉献、去关心体贴妻子时，她那羸弱不堪的生命却再也无力承载黑暗政治的重负，溘然离开了人世间，离开了这座既是人间天堂，也是人间地狱，既有她全部爱，又有她全部恨的帝王之家。

被扼杀的爱之火，瞬间便会转换为千百倍于爱的仇恨烈焰。而这种能量转换发生在皇帝身上，其后果远非常人可想象。

◆◇ 困惑——战死于当面之敌的刀剑之下，何等悲壮！而致命的一剑，却是亲生母恶狠狠地从背后刺来！他猝不及防、愕然惊惧、大惑难解。死，遂成为他无可选择之路。

封建史书上的历史，有时是一页页可怕的神话和谎言。《清实录》煞有其事地描绘道："孝庄文皇后方娠时，有红光绕身，衣裾间如有龙盘旋状。女侍皆惊以为火，近视之不见，如是者屡，众皆大异。诞之前夕，孝庄文皇后梦一神人抱一子授之，曰：'此统一天下之主也。'孝庄文皇后受置膝上，其人忽不见。既寤，以语太宗，太宗曰：'是异祥，子孙大庆之兆也。'次日，上（福临）诞生。视之，顶中发一缕，耸然高起，与别发迥异。是日，红光照耀宫闱，经久不散，香气弥漫数日……"

再动人的神话也是假的。孝庄太后当时仅位居庄妃，托梦言志无非表明她急于让儿子储位。何况，顺治并非"统一天下之主"，大清帝国的创业者乃太祖和太宗，入关夺得天下者是摄政王多尔衮，顺治执政不过短短十年，虽在稳定清初政局中颇有建树，其历史作用也只是完成了从多尔衮到康熙之间的稳定过渡，而真正完成多民族统一宏业者，则是其子康熙大帝。可见，福临诞世的记载，不过是一则漏绽百出的神话故事。

封建统治者编造出"真龙天子"和"君权神授"的种种神话，也不尽是用来欺骗愚弄人民大众，有时也借此欺骗自己，以满足自己妄自尊大和至高无上的虚荣心。福临在盛京刚即位时，一次闹着穿黄袍，此事立即被御用文人们大肆渲染，吹捧刚满六岁的小皇帝就知黄（即"皇"）色，可见其登基乃承天意。此后，顺治坐龙椅，穿龙袍，居龙廷，日用陈设遍雕绘龙形，连他的脾气暴躁都被诿称之"龙性难撄"。在龙的氛围中，一切都在时时告诫他："你是真龙降凡的皇帝，代表着天意，非寻常人可比。"于是，幼年的顺治皇帝便自我膨胀起来，鞭笞近侍、飞鹰走马、纵欲无度、喜怒无常，一条恶龙模样。

随着年龄的增长，当他得知自己的君权并非受自神灵，而是在两大政治势力斗争的夹缝中"挤"出来时，"真龙天子"的神话便告破产。从即位到亲政的九年间，顺治皇帝越来越感到自己不像一条张鳞举爪、呼风唤雨的"龙"，倒似一条寄人篱下、萎缩不振的"虫"。他并未体尝到老天爷的丝毫恩赐，却时刻在摄政王的淫威下提心吊胆地生活，与母亲一起为保住徒有虚名的皇帝之位而苦苦挣扎。母亲含辱忍垢下嫁仇人，睿王强行为他并不爱的皇后指婚等事，都使福临真切地感到人世间的痛苦和冷酷。因此，"天"或"神"在他心目中显得那样遥远难及和虚无缥缈，他在执政期间祭天行礼的次数，远不如以后诸帝那样频繁。

如果说，顺治皇帝在废除第一位皇后之前的全部生活体验，尽是令他难于忍受的冷酷，那么自董鄂妃入宫后，他仿佛在寒夜中找到一堆温暖无比的爱之火。然而，这来之不易的爱情之火仅燃烧了短短四年，董鄂妃为此耗竭了全部心血和生命。

顺治帝万万没料到，这致命的一剑，却是亲生母亲从背后恶狠狠地刺来。

由于董鄂妃的入宫，顺治同母亲的关系已势成冰炭。短短四个月间，董鄂妃从贤妃一跃而为皇贵妃，且典礼拟于皇后，这已使孝庄太后心惊肉跳，而太庙匾额上公然剃除蒙文，则使母子之间的矛盾和斗争达到顶点。太庙是清廷供祀祖宗神位的圣地，中殿供奉着太祖努尔哈赤和太宗皇太极（以后清帝牌位也置此处）的神主灵位，后殿则有太祖以前的肇祖、兴祖、景祖、显祖等列祖列宗及列后的牌位。太庙匾额上以满、蒙、汉三体合璧书文之意，则象征着三个民族的权贵联合治国的既定方针，又尤以满蒙为重。而删除蒙文的举动，不仅意味着满蒙关系的瓦解，也不啻宣告蒙古贵妇统治后宫历史的终结，无论从当时政治大局或个人的民族情感，都是孝庄太后万难接受的。于是，老谋深算的孝庄皇太后虽在表面上未作表示，却在等待着适当的反击时机。

顺治十四年（1657）十月七日，承乾宫内传出一阵婴儿的响亮哭啼声，董鄂皇贵妃喜产麟儿，排辈为皇四子（康熙是皇三子）。由于皇后无子和董鄂妃在后宫的专宠地位，未来的皇太后将非她莫属，博尔济吉特氏一脉将被挤出后宫政治舞台，一切都因为新皇子的诞生而变得严酷和现实。董鄂妃几乎成为注定的胜利者，朝内外舆论也一致认为"皇帝要规定他为将来的皇太子"。（汤若望语）顺治帝满心喜悦，一心想尽快扶立董鄂妃为正宫，竟于皇子诞生的第二天，便迫不及待地向满朝文武宣布此子"为朕第一子"。然而，事情的发展远不似顺治估计的那么乐观，他低估了母后作为"无冕之王"的手腕和能力。

董鄂妃怀孕的这一年，京畿一带夏季连降大雨冰雹，秋天水灾成患，初冬气候异常寒冷，半年多灾难不断。入冬后，孝庄太后移住京郊南苑，有意避开了正临盆的儿媳。董鄂妃产后不久，南苑突然传来皇太后身体"违和"的消息，并谕后宫嫔妃及亲王大臣等前往视疾问安。令人难解的是，这道告谕竟如往常一样送到承乾宫，难道孝庄太后或传谕太监们不知董鄂妃是产妇吗？

南苑亦称南海子，元朝时称飞放泊，在永定门外二十余里外，是皇家春蒐冬狩、讲武阅兵之处。从皇宫至南苑的路程并不远，但在寒冬腊月里逼迫一位产妇去南苑"问安"，确属太不近人情。更有甚者，董鄂妃不但以产后孱弱的身体前往南苑，而且被留在孝庄太后榻前"朝夕侍奉废寝食"，日间捧茶进药，侍奉饮食，夜里仍执劳病榻，守夜熬神。而婆母孝庄太后明知她产后仅月余，却故作不知地任她竭尽性命护侍。董鄂妃遭此致命打击，从此一蹶不振，"容瘁身癯，形销骨立"，（估计是严重的月子病）只勉强挣扎了三年便含冤辞世。

就在董鄂妃拼死拼活地侍奉太后时，皇后却安居暖宫内，非但未去南苑问候，甚至"无一语奉询，亦未尝遣使问候"。两相对照，不禁生疑，莫非皇后早已悉知太后"病"情，所以安之若素、了若无事？太后是真病还是假病？是身病还是心病？

内中真情，顺治皇帝如鱼饮水，冷暖自知。十二月二十九日，孝庄太后"贵恙"刚愈，颁诏大赦天下。四天后，福临压抑不住心头怒火，对皇后大兴问罪之师。他指责皇后在太后"病"时装聋作哑，"礼节疏阙，有违孝道"，下令停进皇后的中宫笺表，并谕议政王大臣等议罪，摆开了再度废后的架势。显然，顺治已觉察出母后的不轨举动，以再次废除皇后作为还击。

孝庄皇太后置之不理，但不理睬就是反对。

顺治的报复行动并未与董鄂妃商议，当她得知此事后，立即从婆婆的冷漠态度中意识到问题的可怕。她比夫君更为清楚，坚持废后只会导致悲剧的提前发生，只要婆母一息尚存，皇贵妃与皇后之间就有一道无法逾越的天堑。因此，她"长跪顿首固请"于夫皇之前，哭劝道："陛下之责皇后，是也。然妾度皇后斯何时有不憔悴忧念者耶？特以一时未及思，故失询问耳。陛下若遽废皇后，妾必不敢生。陛下幸垂察皇后心，俾妾仍视息世间，即万无废皇后也！"

三个月后，新生的皇四子原因不明地死去。

于是，黄粱未熟，美梦已醒。顺治对母后的反攻，随着妻病子亡而彻底崩溃。他的收场戏，就是破例封这位仅活了一百零四天的儿子为荣亲王，如此而已。

一场人间悲剧，在掖庭之内悄然化为乌有。就在皇四子夭殇的同时，孝庄太后冷冷降谕："（对皇后）如旧制封进。"未对侄孙女的失礼行为有任何惩罚的表示。这场历时一年余的母子帝后战争中，首罹其难的是董鄂妃，她失掉了爱子和半条性命。孝庄皇太后则怀着胜利者的喜悦，每日在慈宁宫的小佛堂里参禅诵经，她已十分放心——董鄂妃已不可能再次受孕生子，死神在向她招手。

顺治十七年（1660）八月十九日，董鄂妃在承乾宫内去世，年仅二十二岁。据顺治帝自我安慰说："（董鄂妃）崩时言动不乱，端坐呼佛号，嘘气而化，颜貌安整，俨如平时。"云云，但死者无论怎样意志安详，也无法掩饰生者难以名状的悲愤。如果说死亡是生者的不幸，那么董鄂妃之死，真正的不幸者只有一人，就是顺治皇帝。

这发自生母的致命一剑，击碎了一颗刚刚对人生燃起热望的稚嫩之心，熄灭了一对帝后夫妇的爱情之火。然而，这悲剧的外延和震波却远不止此。

此时，英国的资产阶级运动已举起人权的旗帜，不久便雄踞西方，并卷起了一场长达两个多世纪的世界殖民风暴。

然而在中国，在皇宫，一场爱情悲剧刚刚悄然发生，旋又悄然逝去。

玄
烨

日出·日中·日暮

◎张　研

　　不同文化的趋同趋异，使这片大地辉映七彩，然而，日影之后将变成什么样呢？他百思未解……

17世纪，资本主义的曙光划破了封建社会的漫漫长夜。

于是，人类历史舞台上演出了一幕幕夜与昼、血与火、退与进、死与生的悲喜剧。

一时间，哲人如星，英俊如云，怪杰枭雄，交相辉映。

时势造英雄，也造就英雄的对手。在一向平乏庸碌的各国封建君主中，此时，突然站起一批伟岸之君。

英国斯图亚特王朝的查理二世（公元1661年—1685年在位）、法国波旁王朝的路易十四（公元1661年—1715年在位），俄国罗曼诺夫王朝的彼得一世（公元1682年—1725年在位）等等，无一不显现出时代赋予的伟人性格，无一不创造出前无古人的业绩。他们一方面以百倍的疯狂和无情的手段镇压革命派、维护专制王权，一方面不得不打开窗口，纳入资本主义的清新空气，推行符合资产阶级和新贵族利益的经济、贸易政策，发展工场工业，进行海外扩张，为其国家步入近代文明创造了必不可少的条件。

与此同时，中国上空也闪耀着一颗夺目的帝王巨星，他便是清朝入关后的第二个皇帝——爱新觉罗·玄烨。其年号康熙，庙号圣祖，公元1662—1722年在位。

康熙的文韬武略远胜于与他同时代的任何一位君主。

他雄踞九五，横扫六兮，平藩伐准，恩威并施，有效地奠定了中华帝国的辽阔疆域，巩固了多民族国家的高度统一。他励精图治、宽民裕国，发展生产、弘扬文化，使中国封建社会进入了发展的巅峰阶段——康乾盛世。

而康熙的所作所为又仿佛远离开与他同时代的那些著名君主。

他和他的帝国在世界激烈变革的风雷烈火之中，似乎依旧保持着冰清玉洁，至多有冷眼向洋看世界，却绝无热风吹雨洒江天。

外表的繁华，内里的悲凉。绝对的前进，相对的落后。同一时代，时代的差距，同属伟人，伟人的迥异。随着时间推移，世事沧桑，人们愈益为之感到困惑。然而有谁探寻过康熙本人的困惑呢？

◆◇ 日出之惑

据传，古老中国的东方有一座汤谷，汤谷之中有一株参天的扶桑古树，树上憩栖着十个太阳。每至黎明，其中之一便在汤谷中沐浴，将水与天染成金红，然后从扶桑顶端喷薄而出，开始了将光明洒向人间的一日行程。

圆圆的太阳如何能够飞升？人们认定，是日之精——一只奇异的三脚神鸦驮负着她。于是便有了凤鸟的图腾崇拜。

白山黑水，是东夷凤族的故土之一。满族传说其始祖布库里雍顺系仙女吞食神鹊衔来红果而孕育，说明他们也是凤族的一支。

数千年来中原龙凤几度融合，几度腾飞，到明末已龙钟老态。而由东北入关君临天下的却是刚刚进入封建农奴制社会的满族——一只新的迎风展翅的雏凤。

两种文化的碰撞。

一方恢宏凝重，但耽于末世，趋于停滞；一方生机勃发，却尚未脱尽野蛮。

康熙之父，清朝入关后的第一个皇帝——顺治，曾以青年人特有的热情追求先进的汉文化，致力于两种文化的交融。殊不知，既然是碰撞，就会有痛苦；即使终归交融，也必伴有牺牲。他无力抗拒本民族的习惯势力，在极度困惑中违心地留下十数款罪己汉化的遗诏，将八岁冲龄践祚的康熙和刚刚夺取的全国政权交给了本民族守旧势力的代表——索尼、鳌拜、科必隆、苏克萨哈辅政四大臣，撒手离开了人世。

康熙是在龙庭之中，龙椅之上，在龙文化的熏陶、教育、灌输之下长成的一个英俊少年。他沉稳、坚毅，满腹经纶，英气逼人。他自以为是龙，以龙的身份、龙文化的代表立言行事。同中国历史上一切封建专制君主一样，他绝不能容忍权臣擅权。然而，权臣擅权已成现实。

辅政四大臣之一的鳌拜，依仗权势专横跋扈，在朝廷内外广植党羽，排除异己，使"文武各官，尽出伊门"，事事凌驾于其他辅臣之上。部臣办事"稍有拂意"，动辄叱喝辱骂、随意治罪，甚至在康熙面前"施威震众"。一应政事奏疏，他竟私自带回家中商酌定议，然后强迫康熙依议下令施行。

康熙六年（1667），康熙亲政。与鳌拜议事多不合，势单力薄的苏克萨哈要求辞去辅政大臣之职。此举无异于将了鳌拜一军，鳌拜不愿效仿，便倒打一耙，加以不愿归政之罪，罗织罪状二十四条，欲将苏克萨哈凌迟灭族。康熙"以核议未当，不许所请"。鳌拜竟捶胸挥拳，疾言厉色，气势汹汹与康熙强争累日，终将苏克萨哈处绞、族诛。康熙不动声色。

康熙八年（1669），有云鳌拜公然身着黄袍，俨如皇帝。又云鳌拜托病不朝。康熙移驾亲往探视，随行侍卫忽见鳌拜神色有异，急行上前掀开鳌拜所卧床席，只见席下是一把寒光闪闪的匕首。康熙不动声色。

不知从何时起，肃穆的大内之中来了一群憨头虎脑的半大小子。他们一色的跤服，练把式，举石锁，跳跤步，竖蜻蜓，冲拳踢腿，推压扯拉，顽笑嬉闹，热闹非常。上下皆知这是奉旨进宫陪皇帝摔跤的布库少年。

到底是乳臭未干的小孩子。鳌拜从鼻子里哼了一声。

一日，鳌拜上朝，他像往常一样目空一切地仰着脸，迈着方步。忽然一声唿哨，布库少年们扭转身，形如猛虎下山，同时扑向鳌拜，将其压在身下，七手八脚捆了起来。鳌拜挣扎着厉声叫骂，但当他触到康熙那轻蔑、锐利、威严的目光时，一下子全明白了，不由瘫倒在地。

康熙宣布了鳌拜三十条罪状，将他永远拘禁，并严厉处置了他的死党。

不动声色的后面，是胜利的喜悦、得意、兴奋。唯独没有困惑。

少年不识愁的滋味。康熙成竹在胸，全局在握，目光移向第二个视点。同中国历史上一切封建君主一样，他绝不能容忍藩臣分权。然而藩臣分权已成现实。

当时，平西王吴三桂、平南王尚可喜（后其子尚之信袭爵）、靖南王耿精忠，号称三藩，割据南方数省。他们拥兵自重，借口"边疆未靖"，"要挟军需"，致使"天下财赋半耗于三藩"；他们在滇黔粤闽等三藩控制区内，铸钱煮盐，贩洋开矿，横征暴敛，借以扩充经济实力。其中势力最大的吴三桂更在云贵挟制督抚，四方罗致、收招人才，结党营私。由他任命，甚至向全国选派的文官武将，吏兵二部"不得掣肘"，称为"西选"，以至于"西选之官几遍天下"。康熙曾把"三藩"作为亟须解决的三大心病之一，书于宫中柱上，"夙夜廑会"。

康熙十二年（1673）三月，平南王尚可喜疏请归老辽东，康熙立允，并就势撤藩。此举使吴耿二王受到震动，一为掩饰，二为窥探，分别具疏请撤。康熙当机立断，以"吴逆蓄谋久，不早图之，养痈成患，何以善后，况且势已成，撤亦反，不撤亦反，不若先发制之"，顺势准其所请，下令三藩并撤。

同年十一月二十一日，吴三桂反。他率主力出黔掠川，进据湖广，陈兵长江南岸。而后具疏企图要挟康熙收回成命，裂土罢兵。康熙眼都不眨，下令处死了留京的吴三桂长子额驸吴应熊及其子吴世霖，毅然部署大军平叛。他运筹帷幄，调度全局，以湖广为主战场，派主力正面设防与吴三桂针锋相对，并伺机迂回江西，袭取长沙，断敌粮道；以陕甘川为西线，派重兵阻击叛军北上，并收复平凉、三边等地；以江西浙江为东线，分兵驻守江宁、杭州、南昌、安庆等重镇，保卫江南富庶之地，阻止叛军打通江西、浙江通道。各个战场相互呼应，将叛军分割开来，逐渐取得了军事上的优势。与此同时，康熙"剿抚并用"，大力对叛军进行了分化瓦解工作，下令"停撤平南靖南二藩"，进而招降了随叛的耿精忠、尚之信、王辅臣、孙延龄等，对投降的叛军"即与保全，恩养安插"，"悉赦已往，不复究治"，彻底孤立了吴三桂。康熙十七年（1678）三月，势穷力竭的吴三桂称帝衡州，八月忧病而亡。吴军人心涣散，在清军强大的军事、政治攻势下，土崩瓦解，节节败退。康熙二十年（1681），清军分三路合围云南，十月下昆明，三藩叛平。

当叛酋授首，凯歌高奏，群臣拜舞，请上尊号的时候，康熙却没有了少时那种胜利的喜悦、得意、兴奋，反而品到了困惑的滋味。他对群臣也对自己如是说：若以平三藩为"摧枯拉朽，容易成功，则辞过其实"，八年战争，"师旅疲于征调，被创者未起；闾阎敝于转输，困苦者未苏。且因军兴不给，裁减官员俸禄及各项钱粮，并增加各项银两仍未复旧，每一轸念，甚歉于怀"，"君臣之间，全无功绩可纪"，"上尊号一事，断不可行"。

八年战争。康熙成熟了。

是成熟才会困惑，还是困惑才会成熟呢？

如果说，擒鳌拜是康熙亲政后的第一个胜利，那么这一胜利反映了康熙走出困惑期的成熟。如果说，平三藩是康熙亲政后的第二个胜利，那么这一胜利伴随着康熙走入成熟期的困惑。

康熙没有料到，在他眼里那个不堪一击的明末弁卒、那个遭天下人唾骂、弃父背主、不忠不孝不仁不义的贰臣吴三桂，竟有如此巨大的号召力。叛旗一竖，天地倾斜，数月之间，六省皆陷，"东南西北，在在鼎沸"，原明降官降将、遗老遗少、三藩党羽纷起响应，加上农民流民义军、蒙古等少数民族起事，差一点儿断送了大清王朝。

康熙没有料到，在他眼里奉天伐逆的正义王师，天绎地义的统一圣战，竟在山川平原、城池壁垒、阵前阵后、朝野上下遭到了如此顽强的抗拒，以至于人心大动，多数大臣反对撤藩。大学士索额图等更行汉初清君侧故事。请诛撤藩之臣以谢三桂，又有达赖喇嘛为三桂游说："莫若裂土罢兵。"

康熙没有料到，至尊至圣的真龙天子、以龙文化的代表立言行事的自己，在反叛的军民、心虚的臣子眼里竟然仍是满洲——凤文化的化身。

错。错。错。

认识与实际的错位。正义与邪恶的错位。

龙与凤的错位。

当每日军报三四百疏，康熙手批口谕、劳心焦思、发踪指示的战争之时，他常常深夜难寐。有诗为证："午夜迢迢刻漏长，每思战士几回肠。""夜半无穷意，心为念万方。"他可能一百次地思索过、反省过。在寂静清冷的深夜中，一些原未引起他注意的画面，是否变得清晰了呢？

不，那个亲手追俘南明永历帝、又心虚胆战在永历帝面前腿软下跪、最后狠毒地用弓弦勒杀永历帝的小丑吴三桂，也曾有过悲壮的一幕？

清顺治元年（1644）四月二十二日，山海关。故明守将吴三桂大开城门，率军出城列队迎接清军入关。大风刮得天日昏黄，吴军铁心铁面在风中肃立。军前城上换了白旗，人人项背斜束着白布，新剃的头发泛着青光……一纸泣血求助、借兵助剿、激昂悲愤的书信，激动了多少汉族士大夫的心，他们将此场面视为申包胥忍辱负重、求秦覆楚之举，与君父之仇、亡国之恨及耻辱、希望、感佩一起深深印入了他们的脑海。

三十年以后，昆明。吴三桂再次誓师，旗帜皆白。然这次全军上下俱换了汉族衣冠。又是一纸悲愤激亢的檄文。中称明亡之时，"本镇独居关外，矢尽兵穷，泪干有血，心痛无声，不得已，歃血订盟、许虏藩封，暂借夷兵十万，身为前驱，斩将入关……不意狡虏逆天背盟，乘我内虚，雄踞燕京，窃我先朝神器，变我中国冠裳，方知拒虎进狼之非，莫挽抱薪救火之误，本镇刺心呕血，追悔靡及"，故"避居穷址，养晦待时"，现已到了反清伐暴，顺天应人之日！

两次场景气氛如此相似。如果第一次是悲剧的话，那么吴三桂三十年屠同胞、杀故主、割据一隅、为非作歹的所作所为，已为这第二次涂上了浓厚的笑剧色彩。明显的笑剧！不见有诗云："复楚未能先覆楚，帝秦何必又亡秦。丹心早为红颜改，青史难宽白发人。"然其以"共举大明之文物，悉还中夏之乾坤"相号召，天下人竟不以之，或说宁肯不以之为笑剧！三军皆哭，声震如雷，天下摇动，纷起响应……这是笑剧还是悲剧呢？

不，百战百胜、英勇剽悍的八旗军，骄傲而蓬勃向上的满民族，也曾有过黑暗的一幕？

清顺治初年，以"东来诸王、勋臣、兵丁八等无处安置"为由，三次下令圈占土地。一时间，直隶九府七十七州县广袤两千余里，直至山东德州、济南、临清州，山西太原、平阳、潞安、蒲州，江北徐州等处，烟尘四起，满人两骑前后，南部颁绳索，跑马占圈。"圈一定，则庐舍、场圃悉归屯有"。被圈之民"妇子流离，哭声满路"，有父母夫妻同日缢死者；有先投儿女于河，而后自投者；有得钱数百，卖其子女者；有刮树皮掘草根而食者。至于"僵仆路旁，为乌鸢豺狼食者，又不知几何矣"。被圈之地，兵丁"因奉命出行必需随带之人，致失耕种"，"多至抛荒，历年并未收成"，或斥为牧场。往日千里良田的华北大平原，沙压碱卤，荒草萋萋，偶见瘦牛劣马倦懒地咀嚼着草皮，漠然注视着迷茫的远方。贵族圈占的土地分为皇庄（官庄）、王庄、官员庄田。他们在庄田旗地上强制实行落后的封建农奴制。原来男耕女织，身份自由的小农变成了奴隶。接踵而来的是严重的逃人、逃人法问题。逃人鞭黥，交归原主，窝主正法，家产入官。雇逃人做工、留逃人住店过十日等均为窝主，"年来秋决重犯，半属窝逃"，"或一人而株连数家……或一事而骚动通邑"，"丧身亡家的不知几千万人，地方各官革职降级的不计其数"。更有奸徒假冒逃人，诈害百姓。"或借名告假还家，结连奸恶，将殷实之家指为窝主；或原非逃人，冒称旗下在外吓诈，群党指称，转骗不已；或有告到督捕，买主冒认，指诈名作真者；或有声言赴告，在地方官处禀拿，吓骗良民者。"

顺治二年（1645）八月，清朝下令薙发易服，"布告之后，京城内外，限旬日；直隶各省地方，自部文所到之日，亦限旬日；尽使薙发，遵依者为我国之民，迟疑者同逆命之寇，必置重罪。……不随本朝之制度者，杀毋赦！"一时间，清兵四出，游行于市，"留头不留发，留发不留头"，有蓄发者立执而薙之，不服则斩，悬其头于剃头挑子所缚高竿之上示众。无数汉民或逃隐山林，或愤而自杀，或建发冢痛哭致祭；更有无数汉民兴师聚众，舍身拼命，前仆后继，抗拒清军。江阴因之被屠城，昆山因之被屠城，嘉定因之被三次屠城。其中江阴仅由一典史阎应元率民军浴血奋战，整整固守了八十日，外无援军，内无粮草，又遇大雨城崩，清军大入。阎应元援笔题城门曰："八十日带发效忠，表太祖十七朝人物，十万人同心杀贼，留大明三百里江山。"题毕掷笔，率千人上马格斗，直到流尽了最后一滴血。守城人民或战死，或自尽，无一降者。

英雄的满族、剽悍的八旗军，在龙的故乡是怎样的形象呢？强盗。屠夫。北虏。夷狄。

薙发令开首曾如是说："今中外一家，君犹父，民犹子，天下一体，岂可违异？若不划一，终属异心。"

痛陈逃人法之弊的汉官如是说："今则天下一家矣，其去旗而不为丁，则入于编户而为民，民与丁俱国家有也。"

"皇上为天之子，而独东人得为皇上之人？！"

认识与实际的错位。正义与邪恶的错位。

龙与凤的错位。

康熙陷入深深的困惑。然而初升之日的优势在于：即便往往有迷雾缭绕，但也势必会破云而出。困惑使康熙清醒而成熟，他迅速调整了统治政策。

康熙十六年（1677），宫中特设南书房。南书房为后世中枢机构军机处的前身，其当值官员多为汉员。明陪皇帝诗琴书画、观花钓鱼，实备皇帝咨询军政、拟撰谕旨。康熙三十三年以后，南书房更成了汉官进身高位、参允军机要务的阶梯，翰林院、詹事府、国子监官员轮流入值，康熙"不时咨询"，"以备擢用"。

康熙十七年（1678），正值三藩平叛、戎马倥偬之际，康熙却下诏开"博学鸿词科"，谕曰："自古一代之兴，必有博学鸿儒，振起文运，阐发经史，润色词章，以备顾问著作之选。朕万几余暇，游心文翰，思得博学之士，用资典学。我朝定鼎以来，崇儒重道……凡有学问兼优文词卓越之士，不论已仕未仕，令在京三品以上及科道官员，在外督抚布按，各举所知，朕将亲试录用……以副朕求贤右文之至意。"翌年，又下谕纂修明史。汉族士子纷纷出仕入馆，遗民自此不世袭。

康熙二十四年（1685）康熙再次下令，民间新垦田地"自后永不许圈"，最后结束了绵延数十年的圈地余波。康熙三十八年（1699），康熙在逐步放宽逃人法的基础上，将专司督捕逃人的兵部督捕衙门改为刑部督捕司，"终岁不劾一失察之官，不治一窝隐之罪，"基本解决了困扰几十年的逃人问题。

康熙带着他的凤族扑向了先进的龙文化，却又比以往更加明确地企图保持自己雏凤凌空的民族之魂。他了解了自己的位置。他曾由衷地感叹："汉人难治。"

是的，要结合，不要同化。康熙亲率满蒙骑兵踏勘了京城以北的广阔草原，建立了东西宽三百里，南北长二百余里的木兰围场。康熙二十年（1681）平定三藩以后，康熙年年率满蒙贵族在此行围打猎、演习骑射，以光扬其列祖列宗开国平天下的圣武精神，呼唤八旗劲旅英勇剽悍的豪壮军魂。康熙四十二年（1703），康熙更在围场附近的热河建立了规模宏大的避暑山庄，使之成为京师以外的第二个政治中心，每年约有一半时间在此处理朝政，接受各少数民族王公贵族的朝觐。万壑松风之中，鹿呦马啸，鹤唳雁鸣；青砖素瓦，北方民居式的便殿，金碧辉煌、旌旗招展的蒙古包；摔跤、较射、赛马、火戏。入夜，满蒙藏回之人在绿毡般的草原上燃起熊熊篝火，割生炙熟，觥筹交错，胡笳马琴，狂歌劲舞，别具一番风味。

要结合。不要同化。康熙对各少数民族实行了"修其教不易其俗，齐其政不易其宜"的统治方针。保持各族宗教信仰和社会习俗，笼络其上层分子，根据各族不同情况，在东北各族实行乡姓制，内外蒙古实行盟旗制，西北回部实行伯克制，西藏实行政教合一制。并沿边境设置了巡逻哨所——卡伦，以及通信交通的驿路台站网。从而实现了前代前朝从未有过的中央对于边疆、对于各少数民族的有效治理。康熙之孙乾隆曾说："自秦人北筑长城，畏其南下，防之愈严则隔绝愈甚，不知来之乃所以安之。我朝家法，中外一体，世为臣仆，皇祖辟此避暑山庄，每岁巡幸，俾蒙古未出痘生身者，皆得觐见、宴赏、锡赉，恩益深而情亦联，实良法美意，超越千古云。"

他带着历代历朝谈虎色变视为"北虏"的几乎所有北方少数民族，扑向了先进的龙文化。

剪除了野蛮的落后性，一种充满了活力的新鲜血液，凤的血液，注入了老迈的龙的躯体。

康熙二十四年（1685）以后，康熙在其亲政之初轻徭薄赋、奖励垦荒的基础上，普免赋税钱粮，直隶、河南、湖北等九省，三年之内轮蠲一周。五十年，又将全国各省钱粮分三年轮蠲一周。"有一年蠲及数省，一省连蠲数年者"，蠲免总数已逾万万。同时，大力进行赋税改革，二十六年颁布《简明赋役全书》，五十一年宣布"滋生人了，永不加赋"。康熙末年，全国耕地由五百二十七万顷增加到八百五十一万顷。

康熙平定三藩以后，康熙把治河放在了重要地位。二十三年到四十六年，康熙六次南巡，亲自指挥河臣制订治河方案，每年以三百万两白银的巨资，修复了黄淮故道，并完成了永定河的修浚。

康熙二十二年（1683）以后，康熙下令开放海禁，允许内迁之民回原籍生息，允许闽粤商人出洋贸易，允许外商在国内设馆经商。并设广州、漳州、宁波、云台山四口海关与外国通商。三十九年（1700），康熙下令将班匠银陆续纳入地亩征收，结束了工匠劳役制。与此同时，康熙取消或放松了对手工业的诸多限制，织户拥有织机可超百张，民间可开采铜、铁矿，冶铜、煮盐亦允许私营和官督商办。

龙飞凤舞。龙凤呈祥。

中国封建社会进入了一个新的也是最后的太平盛世——康乾盛世。

◆◇ 日中之惑

据云，清朝宫廷彩绘中明显出现了龙凤合一的趋势，凤尾被移到龙尾上，龙足爪似翼似爪；龙足爪被移到凤身上，凤足爪似兽似鸟。彩画规格依次为：金龙、龙凤、金凤、龙锦……

当日照中天之时，龙与凤结合了。龙文化的相对先进决定了这种结合定格为龙。康熙终于成为龙文化的代表，他天经地义地继承了龙文化的一切，包括龙的意识。

然而世界还是龙的世界吗？

17世纪40年代以后，资产阶级革命的风暴席卷了整个欧洲。形形色色的殖民主义扩张主义肆行宇内，残酷地蹂躏、奴役、掠夺他们行之所至的一切国家和民族，一步步逼近了古老的中华帝国。葡萄牙、西班牙、荷兰、英国、法国在东南，沙皇俄国在东北，形成了对中国的钳形包围。特别是沙俄，自明末以来多次猖狂窜扰黑龙江流域。他们烧杀抢掠、无恶不作，甚至"用父母的尸体搭成烤架来烧烤孩子们"，一冬天灭绝人性地吃掉了五十多名中国居民，"用火与剑蹂躏了黑龙江"。康熙九年、十五年，沙俄两次派使团来华狂妄要求清朝向沙俄称臣纳贡；在康熙平三藩期间，沙俄变本加厉，在黑龙江各支流上建立据点堡寨，劫掠人质，强征赋税，开采银矿，抢夺子女参貂，构乱不休。

自卫，是理所当然的。

公元1685年、1686年两次漂亮的雅克萨之战，迫使沙俄坐到谈判桌前，与清政府签订了确定中俄边界的尼布楚条约。

如果说，康熙早年的军事指挥风格仿佛撕破天幕的雷电、平地骤起的狂飙、奔腾翻滚孕聚着暴风雨的乌云，那么，康熙此时的军事指挥风格则像夏日积雪的山峰、平静上涌的大潮，像通体放光的大鹏在无垠的蓝天缓缓翱翔。

平三藩后的第二年，康熙出柳条边，亲往边防前线勘察，他否决了副都统郎谈等"攻取罗刹甚易，发兵三千足矣"的意见，下令在黑龙江、呼玛尔两地建城驻兵，在吉林设厂造船，在黑龙江屯垦征粮，在盛京到黑龙江之间建立了长达五千里的运输线，在乌喇到黑龙江之间开辟了一千三百四十里的新驿路。之后，始命清军清扫沙俄外围据点。

公元 1684 年，康熙咨照雅克萨内沙俄侵略军："今雅克萨、尼布潮（楚）罗刹等若改前过，急回本地，则两相无事，于彼为益不浅；倘犹执迷不悟，留我边疆，彼时必致天讨，难免诛罚。"1685 年初，康熙再次表明和平愿望："尔等欲相安无事，可速回雅库，于彼为界，捕貂收赋，毋复入内地构乱……果尔，则界上得以贸易，彼此晏居，兵戈不兴。"清军进发雅克萨之前，康熙致信沙皇："迅速撤回雅克萨之罗刹……朕即令征讨之大兵停止前进。如此则边界地方可得安宁，而无侵扰之忧，互相贸易遣使，和睦相处。"清军进抵雅克萨，又以上述内容照会俄军。"罗刹负固，出言不逊。"清军包围雅克萨，同年 6 月 25 日以重炮向雅克萨猛轰，俄军鬼哭狼嚎、走投无路。清军再次将劝降信射入城内：只要撤出并保证不复重来，即可保全性命、带走武器财产。俄军头子被迫竖起了白旗。然其背信弃义，乘清军战胜撤回，未在雅克萨留兵驻守之机，卷土重来，企图负隅顽抗。1686 年 6 月至 11 月，清军围城五月，城内俄军八百余人仅余六十六人，弹尽粮绝，雅克萨旦夕可下。此时沙皇被迫接受康熙和平谈判的建议，派出了以戈洛文为首的谈判使团。清军立刻单方面停火撤军，向雅克萨城内送粮送医。

压倒一切敌人的恢宏气魄、包容天地的博太胸怀。唯有礼义之邦泱泱大国的龙的文化中，才有如此之大手笔、大模样。

康熙所派谈判代表团的八名中国官员，威严沉毅、一字排开，端坐在朴素无华的黑色帐篷中，用诧异不解、宽宏大量甚至略带怜悯的眼光，注视着以戈洛文为首的俄国使团成员，伸拳跳脚、撒泼耍赖、胡搅蛮缠、无理取闹的小丑表演，历史记下了龙的力量和风度，高傲而且艺术。

然而世界还是龙的世界吗？

中俄之战已不是传统的华夷之战。入侵的俄国人，觊觎中国的葡萄牙、西班牙、荷兰、英国、法国人已并非历史上窜扰中原的游牧蛮夷。那些鲜廉寡耻、卑鄙下作的丑类，代表着一种危险的上升的力量。这一点，恰在正午的日光照射中，隐没了。

人们仰望中天之日，企图看清她的轮廓，却只能感到刺目的眩晕。那中天之日遥望地面,企图看清地面情形，一片白色的反光，也会使她感到眩晕吗？

或许这便是日中之惑。

康熙原是日之精、凤之子。并非传统的龙的血统，使他较易较多地认识了西方文化。

康熙十一岁时，目睹了中西文化的一次激烈交锋。

交锋的焦点在历法。

康熙之父顺治采用以西法修订的"时宪历"，曾引起保守派的不满和上书反对。顺治死后，鳌拜集团执政，有杨光先再次上书激烈反对西历，并强调指出："时宪历面敢书'依西洋新法'五字，暗窃正朔之权以尊西洋，明示天下以大清奉西洋正朔，毁灭我国圣教，唯有天主教独尊。"杨光先是为了个人向上爬的目的危言耸听，还是出于龙之裔敏感的自卫本能，不得而知；所控西方传教士屯兵澳门、图谋颠覆大清王朝也查无实据，但此话却实在点出了交锋的实质。

遗憾的是，科学就是科学。反对科学的只能是无知和偏见。即便出于所谓爱国的目的，也只能是无知和偏见。

康熙三年（1664）十一月，鳌拜集团下令逮捕了钦天监正德国传教士汤若望，其助手南怀仁、利类思、安文思以及赞成西历的李祖白等五名中国官员。

出于巧合，其时京师上空出现了一颗惨淡的彗星，接着是一场席卷全城的沙暴，连刑部大院里都满是沙尘。

不祥之兆。

刑部欲速决此案，令南怀仁等（汤若望中风病瘫）在狱中从牢窗小孔计算下一次日食时间，并令华人、回人以各自方法同时计算。德人恩斯特·斯托莫《揭开天文秘密的大师》一书如是描述：

中国天算家预告：2 点 15 分。

阿拉伯天算家预告：2 点 30 分。

耶稣会神父的预告：3 点。

朝内的重要官员齐集观象台上，都想弄清在中国、阿拉伯和欧洲的三种天文计算中，究竟谁属谬误者？

真相大白的时刻逼近了。……

猛然间，一个站在时刻表前的人喊道："现在是中国人测报的时刻，2点15分，无日食发生，16分，17分，18分……"大统历的计算方法被排除在正确之外。

"现在是回回历的测报时间，2点30分。"然而，太阳上并未出现丝毫影子，失望的观察人还在等着，5分，10分，15分……阿拉伯人也被击败了。

3点整，第一线影子投到了太阳上，这只是神父们的第一个胜利。影子越来越大，逐渐遮盖了整个太阳，这才是第二个胜利。因为神父们发出的预报正是日全食，而其他学派预告的都是日半食。

大统历和回回历的天算家们被击败了。

然而"由二十名亲王、十四名内阁官员、十二名尚书侍郎、八名军队将帅和七十二名高级官员"参加的廷议仍然将汤若望等拟判凌迟、斩首、流徙。

当拟判奏章送至十一岁的康熙帝时，又一次巧合。

上午11时，天和地出面干涉了。天空中出现一颗彗星，拖着长长的尾巴；地上发生一次大地震，闹了三天。北京城和皇宫晃得像海上的一条船。监狱的墙被破坏了，卫兵们吓得惊慌万状，房屋在强震中像纸牌一样成片坍倒，向外逃散的人们木然地走在瓦砾之间。土地像伤口一样绽开大裂口，城墙多处毁坏，火灾四处蔓延。尤其可怕的是，一股飓风夹带着沙漠的黑云遮天盖地而来。

朝野上下人心恐慌，以为"狱讼不公，天象示警"。康熙祖母孝庄太皇太后出面干预，将辅政大臣原折掷于地下，以汤若望为先帝信任之臣，命速行释放。传教士幸免于死，李祖白等中国官员却仍被斩决，做了牺牲品。杨光先出任钦天监正。偶然的巧合，改变了事件的结局。

康熙七年（1668），康熙15岁。其时杨光先主持的钦天监先后采用落后过时的大统历、回回历，错误百出，一片混乱。康熙令杨光先、吴明炫、南怀仁分别用三种算法预推正午日影所止之处。经过三次实地测验，杨、吴有误而南无误。又令测"立春""雨水"二节气及月、火、木星之运行，南怀仁"逐款皆符"，杨、吴"逐款不合"。于是杨被革职由南接任。杨光先不服，说："南怀仁欲毁尧舜相传之仪器，使尧舜之仪器可毁，则尧舜以来之诗书礼乐、文章制度，皆可毁矣。"康熙将其痛斥，逐回原籍。杨中途病死。

康熙出现在中国封建帝王的行列中是否也可以说是一个偶然的巧合呢？科学就是科学。难得的是一位中国皇帝——历来至高至尊的真龙天子能够将科学与政治分开，能够突破中西文化的疆界，能够从皇帝的宝座上走下来如饥似渴地学习西方自然科学。

康熙自此以浓厚的兴趣、极大的热情投入了对西方自然科学的研习。传教士南怀仁、白晋、徐日升、张诚、闵明我等均应诏进讲。原顺治帝寝宫、御膳处所也成了康熙西学的教室。每日清晨，上驷院所备马匹将几位洋人接入大内，直至黄昏方将其送回寓所。其间康熙处理繁忙政务之余，总要和他们一起度过两三个小时。传教士们用汉语或满语讲解主要天文仪器、数学仪器的用法、几何学、静力学、天文学、化学、医学乃至西方乐理乐器；康熙认真听讲，反复练习，亲手绘图，其热爱科学的强烈感情与勤奋专致的学习热忱，使传教士们惊叹不已。

康熙酷爱数学。他下令将已被利玛窦译成汉文的欧几里得"几何原理"译成满文；将传教士进讲法国数学家巴蒂《理论与应用几何学》的满文稿本译成汉文，亲撰序文，亲自审校，亲自验证两书差别，在皇城内用满汉两种文字印刷成书，发行全国。他打得一手好算盘，比西法运算还快。他能熟练地用对数运算习题，用对数表分析三角。还多次向学臣、后为著名数学家的陈厚耀等讲解开方法、定位法、虚拟法、借根法等外国数学知识，并亲自将几何原理教给了一位他所钟爱的皇子。康熙三十一年（1692），他更在金銮宝殿为群臣用数学知识一一验算太极图等。又测算正午日影所到之处，命人取日晷表放于乾清门外、太阳地中。群臣候至正午，果见日影与康熙所作标志互相吻合，再拜舞蹈，山呼万岁……俨然举办了一次御前数学讲座。

康熙注重应用科学。他掌握了比例规、大半圆仪、照准仪、象限仪、罗盘仪、水平仪、天文钟等测量、观测仪器的全部操作方法，"令人难以置信地深切注意而且细心地从事这些研究工作"。他命人将一些精妙的天文仪器搬进他的内室，安放在御座两旁，经常用它们在御花园内观测日蚀、月蚀和不断变化的行星、星系，即便外出巡幸，也常令内廷人员背负着这些沉重的仪器跟随左右。六次南巡，康熙沿途亲自用水平仪测量湖河水位、山地距离，用坚实可靠的数据，正确指导了治河工程。平定准噶尔之战，康熙登高用望远镜观察地形，部署军队，取得了一个又一个胜利。除传教士进献的科学仪器以外，康熙还谕令制作其他仪器。今北京古天象台八件巨大天文仪器中的六件，都是康熙时期吸收西方先进科学知识结合中国古代传统科技制造的。康熙又谕令传教士在宫中用化学方法试制西药，特为之建立了配有全套白银实验用具的实验室，并谕令用金银制成旅行药壶，巡行时将西药试剂赐给随驾人等。

康熙成了中国追求近代自然科学的先驱者，一位卓有成就的学者、专家。

这在中国历史上数百名封建帝王之中，不能不说是一种偶然。而这种偶然发生在世界剧烈变革的 17 世纪，又不能不说是一种巧合。

偶然的巧合实际上是一种机会。康熙有可能认识中西文化碰撞的实质和结局，有可能己所欲而施于人，将对西方先进科学的炽烈追求，从一身推及一国，带领古老的中国走一条振兴科学、发展实业的维新之路。若如此，历史又将怎样呢？

机会有如指缝里的沙轻轻滑走了。

古老的中国封闭式的屏障，一重套着一重。从地理上看，东南是滔滔的大海，西北是浩浩的黄沙，西南是飞鸟不至的喜马拉雅山，东北是冰天雪地的西伯利亚荒原；从军事上、行政管理上看，有柳条边，有堪称世界奇迹的万里长城，有省城县城村垒堡寨；从建筑上看，皇城是城中之城紫禁城，民居是严严实实的四合院；从心理上看，上层是以中国天子为中心的华夷思想，下层是男耕女织、自给自足、万事不求人的思维习惯。

康熙纵然走出了京师紫禁城，建立了保留凤之魂的避暑山庄，却走不出这重重屏障，却仍在构筑新的屏障。避暑山庄，宫墙紧锁，西北所依峻岭之上，蜿蜒一道长城，与北京八达岭长城形同神似，人称小八达岭。

康熙纵然走进了无涯学海，涉猎了新鲜的自然科学，却走不进生产关系变革的浪潮之中。他认为，学问中最有用的是"记载帝王道法，关切治理"的儒家经籍，"事关前代得失，甚有裨于治道"的中国史乘。他反复探索传统义理，必心与理会，不使纤毫扦格。他用古帝王孜孜求治之意，古圣人垂世立教之心，在自己的治世思想中筑起了一道赤旧亦新的屏障。

他毕竟是龙文化的代表。

科学就是科学。然科学实难与政治分开，特别是当带来科学、掌握科学的国与人往往兼有殖民者、侵略者的身份时。

康熙四十四年（1705），罗马教廷教皇格门第十一派使臣多罗来华，禁止中国教徒祭孔祀祖，敬天事君，粗暴干涉中国内政。

康熙毫不妥协，坚持外国传教士来华必须遵守中国政令习俗，否则一律不准在华居留。多罗狂妄不羁，以身试法，擅自在南京公布了教皇禁令。康熙立即将其逮捕，押送澳门，后因死狱中。

教皇得知，暴跳如雷，于1720年（康熙五十九年）再派特使嘉乐来华重申禁令。鉴于罗马教廷蛮横无理的不合作态度，以及诸多外国传教士在中国结交权贵、刺探情报、泄露机密、高利盘剥等种种不法行为，康熙将嘉乐驱逐出境，将不法传教士逮捕、严审、监禁、判刑，最后下令禁止天主教在中国流行。

军事上的冲突、文化上的碰撞，都因中国尚处日中之世而暂时冰释。处于被侵略地位的康熙，天经地义、别无选择地起而自卫，成功地在军事、政治、文化诸方面加固和新筑了一道道屏障，维护了中华帝国的主权、独立、尊严、传统，为古老的龙之国在世界变革的惊涛骇浪中保留了一块相对平静的港湾，赢得了中国航船驶向新的封建盛世的机会。

而另一个机会，正是这样，在神圣的自卫自尊，在骄傲的自强自足，在日中之世刺目的反光中，有如指缝中的沙，轻轻滑走了。

康熙没有抓住中西文化碰撞的实质，没有像与他同时代的彼得一世等君主那样具有不发展近代工业便面临灭顶之灾的痛切感觉，因而，没有将中国带上腾飞的新的起点。

起点不同，结局呢？

康熙朦胧地，只能是朦胧地感觉到了某种威胁：

海外如西洋诸国，千百年后，中国恐受其累。

困惑的谶言。

◆◇ 日暮之惑

春夏秋冬如弹指，日照中天曾几时？

当日影西斜，收尽了强光，那困倦已极的负日神鸦则终于逼近，看清了她神已与之相交、形必与之相融的龙的世界——原来老朽得并无腾飞可能的龙的世界。她将和它一起，在黑暗中沉沦。

这便是她的归宿吗？

她发出撕裂心肺的哀鸣，挣扎着奋力鼓动双翅。然而却并无回天之术，只能肩负着血红的落日，向西坠去。

人云"英雄途穷"？"美人迟暮"，体现了人间最为悲哀、寂寞、痛苦、复杂的情感。这种情感或许可以比拟康熙晚年的心态。

康熙五十岁以后，身体每况愈下，"血气渐衰，精神渐减，办事殊觉疲惫，写字手亦渐颤"，步履艰难，形神憔悴，"以致目不辨远近，耳不分是非"，更糟糕的是，他极其郁闷、沮丧、神不守舍。他为自己面对波涛汹涌的大江竟产生心悸之感而羞愧、自责，无地自容；为多年相随的老臣相继乞休、谢世，带走了他最辉煌的黄金时光而痛哭流涕，茫然若失。他悲凉凄楚，痛苦得无可言状。甚至说，你们为臣者年老之后尚可致仕归养，得享天伦，为君者忧勤一生却无偃息之地可退，诸臣视君"如驾车之马，纵至背疮足瘸，不能拽载，仍加鞭策，以为尔即踣毙，必有更换者，唯从旁笑观，毫无一人怜恤，俾其更换休息者"。连朝鲜君臣都已看出"皇帝（康熙）诏书辞旨荒杂无归宿"，"皇帝所制歌词语甚凄凉，其志气之衰耗可见矣"。

不，比较途穷的英雄迟暮的美人，康熙晚年的心态要更为悲哀、寂寞、痛苦、复杂。这毋宁说是日暮之惑——不解之惑的表现。

中西屏而对峙，暂无碰撞。

然而最腐朽的毒瘤却在新的龙之躯扩散。

土地兼并。

随着社会经济的恢复发展，土地兼并出现了迅速上升的势头。

江苏流传着"百年田地转三家"的民谣。大官僚徐乾学仅在昆山一县便占田千余顷。

浙江农民"多佃种富室之田，而私其租之半……其有田而耕者什一而已"。

大官僚高士奇在平湖县"置田产千顷,大兴土木,修整花园"。

安徽淮南江北,出现了"坐拥一县之田,安然食租衣税"的大地主,土地"为百姓所自有者,不过十之二三"。

广东有"田数十百顷"的大地主。

山西有号称"上有老苍天,下有亢百万,三年不下雨陈粮有万石"的大地主。

河南有所谓"田连四邑、亩以万计,东西南北各十里"的大地主。

……

土地兼并与资本主义社会的垄断形成绝不可同日而语。后者立足于生产;前者立足于消费,或者说挥霍。

土地兼并是中国封建社会周期性危机的第一个链环。紧接其后便是:自耕农破产,流民增加,佃农队伍受流民挤压,田主"铲佃增租",佃农随之破产,国家税源枯竭,经济生活窒息,社会危机总爆发。

火耗加派。

随着社会经济的恢复发展,正额钱粮之外的附加税——火耗加派出现了迅速上升的趋势。

清朝实行官员低俸禄制度,一二品的总督、巡抚等封疆大吏岁俸银仅一百五十两至一百八十两,中下级官吏更少,一个七品县官一年只有四十五两俸银。区区官俸本不足以维持官员家庭生活及庞大幕府的费用支出。经济繁荣刺激了各级官僚享受的欲望,区区官俸甚至不足以他们一衣一食的费用支出。于是:

> 江苏火耗率占正额钱粮的5%~10%。
> 湖南火耗率是正额钱粮的10%~30%。
> 山西火耗率是正额钱粮的30%~40%。
> 陕西火耗率是正额钱粮的20%~50%。
> 山东、河南火耗率是正额钱粮的80%。

加派加剧了国家与地主阶级的矛盾、地主与农民阶级的矛盾,加重了整个社会的心理负担,加大了政权与人民的距离,成了爆发社会总危机的催化剂。

吏治败坏。

随着社会经济的恢复发展，官吏贪污舞弊之风愈演愈烈。

上层集团中的明珠、索额图，一个是"簠簋不饬，货贿山积"，一个是"贪侈倾朝右"。徐乾学、高士奇之贪赃枉法，时有民谣："九天供赋归东海（徐乾学），万国金珠献澹人（高士奇）"；户部尚书希福纳等贪污银两二十余万，其下属堂司官等一百二十人，贪污四十余万两；总督噶礼贪污巨大，令自尽，仅其原下属太原知府赵凤诏即贪污十七万余两。

中下级官员亦不示弱，凤阳知府蒋国正勒索下属银一万余两，阌乡县令白澄贪赃六万余两，宜阳县令张育徽贪赃四千余两。

康熙亦说："诸臣为秀才，皆徒步布素，一朝得位，便高轩驷马，八驺拥护，皆何所来，可细究乎？"

贪污舞弊已成为无法控制的瘟疫，从头到脚无孔不入。被侵染的肌体大面积地坏死、溃烂。

短短几十年，前代前朝所有的痼疾都重新发作了。

康熙末年，"各省钱粮亏空甚多"，"库帑亏绌，目不暇给"，"私派浮于国课，差徭倍于丁粮"，"生民乏食，物价腾贵"，终于引发了亢珽、朱一贵等大规模的农民起义。

康熙背后仿佛有一种神秘的、带着巨大惯性而又无法抗拒的力。在这种力的作用范围内，个人的，即便是杰出人物个人的作为又将如何呢？难道能够挽住西坠的残阳，东逝的大江吗？

龙凤合而为一，不再碰撞。

然而最丑恶的故事却在新的龙之国重演。

康熙熟读经史，每顾及前朝皇室为争登大统，父子兄弟骨肉相残，总不免为之浩叹。朝朝代代，仿佛是在劫难逃，就连叱咤风云的一代英主也不例外。

一代英主唐太宗李世民在玄武门之变的刀光血影之中，踏着兄弟的血迹登上了皇帝的宝座，自己又为储位问题而苦恼。他曾立承乾为太子，因偏爱魏王李泰，承乾恐有废立之意，欲杀泰谋反，事发被废。李世民答应立李泰为太子，李泰又欲谋害晋王李治，李世民痛苦得拔出佩刀，恨不能自刎，后依妻舅长孙无忌之议，囚禁李泰，策立李治，方才无事。

康熙不屑地说："定储位于长孙无忌，朕每览此，深为耻之。"

　　他万万没有想到，同样的厄运会降临到自己头上。

　　英雄气短，儿女情长，康熙是个充满了慈爱之心的父亲。他共有二十个儿子，八个女儿。他亲自挑选最博学的老师教导他们。每至五鼓，百官尚未早朝，有先至者残睡未醒，在黑暗中倚柱假寐之时，即见有白纱灯一点入隆宗门，引导诸皇子入尚书房读书了。无分寒暑雨晴，天天如此，每个皇子都精通四书五经、满语汉语，诗文书画无一不擅其妙，上下千古成败治乱全都了然于胸。又有骑射、游泳、火器等军事、体育课目和随驾出巡、狩猎、奉命出京统兵、办事等实际锻炼的机会。二十个儿子几乎全部成为英武全才。传教士白晋曾惊奇赞叹地写道：他所见到的"十四个皇子中有十个都长得仪表堂堂、才气焕发"。

　　康熙已是龙文化的代表，他自然而然地采用了前朝汉室立嫡立长的建诸之法，在正宫孝诚皇后所生胤礽两岁之时立其为皇太子。他亲自培养和锻炼皇太子，在繁忙政务中抽身为皇太子讲授四书五经，有一时期几乎"每天在临朝御政之先，令太子将前一日所授的书背诵、复讲一遍，达到熟记和融会贯通才告结束"，亲征之时，又往往命太子留京，代理政务，以资历练。企望早定国是，避免诸皇子觊觎皇位，祸起萧墙，以"系四海之心"，"垂万年之统"。

　　而群臣以索额图为首，为希图将来的荣利，自然而然地趋奉太子门下，结党营私，形成了第二个权力中心。索额图等制东宫服用仪仗，与康熙相差无几。每年三大节，太子在主敬殿接受百官朝贺，行二跪六叩礼。在这种环境长大并形成自己势力的皇太子，权力欲日益膨胀，日益骄横，抢班夺权的急迫心情时有表露，他曾口出怨言："古今天下，岂有四十年太子乎！"

　　人到暮年，即使是大丈夫，也往往生出一段温柔似水的舐犊之情。这其中实际包含了人们对自己一生最美好时光的无限眷恋和对未来梦幻般的希望。如果这种感情受到了伤害，特别是受到了自己的儿孙——被舐之犊的伤害，那么人们心灵上受到的沉重打击便无可比拟了。

　　康熙晚年更加眷恋自己的子孙。亲征出巡之时，甚至将太子的衣冠带在身边，时时观看，如见太子。康熙二十九年（1690），康熙于征噶尔丹归途中生病，想念自己的儿子，召皇太子胤礽和皇三子胤祉驰驿来见。太子来了，然进见病中的父亲，却"略无忧戚之意"。

美好温馨的一切都破碎了。康熙极其失望、失落，他不能不正视冷酷的现实：既然是皇权至高无上的龙之国，便注定没有了龙之家。龙，没有亲人，只有仇敌；没有爱，只有恨，只有丑恶、毒刑、阴谋、陷阱。孤家寡人啊！

康熙开始有计划地削弱剪除太子势力，直到康熙三十七年（1698）封皇长子胤禔为直郡王，皇三子胤祉为诚郡王，皇四子胤禛、皇五子胤祺、皇七子胤祐、皇八子胤禩为贝勒，抬高了诸皇子的地位；康熙四十二年（1703）以"背后怨尤，议论国事"、"结党妄行，威吓众人"的罪名，拘囚了太子党的首领索额图，直斥"朕若不先发，尔必先之"。索额图死去多年，康熙还恨忧未消，说："索额图诚本朝第一罪人也。"

康熙四十七年（1708），康熙出巡，太子同行。其间太子纠集党羽窥伺康熙起居动作，无不探听。更可异可骇的是，康熙发现每至夜晚，胤礽便近逼布城，从帐篷的裂缝向内窃视自己的动静。两个权力中心的斗争已到了你死我活的白炽化状态。康熙"未卜今日被鸩，明日遇害，昼夜戒慎不宁"，他敏锐地觉察到一场弑君流血的政变就在眼前，立即启程回銮。等不及回到京城祭告天地祖宗，在中途便迫不及待地宣布废掉皇太子，同时诛杀太子党羽索额图之子格尔芬、阿尔吉善等人。他召集诸官，"垂泪而谕"，说皇太子"不法祖德，不遵祖训，惟肆恶虐众，暴戾淫乱"，已包容他二十年矣，"似此之人岂可付以祖宗宏业！"谕毕，"痛哭仆地"。

然而储位虚悬，诸皇子更将疯狂结党，上蹿下跳，互相排陷，把储位之争推向了新的高潮。

庶出的皇长子胤禔，以为按照"立长"的原则，皇太子非已莫属，露骨地怂恿康熙诛杀胤礽，说"今欲诛胤礽，不必出自皇父之手"，公然讨令由他下手。并且以前即曾请喇嘛用巫术镇魇胤礽。对待骨肉兄弟如此残忍狠毒，以至康熙怒斥其"乱臣贼子，天理国法，皆所不容"！

才能出众、党羽甚多的皇八子胤禩野心勃勃，到处邀结人心、营私结党、大造舆论。皇子胤禟、胤䄉等倒向胤禩，甚至身藏毒药，准备如若胤禩遭到不测，便与之同归于尽。当康熙向群臣征求立储意见时，胤禩党羽于手掌书"八阿哥"以众示人，结果满朝文武皆保荐皇八子。更有人以一相士云"胤禩之相，后必大贵"为由，对其再行保荐。康熙大怒，痛斥胤禩"柔奸性成，妄蓄大志"，下令将其锁拿。他忧心忡忡地指出了胤禩或逼宫篡位，或因有群臣保荐的历史而在他死后坐顺风车即位的两种可能。说："朕恐日后必有行同狗彘之阿哥，仰赖其恩，为之兴兵构难，逼朕逊位而立胤礽者"，"若果如此，朕唯有含笑而殁已耳"。又说："朕年已老迈，岁月无多，及至不讳，伊曾为人所保，谁敢争执，遂自谓可保无虞矣。"他毫发不让，说："朕何为者，是又出一皇太子矣！"如有一人称道皇八子好，"朕即斩之"。

除此之外，皇三子、四子、五子、九子、十子、十四子等都在暗中积极活动，相互树党，窥测时机，无所不用其极。

康熙对此极其厌恶、悲愤、痛苦。他多次发出严厉警告："诸阿哥中如有钻营谋为皇太子者"，"倘有借此邀结人心，树党相倾者"，"即国之贼，法断不容"，"朕断不姑容也"。甚至哀求儿子们："众阿哥当思朕为君父，朕如何降旨，尔等即如何遵行，始是为臣子之正理。"难道等我死时，你们要像齐桓公身后那样，将朕躬停尸乾清宫，束甲相争吗？然而无人动心。

康熙四十八年（1709），康熙为平息储位之争，出人意料地宣布复立太子。康熙之举并未如愿以偿。太子周围很快又聚集起一批党羽和亲贵大臣。政出多门，为非作歹。诸皇子更是恨之入骨，加紧了倒太子的活动。康熙忍无可忍，于康熙五十一年（1712）再废太子。意大利人马国贤记载道：

> 当我们到达畅春园，我们惊恐地看到花园里，有八个到十个官员和两个太监跪在那里，光着身，双手背绑着。不远处，皇子们一排站立，也光着头，双手绑在胸前。不久，皇帝乘坐肩舆从房间里出来，到皇子们面前，爆发出虎吼一样的忿怒，责骂太子，把他关在宫内，公开宣布废掉这个不幸的皇子。

储位问题成了康熙胸中无法消除的块垒，他心力交瘁，神情沮丧，多方猜忌，反复无常。大小臣僚如坐针毡，发出"两处总是一死"的怨言。

康熙六十一年（1722）十一月，康熙病逝于畅春园。血腥纷争的迷雾，永远隐没了康熙的真正死因。

倘人死后还有灵魂，康熙的灵魂一定不会离去，不甘离去，不愿离去。他在每一个夜与昼，昼与夜相交的子时徘徊着、思索着。他要寻觅最终承继大统、双手沾满亲人鲜血、政治上却雄才大略、卓有建树的四子雍正帝，一百次地向他询问：这是为什么？龙之国龙之家龙之一切还有逆转的可能、腾飞的可能吗？

然而雍正远远避开了他。在位期间，雍正没有居住康熙生前所居畅春园，另拨巨款营建了圆明园；没有去过一次康熙年年必往的避暑山庄，连自己的陵墓也离开了京东马兰峪，在数百里以外的京西易县另建西陵。

康熙之魂只有向天地古今伸出双臂，无言地倾诉他的忧虑、他的悲愤、他永远解不开的困惑。

日出。日中。日暮。

不同文化的趋同趋异，使这片神奇的土地辉映着变幻的七彩。

她的本来面目是什么？她将要变成什么模样？

日之惑。

红日天天都会升起，天天都有日之惑。

日日之惑之间，有着怎样的联系呢？

林则徐

成与败的困茫

◎孙燕京

　　他曾获紫禁城骑马的殊荣，曾身膺钦差重寄……但此刻，他却蹒跚独行在贬戍伊犁的漫漫长路上。他这才知道，做一个人可以是如此地无足轻重。

　　清道光二十二年（1842 年）二月，东河河工告竣。曾经是那样肆虐、狂暴、乖戾的黄河，终于在万众的瞩目、喧腾的锣鼓、震耳的炮仗声中安静下来，那样温柔，如此平静，百般依顺地沿着人们重新给它规矩好了的河道，出开封城向东，又向东，一直流入东海。

　　此刻，站在堤岸边搭起的高台彩棚里的督办河工大学士、军机大臣王鼎眉开眼笑，转身向身边那位鬓白须黄、满面倦容的襄办、前两广总督、获罪大臣林则徐额手相庆，然后回顾左右，传命即刻开宴庆功。

　　林则徐是在遣戍途中接到道光谕令，由扬州向西北至开封襄办河工、效力赎罪的。在扬州他接到命令后，难以掩饰心头的喜悦，挥笔写下"自羞东障难为役，漫笑西行不到头"的诗句，准备一展宏图，忠君报国，再造伟业。林则徐安顿好家人，便日夜兼程，轻装飞赴祥符工地。治河的王鼎是个极富爱国心、正义感的官员，他久知河患甚深，不少贪官借治河营私舞弊，贪赃枉法，中饱私囊，尽管年年申请巨额河帑，却无一用于实处，致使黄河失治，终于酿成了一场波及河南、安徽六个县的大水患。当王鼎被道光皇帝任命为督办大臣后，他马上向道光建议，要已经获罪遭遣的林则徐折回东河效力襄办。林则徐早年曾在河督任上待过一年多，因其勇于任事，恪守职责，屡受道光的嘉许，并以此升迁。王鼎挑林则徐做治河襄办，不仅看中了他的治河经验，看中了他的精明强干，更明显的用意是想借修河之机挽回圣意，让林则徐"将功折罪"免戍伊犁。对林则徐来说，这个意外的机会就像当年诗仙李白"传闻赦书至，却放夜郎归"一样，他感激王鼎的好意，更怀有忠君报国之志，因此兼程赶到祥符工地后便不顾疲惫与病痛，竟日与王鼎督工坝上，苦战数月，终于用泥土锁住了咆哮的黄河，安堵克期完工。

祥符工程，劳苦功高者，首推林则徐。王鼎以为，有了这样万众交口称赞的奇功，道光肯定能网开一面，宽大林则徐了。因此他专折为其请命，极赞"深资得力"。林则徐自己心里也有几分估计，虽然重新起用甚难，但至少可以用自己的劳苦换来一线宽慰，将惩罚略略减轻，这是绝对错不了的。这种希望，早在其出扬州所写的"漫笑西行不到头"的诗句中就升腾了。

庆功宴规模盛大，文武百官，修河民众欢歌笑语，觥筹交错，很多人乐都乐醉了。王鼎请林则徐首座，二人放怀痛饮，庆贺胜利，觚觥之间洋溢着几个月合作之中结下的深情厚谊。

酒兴正酣，忽传：圣旨到。众人纷纷离座，把或欣喜、或狐疑的目光投向了林则徐。宣旨的太监蓝衣红顶，器宇轩昂，尖着嗓子大叫："林则徐接旨！"林则徐不敢怠慢，上前一步，就地一跪，其他文武各官亦屏住呼吸，聆听圣旨。只听得太监唱道："林则徐于合龙后，著仍往伊犁。"

尖昂的声音，在拖长了的"犁"字后悠悠地画了个句号。四下一片寂静，人们仿佛是着了魔法，都站着不动了。老臣王鼎突然间变得更苍老了，他颤巍巍地抖动着灰白的胡子，半晌说不出话来。跪在地上的林则徐明显地一怔，然而，凭着多年官场养成的应变素质，他瞬间便恢复了平静。

他接受了这个现实，尽管这个现实对他来说是如此的不公正。

他是多么想通过自己的努力，去拯救那个早该垮了的世界，想用他的智慧，他的精明，他的忠心以至于他的崇高去给那个浑浑噩噩的世界树立一个榜样，可是这一切终成徒劳。

林则徐（1785—1850），字少穆，福建侯官（今闽侯）人。不知是他成为显官之后人们的附会，还是他的先人为光宗耀祖而虔诚的祈祷，反正有人说，当林则徐降生人世的时候，他的父亲林宾日曾在梦中看见了凤凰，这可真是吉星高照了。林家虽属书香门第，然而家境却十分贫寒，林宾日以教私塾养家，不足之数，全靠妻女女红贴补。林则徐自幼耳濡目染的，就是全家人的辛苦劳作。年方四岁，父亲便把他带进私塾，身濡口授，走上读书应举之路。这是一条父母早就为他安排好了的道路。因为林宾日的科考功业不很得意，中秀才之后便由于目疾而止废仕途。那个时代在许许多多旧式知识分子看来，科举仕途是唯一的出路，父辈未竟的事业，自然而然地落到了林家这个仅有的儿子身上。

家贫出孝子，有了追求，有了榜样，只要毕生去努力，大半是会心想事成的。果然，林则徐不辱父命，在二十七岁那一年便金榜题名，通过了顺天会试，成了进士，跻身官场。俗话说"三十老明经，七十少进士"，古稀之年入仕尚且不晚，何况未满三十呢！

此后的二十多年间，林则徐凭借着一颗赤诚的忠君爱国之心，凭借着他对下层实际情况的了解和办事的果断干练，在仕途上，一步一境，一直到湖广总督之位。

本来，如果国泰民安天下太平，林则徐是可以沿着做好官、当忠臣这条路走下去，一直追求到那个修、齐、治、平理想而完美的境界。可惜的是，他生在一个由盛而衰的时代，一个大动荡、大变革的历史前夜。

在这个时代，康雍乾三朝一百多年营造的盛世已随日月流逝，原先那些被盛世鼓乐掩盖起来的矛盾已经藏头露尾，怎么也遮掩不住了。带有轮回色彩的土地分散又重新走上了集中的道路，少数人占有了越来越多的土地，加速了贫富两极分化，激化了阶级矛盾。嘉庆年间，皇帝手中的庄田达到了四百多万亩，这还不包括与皇亲国戚相关的那些大大小小满族贵族所占有的土地。乾隆年间那位著名的宠臣和珅，一个人拥有的土地就达到八十万亩，以至于有位地方大员不无忧虑地说："近日田之归于富户者，大约十之五六，旧时有田之人，今俱为佃耕之户。"一方面是土地集中现象的严重，另一方面是人口增长的巨大压力。从 17 世纪末叶到 19 世纪前半叶，国内的长期和平稳定造成了人口的大量滋长，在一百多年里，全国人口从原来的一亿五千多万发展到四亿。与此同时，土地的耕种面积却大大低于明代。于是，人与土地的均势被反向增长的力量打破了。

与社会矛盾的加剧呈鲜明对照的是，统治阶级照旧文恬武嬉，不知乱之将至。道光即位之初，颇有意大刀阔斧，改良政治，然而，面对着每天如潮水般涌来的各地奏章，他却心乱如麻，不知如何下手。正当皇帝彷徨不知所措的时候，京城名宦曹振镛出来给皇帝献策了。他告诉皇帝，各地官员向皇帝报告情况，乃是守土官员的正常职责，因而切不可打击这种积极性，重要的是，必须认识到当今乃是太平天下，臣工们滥上奏章，无非是作危言以邀时誉，所以不必把它放在心上。但皇上可从那些堆积如山的奏章中，挑出几件，挑一挑行文上的错误，然后对这些文体有疏漏别字的奏折，狠狠地批评一顿，严重的罚俸降职，这样就表示了皇帝不但了解了地方情况，而且察及秋毫，连最细微的文字错误都不肯放过。于是乎，上奏的人事先就要慎重了，要么就少生事，少打报告，要么在非汇报不可的情况下，首先注意行文用字。从此，上条陈的人被导向只注意形式，不太注意实际内容了。据说此招甚灵，以后大大小小的地方官再也不敢事事都向朝廷汇报了，他们震悚于皇上对行文楷法的重视，格外地关心语法修辞，以致语多颂赞，凡凶灾险祸之事皆不敢轻易入告，于是，天下愈益显得"太平吉祥"。

至于与治国安民息息相关的选拔官吏的科举制度，到此时也已经徒具形式。不必提科考的题目距离现实社会是多么遥远，到了清中叶，甚至发展到连时文也不再讲求，文义不必甚通的程度，走上了专尚楷法的道路，以至于"以能小楷为天下奇材"。评判考卷的各地学政，更是苛求于点画之间，"遂至一画之长短，一点之肥瘦，无不寻瑕索垢，评第妍媸"。于是，士子们后半生的荣辱，全系身于书法的点画之间。退一步说，就算是楷法取士，毕竟还是取到了写得一手好字的有用之辈，在那些被揭露出来的弊端里，枢相穆彰阿的儿子不是被誉为"场外举人"吗，不进考场尚且能入仕，那么擅长书法难道就不是真才实学吗？在这些未来的管理社会的"人才"身上，人们怎么能看到振衰起弊的希望呢！

社会矛盾的加剧使国家机器的作用明显地突出起来，然而，代表国家权力的军队却同样的不可救药。入关二百多年后的八旗子弟们，不再勇猛剽悍、能征善战了，他们的枪杆子越握越生，而鸟笼、烟枪却越拿越熟。每遇出操之时，他们便从市井雇来游手之辈，代他们去出汗出力操演弓石，而这些真正的军人却提笼架鸟，优游盘乐。他们是吃铁杆庄稼的，对那几个毫无吸引力的军饷根本就不稀罕。

嘉庆元年（1796），白莲教农民起义于湖北，然后迅速向长江川北蔓延，先后共五个省几十万农民卷入了这场起义烽火。在这个时候，清军的腐败无能终于被无情地曝光了。九年的南征北战，八旗、绿营军花去了二亿两白银，却无力扑灭这场冲天大火。嘉庆皇帝百般无奈，只有号召各地官员、地主豪强组织团练乡勇自救，这才勉勉强强把起义镇压下去。然而太平不过十年，天理教农民起义又骤然而生。一支由京郊农民林清率领的队伍，竟突入京城，直捣皇宫。此刻，嘉庆帝围猎于热河，其子旻宁也就是后来的道光皇帝率众在养心殿拼命抵抗，守城的禁卫军不断增援，这才把只有二百多人的农民起义队伍打散。

这场奇变给京师以极大的震动。嘉庆皇帝颁布罪己诏，声称要居安思危、励精图治。问题已经不在能不能安不忘危了，对统治者来说，一场深刻的危机早已到来。

林则徐就生活在这样一个时代。

林清攻打皇宫的这一年，正好林则徐在京翰林院当庶吉士。他目睹了这场奇变，更对潜伏着的社会危机忧心忡忡。尽管他只是个不起眼的小官，还轮不到指点江山，可是他凭着忧国忧民、建功立业的远大志向，不甘于"褒衣博带，雅歌投壶"的清闲生活，而是一面利用京师丰富的藏书，潜心研究各朝各代治乱兴衰的历史，一面与一些志同道合者一起砥砺学问，致力于经世之学。

林则徐的经世之学就是扎扎实实地研究怎样去兴修水利、造福人民，研究如何以养民为本，为朝廷找到一个立国安民的"万年至计"。反正他坚决不肯与利禄之徒为伍，而是矢志做一个拯救社会、匡时济世的好官。所以不管是派他出差当乡试考官，还是出任监察御史，他都兢兢业业，出色地完成任务，用行动证明自己的能力，证明自己的忠心。在那个时代，这种人是不多的，因此，林则徐很快就受到了皇帝的注意，嘉庆二十五年（1820），嘉庆提拔他任杭嘉湖兵备道，外放浙江。从此，他在仕途上开始青云直上。

他是一个知恩图报的人。

皇帝的信赖，使林则徐"感刻难名"。他决心大干一番事业，为那个浑浑噩噩的世界树立一个榜样，他就不信，一个好端端的大清江山会断送在这一代人的手里。

果然，民间对清官早已企盼多时，不用很久，林则徐就清名大著，被百姓称作"林青天"了。成名没有捷径，只有付出艰苦的劳动。林则徐不论在哪里做官，都能深入下层，体察民情，从实际中了解情况，制定对策，自然能使问题得到较为合理的解决。道光四年（1824），江南被灾，民情不稳，林则徐据实上报，一方面减征缓赋，放赈济贫，一方面劝谕殷富之家出米平粜，并三令五申严禁投机商囤积居奇。一日，他打听到在籍丁忧的户部尚书潘世恩家存有余米万石，立刻前去劝"请开仓发米"，而潘世恩却假言诸仓皆空，无米可济，林则徐便果断地宣布把潘家的米仓借来为官方贮米，并全部加封。至于有米无米，林则徐心里是有数的，越一日，他便开仓散米赈济饥民。弄得潘世恩有苦说不出。与此同时，林则徐派人火速到丰腴之县劝招米客，告之以本地"米价正高，速来必获大利"；利用商品价值规律稳住了市场，稳住了民心，一时间街谈巷议皆颂扬之声。

下安民，上必悦龙心。道光对林则徐越是倚重嘉奖，林则徐越是发奋努力。这以后，无论是修河治水，还是放赈救灾，无论是当江、浙两省七府水利总监，还是出任河南、江苏布政使，林则徐总是一如既往，全身心地投入，似乎他天生就是处理复杂事务的好手。他的一招一式总是运用得那么得心应手，致使道光每每誉其"品学俱优，办事细心可靠"。在满朝文武中，林则徐成了数得着的良吏能臣。

这一切成功，都使他对自己拯救世界的历史使命更有信心了。

19世纪30至40年代，是人类历史上疾风暴雨的时代。继1640年英国资产阶级革命建立政权以来，欧美各国相继进行革命，确立了资本主义制度，在世界的一个相当大的范围里，一个新的资本主义的国际秩序正在形成。资产者们像魔法师一样，从地底下唤起了巨大的生产力，他们用机器代替了手工劳动，用有组织的社会化大生产代替了一家一户或小作坊式的生产形式，用金钱关系代替了宗法关系，从而在一百多年的时间里，创造出比以往任何一个时代都要大、都要多的物质财富。接下来，他们就着手去改变世界了，他们用殖民主义的、海盗掠夺式的强行贸易，用鸦片甚至用武力去开拓世界市场，他们想把一切国家的生产和消费都变成世界性的，以建立这个新的资本主义的世界秩序。

道光十三年（1833），拥有对华贸易独占权的东印度公司开张了。一个对华自由贸易时代开始。为了开拓海外市场，将古老的中国吸引到国际市场中去，英国改变了对华贸易的政策，一个叫律劳卑的人，被派往广州，出任英国驻华商务监督，英王特准他代表英王直接与清政府接触。

中国的对外贸易制度还是中世纪的。它不准许前来做买卖的商人与中国的地方官接触，因为商人的身份在中国人看来是四民中最低下的，别说是官吏了，就是普通百姓都未必愿意与他们接触。所以，所有外国商人都由中国的公行进行管理，其行为自然受到种种限制，如果有什么要求的话，只能由公行商人代为转达。其代递的文书，也完全是一种乞求恩准的形式。这个限制制度，使革命了二百多年的英国资产阶级商人越来越难以忍受。律劳卑来了，他存心就想改变这个制度。

律劳卑是苏格兰贵族，皇家海军大佐，资产阶级革命以后经营了几代的养羊业主。他既有贵族常有的傲慢，又秉性好斗，一上任他就声称："同这样一个政府交涉，必须以实力为后盾。"言语之间，透着一股蛮横和杀气。果不其然，当他与两广总督公函往来的要求被断然拒绝，而且被勒令停止贸易以后，他就派两艘军舰直逼黄埔，想用这种军事讹诈来改变旧有的秩序。可是，当时英国还没有做好与中国冲突的准备。因为东印度公司专营的局面还刚刚结束，自由贸易的资产阶级尚未感觉出专营与自由之间的差别，他们还不愿意冒着无法卖出他们船舱里的货物，买回在英国国内可卖好价钱的丝、茶这一危险来与中国决裂。所以，律劳卑的"激进政策"失败了。然而，这次武力威胁，却明明白白地发出了这样一个信号，资产阶级不惜一切代价要把中国卷入到他们建立的文明中，中英间的冲突或迟或早是一定要发生的。

对于在东南沿海所发生的这一切，林则徐根本就不知道。

在这一年，他所做的辉煌业绩，是在江苏巡抚的任上推广区田法，以实现他早在京师读书时就有的养民之志。然后，他对中国现行的钱法提出了改革性意见。接着，就是在水灾之后为民请命，力主减征缓赋。总之，他所做的一切，仍然是身体力行地为全国大大小小的官吏树立一个勇于任事、刚正不阿的榜样。

不过，林则徐并没有料到，他也是在这一年被动地卷入了世界经济的大潮。可惜的是，对这样一个能臣来说，这个卷入完全是不自觉的。

同年五月，林则徐会同两江总督陶澍上奏，讨论江、浙两省银贵钱贱、商民交困的补救办法。其奏折写道："自鸦片盛行之后，外洋并不必以洋钱易纹银，而直以此物为奇货，其为厉于国计民生，尤堪发指。"并斥责说："鸦片以土易银，直可谓之谋财害命。"这份奏折把江、浙两省出现的银贵钱贱的现象与鸦片的大量输入联系起来，认为正是鸦片的大量输入才引起了白银外流，市场白银短缺，自然出现银贵钱贱。这个推理的确抓住了矛盾的根本，不过，林则徐并没有照着这个思路想下去，从而看到鸦片乃是害国病民之本，从而看到鸦片不过是西方资产阶级打开中国大门的武器，从而看到一个新的、用西方资本主义文明武装起来的敌人已经出现在东南沿海，这个敌人想用野蛮的手段把中国带入一个文明的世界。以林则徐的智慧来说，他是不难作如此推想的。

1840 年以前的大多数中国士大夫文人，并不知道中国之外还有个更为广阔的世界，凭着历史经验，他们知道有夷有夏，而夷与夏之间的界限就是文明与野蛮的界限，任何来同我们交往的人，都不过是为仰慕中华文化、沐浴圣朝恩泽而来。人们并不知道中国之外，夷之所在的那个世界是个什么样子，不知道在那个世界里中国早已落后的事实。他们执拗地以为，中国文明永远是第一流的，过去是，现在仍然是天下无敌手；假如还有什么别的文明的话，这个文明也终将被中国文明所同化；中国的麻、丝、茶叶和大黄，乃是那些金发碧眼的洋人生命须臾不可或缺的，即使他们用鸦片来进行贸易，也只不过反映了他们图财害命的恶劣品行罢了。几千年都不曾有人征服过中国，这个铁一样的事实，足以让所有的中国人放弃警觉。

由此，我们又怎么能去责备林则徐，非让他在 1833 年就对世界大势有个正确估计呢？

更让林则徐料想不到的，同样是这个 1833 年的奏折，竟是日后他走向辉煌的起点。

正像他奏折里所说的，鸦片成了打开中国大门的奇货，自从找到了它，中英间的贸易形势发生了根本性的逆转，原来对中国有利的出超一下子变成了入超，而且年复一年，只增不减。鸦片这股祸水，由南向北，自东徂西，向中国大陆蔓延成灾。到19世纪30年代下半期，鸦片每年的进口量都高达四万箱，尽管中国统治者一再声明严禁，可鸦片的入口却只多不少，愈演愈烈。尚且不说吸食者挥霍家财，得来的却是吸食成瘾、精神枯萎，最后形神两败呜呼而去，仅从国家来说，白银外流必然导致银根紧张，而银根紧张必然引起银贵钱贱，而银贵钱贱又会使民情不稳，民情不稳随时都可能酿成一场巨大的社会灾难。中国的统治者一向把国内的危机看得至关重要，因此当臣下说"若犹泄泄视之，是使数十年之后，中原几无可以御敌之兵，且无可以充饷之银"的时候，自然引起了道光的焦虑。

道光十六年（1836），一个叫许乃济的人提出了"弛禁"之策。所谓弛禁，就是把鸦片当成药材，苛以重税，与此同时，在国内提倡种植以分外洋之利，久而久之，自可以以土抵洋，白银就不会外流了。许乃济的意见虽然有可行的一面，但毕竟使国家成了大烟犯，实在有伤国体，太丢面子。所以对于这个意见，大多数官员认为不妥。

两年后，另一个叫黄爵滋的人，提出了严禁策，他把久治无效的禁烟活动引入了重治吸食的新路。他说，只要无吸食，"自无兴贩"没有市场，鸦片的输入自然会停止。因而他要求皇帝把吸食的人看作"不奉法之乱民"，置之重刑，罪及论死。

黄爵滋的奏折立即引起了一场全国性的大讨论。林则徐显然认为这个方法是可行的，以他一贯的务实作风，他立刻在自己的湖广总督位子上行动起来，组织了各种突击队，四面出击收缴烟具，搜查没收各色烟土，另外，他还动员各种力量，积极开展戒烟宣传，研制戒烟药丸，广泛推广使用。至此，湖南、湖北的禁烟运动开展得轰轰烈烈，有声有色。

这时的道光，在满朝文武的支持下增强了禁烟的决心。他坚信，只要全国各级官员一起努力，再选派一个能臣去广东主持禁烟大政，危害国家几十年的烟土之害是可以一举禁绝的，到那时，宇内澄清，再现盛世，不亦乐乎！

这位能臣，自然是非林莫属。

道光十八年（1838）十一月，林则徐奉到晋京命令，马上准备好禁烟的各种资料，从武昌起程。

这次，林则徐获得了一个汉族大臣所能得到的最大荣誉。一连八天，皇上逐日接见，君臣二人共商禁烟大计。鉴于林则徐一贯的表现和对他将负重任南下禁烟所寄予的厚望，皇上特命林则徐"紫禁城骑马"，一时间，京城皆视此为"国初以来未有之旷典"，争相与之结纳。

林则徐并未被此殊荣旷典冲昏头脑，他受命之时，已经做好准备，宁可赴汤蹈火，"置祸福荣辱于度外"，也要扫清烟害，不负皇恩。于是，他毅然起程赴任。

在林则徐的心目中，英吉利还是遥远的化外之夷，完全是一个没有开化的形象。

他是以旧式的忠诚去对付这个全新的敌人的，正是这个忠诚，把他带到了人生的一个辉煌顶点。

出征之时，他想到了第一个对手会是"狡黠"的英吉利，第一个难题可能是因禁烟而引起的冲突、而出现的"关税暂绌"的现象。他想到了由于自己被皇帝格外宠信会在同仁身上燃起难名的妒忌之火，他想到了"龙门千尺峻"，"可能倾盖免妨嫌"。然而，他想不到，"护国体、避边衅"之间是很难找到一个合适的"度"，狡焉思逞的英吉利，并不是他心目中的那个化外之夷，用几艘兵船吓唬是不起任何作用的，用惯常的中断贸易也不可能让他们回心转意。他想不到，禁烟已经成了封建制度与资本主义制度在正义与非正义之间的一场生死决战。

到广州后，林则徐安营扎寨，向所有赚取鸦片利润这个黑心钱的国家和商人们庄严宣布，中国政府禁烟的决心是不可动摇的，"若鸦片一日未绝，本大臣一日不回，誓与此事相始终，断无中止之理！"接着，他在全城展开了查禁鸦片的运动，他封烟馆、缴烟枪、抓走私、查囤匿，并限令那些外国烟贩三天之内将所有藏匿的鸦片全数交出，并写出书面保证，将来永不贩烟。这样，查禁鸦片的运动就以重治吸食扩展到杜绝来源，查堵走私。

他的忠诚、勇武使他达到了顶点。

虎门销烟，显示了中国政府的气魄，震撼了民心，也给皇帝赢得了极大的面子。这个面子，对道光来说就是以恩威并用、宽猛相济的手段，达到"护国体"的目的。听说前去观看销毁鸦片壮举的外国人，一边看，一边脱帽沮丧地摇摇头，表现出"心悦诚服"的样子。道光心里着实得意了一下，立即称赞销烟乃是"大快人心之事"。然而，同样是销烟，却使另一个自认为是至高无上的维多利亚女王大丢面子。在维多利亚时代，英国扩大了对殖民地区的经济掠夺，靠着比实际本土大一百多倍的殖民版图，登上了工业、贸易的世界霸主地位。维多利亚在位的六十年间，成了大英帝国历史上的黄金时代。这个被称为"日不落帝国"的君主，怎能忍受来自一个古老东方的"野蛮"民族的敌视和小看呢？

比维多利亚更容易被激怒的是执掌外交的帕麦斯顿，这个人在英国外交史上以积极推行殖民扩张政策而著称。他接到来自广州的报告，报告渲染了英商被迫交烟后的愤懑情绪，把商馆被包围的情景比喻成加尔各答监狱，把本无体面可言的偷运鸦片，说成正当的自由贸易，于是禁烟就成了傲慢蛮横的中国人侮辱大英帝国之举。帕麦斯顿恼怒了，他发誓要派一支强大的远征军，去制服那个东方野蛮民族。一个与帕麦斯顿一伙的辉格党人宣称，大英帝国是一个不习惯接受失败、屈服或耻辱的国家，是一个没有衰败过的国家，不能看着自己的子民在异国他乡受到侮辱而不顾。于是，英国议会以五票的优势通过了对华作战的决议。

鸦片战争爆发了，查禁鸦片的行动终于成了一场国际冲突的导火索。

护国体与避边衅的政策之间可能只有一步之遥。有时候，两者是难于两全的。林则徐在 1839 年到 1840 年曾小心于这两者之间。可是他怎么也料想不到，英国人会为鸦片打一场不义的战争。因之，不管他多么小心地恩威并重、宽猛相济，边衅还是发生了。

为了对付可能发生的冲突，林则徐出京之时，已经在皇帝那里争取到了"兵部尚书衔、节制广东水师"的实权，并在销烟之后抓紧招募乡勇、操练军队。他用孙子兵法所说的"知己知彼"的招数去研究敌人，翻译西方的新闻报道，试图采纳西方先进的枪支船炮技术。他积极备战，在珠江口最狭隘之处安放了拦江链排，想堵住敌人来犯的船只。他最大限度地做了一个封建时代政治家、军事家所能做到的一切，为了知己知彼，他甚至超出了封建政治家的眼界，用虽然是有限的，但无疑是果敢的目光投向了那个就要到来的新时代。

不幸的是，他对那个世界还缺乏想象力。他笃信中国文明的强大，对最后的胜利不抱任何怀疑，因为无论怎么说，贩卖鸦片都是不道德不正义的，天下哪有野蛮战胜公理的道理！况且，英国的战舰船只过大，这就决定了它很难进入中国江河自由活动，至于英国士兵，则"除枪炮之外，击刺步伐，俱非所娴。而其腿足缠束紧密，屈伸皆所不便，若至岸上，更无能为"。林则徐的智慧在这里算是误入歧途了，他真的以为，待敌人上岸，他们所凭仗的长技便不存在了。到那时，不用一枪一弹，动员起妇孺百姓，每人手持一根长竹竿攻其"下三路"就足以使其毙命。既然敌人有这样致命的弱点，林则徐怎么能对胜利还持有怀疑呢？不过，林则徐还是尽可能做认真的准备，准备接受挑战。

不幸的是，这些消息传给虚骄的皇上，剩下的就只是盲目乐观了。道光没有做打仗的思想准备，因为与中国世代君王一样，他对付化外之夷的办法都是怀远羁縻之策。因为那些化外的夷狄不过犬羊之性，又都是为了利益而来的，实在不值得认真对待，跟他们计较太多，岂不是有损国体？这是道光不想打仗的原因之一，另一个原因是道光一生崇尚节俭，让国库里白花花的银子去喂养战争机器，这对他来说是根本不可想象的。还有一个原因是，比起林则徐来，道光对外面的世界更不了解。他既没有亲眼看到那些狡黠的洋鬼子究竟是什么样子，也没有看到在国门外示威的战舰有多么大的威力，甚至仗都打起来了，他才想起应该问问臣下，这个英吉利国离中国到底有多远，有没有陆路与之相连？所以，在道光这里，连知己知彼这个兵家的传统都统统丢光了。道光把所有解决边患、烟毒的希望都寄之于那个宽泛的几乎无法掌握的"恩威并用"之术上了。"只可以护国体，不可以启边衅；只可以讲和，不可以让步"，这是1839年到1842年8月之间固执地盘踞在道光脑海里的全部信条。因此，能臣所能做的，只有成功。

当英国远征军溯海而来，封锁了广东水域，趁清政府不备，攻下定海，然后直逼天津口岸，乘辇震动之时，道光怒不可遏了。他原先的那种优越感被沮丧所代替，他斥责林则徐："汝言外而断绝通商，并未断绝；内而查拿犯法，亦不能净尽，无非空言搪塞，不但终无实济，反生出许多波澜，思之曷胜愤懑！"不管林则徐怎样陈词辩解，道光都听不进去了，他不去想英国步步紧逼的真正理由，也不去做打仗的准备，而是又派了一个"能臣"替换林则徐，仍然打算用片纸只言退敌。

林则徐至此交了厄运。因为以后的局面并不比他当钦差时好多少，没有人能做到既退了敌又保全了面子，并且不作任何让步。战争是打定了的。道光认准这是林则徐找来的麻烦，他愤然下令，着其"从重发往伊犁赎罪"。

于是，林则徐从政治生涯的峰顶跌落了。在杭州，他见到了自遣戍之地东归已十年的故人张珍臬，难以掩饰自己的怨愤，写下了"谁知卷里濡毫客，垂老凭君问戍楼"这样悲凉的诗句。

在山雨欲来之时，他退役了。就这样，他始终没有机会与英国人在战场上一试。

林则徐不幸吗？

不，他一生两次奉命钦差，七次出任总督、巡抚，受恩于嘉庆、道光两朝，生前曾享"紫禁城骑马"，死后亦获"太子太傅衔"，并谥号"文忠"。在有生之年，他得到了一个汉族封建士大夫所能得到的最高荣誉。

林则徐幸运吗？

不，他受命之时，中国社会正急剧地走向衰败，当他面对着一个全新的敌人、一个未知的世界时，他手中的武器却依然是中世纪的。更要命的是，即便是这个武器，他也没有擅自动用的权力，因为皇帝早就给他限定好了一条酷似"第二十二条军规"的办事原则，这就是既要护国体、又要避边衅的外交政策。于是，他陷入了既要大刀阔斧、又要小心谨慎的两难境地。

他困惑了。

当他拿出了雷厉风行、勇武决断的工作作风，却抓不尽走私、缴不完烟枪、禁不绝吸食；当他拿出了克敌制胜的法宝，断绝了中英贸易，却吓不倒执意要找麻烦的洋鬼子。一切都没有奏效。因为林则徐不知道，鸦片只不过是英国侵略者打开中国大门的一个手段。假如只是单纯贩毒的话，靠着他为民除害、为主分忧、为国解难的坚定决心，靠着他一贯的雷厉风行的工作作风，是不难大获全胜的。可是，鸦片却和帝国主义的对外侵略扩张政策紧密相连，和资产阶级的利益紧密相连，和打开中国大门的野心紧密相连。而且，它的偷运性质还与大大小小的利益集团紧密相连。这样，完全靠着个人的忠诚和信念、靠着正义就不可能取胜了。

当一个强大的敌人来临之时，当一个新的时代到来之时，只有全民族的觉悟，才有可能克敌制胜。

可惜的是，在那个时代，"觉悟"离我们是何等的遥远！

那时的道光，仍然是一个盲目虚骄的皇帝。他企图有所作为，但能力有限，只能守成，不可创业。因为，几千年的中华文明，使他唯我独尊惯了，他不可能也不想知道中国之外还有些什么。他所关心的是怎样在自己的治理之下，国内政治不出或少出些乱子。因此，一旦中外发生冲突，他采取的手段只能是：要么示之以武威，迅速取胜，要么施之以怀柔，做些让步。反正原来的秩序是不能动得太多的。

那时的文武百官，依然是昧于世界大势的平庸之辈。像曾望颜，提出的是"封关禁海"之策，他说只要"禁绝大黄、茶叶，不令商民与之交易"，就足可以"制伏其命"，这样中国就可以国泰民安无边衅之患了。还算有些见识的琦善，把林则徐试图去了解西方的行动视为对中华文化的背叛，不肯去做任何了解世界的功夫。这些妄自尊大、远离时代的角色，又怎么能企望他们有所觉悟呢！

那时的林则徐，比起众人来可以称得上是有眼光、有见识了，可是他仍然相信，那些英国鬼子"腰腿僵硬，一仆不能复起，不独一兵可以手刃数夷，即乡井平民亦尽足以制其死命"。凭着这样的认识，怎么能作出正确的判断，拿出正确的作战方针，拒敌于国门之外呢？终不能战场一试，使林则徐终不能对敌人有个更清醒的估计。日后，许多士大夫对鸦片战争的结局耿耿于怀，他们都说，不是中国不能取胜，是皇帝所用之人不能取胜。士大夫们总是从道光的用人失误来总结战争的经验教训，谁也没有看到世界格局发生了多么大的变化，谁也没有看到资本主义的崛起与封建社会的衰亡已经成了人类社会历史发展的两大潮流。假如林则徐有幸一战，结局又能好多少呢？

所以说，就林则徐个人来说，他还是幸运的，机遇使他达到了那个辉煌的顶点，也使他保全了全部名节。

这个名节，就是被世人所称道的狷介，就是无媚骨而有忠诚。在英夷面前，许多人做不到一身正气，只满足于在背地里、文书上占上风，他们把面子看得比民族利益更为重要，所以在谈判南京条约的时候，他们锱铢必较的只是行文用字，当他们把洋人照旧称作"夷"的时候，他们便兴高采烈了，以为是得到了了不起的大胜利。而林则徐却敢于包围烟馆，追捕英国大烟贩颠地，限令英国商务监督交出杀害渔民林维喜的英国凶手……这个对比，远比其他更容易被人们记住。因为人们无从知道，假如林则徐去谈判南京条约，结果又是如何。

　　这个名节，就是被世人所称道的威严。在英夷面前，许多人更多地看到的是敌人的坚船利炮，他们遇事张皇，自撤武备以媚外，越是示弱，却越是被动挨打。而林则徐却能积极备战，广泛动员乡勇百姓，严阵以待，拿出了一副必胜的架势。这个对比也容易让人们记住，因为人们无从知道，假如林则徐真的与英国侵略者一试高低，结果又是如何。

　　就这样，林则徐被人们当作了一个不败的英雄。由此，当时的人们就不可能对鸦片战争以后的中国命运有个清醒、冷静的分析，从而得出正确结论。

　　真正不幸的，是我们的民族。

　　在资本主义世界大潮汹涌而来的时候，我们的民族仍旧做着旧时代那曾经是光荣的梦。我们的士大夫笃信中华文明至上，永不衰败，他们不相信中国除去放下包袱，改革前进之外，别无选择。他们固执地以为中国幅员广大，无所不有，交往乃是外洋所必须的，而对中国来说则是可有可无。再加上生还是死，前进还是后退这一历史抉择，并没有在资本主义与封建制度决战的第一个回合就暴露得那么清楚，更何况，还留下了一个林则徐不会战败的神话呢！

　　假如林则徐战败了，历史还会这样吗？

　　林则徐上路了。他一路往西，再往西，驿马走走停停，停停走走，土地从翠绿走成了土黄。伴随着马车有节奏的吱吱声，林则徐陷入了沉思。二年前在紫禁城策马，在养心殿聆听圣旨的情景仿佛就发生在昨天，那时的林则徐是指点江山的。他发誓要披肝沥胆报效祖国，报答浩荡皇恩。可是时过境迁，他却来到了西北戈壁，他再也不能参与国事，甚至连前线的战报也听不着了，他这才知道做一个人可以是如此地无足轻重。寒去春来，秋归冬至，林则徐的心始终是那么沉重，他真诚地觉得自己"才薄负中朝"，他为自己拿不出更好的手段解决鸦片问题，避免战争，为主分忧而内疚。林则徐端坐在马车上，半闭着眼睛，回忆着在广州的一天天，他搞不清究竟哪一着棋错了。从政三十年了，凭着自己坚忍不拔的性格，凭着自己的能力，哪一次处理棘手的政务不是得心应手？可是这次是怎么啦？他困惑了。

　　林则徐朦朦胧胧地觉得，他碰到了一个不曾遇到过的对手，对手究竟强在哪里呢？仅仅是船坚炮利吗？

可惜的是，林则徐没有沿着这个思路想下去，不甘失败的性格，对祖国的忠诚，对皇上的感恩图报之心，使他从失败感中迅速恢复，又去实践建功立业的使命了。他在遣戍生活中又找到了一个新的自我，这就是日后他东山再起的基点。

林则徐的一生都在追求完美，当他从权力的顶峰跌落时，他能掷地有声地说："苟利国家生死以，岂因福祸避趋之！"这是一个封建政治家可能达到的最高境界，难道他还不够崇高吗？

他走了，留下的仍然是旧世界那个光荣的梦，这个梦，对绝大多数中国士大夫来说，还要重温二十年。

洪
仁
玕

新路与陈梦

◎崔之清

　　危机和革命的时代使他成为中国近代化最早的卓越设计师。但是，在理想与现实、中学与西学、宗教与政治、真理与权力等层面的复杂冲突中，他陷入两难的选择，由困惑、彷徨而终致屈从于传统和环境。他只是一颗闪烁近代智慧之光的孤星。

　　1864年7月19日，曾国荃指挥湘军冲进太平天国首都天京城垣。守城太平军将士浴血巷战，为保卫首都流尽最后一滴血。湘军烧杀抢劫，掳掠妇女，无恶不作。天京城内一片火海，"十年壮丽天王府，化作荒庄野鸽飞"。众多军民家属宁死不屈，"或用炸药自杀殉国"，或举家自焚，与天国共存亡。

　　忠王李秀成是保卫天京的统帅，见事机危急，遂率残部乔装湘军，携带幼天王洪天贵福，冲出太平门城阙，旋遭湘军猛烈追堵。李秀成见幼天王坐骑乏力，难以脱身，遂将自己战马让给他乘骑。混战之中，洪天贵福乘乱冲出敌围。但忠王却因缺乏乘骑，遁避方山农家，卒被奸民出卖，身陷囹圄，不久即遭曾国藩杀害。

　　洪天贵福时年十六岁，自幼生长深宫，从未遭此劫难，遂在亲随保驾之下逃至高淳县东坝镇。他要寻觅和投奔"承（天王洪秀全）诏旨顾命"的族叔——

干王洪仁玕。

◆◇ 效法文丞相

自英王陈玉成牺牲后，李秀成与洪仁玕遂成太平天国良将贤相。而今，李秀成被俘，洪仁玕成了幼天王的唯一依恃。当洪仁玕获悉幼主幸免于难后，立即偕吉庆元赴东坝，护驾驻跸皖南广德州。君臣重逢，悲喜交集。洪仁玕深知顾命托孤、规复天国的重任在肩，必须团结和统合太平军余部，设计和规划复国方略。

是时，太平天国余部分布长江南北。北方余部为陈玉成部属，由扶王陈得才、遵王赖文光等统率，与捻军联合征战，活跃在黄淮之间。江南余部：辅王杨辅清等据守湖州，堵王黄文金等转战皖南宁国府境（今宣州市），侍王李世贤、听王陈炳文、康王汪海洋等进军江西。

在洪仁玕主持下，幼主于湖州召集军事会议，黄文金、杨辅清等积极支持干王规复天国，推戴幼主号令各部。"因湖州粮乏军单，恐难建都立业，故议到建昌、抚州等处，会合侍王、康王往湖北，再会翼王、扶王大队。"统合大江南北各军，重振天国大业。

洪仁玕携幼主撤转广德，会合皖南诸王，决定一体向江西转移，力争迅速与李世贤会师，实现江南余部的整合计划。清闽浙总督左宗棠迅速反应，遣湘军前堵后追，阻扼皖南太平军转进江西。湘军在宁国县境追歼太平军，黄文金负伤牺牲，所部溃散。洪仁玕护持幼主，率残部进入江西境内，亟欲投奔李世贤。

岂知江西局势发生剧变。湘军悍将鲍超入援江西，连次大败汪海洋、李世贤。听王陈炳文见大势已去，率所部七万人投降鲍超。李世贤无法立足江西，被迫转战闽赣边境，复遭湘军堵截，遂退往赣粤边界游击，原拟经略江西的计划终于搁浅，也使洪仁玕整合余部复国的宏图落空。

左宗棠获悉幼主入赣，急令刘典督主力防堵，并分兵进犯赣南，继续追击李世贤、汪海洋。洪仁玕部在浙赣边界迭遭湘军截击，实力基本丧失，进抵江西新城横村时，残部仅及万人。湘军将领席宝田旋即驰至，昼夜穷追不舍。洪仁玕率众誓死血战，终因寡不敌众，遂致溃散，幼主逃逸，洪仁玕当即被俘，痛切自责未尽顾命重任。他说："叹予在石城，逮也实不力，黑夜惊营，君臣失散。此诚予之大罪也。"后来幼主在石城荒谷之中觅食，亦被湘军俘获。至此，太平军余部失去整合的中枢，陷入各自分散转战的自流状态，数年之间终为清朝各个歼灭。中国近代第一次群众反抗高潮遂告落幕。

清江西巡抚沈葆桢（林则徐之婿）立即令席宝田将洪仁玕押解南昌，亲往提审，不仅录供，而且由干王自撰"供词"。《洪仁玕自述》遂得以流传，可惜其亲撰文字只有一半，后半篇文字至今未得面世，却被译成英文刊于《北华捷报》。现今刊印的《自述》正是这两部分组合而成，使我们能够看到干王慷慨赴义的英烈形象。

其时，天国覆亡，一些文武大员乞活保命，无耻降清，连李秀成也一度动摇，流露乞降心理。沈葆桢以此规劝洪仁玕投降，遭到坚决拒绝。干王的回答是：

> 但思人各有心，心各有志。故赵宋文天祥败于五坡岭，为张弘范所擒。传车送穷者，亦只知人臣之分当如此，非不知人力之难与天坑也。予每读其史传及《正气歌》，未尝不三叹流涕也。今予亦只法文丞相已。至于得失生死，付之于天，非吾所敢多述也。

遗言字里行间流露出浩然正气。这里我们可以看出面临生死考验的关头，干王的复杂心态。其一，天命观。认为太平天国的失败是天命使然，自己图谋复国则是以人力与天命抗衡，"得失生死，付之于天"，只能勉力而行。其二，夷夏之辨。把投降清廷的叛将，甚至审讯他的沈葆桢视为汉奸，比为元朝的汉奸张弘范。其三，忠君观念。自比文天祥，明知天国难以挽回，却"只知人臣之分"，为天国与幼主献出生命。因此，面对诱降，洪仁玕毫无奴颜媚骨，不做汉奸贰臣；面对死节，毫无畏惧和私念，愿以生命殉天国大业。

但是，洪仁玕对未来却充满胜利信心。他坚信腐朽的清朝是不会长久的，天国的事业是正义的，终究有一天会得到天命佑护，必将取代清朝而复生。1864 年 11 月 23 日，干王怀着对未来复国的坚定信念，从容走上刑场，在南昌英勇就义。早在 1859 年他被擢封干王总理天国军政时，就宣谕各级文武："惟是丈夫自命捐躯以殉国，不隐忍以偷生。"以忠义气节教诲军民，而今，他以大义凛然的言行履行了自己的誓言。

中国近代的一颗思想和政治巨星陨落了。

他留下的，不仅有文天祥式的忠君爱国的崇高气节、言行一致的优秀品格，而且远远超越文丞相，留给我们中国第一个近代化的纲领，使当时及后来的革新者一直为之倾倒敬慕。

◆◇ 从儒生到教徒

洪仁玕，字谦益，号吉甫，清道光二年（1822）生于广东花县官禄㘵村的普通农家，是太平天国领袖洪秀全的族弟。父母都是勤劳朴实的农民，处在社会下层。洪氏是客家人，聚族而居。官禄㘵在广州北面，虽是普通农村宗法社会，但由于地缘因素，不免受中外交往的影响，知识青年更加敏锐和活跃，先进分子开始把视野转向世界，洪仁玕则是年轻的骨干人物。

和洪秀全一样，洪仁玕是家中幼子，自幼聪颖好学，遂入私塾读书，并帮助家庭务农，因而，他既经受一般的正规儒学教育，又熟悉农村社会，和洪秀全、冯云山是同一类型的农村儒生。这种教育和社会背景使他们不甘在农村耕作谋生，亟欲寻求新的生活和奋斗道路，攀登上层社会。

对于缺乏社会背景和家世的贫寒士子，唯一的升迁道路是科举考试。洪仁玕年仅十四岁时，就和洪秀全一同赴广州应试，结果兄弟俩皆名落孙山。洪秀全自称天王，萌生强烈的反清意识，企图改朝换代，创建新朝。少年的洪仁玕十分崇敬这位学识胆略优异的族兄，坚信族兄是太平天子，因而自居臣下，忠诚与崇拜感在少年时代就已形成，反清意识与皇权观念共居他的思想深层，规定和制约着他毕生的思维及行动。

自从鸦片战争后，西方基督教依恃枪炮和不平等条约在中国登陆，已经开放的广州首当其冲，成为各国传教士麇集的据点。英国传教士马礼逊第一个将圣经译成汉语，并且主持编撰各式圣经故事的小册子。其中，中国传教士梁发编写了《劝世良言》共九册，在广州等地广为散发。洪秀全赴试时就曾获得一套，七年之后，它成为拜上帝教的重要教义来源。显然，洪仁玕研读过这套丛书，并与洪秀全、冯云山、李敬芳等共同讨论和拟定最初的教义、仪式及宗教理论。不过，因为年幼，他不是拜上帝教创建的主要角色，只是这个群体的热心成员。无疑，1843 年之后，洪仁玕开始通过《劝世良言》以及拜上帝教初步接受了被扭曲的基督教。

《劝世良言》和初期拜上帝教的重要特色是把基督教、儒学调和起来，强调它们之间的共性，以便为中国知识界所容认或接受，可减少传教阻力。洪秀全等人都是农村贫寒儒生，其视野和经历都限于传统农村社会，仅只稍受西方基督教文化影响，因而他们的思维和行为方式自然不会逾越儒学规范。即使后来激烈反孔非儒，他们也无法与儒学彻底决裂，相反，保留了儒学的基本教条。

初期拜上帝教除了引进崇拜上帝、废弃偶像的基督教一神观之外，就是把洪秀全1837年的异梦神话化，说他是上帝次子、耶稣则是长子，异梦升天，被乃父上帝授命下凡为真命天子，斩妖除魔，建立太平世界。显然，这不过是《封神演义》的衍生物。而其宗教理论则基本是儒学教条。洪秀全早年所撰的《百正歌》《原道救世歌》《原道醒世训》，如剔除上帝之类的词句，几乎都是儒学经典的汇编。因此，此时拜上帝教所体现的儒学和基督教的结合是简单粗糙的。

看来，洪仁玕的思想结构的层面组合也是如此。但是，值得注意的思想突破，是他们对中国流行的佛道及民间宗教迷信的否定与排斥，尤其是对孔子权威的怀疑与挑战。洪秀全赋诗申明：

> 全能天父是为神，木刻泥团枉认真；
> 幸赖耶稣来救世，吾侪及早脱风尘。

他们把上帝视为独一真神，就怀疑多年信仰的孔子神位。洪仁玕提出："孔夫子死了许久，怎能再教人呢？为什么逼我拜他呢？"于是，兄弟俩弃去孔子木主，引起强烈的社会反弹。洪秀全、冯云山失去教职后，漫游两广传教；洪仁玕遭其父兄斥责，竟至棍殴，并被禁止与洪秀全远行。未久，洪秀全自清远来信，邀洪仁玕前往教书，并发展拜上帝信徒，但仅有几十人入教，一直没有进展。

1847年春夏，洪秀全和洪仁玕同赴广州礼拜堂，从美国牧师罗孝全学习圣经，基督教知识大为增进。之后，洪秀全第二次入桂，与冯云山创建了紫荆山基地。洪仁玕为族兄筹措路费，但未能同行，遂居家研习医理。后来，再赴清远执教，并与洪秀全互通音讯，对拜上帝教的迅速传播和武装起义的准备十分清楚，而且在清远发展信徒。金田起义前夕，洪秀全派人将眷属接到紫荆山安居，并通知洪仁玕赴桂共举大事。洪仁玕也亟欲起程，却"为友人所强留，迄未成行"，只得滞留清远教书。

金田起义爆发后，洪仁玕大受鼓舞。多年向往的反清伟业变成武装斗争的实践，他再也不能孤居村塾，立即只身西行赴桂，试图"追随我主天王"，投身反清起义。但清军严密封锁交通，洪仁玕无法通过，只得怏怏折回广东花县家乡。

但是，等待他的却是一场恐怖和劫难。清廷为了报复洪秀全，遣军血洗洪、冯故乡，洪氏宗祠被焚毁，祖坟被挖掘，族人被捕杀。洪仁玕侥幸逃逸，再次西行入桂，"亦不得成功"，被迫流亡两广，苦不堪言。

1852年，洪秀全遣江隆昌回粤，召集信徒和洪、冯族人赴永安州（今广西蒙山县）投军。江隆昌与洪仁玕策划在清远谷岭举事。洪外出召集信徒，江隆昌竟提前仓猝发难，"人数既少，又无经验"，旋遭清军镇压。洪仁玕率众赶赴谷岭，全村一片焦土，复被乡民发觉告密，一行人均遭拘捕，等候官府处决。正在绝望之中，洪仁玕发觉绳索松动，遂自行解脱，并救出亲友，乘夜逃亡深山幽谷之中，终于化险为夷。后在一家基督徒的帮助下偷渡逃赴香港。并被介绍给瑞典传教士韩山文，终被收留，易名隐匿，在香港孤居流亡。

从科场失意到投奔起义受挫，青少年时代的洪仁玕历经磨难，几度面临生死考验，但他追随洪秀全共创大业的决心更加坚定，意志和毅力也持续增强。在血与火的农民战争初期，他虽然远离硝烟弥漫的战场，却经受严峻的政治考验，一位年轻的政治领袖在时代的大潮中艰难成长。

◆◇ 香港流亡生涯

韩山文是瑞典基督教巴色会传教士，1847年定居香港传教，经常赴广东南境布道和发展教徒，对象多为客家人。他对拜上帝教和太平天国运动颇感兴趣，也深表同情，"常见洪秀全的亲戚朋友"，收辑"有关洪氏个人及其起义"的第一手信息和材料。洪仁玕逃亡香港，在韩山文帮助下化名洪仁。他请求受洗，皈依基督教，但被韩山文辞绝，未能如愿。由于生计窘迫，洪仁玕一度更名洪好，潜入东莞县好友张彩庭处，在永培书屋执教。1853 年 11月，清廷继续搜索洪氏家族，洪仁玕只得再次逃亡香港，坚决要求受洗，"愿将各事交托上帝"，韩山文替他施洗，遂成一名基督徒，这也是太平天国领袖中唯一由西方传教士施洗入教的基督徒。

经韩山文安排，他流寓香港，"研究圣经"，并教授外国传教士汉语，生活初步安定。1854 年 5 月，韩山文致函友人称：

> 少年洪仁者，以去年 11 月中洗礼于内地，乃现今南京革命首领之堂弟而亲密知好也。此君为逃避官府之迫害，曾于 1852 年 4 月，由一入教少年为中介，引至仆处。

韩山文因政治原因，把洪仁玕受洗地点改在"内地"，也未说明是他本人施洗的。但他清楚地了解洪仁玕的身份和背景。后来，洪仁玕为了扩大洪秀全和太平天国的政治影响，澄清清廷所散播的无耻政治谣言，决定冒着生命危险向韩山文口述太平天国运动的缘起，详实介绍了洪秀全与拜上帝教的传教活动，揭露了官绅勾结迫害教徒的种种暴行，以事实论证了这场革命的正义性。韩山文据此用英文撰成《洪秀全之异梦及广西乱事之始原》（后被学者简又文译为《太平天国起义记》），1854 年在香港出版，引起强烈反响，因而一再重版。洪仁玕以真实自然的叙述有力驳斥了种种诬妄不实的谣言，力图消除外国传教士、商人和官员对太平天国运动的各种误会，以唤起国际社会对天国的理解和同情。至今，这篇口述仍是研究太平天国史的上乘史料。

洪仁玕虽然成了基督徒，但并没有疏离太平天国运动。相反，他怀着效忠天王和治国理政的宏伟抱负，在香港刻苦攻读圣经，提高宗教理论修养，准备充实和改造拜上帝教，"向国人传布救世之道"。他更关心对西方列强的考察和研究，比较清醒地认识到中外的国力差距。因此，他认真了解列强近代化历程，对西方经济、军事、生产和科学技术，乃至政治制度和法律、社会规范，都深感兴趣，颇多认知。并且，努力学习西学，对天文、数学、历法均有涉猎。洪仁玕迫切渴望增长近代学识和才干，以便将来为天国建设大业奉献才智心力。

洪仁玕决定投奔天国，得到韩山文的支持，赠送了口述撰著的稿费以为旅费，并携带圣经、《初学篇》、历书、世界地图、中国地图，还有望远镜、寒暑表、指南针等仪器。1854 年春，洪仁玕乘轮船由香港驶往上海。未久，韩山文病逝于香港，年仅 35 岁，临终前还曾祈祷洪仁玕"安抵南京"，表现出了深厚真挚的师生情谊。

洪仁玕抵沪，正值小刀会起义，沪宁交通被清军切断。洪仁玕通过外国传教士会见小刀会领袖，请求帮助赴南京（时名天京）。但小刀会领袖不相信他是"天王之弟"。洪仁玕只得求助外国传教士麦都思帮助，麦都思认为路途不安全，没有同意此行。于是，洪仁玕只得滞留上海，等待机会，并且努力学习西方天文历数，还结识了一批西方传教士，如艾约瑟、杨笃信、麦都思等。他们对洪仁玕的中西学识颇有认知，彼此互相交流切磋，洪仁玕的西学素质更有长足进展。他在麦都思的指导下，曾撰写了一本注释新约的书。

由于赴天京无望，洪仁玕遂于 1854 年冬返回香港。归航途中，因壮志难酬，感慨万千，乃赋诗抒发亟欲报国杀敌的英雄豪情。诗云：

船帆如箭斗狂涛，风力相随志更豪。
海作疆场波作阵，浪翻星月影麾旄。
雄驱岛屿飞千里，怒战貔貅走元鳌。
四日凯旋欣奏捷，军声十万尚嘈嘈。

人在旅途，心在疆场，他渴望战斗，怀念太平军健儿，祝福他们"凯旋奏捷"，早日成功。

于是，洪仁玕又寄寓香港四年，与不少外国传教士交流往还。1855 年，他任伦敦布道会布道师。据《布道杂志》报道："不久，他就获得会中人员及中国教徒的信任和尊重。他的文学造诣也为人所敬佩，他的性情和蔼亲切，思想豁达，为中国人少有。"洪仁玕的德才兼备给中外宗教界留下良好的记忆。洪仁玕回忆流寓香港岁月时，说：

我想学了本事，将来辅佐他（指洪秀全——引者），就回广东，到香港洋人馆中教书，学天文、地理、历数、医道，尽皆通晓。洋人知道是老天王之弟，另眼相待。住香港四年，故与洋人多半相识。

其国体制情伪，我亦尽知。

可见，洪仁玕并未因屡受挫折而消极。相反，他坚持初衷，执著追求实现宏伟的抱负，抓紧时机学习西学，以期将来辅佐天王。因而，他的生活充实、紧张和勤奋。

在特殊的政治、社会和文化环境中，洪仁玕成长为中国第一代新型人才。较之洪秀全、冯云山等天国领袖，或者曾国藩、李鸿章、胡林翼、左宗棠等湘淮军首领，无论在经历或知识结构、才干及素质上，都存在重大差异。洪仁玕立足于时代潮流的前驱，其思想结构发生新型的时代变异。在当时中国，他较多地融会了中学和西学，努力探索振兴中国的途径。他开始朦胧地意识到必须学习和引进西方列强先进的事物及制度，才能使祖国富强兴盛。

洪秀全从西方引进了基督教和上帝，以此宣传和组织群众，掀起了一场旨在追求温饱太平的理想社会，继承了中国农民运动平均主义的目标，并提升到新的层次。可是，"无处不均匀，无人不饱暖"的社会构想仍然未能逾越传统农业社会的框架。洪仁玕一直追随洪秀全，其理想的社会框架长期局限在天王设计的范式之内。而今，他开始站在中国和世界文明的交汇点上，着力思考和研拟新的社会范式，感性地敲响近代化中国的大门。

香港正是西方文明和殖民统治交相侵袭的试验场。殖民当局极力经营这片侵华前沿基地。一方面，贩卖鸦片，掠卖华工，纵容吸毒、赌博、卖淫，把香港弄得乌烟瘴气；另一方面，因应洋人需求，建造教堂、学校、医院、报馆、道路和其他公共设施，同时，为倾销商品，开始建设近代化的船坞、码头，开设新航线。为统治香港人民，设立了相应殖民机构，制定各种保护殖民秩序的法律。香港开始由一个荒凉的渔村向近代殖民城市转型。洪仁玕置身外国传教士社会，耳濡目染，留下深刻的记忆和认知，对日后天国建设规划的设计具有颇为现实的参考和借鉴价值。

其时，正值清廷拒绝列强无理的修约要求，中外关系日渐紧张，1856年10月爆发了第二次鸦片战争。英军进犯和炮击广州，引起穗港群众的极大义愤，鸦片战争以来长期受压抑的爱国情绪空前高昂，抗英拒夷的斗争热潮席卷珠江三角洲。但是洪仁玕对列强侵略行径没有积极反应。看来，出于对清朝的仇恨和宗教原因，他继续保持与外国传教士的友谊，显然，此时洪仁玕还无法认识列强侵略中国的本性，而把外国视为反清革命的盟友和后援。孙中山在革命初期也产生过类似认识。

◆◇ 辗转赴京，总理军政

1858年夏，洪仁玕准备再赴天京，上海所有英国传教士热情支持这一行动，联名致函："恭贺他平安地到达南京，并勉励他坚定地保持纯洁的福音。"洪仁玕复函表示：

> 离去香港而到南京，不是为了高薪高位，乃是协助天王传扬福音，使全国根绝偶像崇拜的习气，归向到天父上帝、天兄耶稣的圣教里去。

英国传教士的目标十分明显，指望洪仁玕影响洪秀全，使拜上帝教改造为基督教。洪仁玕也把这一工作视为自己重大使命，因而得到外国传教士的广泛支持。在他们看来，打出洪仁玕这张牌可以改变太平天国运动的方向，使其纳入基督教化的宗教轨道，从而推动基督教在中国的渗透和传播。尤其在清朝和列强兵戎相见时期，基督教遭到中国官绅和民众的强烈排斥，洪仁玕的天京之行将具有更加特殊的价值。

洪仁玕辗转抵达天京，与长期分别的族兄洪秀全重逢，"彼此悲喜交集"。此时正是太平天国的艰难时期。

1856年秋，由于领导集团权力斗争引发了天京内讧，杨秀清、韦昌辉、秦日纲三位领袖相继被杀。次年6月，石达开出走分裂。久经战争考验的中高级文武和老将士损失惨重，天国形势由盛而衰。洪秀全面对危局，亲自掌理军政，擢用蒙得恩、陈玉成、李秀成等年轻文武，在皖北和江北实施局部战略反攻，于1858年秋摧毁江北大营，接着，在三河镇围歼湘军精悍李续宾部，胜利收复皖北失地。但是，1859年2月底，捻军将领薛之元献江浦降清，浦口危急，天京粮道受到严重威胁。而且，江南大营清军第二次围困天京已近一年，城外深壕高墙，切断天京交通线。洪秀全严旨李秀成、陈玉成相继平叛援京，与清军鏖战两浦，未能奏捷。这样，太平天国处于清军战略围困之中：

东线天京战区需要争夺两浦，保卫天京；西线则须防御湘军乘虚东犯皖北。太平军两线作战，兵力不足，粮饷军械匮缺，局势再次恶化。洪秀全以陈玉成统率京内外诸军，但陈一直转战江淮战场，难以协调各军。因此，洪秀全迫切需要战略指挥人才辅佐，襄赞军机，与陈、李等统帅沟通协调，制订新的战略计划，集中兵力，寻找突破口，以扭转不利战局。

从政治层面考察，天京内讧后，洪秀全总揽朝政，以蒙得恩为中军主将，处理日常政务。蒙得恩为天王宠臣，虽忠勤但却平庸，缺乏才干和学识，洪秀全的两位贪劣庸懦的兄长乘机插手干扰政事。朝臣敢怒而不敢言，朝政因此陷入紊乱。地方将帅，如陈、李等人，各据地盘，拥兵自重，并控制人事、财政、民政等项权力，隐然与中央抗衡。他们对洪秀全尚能忠心任事，而对蒙得恩之类朝臣则不以为然，对洪仁发兄弟干政更多方抵制，李秀成公开奏请天王，不得让其长次兄过问政事。因而太平天国前期中央垂直控御地方的强势集权体制发生变化，逐渐导向外重内轻的权力格局。并且，洪秀全热衷宗教理论和教义阐发，对政事难以集中精力，渐至疏荒倦怠。他迫切需要值得信赖的辅臣，为其总理朝政，理清执政程序和拟定制度，重建中央对地方的集权控御，以消弭割据隐患，整合天国力量，团结一致，度过危机。

不言而喻，洪仁玕是最理想的人选。

就经历、学识、操守、人品而言，在当时中国，洪仁玕无疑是一流人才。而且他是洪秀全族弟，对疑忌异姓执掌大权的天王具有颇大的吸引力。因而，洪秀全不惜违背自己"不设军师、永不封王"的诺言，而为洪仁玕大开绿灯，以为不次之擢。洪秀全在诏旨中说得非常明白：第一，洪仁玕屡受挫辱，仍追随天王，可谓"板荡忠臣"；第二，他姓洪，是洪氏朝廷"生定家军师"，以后即照此办理。而且"降诏天下，要人悉归其制"。这样，洪仁玕总理军政，地位高居蒙、陈、李等朝贵之上，遂引起反弹。李秀成把洪仁玕视为洪仁发亚流，对其超擢啧有怨言。洪仁玕必须沟通协调，争取地方实力派的理解和支持，尤其需要拿出一整套政纲政策和军事战略，以因应时局，开创未来，同时也能以事实说服文武，增高政治声望。

为了树立洪仁玕的权威，洪秀全召集文武，在天台举行庄重授印仪式，诏告天下，"凡京内不决之事问于干王，京外不决之事问于英王。"洪仁玕当众表示，要恢复杨秀清执政时的权力运作规范，强化中枢权能，切中当时朝政的弊病，颇得朝臣理解和拥护，被誉为天朝"文曲星"，与陈玉成共为天国贤相良将。

◆◇ 锐意革新，推出新政

洪仁玕决心改革，实行新政，向朝野宣告："开新朝必颁新政，从前之妖习尽除；奉天命上合天心，此日之鸿规复整。"试图透过全面革新，把太平天国建设为"新天新地新人新世界"。其新政范围广泛，内涵丰富，多角度地展现这位新型政治家和思想家的思维特征，反映了时代和现实环境对他的复杂影响。

新政之一：以法整合，强化中央集权。

洪仁玕认为，当务之急是强化中央集权。他指出：

> 前此拓土开疆，犹有日辟百里之势，何至于今而进寸退尺？战胜攻取之威转大逊于曩时？良由昔之日，令行禁止，由东王而臂指自如；今之日，出死入生，任各军而事权不一也。

太平天国形势逆转症结是"事权不一"，对策自然是收回各军统帅事权。洪仁玕试图以人事权为突破口，把文武官员铨选权迅速收归中央。他说："东王在日，即末秩微员升降，必由天廷转奏；片文只字刊刻，必自京内颁行"，各级官员均由中央任免，地方并无人事权。而今，地方统帅擅自任命官员，"私镌印信，私给官凭"，侵夺中央人事权，造成升迁浮滥，"几若一岁九迁而犹缓，一月三迁而犹未足"。将士因此误导，追逐快速升迁，而不愿英勇奋战，建功立业，以论功授官。地方统帅则以此笼络与刺激部属，提擢私人，扩展派系实力。

洪仁玕面对强大的地方实力派，决定与陈玉成沟通，取得共识，透过立法程序，收回地方人事权。他强调："国家以法制为先，法制以遵行为要。能遵行而后有法制，有法制而后有国家，此千秋不易之大经，而尤为今兹万不容已之急务也。"告诫各级官员强化遵法守法意识，从而颁行法规，实施法治，国家才能发挥统合功能，得以长治久安。因此，由陈玉成出面，拟定章程，报请军师审议。洪仁玕表态；"其所议赏罚之法，致为森严，本军师嘉其忠款，即携原书缮本呈奏，当蒙旨准，并赐御照，刻书颁行。"陈玉成是最大的地方实力派，据有皖北，统率数十万将士，屡建功勋。洪仁玕争得他的支持，并以英王所拟条款为基础，奏陈洪秀全批准，刻颁《钦定功劳部章程》，规定奖惩条例，并通告各主将：

> 嗣后如主将在外远征，官兵有功足录，只准注明功劳部，存其劳绩，以俟凯旋奏封。主持以下统兵官，无论其高官王位，亦不得私镌印信，私给官凭，僭越一些。倘有私与官职者，当律以大辟；私受官职者，亦正典刑。

以死刑惩戒私自授受官爵的地方将帅，使他们遵守人事权运作规范，只能记功奏封，最后由中央批准。这样，保举奏封权归地方实力派，批准任免权由天王执掌，初步改变了擅自封官授爵的"僭乱"局面。

洪仁玕突出法治的严肃性，指出："旨准颁行之法，即天法也。"对违犯天法的悍将要坚决严惩，由洪秀全"降诏昭示中外，削其兵柄，拿其阖家，并诏该属偏将之有能者，奉行天法，囚其本身，统其原队，官员交别将统带，属员改列朝官，身兵改为宿卫。"这样，"党羽自除，虽欲逆命而不能，弄兵而不得。更一面系缧其父母妻子之属，明正典刑，传示各处，震慑众心"。试图以峻法严刑、株连三族以制服和驾驭地方实力派，重建中央垂直控御的权力运作体系。

但是，在战争环境里，外重内轻的局面已经长期存在，而且中央和首都安全必须依恃各实力派维系，以一纸立法难以扭转既成局面，洪仁玕只得保留执法时有一定弹性，"倘实系扭于时势，诚难调遣者，又不可一律而论也"。

洪仁玕力图以法制为整合分散割据局面的基本环节，又以严刑峻法为维护天法的强力手段，目的在于强制地方实力派接受整合，理顺和澄清权力结构的层次关系，无疑抓住了太平天国后期权力分配中的主要矛盾。应当说，洪仁玕是一位敏锐灵活和善于谋略策划的政治家，如果地方实力派都能像陈玉成一样，主动积极地协调配合，法治整合是会取得重大成效的，天国政局也将会焕然一新。

就思想渊源而言，中国法治观念来源于法家，及至近代，又受西方政治影响。看来，洪仁玕接受这两方面影响，尤其在香港的岁月，正是港英殖民当局立法高潮期，自然深有感受和启迪。至于严刑株连则是中国封建王朝和太平天国峻法的体现，加之处在战时，更增强其苛酷程度。可见，洪仁玕理政时的思维过程必然受到三方面的影响和制约：其一，现实政治环境和政治力量格局；其二，中国传统的和太平天国现实的政治体制及原有政令法令；其三，洪仁玕接受的西方政治知识及其感受。

新政之二：颁行近代化施政纲领《资政新篇》

取得陈玉成回应和支持后，人事权基本收归中央，洪仁玕决定统筹太平天国全局，重新拟定太平天国的施政纲领，确立天国政治、经济、文化和社会事业的发展目标，以动员广大军民投身各项建设，使天国成为"与番人并雄"的新兴强国。为此，他提出：

> 治国必先立政，而为政必有取资。本军师恭膺圣命，总理朝纲，爰综政治大略，编成《资政新篇》一则，恭献圣鉴。……已蒙旨准，……刊刻颁行。

1859年秋，《资政新篇》正式颁行，成为太平天国后期重要纲领性的文献。

在政治体制上，坚持君主专制和中央集权体制。主张"自大至小，自上而下，权归于一，内外适均而敷于众"，杜绝"外为假公济私之举，内藏弱本强末之弊"，强化以洪秀全为君主的中央权力，改变割据和离心局面。洪仁玕认为，实现中央集权的关键环节"在于设法、用人之得当耳"。他指出："用人不当适足以坏法，设法不当适足以害人。"他已经与陈玉成制定章程，规范人事制度，以"禁朋党之弊"，从而选拔优秀人才进入各级权力机构，以推行法治，改变"结盟联党"、割据争雄的政局，化解"人心冷淡""锐气减半"的政治和社会心理，增强内部的政治凝聚力，使太平天国政治导向集中统一的良性发展轨道。

可是，在法制改革上，洪仁玕主张借鉴西方列强的经验。他陈述了主要列强的变革和发展概况，指出：

> 以上略述（列强）各邦大势，足见纲常大典，教养大法，必先

得贤人创立大体，代有贤能继起，而扩充其制，精巧其技，因时制宜，
度势行法，必永远不替也。倘中邦人不自爱惜，自暴自弃，则鹬蚌
相持，转为渔人之利，那时始悟兄弟不和外人欺、国人不和外邦欺，
悔之晚矣！曷不乘此有为之日，奋为中地倡，以顶天父天兄纲常，
太平一统江山万万年也。

洪仁玕站在国际社会竞争的高度，呼吁内部团结统一，"因时制宜，度
势行法"。因而对"大关世道人心"的"纲常伦纪、教养大典"，"则宜立
法以为准焉"。而立法者必须是贤人，要"洞悉天人性情，熟谙各国风教"，
即博学中西的人才。这样才能"创立大体"，范示后人，代代增益，即可逐
步迈向近代政治体制。他强调指出，英美两国的强盛，关键原因在"法善"，
主张大力学习和引进西方"邦法"，以为太平天国法制建设的参照和借鉴，
从而使天国走上振兴强盛之路。

洪仁玕的心态充满矛盾和困惑。一方面，他想以西方邦法为蓝本，建立
天国的法制，促成政治近代化；另一方面，他必须屈从洪秀全意旨，保留和
强化君主专制，在政治体制上坚持传统的封建模式，其结果必然是阻碍和破
坏政治近代化。洪仁玕站在近代和传统的交汇点上，其选择方案二律背反，
进入实践层次，则取决于现实政治力量对比的格局。贤人洪仁玕显然难以使
天国政治沿着自己构想的轨道运行，相反，必然是各股政治势力牵引着洪仁
玕走向使他更加困惑和痛苦的失望之路。

经济上，洪仁玕的革新步伐迈得更大，远远超出了魏源在《海国图志》
中提出的建设目标。他主张引进机器生产力，兴办近代工业和交通业。开办
工厂，引进"器皿技艺"，发展制造工业；兴建铁路、公路，制造机车、轮船，
"兴车马之利"，"兴舟楫之利"。还提出开设银行、邮局，建立近代金融
和资讯系统，以配合工业化的推展。就经济体制而言，洪仁玕不仅主张国家
兴办近代企事业，而且提出鼓励私人投资，雇工设厂，政府奖励发明创造，
给以专利权，制造新产品，从而移植西方经济体制。因此，洪仁玕的经济思
想基本属于近代模式，比后来李鸿章之流顽固坚持的官办或官督商办等半封
建模式，呈现明显落差；比早期维新派的商办企业主张也早出二十余年。

问题在于当时的经济和社会环境并未给洪仁玕的近代化建设提供必要的

前提。避开战争时期不提，太平天国实施工业化，缺乏物资、资金、技术、人才、教育和行政、企业管理等软硬条件。除了洪仁玕具有一般粗浅的近代化意识之外，洪秀全及各级官员出身农民或下层知识分子，对近代化缺乏起码的常识认知。据洪仁玕称："天王对于引进欧洲的进步事物，诸如铁路、蒸汽机等类的东西极为赞成。"看来，这是西方列强再次打败清朝和洪仁玕建议的双重影响所致，但究竟如何实施工业化，洪秀全乃至洪仁玕都不能制订出正确合理的具体方案。事实上，当时最突出的土地问题并没有解决，洪仁玕在《资政新篇》中居然没有提出土地制度和政策，有学者推测，洪秀全坚持《天朝田亩制度》中的绝对平均分配土地的主张，洪仁玕只得回避这一敏感问题。此说的根据是太平天国官书目录仍然开列《天朝田亩制度》。我们觉得，洪仁玕对西方经济了解并不深刻，不甚明了各国土地制度，因而忽视了这一突出问题。其实，传统农业社会的工业化需要多种主客观条件才能逐步展开，太平天国缺乏工业化的基本条件，必须要经过一段时间的准备，在条件初步具备时才能逐步推展近代化建设。

于是，洪仁玕在近代化建设上也产生困惑的心结。就思想层面而言，他具有超前意识，比其他太平天国领袖更具近代意识。因而他提出经济近代化的目标，却无法得到太平天国领导集团的理解和认同，在洪秀全旨准刻颁之后，就成了一纸空文。洪仁玕找不到使近代化纲领转变为社会实践的物质力量。意识的超前性与社会现实的落后性形成鲜明反差，迫使洪仁玕屈服于现实。以后，他没有再坚持上述建设目标，但又未能提出符合当时现实状况的经济改革措施，而是承袭前期各项政策，由地方将帅推行实施。就实践层面而言，洪仁玕对战时经济建设并没有作出大的建树，在清军围困封锁和疯狂破坏下，天国占领区经济遭到严重破坏，粮食军资补给无源，实为天国覆亡的重要原因。看来，洪仁玕尽管学兼中西，设计了天国经济近代化的蓝图，却无法制定有效的政策措施，度过眼前的危机。总理天国军政的洪仁玕对日益恶化的经济缺乏应急对策，其内心的愧疚和痛苦可以想见。

《资政新篇》根据香港的经验，在社会改革上也多所倡导。洪仁玕提出组织士民公会和慈善团体，为社会公益事业服务。他主张兴办学校、报馆、医院、跛盲聋哑院、鳏寡孤独院、育婴堂、礼拜堂等社会教育与福利设施，禁止贩奴、溺婴、饮酒、吸食鸦片、崇拜神佛等不良行为。还向洪秀全建议废止苛酷的刑法，如点天灯、车裂、腰斩、枭首等，改为绞刑。而且，注意教化臣民，以道德规范约束他们，减少和防止犯罪行为。对罪犯严格依法审理，不得随意判决，防止滥施刑罚的违法行为。这些颇具近代特色的社会改革内容显然是政治和经济改革的配套措施，但在当时战争环境里也没有实行的条件。

洪仁玕的新政构想虽然在太平天国得不到强烈反响，在西方人士中却得到赞许。太平天国的忠诚朋友吟唎赞扬洪仁玕对"西方之科学与文明无不通晓"。长期在天京驻节的英国传教士兼官派代表富礼赐称，干王是当时"最开通的中国人。他熟悉地理，又略识机器工程，又承认西洋文明之优越，家藏有各种参考书"。1860年，中国第一位留美学生容闳访问天京。他是洪仁玕在香港的旧识，这次故交重逢，洪仁玕兴奋不已，虚心垂询。容闳向他提出近代化的七条建议，洪仁玕深表赞同，并说："此时诸要人皆统兵在外，故必俟协议，经多数赞成，乃可实行也。"并极力挽留容闳留在天京实施新政，但被谢绝。容闳觉察，太平天国高层官员中，除了洪仁玕是个近代化改革和建设的人才外，其他都是缺乏近代知识的人。他非常惋惜和同情改革孤星洪仁玕，而且预言，新政将会成为具文，洪仁玕独力难撑将倾的天国大厦。相形之下，容闳对湘淮军首领曾国藩、李鸿章更感兴趣，终于投入曾氏幕府，成为洋务运动重要策划人物。

上述分析表明，《资政新篇》的内在思想结构存在着矛盾的二元层面：政治上的封建君主体制和经济上的资本主义体制缠结一起，反映了基础与上层建筑的对立和冲突。洪仁玕对洪秀全的神权和皇权盲目效忠，不可能选择非封建的政治体制，而是试图在封建政治体制控御下，改变小农经济的结构，使太平天国经济导向新的形态。同时，又以较为严密和合理的法制规范天国政治，使其转入程序化的良性运作。而且，在社会改革上着力推进教育、教化和公益事业，塑造新型臣民，以适应近代变革需要。洪仁玕长期接受儒学教育，在政治体制的认同上选择传统体制也是比较自然的，他在港沪受到西学影响，但物质文明和表象层面构成的感性认识居多，而政治体制的考量和研究显得缺乏。当他身处太平天国的权力结构时，思想上更加归化传统体制。看来，洪仁玕难以省察和意识到《资政新篇》的内在矛盾，因而不自觉地采取政经分离的变革原则，以争得洪秀全的支持，从而得以刻颁天下。

可是，进入实践层次，《资政新篇》的理想与传统环境又构成强烈反差，因而成了不会结果的鲜花。洪仁玕呕心沥血，锐意革新，却得不到社会的有力回应，相反招来了不满和怨言，其新政遭到地方实力派的抵制。李秀成对洪仁玕封王十分恼怒，认为是天王"重爱其弟"的任人唯亲表现。他说：洪仁玕封王后"未见一谋"，而"各旧功臣久扶其国，心不忿意"，洪秀全只得新封后期诸王。李秀成等对洪仁玕怀有偏见，尤其是新政主张收回地方权力，更激起实力派反弹。因而，洪仁玕尽管谦诚协调，争得陈玉成支持，却受到李秀成兄弟等统帅的抵拒，而且，李秀成在天京以林绍璋为奥援，与洪仁玕隐然抗衡。它不仅体现中央与地方、洪氏与异姓之间的矛盾，也反映出在近代化认知上的严重差异。权力的、宗派的、认知的矛盾缠结一起，不能不使洪仁玕陷入困惑和孤独之中。他有心振兴天国，报答天王恩遇优渥，却找不到同心共志的知音，只得向现实让步和妥协，寻求拯危应急的施政方案，新政的宏图远略遂告搁浅。

◆◇ 从基督教回归儒学

洪仁玕在香港成了一名虔诚的基督徒。当他赴天京执政时，西方传教士大受鼓舞，对他寄予莫大的期待，"冀其能以所认识深透之基督教理宣传于天朝，并有以纠正其时遍传朝内的种种谬妄，故诚以改正教之马丁·路德相期许焉"。洪仁玕也表态，在太平天国"传扬福音"。他曾告诉外国传教士：极愿意竭尽自己的力量，在人民中间传播纯正的基督教，并改正现有错误。他还向传教士承认，尽管洪秀全在教义上"有错误，但他是个虔诚信教的人。他敬拜上帝，经常涌谈圣经。圣经和《天路历程》是他所爱好的两本书"。他表示竭力想从各方面去帮助洪秀全逐渐改正错误。

事实表明，洪仁玕根本未能使洪秀全改变拜上帝教理论和教义，相反，他自己却放弃了基督教的若干教义，认同拜上帝教义。最关键的内容是神化洪秀全。洪仁玕公开宣传：

> 天父上帝命真圣主（即洪秀全——引者）于丁酉之年，天兄基督主战妖于起义之日。……且也赐玺赐剑，久征真命于天庭。……天王有真，以帝命为真也夫。

> 天父上主皇上帝暨救世天兄基督大开天恩，亲命我真圣主天王
> 暨救世真圣天幼主下凡御世，主宰太平，体统尊而万物作，则纪纲
> 肃而万汇有条。

这是典型的君权上帝授的理论，是洪秀全皇权的主要理论依据，为洪仁玕接受和宣扬。当洪秀全的老师美国传教士罗孝全赴天京后，洪秀全下诏声称："天父是我自己的父亲，耶稣是我自己的哥哥，和我同由一母所生。天父和天兄使我成为统治者。"而且，还向罗孝全宣传他"升天"，并与上帝、基督交往的事。罗孝全对此不以为然。洪秀全写信说服罗孝全："干王到达天京，他也得到启示，承认我和神的这些交往。"

洪秀全以干王的变化劝说罗孝全皈依拜上帝教，对天王要"诚上加诚，忠上加忠"。

罗孝全对洪秀全、洪仁玕都感到失望，终于离开天京，并在英文《北华捷报》上撰文攻击洪秀全，说他"仅仅是为了传播他自己的政治宗教，把他自己和耶稣放在同等的地位"。洪仁玕对基督教素有研究，信仰虔诚，当然清楚洪秀全编造的神话与基督教相悖。这样，在政治与宗教之间，他必然陷入新的矛盾和困惑。选择是调和与妥协。1860年夏，他函告英国传教士艾约瑟："余日侍圣颜，渥聆圣诲，故不觉心地稍开，志趣略进，时觉此中乐趣无穷。回忆此生得力之处，是皆由昔与众先生讨论于前，今沐圣主训迪于后也。"洪仁玕忠于基督教福音，但更忠于洪秀全。基督徒的生涯毕竟结束了，政治家的时代正在展开，洪仁玕的任务是忠君报国，儒家的纲常伦理迅速主导他的思维和行为方式。他未能成为太平天国宗教改革的领袖，却充当洪秀全神权政治的主要辅佐和喉舌。

太平天国运动基督教化的图谋宣告破灭，外国传教士对洪仁玕深怀失望和不满，相继离开天京，转而攻击和诅咒这场运动，为列强武装干涉行动制造舆论。艾约瑟甚至亲自与洪秀全展开论战，天王对"批评他的错误的任何言论"，"总是坚决地，但是很和善地予以反驳"，而且向外国传教士宣传拜上帝教，"并逼他们接受"。看来，洪仁玕经过一度困惑和动摇后，终于接受了拜上帝教。艾约瑟则认为，洪秀全"似乎被他自己的幻梦欺骗了。他从来没有从这种不健康的心理状态中恢复过来"。这位传教士预言：太平天

国的"前途是暗淡的，他们似乎很少能够达到他们的目的"。

洪仁玕与外国传教士对洪秀全的反应和认识截然不同。

在太平天国领袖中，对洪秀全的神权政治深表不满者也大有其人，李秀成兄弟堪称代表。天国晚期，洪氏和李氏的矛盾是领导集团的主要矛盾。洪秀全采用世俗和宗教两手制衡李秀成兄弟扩展派系实力。李秀成对其神权不以为然，据理明奏，洪秀全无法应对，"俱将天话逼来"，暗中削弱李氏实力和权柄。被俘后，李秀成认为，信天不信人，"德政不修"，任人唯亲是天国覆亡的重要原因。洪仁玕在供词中对此缄口沉默，唯作颂扬之词。而且，在1861年后，洪秀全的神权政治恶性发作，频繁从梦境沟通上帝，并据此颁诏治理政事，洪仁玕心情忧郁，但沉默顺从，听任神权泛滥。

洪仁玕处于两难的选择：一方面，他要支持天王强化中央集权，遏制李秀成等地方实力派的扩张势头；另一方面，他深知神权政治的谬误和弊端，对洪秀全重用亲贵佞臣持有异议，因而对李秀成的抱怨和指责有所共鸣，但却不能公开支持李秀成的陈奏。这样，在洪李矛盾中，洪仁玕持暧昧和中立态度，尽力缓和冲突，维持天国领导集团的统一。因此，洪秀全及其二位兄长不满洪仁玕的姑息妥协，李秀成兄弟则对洪仁玕不加信任，将其划为洪氏集团。在天国末年政争中，洪仁玕的处境艰难，无所依恃，只能从文天祥的《正气歌》中寻求精神寄托，以致掩卷"三叹流涕"，悲凄不能自已。他追求的政治、经济、社会和宗教改革都成了逝去的美梦，最后只留下"人生自古谁无死，留取丹心照汗青"的崇高气节和情操，而把理想遗给后人传承实现。

◆◇ 参与战略决策，力挽战局逆转

洪仁玕执政时，正是太平天国军事上的低谷时期，陈玉成、李秀成在江北苦战，未能扭转不利态势。及至1859年冬，韦俊在安徽池州叛降，湘军乘势东犯，西线战局逆转。陈玉成只得率重兵援皖，与湘军在鄂皖边界相持。这样一来，东线只有李秀成孤军坚守浦口，维系天京江面补给线。江南大营清军长期围困天京和浦口，李秀成见形势危急，遂回京奏请洪秀全准其出京组织外援。洪秀全始初不允，"不问军情，一味靠天而已"。李秀成"不得已，后而再行强奏，定要出京"。看来，洪仁玕在关键时刻支持了李秀成的主张。

他们共同制订"围魏救赵"的战略计划。李秀成在供词中隐去这一情节，声称：

> 此时天朝气数未尽，不应绝命，人心再振。我在外四路通文，各而肯从我意，任我指陈。

其实，李秀成并无调遣各路将帅的权力。显然有洪秀全和洪仁玕的支持授权，才可能任其指挥。于是，李秀成奔袭杭州，攻扰江南大营粮饷基地，迫使其分兵驰援。1860年5月，太平军各路大军集结，并力攻毁江南大营，"六解京围"。洪仁玕参与制订的战略计划圆满实现，展示了不凡的战略指挥造诣，其威望颇有提高。

二破江南大营后，"登朝庆贺，且议进取良策"，诸王发生歧见："英王意在救安省，侍王意取闽浙。"洪仁玕提出，天京"东距苏、杭、上海，不及千里之远。……而乘胜下取，其功易成。一俟下路既得，即取百万买置火轮二十个，沿长江上取。另发兵一支，由南进江西；发兵一支，由北进蕲、黄，合取湖北。则长江两岸俱为我有，则根本可久大矣"。这是一个具有远见卓识的战略发展计划，近期目标是东征苏杭和上海，第二步是第二次西征，目的在于重新控制长江中下游疆土，建立稳固的战略基地。

在李秀成支持下，洪仁玕的计划得到天王批准，也取得陈玉成的认同。

1860年5月中旬，陈玉成、李秀成集中精锐将士东征，连克丹阳、常州、无锡，6月2日，攻克苏州。江南大营清军头目和春、张国梁均绝望自杀。太平军乘势持续东进，占领昆山、太仓、嘉定、青浦、松江，进逼上海城郊。第一期战略目标迅速实现。

可是，洪仁玕未能预先考察列强的态度。

1860年5月26日，英国驻华公使普鲁斯在上海发出《通告》，声称，英国军队将"保卫上海，抵抗任何攻击"。英法联军头目额尔金、葛罗抵沪，并布置防务，防堵太平军进军上海。其实，英法联军不过一千二百人，而李秀成兵力约二十万，具有明显优势，若迅速和突然攻击，攻克上海颇有把握。但李秀成计不出此，惧怕列强武装干涉，旋即撤兵，进取上海计划因此搁浅。

当湘军重兵围攻安庆时，洪秀全、洪仁玕积极推动第二次西征。陈玉成如期自江北西进，并于1861年春兵临黄州（今湖北黄冈），逼近武汉。但李秀成据有苏南地盘后，还想为其弟谋取浙江，以扩大实力，因而对会攻武汉，缓解安庆之围的第二次西征持消极态度。洪仁玕致函相劝，洪秀全也屡颁严诏催行。李秀成迁延迂回，终于误期失约，致使第二次西征全盘皆空。陈玉成只得正面驰援安庆，湘军围点拒援，屡挫陈玉成兵团。洪仁玕遂亲督援军驰皖，配合陈玉成解围，同时檄调皖南将帅杨辅清、黄文金增援。洪仁玕首次亲征，深知使命艰巨。湘军凶悍精锐，尽得地利，指挥统一。太平军临事集结，山头复杂，不易整合。洪仁玕心情惆怅，勉为其难。虽然渴望告捷庆功，但事与愿违。章王林绍璋素与陈玉成交恶，亦嫉妒洪仁玕位崇，在临战时，竟然不听号令，"一战未开，即行自退"，遁至鱼塘岗。湘军乘此进攻洪仁玕所率孤军，先发制人，初战获胜，再迅速各个击破各部援军。陈玉成、洪仁玕极力整顿，两面援救，已经缓不济急，1861年9月5日，安庆陷落。天京上游屏蔽丧失，皖北腹地难以坚守。

安庆失守后，洪仁玕、陈玉成备受攻击，洪秀全遂将二王革职，洪陈体制顿被摧折。陈玉成兵团基本就歼，英王心灰意懒，竟被叛徒苗沛霖诱擒，于1862年5月殉国。"英王一去，军势军威同时堕落，全部瓦解。"洪仁玕落职后，洪仁发兄弟公开干预政事，与李秀成兄弟互为水火，朝政日渐败坏。当湘军逼近天京时，太平军缺乏急变准备。洪仁玕只得竭力指挥保卫天京的战斗。他与洪秀全敦促李秀成援京解围，但被婉言辞绝。李秀成声称："今敌无可败之势，如食果未及其时，其味必苦。"洪仁玕竭力督率将士保卫天京。"重建七里洲及中关对面之炮台"，在天京内河部署战船，沟通九洑洲、七里洲与南岸的水面联系，保持粮路安全，"更在狮子山上筑双重的防御线，而在山顶安置一尊重炮"，稳定城北防务，屡次挫败湘军水师的攻势。但对城南雨花台湘军的攻势，却"无法可驱逐之"。

就在湘军大举进攻的危急关头，"清妖买通洋鬼，交为中国患。"英国侵略军与清军勾结，在上海、宁波进犯太平军，并组建"常胜军""常捷军"等中外雇佣军，进攻苏南、浙江腹地，牵制李秀成兄弟，配合湘军围困天京。洪仁玕痛切指出："我朝祸害之源，即洋人助妖之事。""如洋人不助敌军，则吾人断可长久支持。但一自妖军贿买洋人，以攻我军，我朝连续失城失地，屡战屡败，我军无力抵挡。"在近代化武装的外国侵略军干涉下，太平军虽然英勇抗击，保卫天国疆土，但终因力量对比的劣势而失去苏浙基地。洪仁玕感慨：“安庆之失，天京已危，及苏州一陷，得救之望绝少矣。”

洪仁玕被排出中枢权力之外，洪李矛盾因无人调和化解而愈演愈烈。洪仁发等控制朝政，林绍璋则与李氏联手抗衡，“内外阴结，而务财用私设，各守疆土，招兵固宠，不肯将国库以固根本”。从洪秀全起，权贵们都不注意储粮奋战，“京粮益缺，而京困盖无所恃”。洪秀全忧愤交加，积郁成疾，自知生命难以持久，而军势、朝政、粮食危机日益恶化。

天王眼看江山就要被其兄长和林绍璋之流断送，遂再度起用洪仁玕。1863年，干王被“恩赐顾命，嘱扶我幼天王”。洪仁玕一腔忠心热血，“三呼万岁后，不胜惶恐流涕，恐负圣命遗托”。是时正值严冬，他慨然“奉旨催兵解围，身历丹阳、常州、湖州，殊各路天兵惮于无粮，多不应命”。洪仁玕奔波动员，毫无结果，无法完成组建援军的使命，只得滞留京外，与杨辅清、黄文金等皖南将帅沟通心志，待机援京。1864年6月3日，天王洪秀全病逝。噩耗传来，洪仁玕极度悲切，未料到这次离京，君臣竟成永诀。他自责无力援京，辜负圣命，又不能在京辅佐幼主，徒具顾命重臣之名。但他仍然殚精竭虑，联络京外将帅，沟通皖南、浙江、江西各路大军的关系，积极筹粮整军，准备再图振作。岂知7月19日，湘军攻陷天京，幼主幸得逃出重围，终被洪仁玕恭迎。结果，图谋复国未就，君臣同时殉难，终于落下太平天国史的悲壮帷幕。

综观洪仁玕一生，始终在忧患、矛盾和困惑中挣扎奋斗。

青少年时，熟读经史，拼搏场屋，试图厕身仕途，却被清廷和上层社会排斥折腾，初次尝到人生旅程的坎坷与艰难。

同时，他追随洪秀全反清和创立拜上帝教，却又遭到父兄斥责殴打，只得徘徊于科举和反清的十字路口，甚至身在科场，心在紫荆，诵读经书，却研讨圣经。结果既未中试，又未投身火热的宗教斗争和起义准备，孤居清远乡塾，远离反清斗争漩流，其两难和困惑心态可以想见。

金田起义爆发后，洪仁玕热血沸腾，决心投身起义疆场，却屡赴屡挫，未遂心志，累遭清廷迫害，无处立足存身，竟致一度绝望轻生。他可能痛悔自己生性懦弱，屈从父兄意旨，未敢及早奔赴广西，共图反清大业，而今穷途末路，痛不欲生。反映出一位儒生在严酷的政治环境里由抗争到屈服逃遁的心路历程。

流寓港沪是洪仁玕一生的重大转折。就宗教信仰而言，这位儒生兼拜上帝信徒皈依基督教，但却未能理解和接受基督教的价值观念，其思想深层仍然是深厚的儒学积淀。就文化形态而言，他吸纳颇多西学，向往和追求近代物质文明，努力探求中华富强之路。但是，他对西学的认知仅只局限在有形的表显层次，对其深隐层次则茫无所知，在社会文化心理上，他仍然保持着传统的文化取向。就政治心理而言，洪仁玕始终关心和向往太平天国运动，试图投奔天京，参与反清建国大业。为此，他勤奋学习和考察，为今后辅佐天王积聚学识和才智。

1859—1861 年秋，洪仁玕实现多年夙愿，在太平天国总理军政，企图施展其宏图大略。为此，他推出新政，颁行《资政新篇》，制订近代化的改革和建设方案，并参与军事战略决策，期求振兴天国，推翻清朝，"与番人并雄"。可是，新政来自多方面的阻碍和干扰。除了太平天国缺乏近代变革的各种主客观条件外，领导集团的矛盾和内耗使洪仁玕改革寸步难行。洪秀全虽然任用这位堂弟，却并不放心，也未授予真正的权柄，洪仁玕不过是天王的高级幕僚长，事无巨细，皆须"旨准"，而且，天王经常不通过洪仁玕直接理政治军。至于地方将帅，对强化中央集权抵制抗拒甚力，新政无法在地方落实。洪仁玕曾向英国翻译官富礼赐抱怨："改革各事如何困难，天王如何不听人言，各王如何不尊重其威权。"整个总理国务的干王府，只有若干书手办公，所谓军师和总理军政不过徒具虚名。"所有权柄集中于天王。如不经其裁可，一切要务俱不得执行。"而且，还有洪仁发兄弟、林绍璋之流的掣肘干预。洪氏与李氏的宗派和权力之争也使洪仁玕蒙受冤屈，无法自由和中立地执政。干王满腔忠诚热心，在危机和忧患中奋斗抗争，奉献出学识、才智和精力，曾得到陈玉成等的回应和支持，取得过某些即时效应。但在天国政局日益败坏的颓势冲击下，新政之花迅速枯萎。

1862 年，洪仁玕与陈玉成一道退出太平天国军政舞台。英王殉国，干王降黜，朝政与军事江河日下。洪仁玕虽然身在前线浴血奋战，但对天国前途和命运倍感焦虑，却无回天之力。唯在 1863 年受命托孤，出京征粮催援，天国已经面临瓦解，洪仁玕的作为只是效法文天祥而尽愚忠，因此，他谱写了一首新的正气歌。

　　洪仁玕的一生，在不同时期呈现不同的困惑和徘徊：早年，在科举和反清革命之间游移；流寓香港时，在宗教与政治之间选择；总理军政时，在西学和中学、理想和现实、真理和权力等矛盾中回旋。他的一生，不乏惊人的理想和设计，虽鲜为时人理解和接受，但却为后来的变革者所倾倒。他是中国近代化的最早的杰出设计师，又是文天祥式的传统爱国者，集中体现了传统向近代社会变迁初期先进知识分子的思想和人格。

草野孤臣空涕泪

◎张文建

人臣高贵，无如帝师。然而，他身膺帝师却"历观时局，忧心忡忡"。他忧的或许是自己的荣辱得失，或许是清朝的兴衰存亡，或许是社会的新旧交替。但他无论如何不会想到，个人的不尽哀愁，是由他身逢其时的近代中国的大悲剧所决定了的。

北京西山八大处，有一座山石峻峭的秘魔崖，在那崖间石壁上，赫然可见几行古朴苍劲的行草：

衮衮中朝彦，何人第一流？
苍凉万言疏，悱恻五湖舟。
直谏吾终敬，长贫尔岂愁。
何时霜叶下，同醉万山秋。

这就是清末著名政治家翁同龢的题诗石刻手迹。

公元1885年中法战争后，帝国主义加紧蚕食中国领土，边疆危机空前严重。目击时艰，翁同龢愁绪满怀，想到外患日逼，大清王朝岌岌可危，自己踞高位，食俸禄，却不能有所作为，内心有一股说不出的羞愧。在心情极为苦闷之际，他匹马单骑，游览了秘魔崖。看到历代文人墨客在此题字赋诗以抒情怀，翁同龢不胜感慨，遂写下了这首感时忧世的五绝。

"衮衮中朝彦，何人第一流？"诗的第一句即流露出作者对历史与现实的无限惆怅、困惑和忧虑，同时也饱含着对理想与未来的急切呼唤。在这之前，翁同龢心目中第一流的俊彦，唯有清朝最高统治者皇帝而已。他身膺同、光两朝帝师，"尽心竭力，济此艰难"，为的就是再造贤君千古不磨的大业。

翁同龢一门世宦，父兄在科举仕途上的成功，早为他确定了读书做官的道路。咸丰六年（1856）即他二十六岁那年，顺天会试中式，廷试一甲一名，考中状元。金榜题名的荣耀，使翁同龢只感到"皇恩浩荡，永世不忘"。当他身着锦袍官服，顶戴花翎，伫立太和殿前丹墀，面向咸丰天子三跪九叩时，想得最多的是日后如何效忠大清王朝。

咸丰十一年（1861），咸丰帝去世。同治帝因年幼，由两宫皇太后垂帘听政。清代前期的几位皇帝都是文学涵养较深、武功过人的君主。他们都希望后继有人，皇基永固。因此，对于小皇帝的教育历来十分重视。同治幼帝在弘德殿读书，由前任大学士祁寯藻，前任大学士、翁同龢的父亲翁心存，工部尚书倭仁，翰林院编修李鸿藻担任授读。但次年翁心存去世，祁寯藻又长期生病，无法入值。李鸿藻后被任命为军机大臣，虽仍兼弘德殿行走，但军机事务繁忙，无暇照料皇帝的功课。为了不耽误小皇帝的学业，两宫皇太后决定添派师傅。由于翁同龢的父亲是朝廷重臣，朝廷眷恋旧臣，推及后裔，同治四年（1865），谕令翁同龢为弘德殿行走，"勉承先人未竟之志"，"尽心教导"，继续启沃一帝。人臣高贵，无如帝师，这是朝廷对他的莫大信任和器重。翁同龢也终于找到了报答清王朝的机会，他在两宫皇太后面前表示："自问受国重恩，无可图报，书房巨任，力所其难。"翁同龢的书房进讲，一直受到皇帝和太后的好评，在入值弘德殿期间，屡受殊荣。

光绪二年（1876），翁同龢又受命为毓庆宫行走，担任光绪帝的授读师傅。这是一次历史的机遇，二十二年后的百日维新，也许就在这时播下了种子。个人在历史上的作用往往是重要的，翁同龢同光绪帝幸逢其会，乃开启了此后一连串的变局。

　　要把一个五岁的孩子教养成一代贤君圣主，是一项非常艰巨的任务，负荷匪浅。翁同龢为此呕心沥血，付出了巨大的辛劳。每日寅时（早上四点左右）入值，申时（下午四点左右）回家，一年四季除生病外，几乎日日如此，甚至是力疾赴任。翁同龢最初给光绪帝讲的是《帝鉴图说》。这本书将尧舜以来的天下之君，撮其善可为法者八十一事，恶可为戒者三十六事，编成一个个小故事，每个故事加上标题，配上一幅幅工笔图画。内容虽深，但因配之以图，容易看得懂，比较适合幼儿的特点。加之翁同龢凭着弘德殿的授读经验，讲得既浅显，又明白，颇为五岁的光绪帝所喜爱。

　　书房的头两年，功课主要是认字、听讲、读生书、背熟书。光绪帝由于身体不好，气力不足，畏难怕读，常常读到一半就不肯再读了。翁同龢与其他师傅或温言怡色，徐徐引导，或厉声催促，罚读罚写，真是软硬兼施，刚柔并用。可是效果并不佳，彼此"龃龉不已"，有时还引发闹学风波，调皮的小皇帝以罢课相抵触，又是吵，又是闹，"涕泪沾襟，几至不可收拾"。在这些授读岁月里，翁同龢时有叹息、泄气，思想很苦恼，甚至一度奏请辞差。但一想到国家多难，亟待治理，皇上典学未成，为臣责任重大，不忍离去，因而着力克制，坚持下来。

　　翁同龢与其他师傅在辅导"圣学"中几经周折，觉得罚不当教，决定改用正面鼓励，以表扬为主的方法劝读。一次，光绪帝根据《帝鉴图说》中的图画，在书房内画了一幅《天人交战图》。画中的人团头团脑，横眉竖眼，看了令人捧腹生笑。翁与其他师傅高兴极了，当面夸奖说，皇上颖悟异常，画得好。这天，光绪帝心情舒畅，书读得特别卖力，不仅生书照数全部读完，而且熟书主动要求多读了几遍。经过一番苦心努力，书房终于走上了正轨，师生之间的感情日臻亲密。

　　光绪帝对新鲜事物极为好奇，又好模仿。翁同龢认为，只要因势利导，循循善诱，皇上将来一定会成为大有作为的君主。因此，他决定进一步加紧对光绪帝学业和人格方面的教育。在1882年以前，翁同龢为光绪帝安排的课程主要是四书五经等，因为这些都是封建纲常名教圣典，不可弃之不讲。但翁同龢认为，当今王朝并非康乾一统之世，外国侵略已深入堂奥，中国面临着被瓜分的危险，处在这样一个动乱多事的时代，治理国家仅有传统旧学显然是不够的。因此，在征得太后的同意后，又安排了有关中外史地和时论方面的课程。阅读的著作有魏源的《圣武记》《海国图志》，冯桂芬的《校邠庐抗议》、钱恂的《通商出入表》《关税出入表》《中外交涉表》等。为了使光绪帝对洋务运动有所了解，翁同龢还特地从军机处和内阁档房挑选了有关轮船、机器、开矿、海防、海军的折件进行讲解；时常以聊天下事、谈风土人情的形式，介绍他回乡修墓，途经上海参观天主堂、天文台、吴淞铁路、轮船招商局、机器织布局和上海租界的所见所闻；并把自己从洋务派官僚郭嵩焘、曾纪泽、张德彝、黎庶昌、马建忠等人那里听到的"海外奇谈"加以传达。中俄伊犁交涉事件发生后，翁同龢又先后向光绪帝进呈了曾纪泽赠给他的《时事新论》《普法战纪》以及广学会出版的《万国公报》等西学书报。所有这一切，都引起了光绪帝的兴趣，使之获益匪浅。也许对于十岁的光绪帝来说，此时接受的新知还是无意识的，然而，翁同龢"启沃圣心"却是有意识的。少年的心灵纯洁易感，长大后向何处发展，这在很大程度上取决于所受的教育与熏陶。毓庆宫里输入的西学，尽管是微不足道的，但它对光绪帝后来发动维新变法，无疑产生了潜移默化的影响。

翁同龢在授课中执意增加有关西学课程，与他本人在这一时期的思想变化是分不开的。他出生在一个封建官僚家庭，从小熟读四书五经，受到严格的封建伦理教育。作为封建地主阶级的一名重要官员，在政治上他也毫不例外地以维护封建统治为根本。起初，他的态度与封建顽固派并无区别，好谈"周公、孔子之道必可行于今日"的谬论。尤其是在同文馆开设的争论中，态度暧昧，思想倾向于卫道守旧一边。同治六年（1867）恭亲王奕䜣主持总理衙门，为了培养洋务人才，适应中外关系变化的需要，于是年二月，奏请开设天文算学馆，延聘外国教师，挑选翰林院及其他衙门科甲出身人员入馆学习。此折一经宣布，立即遭到士大夫的责难。大学士、弘德殿行走倭仁首先出来反对，要求朝廷立罢此议。倭仁在呈送奏折之前，曾先将折件请翁同龢过目，征求过他的意见。据翁同龢在日记中记载，他曾帮助倭仁润色奏稿。因此，倭仁奏折中的主张在一定程度上也反映了翁同龢的看法，当时他显然还是站在保守的封建主义思想营垒中的。然而随着洋务运动的深入开展，资本主义对传统旧学的冲击越来越厉害，不少全面排斥西方文化的人逐渐改变了原先的保守态度，翁同龢就是其中之一。特别是在严重的民族危机刺激下，日本吞并琉球、侵占台湾，沙俄强占伊犁等一连串事件发生，使他越来越多地注意了解世界史地，广泛搜集、阅读有关西学内容的著作，日益关心当时开展的自强新政。个人思想认识上的变化，直接影响了他对光绪帝的教育。翁同龢本人可能并没有认识到，正是这种背离封建传统的倾向，即使是些微的偏离，无形中改变了中国历史发展的方向。

翁同龢作为一个"匡弼帝德"的老师，他对于皇帝的道德品质教育也极为注意。他认为，皇帝要担当领导国家的重任，不仅要有丰富的知识，而且还应当有"帝德"。启蒙第一日，他就给光绪帝讲了"帝德如天"这句话，要光绪帝反复背诵。又以笔蘸墨，写了"天下太平""光明正大"八个端庄的颜体大字。并握着光绪帝的小手，在朱书红格纸上将八个字重描一遍。在对光绪帝教授"以忠孝为本"的同时，翁同龢将"民惟邦本，兢兢求治"的论说，当作座右铭向光绪帝灌输。他认为只有懂得了这个十分浅显的道理，才能为风雨飘摇中的大清王朝筹划补救之策。翁同龢还反复叙述了君主虚怀纳谏，礼贤下士与政治得失的关系，提出"法备不如任人"的主张。他说，法备于古，固然不错，但须得人，得人则实惠可及于百姓；如果仅有完美无缺的法而无贤臣良吏，那么这样的法也是不可能贯彻实行的。这种基于对历史和现状的认识了解，也是促成他日后赞助维新变法的一个因素。

翁同龢在给光绪帝进讲中外史地及改良主义者著作的同时，还结合当时发生的重大军政、外交活动，积极引导光绪帝独立思考问题。1879年，翁同龢与潘祖荫奉命在南书房阅览有关中俄伊犁交涉的折件电稿，翁同龢借此在书房进讲《新疆故实》，并介绍了当时大臣中发生的"海防"与"塞防"之争，"和"与"战"之争，谈了个人对这场争论的看法。光绪帝听了之后说，祖宗留下的土地怎么可以随便丢失呢？不能言和。光绪帝的这个看法显然是受了翁同龢主战思想的影响。翁同龢有意识地启发和诱导光绪帝去关心时势政治，关心国家的安危和王朝的命运，从而把毓庆宫同社会紧密地联系起来。光绪帝之所以在政治上成熟得比较早，对国际、国内重大政治问题极为敏感，特别是后来出面领导资产阶级维新变法，都是与翁同龢的这种教育方法密不可分的。如果按照一味讲解陈旧僵死文字、严重脱离实际的"圣学"规范，很难想象能够培养出光绪帝这样的一个开明进步的革新皇帝。后来西太后曾把翁同龢"从未将经史大义剀切敷陈"的做法，作为对他革职的罪名之一，而历史已经证明，这恰恰是翁同龢的功劳所在。

春去夏来，秋尽冬至，毓庆宫前的火树银花，花开花落，从 1876 年到 1897 年书房撤销前，翁同龢负责书房事务前后长达二十多年，中间除了因病和回籍修墓外，几乎没有离开过光绪帝。长期的朝夕相处，使师生彼此亲密无间，翁同龢与光绪帝素契鱼水之欢，成为君臣关系的一段佳话。

一次，翁同龢请假回籍修墓，光绪帝知道后，心情很不好受。在翁同龢离京的两个月中，他读书毫无心思。待到翁同龢回书房，光绪帝第一句话就是："吾思汝久矣！"一个说得思情切切，一个听得老泪横流。又有一次，翁同龢患痢疾，一连八天不能入值，光绪帝特遣人慰问，并传话："甚想伊也。"翁同龢听后大为感动，遂力疾赴任。于是，日久天长便形成了光绪帝"每事必问同龢，眷倚尤重"的情形，因而，翁同龢对光绪帝的影响也最大。光绪帝直至亲政后仍坚持到书房学习。翁同龢也同往常一样到书房入值授课，辅导光绪帝读书写诗作论。由于师生的思想感情极为融洽，还常在书房讨论朝政，引起了西太后和后党官僚的疑忌。1897 年，西太后终于下令裁撤书房。然而，是时，翁同龢等人传授的知识已经给年轻的光绪皇帝插上了双翅，他雄心勃勃，踌躇满志，决心要搏击云天，一显身手。

清政府在中法战争中所暴露的腐败无能和软弱可欺，助长了英、法、俄、日等列强侵略中国及其邻邦的野心。1894 年，明治维新后资本主义迅速发展起来的日本，经过精心准备，挑起了一场侵略朝鲜和中国的战争。

在严重的战争威胁面前，清廷内部出现了"主战"派和"主和"派。翁同龢时任军机大臣，从战争开始的第一天起，他就向朝廷提出主战的要求，多次面折廷争，敢于陈述己见，成为主战派的实际领袖人物。甲午中日战争，对光绪皇帝来说，是自从他"亲政"以来所遇到的一次最为严重的事件。在朝野上下"忧国"激情的刺激下，光绪帝顶住了主和派的压力，公开站出来"一力主战"，积极支持一些官员要求备战抗敌的正义呼声，全力筹划御敌抗战事宜。然而，由于清政府主持这场战事的决策权始终操在妥协势力的手中，广大爱国官兵的英勇奋战，也照样不能扭转中国最终战败的结局。当翁同龢看到李鸿章在日本草签的《马关条约》电文后，当场头晕目眩，声泪俱下。在御前会议上，他力主台湾不能割让给日本。在书房里，他又向光绪帝哭诉：台湾若割让日本，恐怕要从此失去天下人心。但在坚持卖国立场的西太后的逼迫下，一直抵制《马关条约》的光绪帝，最后却不得不亲手批准了这个丧权辱国的条约，这充分暴露了光绪皇帝实则无权和软弱的窘况。以翁同龢为首的一些忧虑国家前途命运的廷臣疆吏，得知消息后，愤愧交加，罔知所措。此时此刻，最伤心愧恨的莫过于翁同龢了。他以状元宰相在士林中脱颖而出，甚而至于成为皇帝的老师，本是要在乱世艰难之时发挥他的救世匡时之责，施展他的伟大抱负的。他全力以赴，精心授教于"圣学"，试图为这个日益没落的王朝培养出一个能扭转颓势的"明圣"。然而，眼看着他仰重的"明圣"，并未能扶危定倾，扭转乾坤，在大失所望之余，他不得不盼望神州大地上能出现另外第一流的俊彦之士，来力挽大清王朝的衰朽之势。

19世纪最后二十年，正是中国社会急剧变化的时期，资产阶级维新思潮蓬勃兴起，以康有为、梁启超为代表的资产阶级改良派大声疾呼变法图强，以此来挽救民族危亡。翁同龢怀着崇敬的心情，注视着这股新兴力量的发展，凭着他敏锐的政治目光，试图援引这股新兴力量，支持光绪帝发动维新变法。

甲午惨败，民族危机变得空前严重，国家的存亡势如累卵，年轻的光绪帝深感王朝统治朝不保夕，"忧危之心"日甚，颇想通过一番改革来"发奋为雄，励精图治"。对翁同龢来说，他是积极赞成光绪帝要有所作为的想法的。他想通过改革，帮助光绪帝从西太后手中夺回实权，使皇权无上，国势增强，从而也巩固个人的地位。但要达到这一目的，要在举朝半皆守旧庸弱中寻找支持力量是不可能的，于是便把注意力投向康有为等新进之士。而以康有为为代表的资产阶级改良派，也迫切希望得到皇帝的支持，实行自上而下的改革来救亡图存。

《马关条约》签订以后，康有为联合在京应试举人六百多人发动了"公车上书"，要求光绪帝乘国耻方新之时，责躬罪己，激励天下，同雪国耻；厘革积弊，修明内政，实行变法。"公车上书"中维新派的满腔爱国热情，变法改革的主张和斗争的勇气，给了翁同龢以极大的鼓舞，遂决定结纳和扶持康有为等人。

对翁同龢来说，康有为的名字并不陌生。早在1888年，康有为从广东南海到北京参加顺天乡试期间，就曾以布衣身份，伏阙上书，陈述中法战后国势蹙迫，"未有若今日之可忧也"，指出"若上下发愤，及时变法，国势支持"，"过此不治，后欲为之，外患日深，势无及矣"。他的这次上书已经递到了翁同龢手里，却被留中不发，这或许是翁同龢"俯仰随人"的官场手腕，或许是胆小畏事，怕因此而招致非议，但最主要的是他身上的守旧积习在作怪。翁同龢毕竟是一个位至一品的封建官僚，平生又以忠君守道为己任，"祖宗之法不可变"是他从小接受的训条，因循守旧，唯"苟全富贵于目前"是他所效命的没落统治阶级的劣根性和本能，因此他压制一介书生的意见是毫不奇怪的。

甲午中日战争后，国家和民族的危机在日益加深，不甘做奴隶的人们在奋起救亡。"变则存，不变则亡"，已成为当时社会维新进步人士的共识，这对清朝统治集团不能不产生一定的影响，翁同龢的思想也由此发生了深刻的变化。翁同龢在御前会议上就极言时危，力主变法，他说："吾侪身为朝廷重臣，稍有心性，岂能对此无动于衷。"可贵的是，在历史的转折关头，在强烈的爱国主义推动下，他因时而变，由守旧到趋新，顺应了时代进步潮流。翁同龢对康有为等资产阶级改良派态度的改变，是当时甚或是未来历史发展趋向的准确反映。

康有为在会试中得到翁同龢的有意擢拔，脱去青衣布褂，换上了锦袍官服，当上了六品官的工部主事。身份的改变，有利于他同官场的联系，对从事维新变法的宣传是有用的。康有为对皇帝"乾纲独断"深信不疑，认为只要皇帝运用手中的权力，决心变法，就可以扭转乾坤，开创历史的新局面。所以他一而再、再而三地上书光绪帝，备陈变法先后缓急之序和下手之方，献上富国、养民、教士、练兵四大救国方案。翁同龢非常钦佩康有为的变法才干，决定亲自登门去见见这位"天下奇才"，亲自聆听康有为有关变法的道理。

六月的一天，翁同龢退朝回家，乘坐轿舆，以一品大员的高贵身份，屈驾走访住在东华门外南横街南海会馆的六品工部主事康有为。但这次拜访很不凑巧，因康有为外出未能遇上。康有为得知后，受宠若惊，立即回拜，两人做了长时间的交谈。翁同龢不拘一格，礼贤下士，给维新派以极大的鼓舞。以这次会晤为契机，此后维新派同帝党官僚往来联系日益频繁。在康有为的推荐下，梁启超、谭嗣同、黄遵宪、汪康年等一大批维新人士先后拜访了翁同龢。而翁同龢也向他们推荐了帝党官僚文廷式、徐致靖、陈炽等人，彼此就维新变法共同交换意见。

同康有为会晤的第二天，翁同龢就在书房内向光绪帝密报了他与康有为交谈的情况。光绪帝听了很感兴趣。正好这天都察院将康有为的奏折呈上来，这是康有为的变法呼吁书首次送到深居九重的皇帝手里。光绪帝看了奏折，不由得击节叫好。"窃为皇上筹自强之策，计万世之安，非变通旧法，无以为治。"康有为这些精辟的论说，在这位年轻皇帝的心灵深处引起强烈的共鸣，这种共鸣正是在经历了甲午战争的痛创之后才产生的。这时，翁同龢也乘机把康有为肯定了一番。从此，光绪帝开始留意起康有为等改良派了。翁同龢实际上已成为光绪帝同维新派之间联系的媒介和桥梁，从而加速了变法维新运动的进程。

此后，翁同龢不但在书房"日讲西法之良"，启发光绪帝变法维新，还将康有为、黄遵宪等人送给他的《日本变政考》《日本国志》《列国变通兴盛记》等书籍进呈给光绪帝。光绪帝得到这些新的有关变法的书籍如获至宝，置之御案，日加披览。这些著作大大地开阔了他的眼界，"于万国之故更明"，对中国之外的世界大势有了更多的了解。

光绪帝决心要效法外国，来革故图新了。

翁同龢一方面鼓励循导光绪帝倾向变法，另一方面又利用自己的地位、手中的权力积极支持维新变法运动。在他的支持下，康有为、梁启超与文廷式、陈炽于光绪二十一年（1895）在北京发起成立了维新变法时期的第一个学会组织——强学会。强学会成立后，翁同龢带头入会。在他的带领下，一些权贵显要如孙家鼐、张之洞、刘坤一、王文韶也都纷纷列名与会。强学会创办《强学报》，发行《中外纪闻》，宣传维新变法的主张，因而遭到顽固派的反对，被强令封闭。强学会被封后，应维新派的要求，翁同龢又借一个御史奏请开设官书局为名，建议将强学会改名官书局，继续作为宣传维新变法的机构。

维新变法运动的迅猛发展，不可避免地引起了新旧两党的尖锐冲突。中国的守旧势力向来是不甘寂寞的，他们对于行将到来的"有动摇国本之虞"的政治改革，决不会袖手旁观。由于翁同龢在当时有举足轻重的特殊地位，他屡柄文衡，多次充任乡会试的正副考官，门生故旧遍布朝野，又长期居于清廷统治集团的核心之中，是所谓的帝党中坚。甲午战后，他又成了光绪帝变法图强的主要推动者和策划者。同时，他还是光绪帝与资产阶级维新派之间沟通的枢臣。多少年来，翁同龢与光绪帝建立起手足之谊，"一切只有翁同龢能承皇上意旨"，"帝则惟师傅翁公之言听计从"。特别是翁同龢能够以帝师尊，借毓庆宫讲读时的"独对"之便，与皇帝一起商讨军政大计。因此，翁同龢成为西太后和顽固派官僚的眼中钉、肉中刺是必然的。为了隔断翁同龢与光绪帝之间的频繁联系，西太后下令裁撤南书房，将翁同龢赶出毓庆宫。这是一个危险的信号，它预示着新旧势力的拼搏即将进入决战阶段。

翁同龢虽然失去了与光绪帝在书房"造膝独对"的机会，但他并不灰心，仍为争取实现变法进行不停的努力。他请皇帝破格擢用康有为，委以重任。光绪帝自上次看过康有为的上书后，表示要召见康有为，面询救亡事宜。光绪帝准备采取的这一积极举动，又遭到了恭亲王奕䜣的阻挠，他借口"本朝成例，非四品以上官不能召见"，给顶了回去。由于大多数军机大臣反对，光绪帝只好决定改由总理衙门大臣李鸿章、荣禄、翁同龢、廖寿恒、张荫桓去传康有为问话。翁同龢虽然未能努力争取到光绪帝召见康有为，但是在他看来，能让诸多的大臣们亲自听听康有为讲讲有关维新变法的道理，对于推动变法还是有益的。

这次总理衙门大臣问话的第二天，翁同龢就将问话的情况详细报告给光绪帝。在汇报中，他又称赞康有为忠君爱国，谙于西法，才堪大用。他说："康有为之才胜臣百倍，请皇上举国以听。"后来顽固派刚毅借此大做文章，向西太后密告，说翁同龢举荐康有为是植党营私，蛊惑圣听，使西太后对翁同龢大为愤恨。

在翁同龢等人的竭力保荐下，光绪帝对康有为从此倾心向用。由于不能召见，光绪帝传谕康有为，以后有所建议随时条陈上奏；命令总理衙门此后凡康有为的章奏可直接送呈，任何人不得借口扣压。在这中间，翁同龢往来奔走，传递信息，做了不少工作。凡是康有为的变法条陈大多由翁同龢呈给光绪帝，而光绪帝对康有为的询问，一般也通过翁同龢转达。至此，维新派同光绪帝之间打通了一条公开联系的渠道。光绪帝的思想已经冲破紫禁城的重重高墙，开始同当时中国的先进思潮沟通。

光绪二十四年（1898）初夏，光绪帝正式颁诏，宣布国是，实行变法，从而揭开了"百日维新"的一幕。变法新政开展后，改良派同顽固派之间的激烈斗争更加白热化。当时的情形是，一边光绪帝和翁同龢筹商变法，一边西太后和顽固派加紧策划破坏新政。为了阻止变法，顽固派把攻击的矛头集中对准翁同龢，接二连三地指示他们的亲信、党羽上书弹劾翁同龢"结党乱政"，"揽权误国"。荣禄、刚毅、徐桐等人还挟带私怨，乘机对翁同龢进行陷害。宣布变法的第四天，西太后以光绪帝的名义下令罢黜翁同龢的一应官职，将他撵出北京，逐回江苏常熟老家。光绪帝对于西太后下令斥逐翁同龢一事，事前全不知晓，据说当他见到此诏时，立刻"战栗变色"，"惊魂万里"。在翁同龢参与所拟变法谕旨墨迹未干之时，顽固派赶走翁同龢，使光绪帝顿失所倚，顽固派的险恶用心是不言而喻的。

翁同龢对于自己命运中发生的这一急剧变化，一点儿思想准备也没有。他做梦也没有想到自己会遭到放逐的重惩。这一天，他和往常一样，未待天亮就到朝房，和其他大臣一起静候皇上的召见。一会儿，值班太监传呼诸大臣进宫，着翁同龢勿入。翁同龢听了，不禁心头一怔，凭着数十年官场经验，他立即预感到将有某种不测的事情降临到自己头上。最后，御前大臣出来传翁同龢听旨，翁同龢连忙跪拜在地，当他听到"着即开缺回籍，以示保全"时，已涕泪纵横，泣不成声。第二天一早，翁同龢顾不得心中的悲痛，踉踉跄跄赶到西华门，跪在御道旁边的湿地上叩头迎驾谢恩。他知道，这次也许是自己同光绪帝的最后一次见面，以后再想见到这位自己用毕生心血培养起来的皇帝已不可能了。

翁同龢回到故乡常熟后，仍思念着光绪帝，关心着维新变法事业。然而他等到的却是慈禧太后发动政变，谭嗣同等"六君子"被杀，光绪帝被囚，新政尽被推翻的消息。顿时心悸头眩，几至投地。在这些日子里，这位昔日"以忧勤为先，尤能直言极谏"的老臣无限伤感，经常是"草野孤臣空涕泪"。翁同龢少年时自署别号"瓶居士"，"缘何唤作瓶居士，不贮膏油只贮愁"。他的一生果然是饱经忧患。此时，他忧的或许是自己的荣辱得失，或许是清朝的兴衰存亡，或许是社会的新旧交替。但他无论如何不会想到，个人的不尽哀愁，是由"各国环处，凌迫为忧"的时代大悲剧所决定了的。

尽管翁同龢被逐回乡，但在清洗维新派的活动中，顽固派仍未放过翁同龢。西太后下了一道谕旨："前令其开缺回籍，实不足以蔽辜。翁同龢著即革职，永不叙用，交地方官严加管束，不准滋生事端，以为大臣居心险恶者戒。"他深知西太后心狠手毒，不会轻易放过自己，因此做了最坏打算，在他移居的鹁鸽峰下"瓶隐庐"旁挖了一口井，随时做自裁之用。他也曾经把今后出路寄托于 1901 年宣布的"新政"，梦想光绪帝重新操权，解除党禁，使自己官复原职。然而，历史的机会一旦错过，是难以追回的。时代在前进，当资产阶级民主革命的滔滔洪流即将吞没清王朝之时，翁同龢还在"去后缠绵恋主恩"，其结果只能沦为一个可悲的时代落伍者，这便是历史的辩证法。

尽管如此，历史将不会忘记这位中国近代史上的关键人物。

中国维新业，谁为第一人？
王明资旧学，变法出元臣。
密勿谋帷幄，艰难救国民，
峨峨常熟泪，凿空辟乾坤。